ŒUVRES ÉROTIQUES
de
MIRABEAU

Discours sur la vente des Biens ecclesiastiques.
Formation des gardes Nationales
MIRABEAU l'ainé
Député d'Aix à l'Assemblée Nationale né au canton d'Egréville, district de Nemours, département de Seine et Marne au mois de mars 1750 et mort à Paris le 2 Avril 1791.
Dessiné d'après nature par M.
Gravé par P. Audouin.
à Paris rue du petit Bourbon N.o 22.

Honoré-Gabriel de Riquetti
comte de Mirabeau

ŒUVRES ÉROTIQUES

L'Enfer de la Bibliothèque Nationale

Fayard

En couverture : portrait de Sophie de MONNIER

SOMMAIRE

INTRODUCTION GÉNÉRALE

MIRABEAU, PHILOSOPHE ÉCLAIRÉ

Ce qui, des quatre textes que nous présentons ici, surgit au vu du simple survol, c'est l'érotisme flamboyant auquel Mirabeau s'y livre, semble-t-il, comme pour le seul plaisir. Et c'est assurément, dans les trois premiers, un flot déferlant de scènes des plus osées, des plus débridées, qui nous submerge d'emblée littéralement. Tantôt sur le ton de la franche paillardise et frisant tantôt la description clinique, la verve, en effet, subtile ou crue selon les cas, truculente toujours et souvent insolente, ne nous épargne aucun détail des ébats les plus variés auxquels s'abandonnent de complaisants protagonistes.

Cependant, une attention plus soutenue révèle progressivement un Mirabeau plus philosophe, plus moraliste que le survol eût pu le laisser croire. Progressivement car, de Ma conversion *à* Erotika Biblion, *en passant par* Hic et Haec *et* L'éducation de Laure, *le propos se fait à mesure plus précis, l'érotisme y fait plus volontiers figure de prétexte tant à casser les préjugés qu'à fustiger certaines mœurs. Aussi bien, et c'est la raison de cet ordre, du factum échevelé qu'est* Ma conversion *à ce véritable essai qu'est* Erotika Biblion, *le ton s'apaise, la verve s'assagit, et c'est un océan de pensées qui, peu à peu, transparaît sous la tourmente des diatribes ou les grains de la gaudriole. Océan agité, certes, tant les idées innombrables, fourmillantes, parfois irreliées ou contradictoires, y surgissent, y éclatent, s'y entrechoquent, mais sans jamais rompre, pourtant, l'unité du propos. A elle seule, d'ailleurs, cette unité, patente d'un bout à l'autre, suffirait à attester le droit de Mirabeau à la paternité, parfois contestée, de ces quatre textes.*

Si cette image de l'océan convient si bien à Mirabeau, c'est encore que le naturalisme foisonnant, mouvant, fluide, qu'il professe s'oppose manifestement, par exemple, à l'intellectualisme compact, fixe, solide, d'un Kant, son contemporain, que d'ailleurs il semblait ignorer. Et loin de prendre, comme celui-ci, dans la recherche de quelque a priori *ses distances vis-à-vis de la nature, c'est au contraire avec délices qu'il s'y plonge, sensuellement même pourrions-nous dire, pour y rapporter indistinctement, au vu des premiers succès de sciences toutes neuves, le Vrai, le Bien et le Beau. Cela, parfois, ne va pas sans mal, et c'est justement là que s'entrechoquent les idées, qu'elles se contredisent, s'affrontent, mais pour laisser finalement dans les abysses un dépôt aux riches senteurs où fréquemment brille l'or d'intuitions fulgurantes.*

Brosser le portrait d'un Mirabeau se voulant aussi bien savant et moraliste que philosophe est à la fois simple et complexe. Simple, car l'étagement des trois niveaux est, dans son esprit, parfaitement clair. Suscitant en effet sa ferveur, comme celle des Encyclopédistes et du public engoué des « cabinets de physique », la science porte déjà ses premiers fruits et présage à coup sûr d'innombrables bienfaits : la machine à vapeur vient de naître et Cugnot fait rouler son fardier, la première montgolfière a pris son envol, Galvani poursuit ses recherches sur l'électricité et la pile de Volta est toute proche, Lavoisier fonde la chimie, Linné la zoologie, et Jenner vient d'offrir à l'homme la vaccine, cette « inoculation » qui bannira le fléau terrifiant de la petite vérole dont Mirabeau, rappelons-le, eut tant à souffrir. Que, par l'étude raisonnée de la nature, la science apporte ainsi tant de précieux secours fait présumer, dans la foulée, qu'il en sera de même aux niveaux moral et social dès lors que les mêmes méthodes y seront appliquées. Et, philosophe enfin, Mirabeau extrait de ce progrès grand ouvert devant lui le principe même, qui en est le moteur : la raison, mais, loin des ratiocinations des casuistes, la raison éclairée, *seule propre à balayer enfin superstitions, dogmes et préjugés.*

Mais également complexe est l'approche de ce Mirabeau intellectuel car, nous l'avons laissé entendre, les choses parfois ne vont pas sans mal, et il arrive que cette belle construction s'avise de grincer aux articulations. En fait, les difficultés commencent dès lors que la nature supporte la morale, dès lors que ses « vœux » définissent le bien. Mais le retour à la nature d'un Mirabeau n'est pas celui d'un Rousseau, il n'est nullement question de condamner une civilisation soi-disant corruptrice, mais de réformer la société en y intégrant les acquis de la science. Mirabeau, en effet, n'est pas naïf au point de tenir pour des biens tremblements de terre, sécheresses, épidémies, autant de fléaux naturels. *Mais, pourrait-on dire, cette nature, dont les accès sauvages n'excluent pas la bonté foncière, il convient d'en dominer les écarts, de la dresser comme on dresse un cheval. C'est alors que se pose le cas du cavalier, car c'est de l'intérieur que, d'abord, Mirabeau veut dompter sa monture, et l'on conviendra que, pour le moins, la position manque de confort.*

Sans doute est-ce L'éducation de Laure *qui nous offre l'exemple le plus baroque de ces sortes de « déductions » où la morale se veut issue de la nature. Pour justifier à la fois l'obligation de fidélité faite aux femmes et la liberté d'infidélité laissée aux hommes, le père de Laure se livre à une ébouriffante « démonstration » physique : vingt liquides différents versés dans un même vase risquent de fermenter et d'en infecter les parois, mais un même liquide versé dans vingt vases différents n'en sera point altéré, même si l'on en mélange après coup les parties. Dès lors : « qu'un homme sain se joigne à plusieurs femmes, il ne peut en résulter aucun mal, c'est la même liqueur versée dans plusieurs vases. Mais qu'une femme, fût-elle même très saine, s'unisse à plusieurs hommes coup sur coup, qui ne seraient pas infectés, cette diversité de semence produira, par la fermentation aidée et accélérée par la chaleur du lieu, les effets les plus dangereux ». La contrainte ainsi imposée au beau sexe répond donc à une nécessité de nature, à un « vœu » de celle-ci, et par suite ne peut être qu'un bien même si, ici ou là, la femme n'en a pas conscience. A cette conscience, seule une éducation éclairée peut donner accès en permettant à la femme, par la maîtrise de sa propre nature, non seulement d'en compenser les inconvénients, mais aussi et surtout d'en vivre pleinement les plus merveilleux aspects. A la lecture d'*Erotika Biblion, *cette position semblera d'autant plus surprenante que Mirabeau, loin d'être « machiste » comme nous dirions, y témoigne au contraire pour la femme, sans la moindre réserve, non seulement de l'amour le plus vif, mais encore de l'estime la plus grande et du plus profond respect. Comment alors concilier un statut* naturel *aussi contraignant et, somme toute, aussi subal-*

terne par rapport à celui de l'homme, et la revendication d'égalité si expressément formulée ici? Car si, d'un côté, c'est la nature que Mirabeau rend bien responsable de ce statut, il n'hésite pas à écrire de l'autre : « La tyrannie du sexe fort a pu seule altérer ces notions d'égalité. » Insupportable écartèlement, inextricable nœud que finalement il tranche : il prend décidément le parti de la femme qu'au-delà de l'amour, de l'estime, du respect, il porte littéralement aux nues; et il dissocie délibérément nature et morale, encore qu'avec quelque regret : « Lorsqu'on lit (...) les livres saints, écrit-il en effet, on n'est plus étonné que la femme soit le complément des œuvres de Dieu, qu'il ne l'ait produite qu'après tout ce qui existe comme s'il avait voulu annoncer qu'il allait clore son ouvrage sublime par le chef-d'œuvre de la création. C'est dans ce point de vue plus religieux que philosophique peut-être que je veux considérer la femme. »

On pourrait croire, d'un texte à l'autre, à quelque inconséquence de Mirabeau, mais, à bien regarder, c'est là sa façon de prendre conscience du hiatus ouvert entre nature et bien, science et morale. Et peut-être même se rend-il compte, avec quelque dépit sans doute, que le recours à la science ne produit guère que de l'utile. Car les bases physiques du « principe de fidélité », si complaisamment et doctement exposées à Laure par son père, ne fondent, tout compte fait, qu'un bien également physique, une pure préservation de la santé qui, raisonnablement, n'a que peu à voir avec la morale, sauf à revenir au châtiment divin, concession inadmissible au dogme régnant. C'est intensément que Mirabeau, à coup sûr, ressent cette contradiction, et c'est selon son tempérament qu'il y réagit : il se débat comme un fauve et tranche brutalement. Au diable la nature! Vive la femme! Mais, la question réglée, la tempête calmée, le fond des eaux scintille, une paillette y est déposée. Car il faudra attendre encore plus d'un siècle pour que le problème de la nature et du bien, de la science et de la morale, ainsi indirectement pressenti, se trouve correctement posé, sinon complètement résolu.

De la santé physique à la santé morale, il y a un pas difficile à franchir, l'articulation grince, et plus encore, bien entendu, si, de l'individu, on passe au collectif. Cependant, Mirabeau trouve un biais : il sautera à pieds joints de la nature à la raison puisque aussi bien celle-ci régit la science de celle-là. Il propose alors pour unique principe moral, raisonné celui-là, l'aphorisme suivant : ne pas nuire, *principe fondé sur ce que « la physique éclairée doit être le guide éternel de la morale ». Il n'est plus question ici, nous le voyons, de nature à l'état brut, mais de « physique éclairée », d'une nature en conséquence régie par la raison, donc par l'homme, le cavalier maîtrisant désormais sa monture. Mais qu'en est-il dès lors avec le ciel ? Nonobstant un anticléricalisme, qui ne vise en fait que les excès d'un certain clergé et ses mésinterprétations de la Bible, Mirabeau est croyant, profondément croyant, partisan même d'un christianisme également éclairé qui, écrit-il, « est la seule (religion) qui conserve à la femme, d'une manière nette et précise, tous les droits de l'égalité ». Et c'est le plus nettement qu'à son tour il précise sa position : « (Dieu) se sert de l'homme même pour découvrir et manifester ces merveilles incompréhensibles de la nature qui, opérées* à tout instant, *exposées* en tout temps et pour tous les temps *à sa contemplation, doivent rappeler incessamment l'homme à son Créateur, non seulement par le spectacle actuel mais encore par ce développement successif. Voilà ce que nos théologiens, ignorants et vains, devraient nous apprendre. Le grand art est de lier toujours la science de la nature avec celle de la théologie, et non de faire heurter sans cesse des choses saintes et la raison, les croyants fidèles et les philosophes. »*

Le jeu mutuel de la nature et de la raison est ici parfaitement décrit, et c'est au sein du Créateur lui-même, qui en prescrit la règle, que ce jeu trouve son point d'équilibre. Tout est en ordre : Dieu crée d'abord la nature, puis l'homme pour y exercer la raison et, prescience de génie, la création s'opère à tout instant. *Dès lors, le promoteur du souverain bien n'est autre encore que Dieu lui-même, qui le projette dans la nature. Extrait de l'intérieur inconfortable de sa monture, le cavalier à présent la chevauche mais en reste solidaire : pour déceler et mettre en œuvre les infinies ressources du cheval, dont toujours certaines resteront cachées, il appartient au cavalier de se bien comporter ; enfoui par Dieu dans la nature, le souverain bien ne se révèle que progressivement à l'homme qui sait, condition suprême, y appliquer la raison. Sinon, la chute est inévitable. C'est en ce sens que la physique éclairée peut et doit être le « guide éternel de la morale ».*

Fondée sur le principe unique : ne pas nuire, *l'éthique de Mirabeau se scinde alors en deux volets : bonheur et liberté pour chacun et pour tous, ce qui implique évidemment certaines limitations. Ici, jusqu'à un certain point, Mirabeau rejoint saint Paul dont l'aphorisme : « Tout est permis, mais tout n'édifie pas », instaure la liberté dans ses limites. Limitations, certes, mais hors de tout dogmatisme, et particulièrement du dogmatisme imposé par les clercs sur le fond prétendu de la Bible. Car la progressivité régissant inévitablement la découverte des trésors naturels régit non moins inévitablement celle des secrets enfermés dans les Livres saints. Ce n'est donc pas pour des raisons d'ordre affectif, humanitaire, que le dogmatisme est banni, mais en raison de son absurdité même : la progressivité l'interdit. Dès lors, l'anticléricalisme de Mirabeau se dépouille de toute apparence « primaire » et se révèle rationnellement fondé sur le refus de toute vérité soi-disant définitive. Aussi l'enseignement de la Bible est-il entièrement à revoir car, tant par ignorance que par intérêt, les clercs l'ont systématiquement trahi, et les principes répressifs qu'ils prétendent y puiser sont en même temps grotesques et scélérats : les Écritures ont été rédigées pour l'univers tout entier, c'est-à-dire non seulement pour tous les lieux mais pour tous les temps, et nul, à aucune époque, ne saurait se prévaloir de connaissances qui, certes, y sont incluses mais auxquelles l'accès ne sera peut-être permis que des milliers d'années plus tard. D'où le danger de prendre ces Écritures au pied d'une lettre que nous ne comprenons pas forcément : « Un respect aveugle est superstition ; un respect éclairé est le seul qui convienne à la vraie religion. » C'est dès lors en s'appuyant sur le texte biblique lui-même que Mirabeau, dans* Erotika Biblion, *dénonce le dogmatisme clérical et l'inanité de ses exégèses.*

Dans Ma conversion, *notamment, c'est avec la dernière violence qu'il s'en prend au second ressort de ce dogmatisme : l'intérêt. Surpris par le héros du livre à rendre copieusement hommage à sa maîtresse du moment, un certain père Ambroise lui révèle complaisamment les dessous de sa vie qui peu à peu en viennent à fusionner avec ceux de l'Église : séduction, subornation, intimidation, corruption, chantage, tout est bon pour asservir individuellement et collectivement les corps, les âmes, les esprits. Tout est astreint à se plier aux moindres ordres de la hiérarchie, aux moindres caprices des clercs, et si quelque révolution venait à abattre ce pouvoir temporel, le joug n'en serait pas moins invinciblement perpétué par les voies les plus souterraines pour la domination finale du monde. Et le père Ambroise de mettre en garde notre héros contre toute indiscrétion sur ces révélations : il serait sournoisement fait en sorte que personne ne le crût et, de plus, tous les moyens seraient immédiatement mis en œuvre pour le discréditer, puis le déshonorer à tout jamais auprès de ses parents, de ses amis, de la société tout entière. Truffé d'horribles anecdotes et de détails sordides, le récit du « père en Dieu » laisse au lecteur un goût de cendres. C'est ici à la hache que Mirabeau dissocie l'Église de la Bible.*

Autour de ce point culminant du texte, Ma conversion *est pour l'essentiel un factum contre la vénalité, la corruption privée et publique. Contrairement à* Hic et Haec, *dont l'érotisme est gaillard et dont les excès mêmes respirent la gaieté, tout est ici répugnant, et l'unique étincelle de pureté, l'irruption soudaine de l'amour dans le cœur du héros, y est bientôt noyée sous les eaux fangeuses de manipulations abjectes. Tout se passe en fait comme si Mirabeau avait voulu opposer ces deux textes comme les faces ténébreuse et claire d'une même médaille morale. De leur confrontation, il ressort qu'à chacun des actes négatifs de l'un répond, dans l'autre, un acte semblable, mais perçu positivement, ou plutôt que le même acte est odieux ou sympathique selon l'esprit qui en anime l'accomplissement. Il est fort significatif à cet égard que, dans* Hic et Haec, *le personnage de l'évêque, coutumier pourtant de plaisirs à laisser pantois un auteur de films classés X, force finalement la sympathie. Cet évêque et le père Ambroise, c'est là le point, se livrent tous deux à ce qu'il est convenu d'appeler la « débauche », mais si, en harmonie parfaite avec des partenaires de plein gré, l'un ne tend qu'au plaisir et n'impose rien, l'autre, en revanche, par intérêt et ambition, se soumet et soumet autrui au besoin par la force à des jeux semblables, mais qui font figure de sévices.*

La dynamique des mœurs répond donc chez Mirabeau à une dialectique de l'individuel et du collectif : c'est en tant qu'institution temporelle que l'Église est corrompue, ce qui n'implique pas la totalité de ses membres. C'est aussi le cas pour le pouvoir politique, et l'on retiendra de nos textes que jamais le roi, en tant que personne, n'y fait l'objet du moindre reproche. Et de même que Mirabeau ne tire à boulets rouges sur les casuistes de tout poil que pour rétablir le vrai Dieu, dont ces « mangeurs d'images » ont profané le nom, c'est de même bien plus l'entourage du roi que le roi lui-même qu'il vise de ses traits : « (Les hommes) savent qu'en tous pays on ne tire de la bonté et de l'affection des rois rien autre chose que ce qu'ont résolu leurs ministres; ils croient Dieu bon, mais mené, et envisagent la cour céleste sur le modèle des autres. » C'est au point qu'il prend plus volontiers parti pour une monarchie libérale que pour la république où, l'intérêt dominant, « le luxe viendra polir et corrompre les mœurs ». Au contraire, dans une monarchie limitée « la débauche et le luxe le plus effréné n'énerveront pas l'esprit public ».

Puisqu'il est question de débauche, faisons un détour par la morale sexuelle, qui mérite quelque précision car le même acte, fustigé d'un côté et agréé de l'autre, est souvent, comme la sodomie ou l'inceste, réprouvé par la morale usuelle. A cet égard, L'éducation de Laure *forme en quelque sorte la synthèse de deux premiers textes qui, sinon épisodiquement, ne portent aucun jugement et n'affectent le lecteur que dans sa sensibilité. C'est au contraire à la raison que le père de Laure a constamment recours pour cerner les limites à l'intérieur desquelles tout est permis. Ici néanmoins, il nous faut le noter, Mirabeau, semble-t-il, a « flanché », a craint d'aller trop loin car, presque d'entrée de jeu, il éprouve le besoin de préciser que ce père incestueux n'en est en réalité pas un puisqu'il a découvert sa femme enceinte au soir de ses noces. Ainsi, Laure n'est pas sa fille et, curieusement, comme on dit, la morale est sauve. A cette réticence près, qui semble d'opportunité, tout est régi par le même principe :* ne pas nuire, *qui implique aussitôt impérativement l'interdiction de se nuire à soi-même, tant dans l'ordre de la santé que de la dignité. Ainsi, lorsque le père surprend Laure, encore enfant, à épier ses ébats amoureux, il n'en montre aucune colère et, bien au contraire, c'est avec la plus grande joie qu'il découvre la sexualité de sa fille dans ses premières manifestations. Mais pour lui épargner les maux qu'un tempérament très vif mal dominé pourrait lui occasionner, il lui imposera, jusqu'à sa formation complète, un dispositif barbare, sorte de ceinture de chasteté perfectionnée, dont la pauvre s'accommodera sur la foi de motifs rigoureusement raisonnés. Et si, devenue femme, Laure n'est privée d'aucun plaisir, il n'en reste pas moins que de strictes limites seront toujours observées afin d'éviter les dangereux excès. Rose, en revanche, qui, dans le même ouvrage, se livre sans retenue à toutes ses passions et se montre insatiable dans la sensualité, sera bientôt atteinte des maux les plus sournois qui, peu à peu et dans la déchéance, la conduiront au tombeau. A quel point, dans ces limites, tout est permis, on en trouve alors l'exemple dans la seconde initiation de Laure : « Aimable enfant, lui dit son père, tu m'as donné ta première fleur; mais tu possèdes un autre pucelage que tu ne dois ni ne peux me refuser si je te suis toujours cher. » Et ce qui est affectueusement imposé ici, c'est la découverte d'un plaisir nouveau : le père ne nuit pas à sa fille, c'est en s'abstenant qu'il lui porterait préjudice. Ce qui couronne alors ce monument à la liberté réfléchie, c'est l'immense hommage rendu par Mirabeau à l'amour physique comme composante essentielle de l'amour universel, et l'on n'oubliera pas de sitôt la cérémonie quasi-religieuse par laquelle est célébré le dépucelage de Laure.*

En fin de compte, la liberté, privée ou sociale, ne se conçoit que dans le respect d'autrui et de soi-même : ma liberté finit où commence celle des autres. C'est là le fond du sentiment du devoir : « Le véritable ressort de l'autorité, écrit Mirabeau, est dans l'opinion et dans le cœur des sujets. D'où il suit que rien ne peut suppléer aux mœurs pour le maintien du gouvernement : il n'y a que les gens de bien qui sachent administrer les lois, mais il n'y a que les honnêtes gens qui sachent véritablement leur obéir. »

Nature, morale, raison, tel est donc le triptyque dominant la démarche de Mirabeau. Parfois cependant, emporté par sa fougue, il se laisse aller à d'aventureuses conclusions comme à prétendre, par exemple, en vertu d'une douteuse esthétique, que jusqu'à un certain point la bestialité pourrait contribuer au perfectionnement de l'espèce, le centaure étant incomparablement plus beau que l'homme. Souvent aussi, nous l'avons vu, les articulations grincent, et la vision, préfigurant Victor Hugo, d'une cité parfaite scientifiquement régie nous porte aujourd'hui à sourire : « Dans l'anneau de Saturne, les connaissances se transmettaient par l'air à des distances très considérables par la même voie que se transmet la lumière du soleil (...). De là résultait un concours admirable dans les populations infinies qui, par cette intelligence, cette harmonie universellement répandue dans tout l'anneau, ne s'occupaient que de leur bonheur commun, lequel n'était jamais en contradiction avec celui d'aucun individu. » On saluera au passage la prescience des télécommunications. Mais, deux siècles plus tard, nous connaissons la suite.

Finalement, les articulations ne grincent, chez Mirabeau comme chez tous ses contemporains, qu'en raison d'une conception faussée de la nature. Le Bien et le Beau, en effet, n'appartiennent pas à la nature au sens où le savant entend celle-ci, d'où l'illusion d'un progrès éthique et esthétique indéfini à mesure du progrès infini des sciences : un simple marteau peut servir à enfoncer un clou ou à briser un crâne, la nature n'y est pour rien, si ce n'est à expliquer l'un et l'autre de ces phénomènes. Il n'en reste pas moins que l'océan agité des idées dont Mirabeau, en son temps, se fit le champion a largement irrigué nos mœurs, que les grains d'or, déposés çà et là au fond, se sont accumulés, rassemblés par endroits, intégrés au monde moderne dont certains sont devenus inséparables. Et sans doute Mirabeau prendrait-il aujourd'hui une conscience claire de ces obstacles où, comme un fauve, il se débattait, et qui ne tenaient qu'à la vision nécessairement partielle de son époque sur le développement des sciences. De toute façon, son mérite est d'avoir saisi, confusément peut-être mais qu'importe? l'existence même de ces obstacles. Et que nous ayons pu fondre en pépites la plupart des grains d'or, c'est là, certes, notre propre mérite, encore nous fallait-il cette matière première.

Charles HIRSCH
Septembre 1984

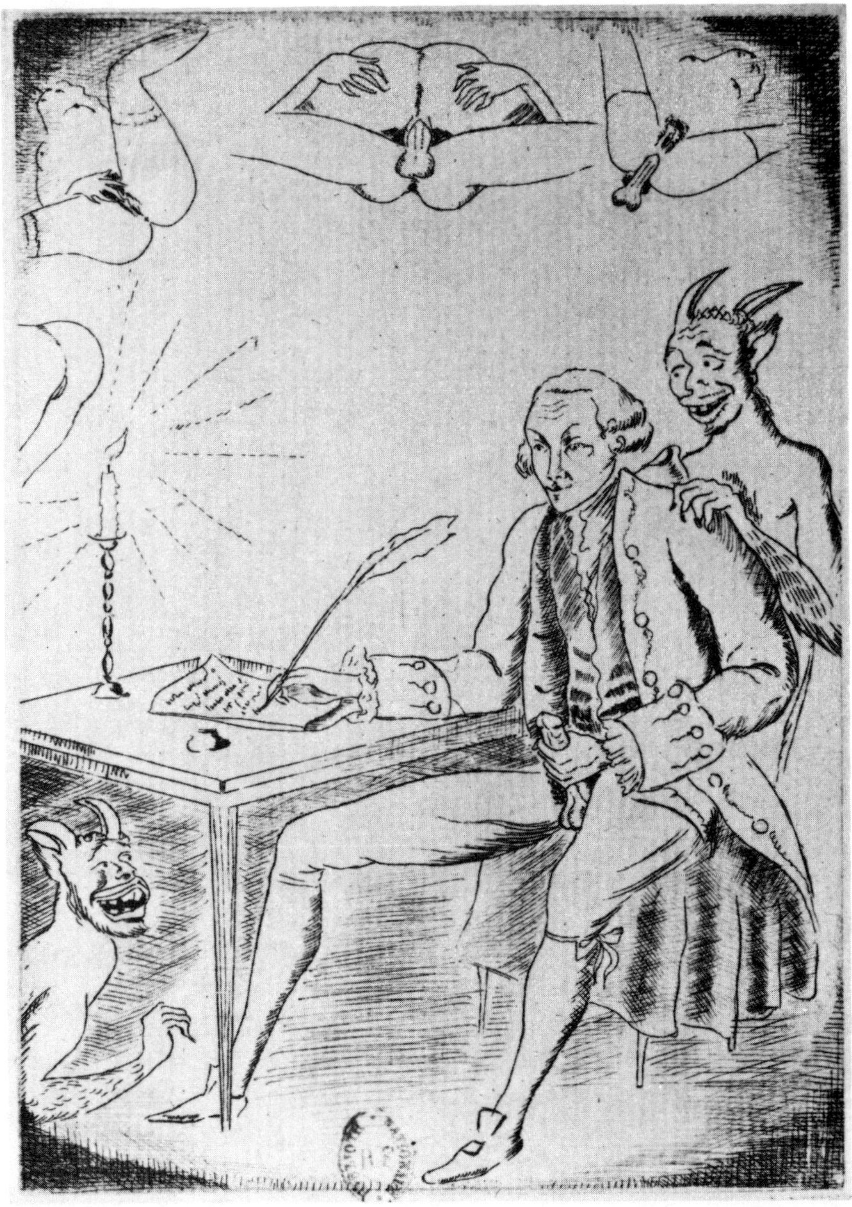

Frontispice de l'édition de 1929 chez Jean-Zacharie MALASSIS

MA
CONVERSION
Sacra
Premiere
M.D.CCLXXXIII
Edition

PRÉFACE

LA SOIF DE L'OR

« Le monstre »

Marie-Antoinette

« Si vous voulez réussir dans le monde, tuez votre conscience. »

MIRABEAU

Ce n'est pas parce que le libertin broie du noir et songe un instant à courir à la Trappe pour y ensevelir le reste de ses jours, velléité qui fondra comme neige au soleil dans les bras de Magdelon, que Mirabeau intitulera son roman sulfureux Ma conversion, *titre de l'édition originale de 1783. Procédé bien connu pour les ouvrages publiés sous le manteau, l'édition porte la mention « A Londres ». Son auteur est désigné par les initiales M.D.R.C.D.M.F. (Monsieur de Riquetti, comte de Mirabeau fils) comme Bachaumont le révéla en 1786, à la date du 5 janvier 1785 dans le tome XXVIII de ses* Mémoires secrets pour servir à l'histoire de la République des Lettres. *Un bel exemplaire de 1783 relié au XIXe siècle se trouve à la Bibliothèque Nationale (Cote Enfer 1288). Sous le titre* Ma conversion *au sommet du frontispice gravé, on peut lire l'inscription latine* Auri sacra fames *de Virgile, leitmotiv qui revient sous la plume de Mirabeau dans l'expression « au vil prix de l'or ». On verra jusqu'à quel degré de corruption cette devise conduira Mira-*

beau. Les cinq figures en taille-douce de l'édition originale sont reproduites ici. Mirabeau y fait allusion dans sa lettre à Sophie de Monnier du 5 mars 1780. Nous y reviendrons.

*La typographie comprenait un certain nombre de coquilles (*fer *au lieu de* sœur, mère *au lieu de* nièce, répare *au lieu de* répète, *etc.) qui ont été corrigées. L'orthographie et la mise en page du XVIII*e *siècle ont été revues et réactualisées par Charles Hirsch. Trente-six notes assez brèves ont été ajoutées en bas de page de façon à éclairer, non seulement certains termes propres au XVIII*e*, mais encore les références mythologiques de Mirabeau ou les noms des personnages connus à son époque et tombés dans l'oubli.*

La seconde édition de 1784 a pour titre le Libertin de qualité ou Confidences d'un prisonnier au château de Vincennes. *« A Stamboul. De l'imprimerie des Odalisques. » Aucun nom d'auteur, sinon la mention « Écrites par lui-même ». L'ouvrage fit l'objet de deux condamnations : le 12 décembre 1838 par la cour d'assises de Poitiers, et le 8 août 1842 par la cour d'assises de Paris. Deux détails qui ont leur importance comme on le verra plus loin. Sur les sept gravures de cette seconde édition, deux ne figuraient pas dans la première. Il nous a paru intéressant de les ajouter ici. Cette seconde édition est cotée à la Bibliothèque Nationale : Enfer 1285.*

La troisième édition, celle de 1790, titrée tout simplement le Libertin de qualité *porte pour la première fois le nom de Mirabeau (Enfer 394). Quant à l'édition du XVIII*e *publiée en 1791 après la mort de Mirabeau, elle a pour titre :* Vie privée, libertine et scandaleuse de feu Honoré-Gabriel-Riqueti ci-devant comte de Mirabeau, député du Tiers-État des Sénéchaussées d'Aix et de Marseille, membre du département de Paris, commandant de bataillon de la milice bourgeoise du district de Grange-Batellière, président du club jacobite, etc., etc. *Dans leur catalogue de l'enfer de 1919, Apollinaire, Fleuret et Perceau indiquent que cette réimpression du* Libertin de qualité *constitue une manœuvre des ennemis de Mirabeau et une supercherie d'éditeur (Enfer 795). D'autres éditions ont paru entre 1793 et 1796.*

Dans sa notice bibliographique au Libertin de qualité *réédité en 1929, Louis Perceau (sous le pseudonyme de Helpey, biographe poitevin) dresse l'inventaire des dix-sept premières éditions rares, clandestines ou hors commerce de cet ouvrage, la dix-septième datant de 1912. Les trois principales éditions du XX*e *siècle sont épuisées :*

1° Celle d'Apollinaire, en 1911, à 510 exemplaires réservés aux souscripteurs.

2° Celle de Louis Perceau, en 1929, à 300 exemplaires.

3° Celle du Cercle du Livre Précieux, en 1962, à 2 500 exemplaires hors commerce et réservés aux sociétaires.

C'est donc la première fois depuis deux siècles que Ma conversion *de Mirabeau fait l'objet d'une édition publique à grand tirage. Louis Perceau a relevé les erreurs, les légèretés et les inconséquences du célèbre bibliographe Gay qui, frappé d'un étrange aveuglement, s'est toujours obstiné à affirmer que* le Libertin de qualité *n'était pas de Mirabeau. Son acharnement à nier l'évidence est d'autant plus hargneux que son jugement n'est fondé que sur un préjugé pour le moins naïf: « S'il était besoin d'une preuve, écrit-il, que Mirabeau n'est pour rien dans cet ouvrage, il suffirait de celle-là, car il est bien évident qu'on ne parle pas de soi-même d'une manière aussi méprisante et aussi haineuse que le fait le héros de ce livre. » Gay va jusqu'à accuser d'autres bibliographes de prendre leur erreur dans Bachaumont.*

Il est assez piquant de voir comment un écrivain moraliste comme Heinrich Meister (1744-1826) parlait de Ma conversion *: « C'est un code de débauche dégoûtante, sans verve, sans imagination, et il ne paraît pas croyable qu'un homme d'esprit ait avili sa plume à cet excès sans laisser même soupçonner l'espèce d'attrait qui aurait pu séduire son talent. »*

De son côté, dans un second article, Bachaumont, tout en reconnaissant que la vérité était la première qualité du pinceau de l'auteur dont les portraits de femmes étaient très ressemblants, lui reprochait d'avoir produit son héros, le Roué, *« trop en déshabillé, trop nu; d'avoir trop levé le voile sur ces scènes intérieures qu'il faut laisser couvertes des ombres épaisses où elles se passent ». Mais Bachaumont connaît les mœurs incroyablement dissolues du siècle: le héros de* Ma conversion, *écrit-il le 8 janvier 1785, « est le prototype parfait de ceux du jour ». Quelques semaines plus tard, le 3 février 1785, il reprendra à son compte la justesse d'un jugement qui venait d'être porté sur l'édition de 1784: « C'est l'histoire véritable d'un de nos illustres roués, composée avec le goût le plus exquis et du style le plus élégant dont un ouvrage libre soit susceptible; c'est le récit d'une vie passée dans la volupté la plus épicurienne; c'est l'his-*

toire scandaleuse de nos femmes de cour; c'est le tableau des mœurs dépravées de presque tous les gens de qualité. Les prélats, la horde méprisable de la sacrée milice, tout y est mis à découvert, tout y est dévoilé. Il arrive au héros de l'histoire mille aventures les plus plaisantes et les plus agréablement racontées; ce qui augmente l'intérêt, c'est que tout le monde a deviné le prisonnier du château de Vincennes; c'est le comte de Mirabeau. »

C'est Guillaume Apollinaire, reconnaît Louis Perceau, qui, le premier, a signalé que Mirabeau parlait de Ma conversion *dans ses lettres à Sophie de Monnier. Toutes les lettres de Mirabeau à Sophie (dont il sera question plus loin) furent publiées entre 1792 et l'an III. Leur lecture éclaire de très près la sensibilité de Mirabeau à l'époque de son enfermement à Vincennes et l'esprit dans lequel fut écrite cette œuvre secrètement ou même inconsciemment autobiographique. Trois lettres, de février et mars 1780, prouvent incontestablement que l'ouvrage est bien de la plume de Mirabeau.*

Extrait de sa lettre du 2 février 1780

« *Ce que je ne t'envoie pas, c'est un roman tout à fait fou que je fais, et intitulé* ma Conversion. *Le premier alinéa te donnera une idée du sujet, et t'apprendra en même temps quelle fidélité je te prépare: « Jusqu'ici, mon ami, j'ai été un vaurien; j'ai couru les beautés; j'ai fait le difficile: à présent, la vertu rentre dans mon cœur; je ne veux plus [foutre] que pour de l'argent; je vais m'afficher étalon juré des femmes sur le retour, et je leur apprendrai à jouer du [cul] à tant par mois.*

« *Tu ne saurais croire combien ce cadre, qui ne semble rien, amène de portraits et de contrastes plaisants; toutes les sortes de femmes, tous les états y passent tour à tour; l'idée en est folle, mais les détails en sont charmants, et je te le lirai quelque jour, au risque de me faire arracher les yeux. J'ai déjà passé en revue la financière, la prude, la dévote, la présidente, la négociante, les femmes de cour, la vieillesse. J'en suis aux filles; c'est une bonne charge et un vrai livre de morale.* »

Extrait de sa lettre du 5 mars 1780

« Mais, mon amie, songe donc que j'ai couché dans quelques centaines de femmes, et que l'on ne persuadera pas à une seule que l'on quitte mon lit et que l'on fasse deux ou trois cents lieues, tout exprès pour aller coucher avec un vieillard » (...) et ma Conversion *avance. Je fais pour ce roman, qui est absolument neuf, et qui, si j'étais libraire, ferait ma fortune, des sujets d'estampes qui ne ressembleront à aucunes, et seront, je m'en flatte, très jolies. Comptez sur mes bontés, madame ; je daignerai toujours vous réserver quelques moments, et si je fais beaucoup pour ma bourse, je ferai aussi* quelque chose *pour mon cœur. Si tu veux passer sur des mots un peu fermes, et sur des peintures très libres, mais très vraies de nos mœurs, de notre corruption, de notre libertinage, je t'enverrai ce roman, qui est moins frivole que l'on ne croirait au premier coup d'œil. Depuis les femmes de cour, qui y sont cavées à fond, j'ai fini les religieuses et les filles d'opéra ; j'en suis par occasion aux moines ; de là je me marierai, puis je ferai peut-être un petit tour aux enfers (où je coucherai avec Proserpine) pour y entendre de drôles de confessions... Tout ce que je puis te dire, c'est que c'est une folie singulière neuve, et que je ne puis pas relire sans rire. Adieu, ma tendre bonne. Hélas ! si ton amour ne soutenait pas mon courage, il me serait bien impossible de retrouver dans ces voûtes sombres quelque esprit et quelque talent. Ainsi mon destin est de toujours tout te devoir. Adieu, ma bien-aimée ; adieu, charme de ma vie ; aime celui qui ne vit que pour toi. »*

Extrait de sa lettre du 26 mars 1780

« Quant au manuscrit que tu demandes, je l'envoie au bon ange, avec prière de te le faire passer. Garde-le le moins que tu pourras. Je ne puis y joindre ni la seconde partie, ni la feuille que j'ai retirée du corps de l'ouvrage. Ce sont des choses de nature à ce que M. B... ne puisse les passer.

« Hélas, mon amie, c'est en prison qu'on a besoin de se battre les flancs pour être gai, et de se forcer à l'être. Sans cela on serait bientôt découragé, et mort ou fou. Au reste, ma Conversion *est beaucoup*

plus plaisante que Parapilla [1]. *C'est, sous une écorce très polissonne, une peinture vivante, et même assez morale de nos mœurs, et de celles de tous les états. Les femmes de cour, les religieuses et les moines y sont traités à souhait. »*

Tout y est : l'incipit du roman (la citation textuelle des sept premières lignes de l'édition originale), l'énoncé des têtes de chapitre, l'énumération des portraits, le tableau des mœurs du temps, le projet des estampes, l'intention subversive, le jeu littéraire, l'humour, le cynisme, la tendresse. L'auteur est lui-même surpris de ce qu'il vient de produire et ne peut se relire sans rire de ses trouvailles. Quand il parle d'un roman « absolument neuf » ou d'une folie « singulièrement neuve », on voit bien qu'il se réjouit d'avoir réussi son coup. Quand il parle d'aller coucher avec Proserpine, se prendrait-il pour Pluton, le dieu des enfers ? C'est vrai qu'il n'est pas n'importe quel prisonnier. Le comte de Mirabeau n'est pas victime du destin, car il a conscience qu'il est lui-même un destin. Sa vie a toujours été et sera toujours un roman.

Issu d'une illustre famille, le jeune comte de Mirabeau sortit à dix-sept ans de l'École militaire pour aller guerroyer en Corse où il obtint et l'estime des Corses et le grade de capitaine de Dragons. C'était déjà un homme impétueux et très cultivé, couvert de dettes et couvert de femmes. Entre lui et son père, la guerre fut sans merci. De ce jeune homme indomptable, son oncle le bailli dit un jour ceci : « Ou c'est le plus habile persifleur de l'univers ou ce sera le plus grand sujet de l'Europe pour être général de terre ou de mer, ou ministre, ou chancelier ou pape ou tout ce qu'il voudra. » Il allait devenir à quarante ans le plus grand tribun de son temps. A vingt-trois ans, il épousa à Aix une jeune et riche héritière, la fille du marquis de Marignane, dont il pensera surtout à dilapider la fortune. On a dit de Mirabeau qu'il était une « magnifique exagération ». Séducteur-né malgré sa laideur, une laideur à tel point éblouissante qu'il se sentait beau, il était doué d'un tempérament de feu et d'une virtuosité verbale hors du commun. « Marchand de parole ! » disait de lui son père. A la fois despote et philanthrope, cet homme de l'ancien régime tenait son fils pour un « mâle mons-

(1) Poème licencieux en cinq chants de M. B** (Charles Bordes, poète et littérateur né en 1711 et mort en 1781).

trueux au physique comme au moral ». Il le poursuivit de sa haine en obtenant contre lui des lettres de cachet royales pour le faire enfermer d'année en année : en 1774 au château d'If, en 1775 au fort de Joux, en 1776 au château de Dijon. Comme chez Sade, l'enfermement éveilla chez Mirabeau sa vocation d'écrivain. Quand le corps est enfermé, l'esprit se venge. Mirabeau écrivit son Essai sur le despotisme *en prison et le fit publier à ses frais, le premier d'une longue série d'ouvrages anonymes. Entre la bonne chère et les femmes, il a toujours trouvé le temps d'écrire. Il dira un jour : « Il semble que ma fatale destinée soit d'être toujours obligé de tout faire en vingt-quatre heures. »*

C'est à Pontarlier, pendant son emprisonnement au fort de Joux en 1775, qu'il réussit à séduire et à entraîner dans l'adultère la désormais célèbre Sophie de Monnier, jeune épouse d'un vieux marquis. C'est à lui, à ce vieillard, qu'il fait allusion dans sa lettre à Sophie du 5 mars 1780. Le scandale fut tel en juillet 1776 que les deux amants s'enfuirent ensemble et gagnèrent Amsterdam. Accusé et convaincu du crime de rapt et de séduction, Mirabeau fut condamné par coutumace à avoir la tête tranchée. Sentence qui fut exécutée... en effigie. Autre similitude avec le marquis de Sade qui, quatre ans plus tôt, en 1772, fut pendu en effigie, brûlé et ses cendres jetées aux vents. En Hollande, Mirabeau vécut de sa plume en traduisant des ouvrages étrangers. Mais le gouvernement français finit par obtenir son extradition. Il fut arrêté avec Sophie de Monnier le 14 mai 1777, tous deux ramenés en France pour y être enfermés, lui au donjon de Vincennes, elle dans le couvent de Sainte-Claire.

En entrant à Vincennes le 8 juin 1777, à l'âge de vingt-sept ans, Mirabeau ignorait qu'il n'en sortirait que trois ans et cinq mois plus tard, le 17 novembre 1780, à l'âge de trente et un ans. C'est là, sous les voûtes sombres de sa cellule, qu'il écrira sa superbe correspondance amoureuse à Sophie de Monnier, tout en traduisant Tacite, Tibulle ou Boccace, tout en rédigeant plusieurs ouvrages d'érudition, notamment Erotika Biblion *et* Des lettres de cachet et des prisons d'État, *tout en s'amusant à composer des romans érotiques. Personne, disait-on au XIX*e *siècle, n'a possédé à un aussi haut degré que Mirabeau l'art de varier son style. On l'a même traité de* polygraphe *! On a parlé du journaliste pamphlétaire du* Courrier de

Provence, *on a parlé de l'orateur ou du tribun révolutionnaire, mais de l'écrivain il n'en est jamais question. Seul Sainte-Beuve, qui le trouve inégal, inachevé, indigeste, reconnaît qu'il a le style abrupt, accidenté, escarpé de ses ancêtres et qu'un « dieu était en lui qui veillait, qui remettait, à son insu, l'ordre et une sorte d'harmonie supérieure dans le tumultueux désordre et le chaos orageux de l'homme ».*

Pourtant, ce qui frappe aujourd'hui dans Ma conversion*, c'est la modernité de l'écriture, son aisance, sa désinvolture. Écriture vive et si rapide qu'elle semble courir sur la page à bride abattue : « Les grands mots sont lâchés, mon pégase débridé, la ville rendue et ma charmante foutue. » On sent qu'il peint ce qu'il a vu et qu'il s'amuse follement à dévoiler la corruption généralisée de son temps. Corruption qu'il partage et dans laquelle il semble bien se complaire. Tout est permis, les pires excès du libertinage, mais « le seul manque de respect que nous ne pardonnions pas, fait-il dire à la marquise Vit-au-Conas, c'est une faute d'orthographe ! ». Un libertin de* qualité *ne fait pas de fautes d'orthographe. Le mot revient plusieurs fois sous sa plume, notamment lorsqu'il écrit à Sophie, en lui rappelant leur rencontre, que « le hasard l'a fait accoster d'un homme de qualité ». Le titre de sa seconde édition est bien entendu de Mirabeau lui-même. Mais si l'on songe à l'origine de ce livre, tout porte à croire qu'il s'agit d'une œuvre de commande qu'il aurait monnayée, comme l'indique le frontispice, « au vil prix de l'or ». C'est sans nul doute à cela qu'il fait allusion en écrivant à Sophie : « et si je fais beaucoup pour ma bourse, je ferai aussi* quelque chose *pour mon cœur ».*

C'est encore en 1780 que le marquis de Sade, cousin éloigné de Mirabeau et enfermé comme lui à Vincennes, le traita de « giton du commandant », menaça de lui couper les oreilles et l'engagea à aller « baiser le cul de son protecteur », M. de Rougemont, le commandant du donjon de Vincennes. Voilà deux hommes de génie, deux hommes parmi les plus remarquables de leur époque, qui passèrent des mois et des mois ensemble dans la même forteresse sans communiquer entre eux, sinon occasionnellement pour s'insulter. Sorti de Vincennes à la fin de 1780, Mirabeau fut obligé de se constituer prisonnier à Pontarlier pour purger sa coutumace, mais finalement pour la faire annuler en transigeant défavorablement avec le vieux marquis de Monnier. En 1781, l'affaire de son divorce avec sa femme eut un retentissement énorme en Provence. Bien qu'il fût son propre avocat, il perdit son procès et la séparation de biens le laissa sans ressources. Sans doute mit-il en pratique sa maxime (« Je ne veux plus foutre que pour de l'argent ») car son infortune ne mit pas fin à son train de vie, il aima d'autres femmes et voyagea beaucoup à l'étranger où l'on suppose qu'il fit publier ses pamphlets.

Mirabeau avait l'art de se refaire une santé dans l'ombre, puis de reparaître au grand jour comme un beau diable, plus polémiste, plus virulent que jamais. De retour à Paris en 1785, il s'en prit aux pouvoirs occultes de l'argent en publiant contre eux des libelles et des mémoires violents qui obligèrent la caisse d'escompte, la banque de Saint-Charles et la compagnie des eaux de Paris à se défendre contre ses accusations un peu trop révolutionnaires. A force de manœuvrer pour se tailler une place au soleil, il finit par obtenir en 1786 une mission secrète en Prusse. C'est à Berlin qu'il recueillit les matériaux de son ouvrage en quatre volumes sur la Monarchie prussienne. *Quel que fût son rôle d'agent secret, il n'eût en tout cas aucun scrupule à publier son* Histoire secrète de la Cour de Berlin ou Correspondance d'un voyageur français depuis le mois de juillet 1786 jusqu'au 19 janvier 1787, *des dizaines de lettres au ministre Calonne qui firent scandale. L'ouvrage fut saisi et puis brûlé sur ordre du Parlement par la main du bourreau.*

De pamphlet en pamphlet, de mémoire en mémoire, l'audacieux et turbulent Mirabeau réussit à faire parler de lui et à préparer de longue main sa fulgurante carrière politique. Dès qu'il se présenta aux élections de 1789 à Aix, son succès et son prestige devinrent très vite si considérables, si fabuleux, que son père, son plus vieil ennemi, ne put s'empêcher de s'écrier : « Voilà de la gloire, de la vraie gloire ! » tout en écrivant à son frère : « De longtemps, ils n'auront vu telle tête en Provence. Je l'ai vérifié par moi-même, j'ai aperçu vraiment du génie ! » Tout le monde savait que l'homme était vénal, jouisseur et cynique, mais tout le monde était fasciné par l'accent prophétique de son verbe et par sa vision utopique d'un homme nouveau et d'un monde meilleur. Le plus grand démagogue de notre histoire venait de conquérir son titre immortel de plus grand tribun de la révolution. Victor Hugo dira de lui : « Mirabeau, ce n'est pas un homme, ce n'est pas un peuple, c'est un événe-

ment qui parle. Un immense événement! la chute de la forme monarchique en France. »

Hélas, le tribun de l'Assemblée qui s'était écrié à l'adresse du représentant du Roi : « Allez dire à votre maître que nous sommes ici par la volonté du peuple et qu'on ne nous en arrachera que par la force des baïonnettes » (version populaire somme toute assez proche de celle du Moniteur*), cet homme-là, qui rêvait d'être Richelieu, finira par servir secrètement la cause de Marie-Antoinette pour payer ses dettes. Même ses habits de noces de 1772 n'étaient pas encore réglés! Il eut avec Marie-Antoinette une entrevue secrète qui transpira et fit scandale:* La grande trahison de Mirabeau *titrèrent les journaux. Quelques mois plus tard, après des années de débauches de table et de femmes, le 2 avril 1791, le comte de Mirabeau mourut brutalement au cours d'une crise de coliques néphrétiques, voire d'une maladie plus pernicieuse, à l'âge de quarante-deux ans. L'émotion populaire fut intense et la douleur du peuple immense. La mort de Mirabeau a souvent été relatée. Quelques heures avant sa mort, en entendant au loin un coup de canon, il se serait écrié en sursaut: « Sont-ce déjà les funérailles d'Achille? » Les funérailles de Mirabeau furent pour ainsi dire l'apothéose de sa carrière. Seul Marat, le révolutionnaire de qui le ci-devant marquis de Sade fit l'éloge, écrivit aussitôt: « Peuple, rends grâce aux dieux! ton plus redoutable ennemi vient de succomber... Quel homme de bien voudrait que ses cendres reposassent à côté de Mirabeau? »*

En 1894, bien après la découverte des papiers prouvant la vénalité de Mirabeau, sa dépouille fut retirée du Panthéon français *de Sainte-Geneviève pour être inhumée, sans le moindre indice, au cimetière des suppliciés de Clamart. On lui fit payer post mortem son immoralité. Les papiers découverts dans une armoire de fer en 1791 prouvaient sans conteste que le Grand Mirabeau, le grand révolutionnaire, l'homme nouveau qui annonçait une ère nouvelle, avait secrètement travaillé à sauver la monarchie « au vil prix de l'or » comme dans* Ma conversion.

Son roman libertin de 1780 est rétrospectivement très révélateur de ce qu'il aura été toute sa vie: un aventurier de génie en proie à tous les démons de la puissance et de la jouissance, à l'orgueil comme à l'ambition, à tous les vices comme à toutes les passions, un libertin de la pensée et de l'action, une force de la nature, un homme de la démesure, un loup solitaire, un grand rêveur et sans doute, en son for intérieur, un homme sans foi ni loi. « Tribun d'un peuple vainqueur ou soutien d'un roi vaincu, dit Lamartine, c'étaient les deux rêves de Mirabeau. Il flottait dans son imagination sans cesse entre l'un et l'autre. » « Y eut-il trahison ? s'interroge Michelet. Non. Y eut-il corruption ? Oui. Oui, l'accusé est coupable (...) La Convention eut raison de mettre hors du temple l'homme corrompu, ambitieux, faible de cœur, qui aurait préféré à la patrie une femme et sa propre grandeur. » Presque tous les jugements de l'histoire sur Mirabeau sont contradictoires. Là encore il ressemble à Sade. Ces hommes hors du commun font craquer les coutures de l'humanisme. Ce sont des comètes en flammes qui semblent prédestinées à émouvoir et faire lever la lourde pâte humaine. Mais on peut se demander si toute la perversité d'esprit de Mirabeau n'était pas déjà dans son roman, et si le sens intime de Ma conversion *n'était pas au fond* Ma corruption *: « auri sacra fames », mon exécrable soif de l'or...*

Michel CAMUS

MA CONVERSION
ou
le libertin de qualité

LE

LIBERTIN

DE QUALITÉ,

OU

CONFIDENCES

D'UN PRISONNIER AU CHATEAU DE VINCENNES.

Ecrites par lui-même.

Avec figures.

Auri sacra fames.

A STAMBOUL,

DE L'IMPRIMERIE DES ODALISQUES.

M. DCC. LXXXIV.

VIE
PRIVÉE, LIBERTINE
ET
SCANDALEUSE
DE FEU

HONORÉ-GABRIEL-RIQUETI

CI-DEVANT

COMTE DE MIRABEAU

DÉPUTÉ du Tiers-État des Sénéchaussées d'Aix & de Marseille, membre du département de Paris, commandant de bataillon de la milice bourgeoise du district de Grange-Batelliere, président du club Jacobite &c. &c. &c.

A PARIS, *rue de l'Echelle*
en Suisse, à Londres, en Prusse & en Hollande.
CHEZ TOUS SES CRÉANCIERS.

M. DCC. XCI.

MA
CONVERSION.

PAR M. D. R. C. D. M. F.

Avec Figures en Taille-douce.

PREMIERE ÉDITION.

A LONDRES.

M. DCCLXXXIII.

Monsieur Satan,

Vous avez instruit mon adolescence, c'est à vous que je dois quantité de tours de passe-passe qui m'ont servi dans mes premières années. Vous savez si j'ai suivi vos leçons, si j'en ai pas sué nuit et jour pour agrandir votre empire et vous fournir des sujets nouveaux.

Mais, Monsieur Satan, tout est bien changé dans ce pays, vous devenez vieux; vous restez chez vous; les moines même ne peuvent vous en arracher. Vos diablereaux, pauvres hères! n'en savent pas autant que nos apprentis maquereaux; ils ne vous rapportent que des récits infidèles, parce que nos femmes les attrapent et les bernent.

Je trouve donc une occasion de m'acquitter envers vous; je vous offre mon livre. Vous y lirez la Gazette de la cour, les nouvelles à la main des filles, des financiers et des dévotes. Vous serez instruit de quelques tours de bissac (1) *où, tout fin diable que vous êtes, vous auriez eu un pied de nez. Mais que votre chaste épouse n'y fourre pas le sien, car aussitôt cornes de*

(1) Bissac au sens de besace, sac fendu en long par le milieu et dont les extrémités forment deux poches.

licornes s'appliqueraient sur votre front séraphique. Défiez-vous surtout de ses grandes manches à gros vit, et ne laissez pas votre femme en confrérie sans une ceinture. Cependant, que la jalousie ne trouble pas votre repos : car voyez-vous, monsieur Satan, si elle le veut, cocu serez, et quand vous la mettriez en poche, si (1) *foutrait-elle par la boutonnière.*

Puissent les tableaux que j'ai l'honneur de mettre sous vos yeux ranimer un peu votre antique paillardise ! Puisse cette lecture faire branler tout l'univers !

Daignez recevoir ces vœux comme un témoignage du profond respect avec lequel je suis,

Monsieur Satan,

de Votre Altesse diabolique,

le très humble, très obéissant
et très dévoué Serviteur
CON-DESIROS

(1) Ainsi.

Jusqu'ici, mon ami, j'ai été un vaurien; j'ai couru les beautés; j'ai fait le difficile. A présent la vertu rentre dans mon cœur; je ne veux plus foutre que pour de l'argent; je vais m'afficher étalon juré des femmes sur le retour, et je leur apprendrai à jouer du cul à tant par mois.

Il me semble déjà voir une dondon, qui n'a plus que six mois à passer pour finir la quarantaine, m'offrir la molle épaisseur d'une ample fressure. Elle est fraîche encore dans sa courte grosseur; ses tétons rougissant d'une substance trop abondante sont d'accord avec ses petits yeux pour exprimer toute autre chose que la pudeur; elle me patine la main : car la financière, comme son mari, patine tout et toujours; je rougis : ah ! voyez comme cela me va, comme mes yeux s'animent, comme mon pucelage m'étouffe; car vous noterez que j'ai mon pucelage, et que je cherche à me faire élever. On m'offre plus que je ne veux; les agaceries sont de vraies orgies... Foin, je ne bande point... Je deviens triste, mes malheurs me tourmentent; des créanciers avides... Pendant ce temps-là, ma main erre; elle s'anime : quelle légèreté ! comme la cadence est brillante ! Ma voie exprime l'adage, mon archet est l'organe d'un *presto* vigoureux et soutenu. Ah ! mon ami, voyez le cul de ma dondon, comme il bondit... Sa poitrine siffle, son gosier se serre, son con décharge, elle est en fureur, elle veut m'entraîner... Là, là, tout doux... La douleur me ressaisit... On me fait des offres : hélas ! comment se résoudre à accepter d'une femme à qui on voudrait témoigner le sentiment le plus pur ! On redouble ; je pleure : l'or paraît... L'or ! Sacredieu ! je bande et je la fous.

Mais ma chaste dondon en paye plus d'un ; aussi, bientôt après ma facile victoire, je me fais présenter chez Mme *Honesta* (famille presque éteinte). Tout y respire la pudeur et l'honnêteté ; tout prêche l'abstinence, jusqu'à son visage dont la tournure, quoique assez piquante, n'a cependant aucun de ces détails qu'inspire la tendresse. Mais elle a des yeux, de la physionomie, une taille qui serait trop maigre si toute l'habitude du corps ne s'y proportionnait pas. Je ne louerai pas sa gorge, quoiqu'une gaze qui s'est dérangée m'ait permis d'entrevoir du lointain ; ses bras sont un peu longs, mais ils sont flexibles. On pourrait souhaiter une jambe plus régulière ; telle qu'elle est, un joli pied la termine. Nous avons les *grands airs*, des *nerfs*, des *migraines*, un mari que l'on ne voit qu'à table ; des gens discrets, de l'esprit bizarre, capricieux, mais vif ; mais quelquefois ne ressemblant qu'à soi... Pardieu ! allez-vous me dire, celle-là ne vous payera pas... Oh que si ! parce qu'elle est vaniteuse, parce qu'elle se pique de générosité, parce qu'elle veut primer.

D'abord, vous imaginez bien que nous faisons du respect, de l'esprit, des pointes, des calembours ; que Madame a raison, que tout chez elle est au mieux possible... Irai-je à sa toilette ? Pourquoi non ?... Je placerai une mouche, je donnerai à cette boucle tout le jeu dont elle est susceptible... Un chapeau arrive... Bon Dieu ! les grâces l'ont inventé, le dieu du goût lui-même en a placé les fleurs, et tous les zéphyrs jouent dans les plumes qui le couvrent. Comme cette gaze, *Prune de Monsieur*, coupe avec ce *vert Anglais...* Mais, qui l'a envoyé ?... Vous sentez que je suis le coupable ;

Voyez son Cul comme il bondit

et pourquoi un coupable ne rougirait-il pas ?... Je suis trahi, déconcerté, boudé... Victoire, que son emploi de femme de chambre, quelques baisers des plus vifs et un louis ont mise dans mes intérêts, les plaide en mon absence...

— Ah ! Madame, si vous saviez ce que l'on me dit de vous !... Combien ce monsieur est aimable ! Il vaut bien mieux que votre chevalier, et je suis sûre qu'il ne vous coûterait qu'une misère... Il n'est pas joueur, je le sais de son laquais, c'est un cœur tout neuf.

— Mais, crois-tu que je sois assez aimable pour...

— Ah Dieu ! Madame, comme ce chapeau est tourné ! Vous voilà à l'âge de vingt ans.

— Tais-toi, folle ; sais-tu que j'en ai trente et passés ?...

(Pardieu oui, *passés*, et il y a dix ans que cela est public...) Je reviens l'après-midi ; on est seule : pourquoi ne le serait-on pas ? Je demande pardon en offensant davantage ; on s'attendrit, je me passionne ; on se... (foutre, attendez donc..., cette femme-là est d'une précipitation à me faire perdre les frais de mon chapeau). Vous sentez bien que mon laquais n'est pas assez bête pour ne pas me faire avertir que le ministre (ah ! pardieu tout au moins) m'attend. Je jette un coup d'œil assassin ; j'embrasse cette main qui tremble dans la mienne... Je me relève et je pars.

Pendant ce temps-là je fais connaissance avec une de ces femmes qui, blasées, sur tout, cherchent des plaisirs à quelque prix que ce soit. Elle me fait des avances, parce que son honneur, sa réputation, la bienséance... Tout cela est aussi loin que sa jeunesse. Nous sommes bientôt arrangés ; elle me paye ; je la lime, car je ne veux sacredieu pas déranger... Mon Infante le fait ; les tracasseries viennent. Ah ! doux argent ! je sens ton auguste présence !... Enfin on se détermine ; il y a déjà quinze mortels jours qu'on languit. Je fais entendre, modestement, que la reconnaissance m'attache, que j'ai des obligations d'un genre... N'est-ce que cela ?... On me paye au double ; et dès lors je suis quitte avec ma

Messaline : je vole dans les bras qui m'ont comblé de bienfaits nouveaux, et je goûte... non pas du plaisir... mais la satisfaction de prouver que je ne suis pas ingrat.

Las ! que voulez-vous ? Quand on a engraissé la poule, elle ne pond plus ; les honoraires se ralentissent, et je dors.

— Comment tu dors ?

Oui, la nuit, et qui plus est le matin... Ce matin chéri qui anime l'espérance, qui éclaire les combats amoureux. On se plaint, je me fâche ; on parle de procédés, d'ingratitude, et je démontre que l'on a tort ; car je m'en vais.

Dieu Plutus (1) ! inspirez-moi !... Un dieu m'apparaît ; mais il n'est point chargé de ses attributs heureux : c'est le dieu du conseil, le diligent Mercure ; il me console, il me flatte et m'envoie chez M. Doucet. Vous ne le connaissez sûrement pas : or, écoutez.

Une taille qu'une soutane et un manteau long font paraître dégagée ; un visage qui rassemble la maturité de l'âge, l'embonpoint et la fraîcheur ; des yeux de lynx ; une perruque adonisée ; l'*esprit* en a tracé la coupe ; sa physionomie ouverte, mais décente, répand l'éclat de la béatitude ; il ne se permet qu'un sourire, mais ce sourire laisse voir de belles dents... Tel est le directeur à la mode ; les troupeaux de dévotes abondent ; les consultations ne tarissent pas.

Mais il existe des privilégiées, de ces femmes ensevelies dans un parfait quiétisme de conscience, et dont la charnière n'en est que plus mobile. Le père en Dieu cache sous un maintien hypocrite une âme ardente, et de très belles qualités occultes... Vous vous doutez bien que c'est à ces femmes qu'il faut parvenir. Je m'insinue donc dans la confiance du bonhomme, je lui découvre que je suis presque aussi tartuffe que lui : il m'éprouve ; et quand toutes ses sûretés sont prises, il m'introduit chez Madame de ***.

(1) Plutus ou Ploutos : dieu gréco-romain qui présidait à la distribution des richesses.

C'est là que la sainteté embaume, que le luxe est solide et sans faste, que tout est commode, recherché sans affectation.. Mais, quoi ! un jeune homme chez une femme de la plus haute vertu !... Et justement, c'est afin de ne pas perdre la mienne ; car vous noterez que je dois en avoir ; au moins autant que d'impudence. Mes visites s'accumulent, la familiarité s'en mêle ; et voici une des conversations que nous aurons, j'en suis sûr.

A la sortie d'un sermon (car j'irai, non pas avec elle, mais je serai placé tout auprès, les yeux baissés, jetant vers le ciel des regards qui ne sont pas pour lui). A la sortie d'un sermon duquel elle m'a ramené, je commencerai par la critique de toutes les femmes rassemblées autour de nous. Notez que les questions viennent de ma béate.

— Comment avez-vous trouvé Madame une Telle ?

— Ah ! bon Dieu ! elle avait un pied de rouge.

— Pourtant elle est jolie.

— Elle aurait de vos traits, si elle ne les défigurait pas ; mais le rouge... Cependant je le lui pardonne ; elle n'a ni votre teint, ni vos couleurs (croyez-vous qu'à ces mots elles n'augmenteront pas ?).

— Par exemple, la comtesse n'était pas habillée dûment.

— Du dernier ridicule.

— Elle montre une gorge !

— Et quelle gorge ! Je ne connais qu'une femme qui eût le droit d'étaler de pareilles nudités. Au moins nous verrions des beautés (remarquez ce coup d'œil sur un mouchoir dont les plis laisseraient passage à ma vue... Un autre coup d'œil me punit, et je deviens timide, décontenancé).

— Que pensez-vous du sermon ?

— Moi, je vous l'avouerai, j'ai été distrait, inattentif.

— Cependant, la morale était excellente.

— J'en conviens ; mais présentée d'une manière si froide ; une belle bouche est bien plus persuasive. Par exemple, quel effet ne font pas sur moi vos exhortations ! Je me sens plus animé, plus fort, plus courageux... Hélas ! vous me faites aimer la vertu, parce que je vous aime...

(Ah ! mon cher ami, voyez-moi tremblante, interdite ; la pâleur couvre mon visage... Je demande pardon... Plus on me l'accorde, plus j'exagère ma faute, afin de ne pas être coupable à demi)... Ma dévote se remet plus promptement ; cependant, elle est encore émue, elle me propose de lire, et c'est un traité de l'amour de Dieu. Comme ma voix est touchante ! Placé vis-à-vis d'elle, mon œil de feu la parcourt et l'épie : je paraphrase, je compose ; ce n'est plus un sermon, c'est Rousseau que je lui débite... Je saisis l'instant, un oratoire est mon boudoir, et je suis heureux.

Mais l'argent, l'argent. Foutre, un moment ; laissez-nous décharger... Quelle jouissance qu'une dévote ! Que de charmants riens ! Comme cela vous retourne ! Quel moelleux ! Quels soupirs !... Ah ! ma bonne Sainte Vierge !... Ah ! mon doux Jésus !... Ami, sens-tu cela comme moi ?...

Mais l'argent ! Eh ! me croyez-vous assez bête pour aller faire un marché ?... Nenni... quelque sot !

Je revois mon cafard, je lui raconte le tout ; il est discret ; il perdrait trop à ne pas l'être, et c'est lui qui va me servir, bien entendu qu'il aura son droit de commission.

Depuis trois jours, ma dévote en abstinence n'a eu pour ressource que son godemiché. Le père en Dieu arrive :

— Hélas ! ce pauvre jeune homme ! il est encore retombé dans le vice ! Des femmes perdues l'entraînent (Quel coup de poignard !).

— Ah ! mon père ! quel dommage ! il a un bon fond.

— Madame, ce n'est pas sa faute, il y a même en lui une espèce de vertu ; car il est franc. « Monsieur, m'a-t-il dit, j'ai des dettes d'honneur, ma *conscience* me tourmente ; je vais me perdre peut-être ; je serai la victime de mon devoir... Hélas ! ce qui me perce l'âme, c'est de quitter Madame de *** (ici elle baisse les yeux). Cette femme est adorable ; elle possède mon cœur... N'importe, il faut la fuir... Étoile mal-

LA DÉVOTE Pl. 3.

ha! mon doux Jesus.

heureuse ! déplorable destin ! » Voilà, madame, ce qu'il m'a dit les larmes aux yeux.

On me plaint ; on parle d'autre chose ; on revient...

— Mais à quoi montent ces dettes ?

— Trois cents louis...

Et vous croyez qu'une femme qui connaît mes caresses et mes reins, qui est sûre du secret, qui ne me trouve pas un butor, qui aime sur tout les variantes, ne me les enverra pas le lendemain...

Je vous vois d'ici faire le moraliste : *mais cela est odieux; l'amour pur est généreux, vous êtes un fripon...* Foutre, vous badinez ; vous gâteriez le métier ; elle a trente-six ans, j'en ai vingt-quatre ; elle est encore bien ; mais je suis mieux ; elle met de son côté du tempérament et de l'argent, moi de la vigueur et du secret... Ne voilà-t-il pas compensation ?

D'ailleurs, voulez-vous que je m'acquitte ? Je lui fais l'honneur de l'afficher. Elle quitte sa dévotion ; je la rends à la société, à elle-même ; elle change d'état enfin... Non, je me trompe, elle ne change que de robe et de coiffure.

Voilà ma dévote dans le monde, et par mes soins.

— Mais il valait bien mieux la laisser dans son obscurité : vous allez la perdre, on vous l'enlèvera.

— J'ai d'autres projets peut-être ; son argent est consommé, ses diamants sont vendus, mon caprice est passé... Vous verrez cependant que pour me faire enrager elle s'avisera d'être fidèle ; il faut que je prenne la peine d'avoir des torts avec elle.

— Vous en aurez bientôt.

— Non, car voici ma conclusion : « Madame, je ne rappellerai point vos bontés, elles me sont chères, et mon cœur aime à vous avoir des obligations que toute autre ne m'eût pas fait contracter ; mais plaignez-moi ; c'est ma reconnaissance qui me coûtera la vie ; c'est le soin de votre gloire qui va détruire mon bonheur. Je vous dois de cesser des visites qui vous compromettraient . Hélas ! je sais trop qu'en prononçant cette séparation funeste, je dicte mon arrêt. » Puissances du ciel ! combien vous êtes attestées ! A force de singeries, je parviens à m'attendrir ; ma Dulcinée verse tour à tour les larmes de la douleur et celles du plaisir : ma fuite est combinée par des points d'arrêts sur tous les sofas des appartements, et c'est à la dernière extase que je me sauve.

Parbleu, voilà bien des façons. Pauvre sot ! tu ne vois donc pas que cette femme fait ma réputation pour l'éternité ; je n'ai plus besoin de me vanter, je n'ai qu'à lui en laisser le soin, et je suis le phénix des oiseaux de ces bois. D'ailleurs, je n'ai pas perdu la tête, elle est amie intime de la Présidente de ***, et depuis longtemps je lorgne cette riche veuve ; elle ne manquera pas d'être la confidente de ma délaissée, et me croyez-vous assez novice pour n'avoir pas persuadé à celle-ci que ce serait un moyen de nous voir encore ; à l'autre que je ne quitte Madame une Telle que pour ses beaux yeux.

Tout réussit à mon gré... mais il faut que je les brouille... allons, discorde, vole à ma voix... On se pique, on se refroidit, les deux inséparables ne se voient plus ; la Présidente exige que j'embrasse son ressentiment ; je me fais valoir, je deviens exigeant à mon tour. Que ne peut le désir de la vengeance ! on se livre à moi pour faire pièce à sa bonne amie.

La Présidente a trente-cinq ans, et n'en paraît pas plus de vingt-huit ; elle est bien conservée, mais sans affectation. Ce serait une petite maîtresse, si le jargon ne l'ennuyait pas. Elle a de l'esprit avec les femmes, de la gentillesse avec les hommes, beaucoup de retenue dans le public, un ton de femme de qualité, et des dehors imposants.

Dans le particulier, je n'ai guère connu de tempérament plus vif, plus soutenu et en même temps plus varié. Ses caresses sont séduisantes, parce qu'elles sont franches, et vingt fois j'ai été tenté de l'aimer. Au reste, elle n'est pas sans défauts, elle a une profonde vénération pour elle-même ; ses décisions sont des oracles, ses préceptes des lois : je n'ai rien vu de si impérieux. Il est vrai qu'elle y joint l'adresse, et que souvent vous croyez faire votre volonté en ne suivant que la sienne.

Sa société qui nous devine ne tarde pas à me fêter, je suis le saint du jour ; elle a de la confiance en moi : rien n'est bien, si je ne l'ai conseillé. Nous passons ainsi six mortelles semaines. J'oubliais qu'elle veut être la confidente de mes affaires. Un jour j'arrive chez elle... Mon œil est agité.

— Mais, qu'as-tu donc, mon ami ? Tu es bien sombre.

— Quoi ! dis-je (en m'efforçant de sourire), pourrais-je apporter chez vous de l'humeur ?

On me persécute, je m'obstine à me taire, j'ai des distractions que le monde qui abonde pour le souper ne saurait détruire : on me propose une partie, je la refuse, et je sors à minuit en m'échappant.

Voilà qui est bien simple, direz-vous ; qui n'en ferait autant ?... Je vous le donne en dix : écoutez seulement.

Est-ce que mon laquais, qui est un Crispin [1] des mieux dégourdis, n'a pas eu l'esprit de foutre la femme de chambre pour éviter l'ennui ? Or, ce jour-là, il est presque aussi triste que moi, sa charmante le presse autant que la mienne ; et, comme il est d'un naturel confiant, il avoue que *la nuit dernière j'ai soupé chez la duchesse une Telle, que l'on m'a fait, malgré moi, tailler au pharaon.* Que le jeu était diabolique, que j'ai perdu énormément, et qu'étant peu riche, je suis étrangement incommodé ; mais, ce qui me tourmente, c'est d'avoir été obligé de mettre en gage le diamant que m'a donné la Présidente. Hélas ! cette bague précieuse n'a pas même été suffisante avec tous mes bijoux pour dégager ma parole, et je suis sans un sou.

(1) Nom d'un valet de comédie du Théâtre-Français.

Il retombe ensuite sur lui-même, car le drôle est presque aussi coquin que moi : on l'a forcé aussi de jouer, et sa montre est avec mes effets chez Mme la Ressource ([1]). La pauvre Adélaïde, qui aime le pendard, tire de son armoire quarante écus, qui composent sa petite fortune et sont même le fruit de mes dons. Le scélérat les empoche; mais y a bien un autre manège.

J'ai aperçu des chuchotages de la Présidente à la femme de chambre, des allées, des venues : c'est que l'on a conté tout cela à Madame; que Madame a fait répéter le tout à mon bandit, et que sur-le-champ elle lui a remis cinq cents louis.

— Douze mille francs ?

— En or, vous dis-je, pour aller tout dégager et fournir mon supplément...

Quand je sors, je retrouve mon fourbe dans mon carrosse, et nous portons le magot en triomphe chez moi.

— Comment, tout cela n'était pas vrai ?

— Mais d'où diable viens-tu donc ? C'est incroyable : tu ne te formes point; mais aiguise donc ton intelligence.

Le lendemain à sept heures, en déshabillé leste, je cours chez la Présidente; une joie douce brille dans ses yeux; j'ai son diamant au doigt... je veux la faire parler (car vous noterez que, sous peine de la vie, mon laquais ne doit m'avoir rien avoué), elle me fait un mensonge avec toute l'adresse, toute la noblesse de la générosité; mais elle voit bien à la vivacité de mes caresses que la reconnaissance les enflamme, et que je ne suis pas sa dupe. Un peu remis de mes transports, je parle de bienfaits; on m'impose silence, en me disant que si l'on avait été assez heureuse pour me rendre un service, j'en ôterais tout l'agrément.

Comment, monstre, tant d'amour et de générosité ne te

(1) Mont-de-piété.

touche pas ! Si fait, pardieu, et pour lui montrer ma gratitude (un peu aussi pour m'en débarrasser), je la marie avec un homme de ma connaissance qui la rend la femme la plus heureuse de Paris. D'amants que nous étions, nous devenons amis, et je vole, non pas à de nouveaux lauriers, mais à de nouvelles bourses.

Dégoûté de l'amour parfait, de la jouissance méthodique de la dévote et de la Présidente, je languissais tristement, quand mon bon ange me conduisit chez Mme Saint-Just (fameuse maquerelle pour les parties fines, rue Tiquetonne) ; je lui annonce que je suis vacant, et surtout que le diable est dans ma bourse ; elle me présente sa liste, parcourons-la :

1° Mme la baronne de Conbaille... Foutre, voilà un beau nom.

— Qu'est-ce que cette femme-là ?

— C'est une petite provinciale qui est venue à Paris dépenser cinquante ou soixante mille francs qu'elle amassait depuis dix ans.

— En reste-t-il encore beaucoup ?

— Non.

— Passons : pourquoi cette bougresse-là s'avise-t-elle de prendre un nom de cour ?

2° Mme de Culsouple.

— Combien donne-t-elle ?

— Vingt louis par séance.

— Paye-t-elle d'avance ?

— Jamais, et puis ce n'est pas votre affaire : elle est trop large.

3° Mme de Fortendiable.

— Tenez : voilà ce qu'il vous faut. C'est une Américaine riche comme Crésus ; et, si vous la contentez, il n'y a rien qu'elle ne fasse pour vous.

— Eh bien ! tu me présenteras.

— Demain, si vous voulez.

— Ici ?

— Dans son hôtel même.

— Ce nom-là a quelque chose d'infernal qui me divertit.

Je rends la liste, quand, d'un air de mystère, la bonne Saint-Just m'adresse cette exhortation :

— Mon cher ami, vous avez beaucoup vu de jeunesse : qu'y avez-vous gagné ? La vérole. Pourquoi ne pas écouter les conseils de la sagesse ? J'ai dans ma main une vraie fortune, une vieille.

— Le diable te foute.

— Eh ! que votre souhait s'accomplisse ! encore mieux vaut lui que rien ; mais il ne s'agit pas de cela, je vous parle d'un trésor : fiez-vous à moi, et nous la plumerons.

— Allons, je le veux bien, je m'en rapporte à ta prudence.

En attendant, je me rends le lendemain à sept heures du soir chez une Américaine. Je trouve de la magnificence, un gros luxe, beaucoup d'or placé sans goût, des ballots de café, des essais (1) de sucre, des factures ; enfin, un goût de mariné que je n'ai sacredieu que trop reconnu dans mainte occasion.

Ce qui me tourmentait, était d'entendre, dans un cabinet voisin, une voix d'homme, dont les gros éclats me mettaient en souci : enfin, la porte s'ouvre, qui serait-ce ? Ma déesse... Mais foutre, quelle femme !

Imaginez-vous un colosse de cinq pieds six pouces ; des cheveux noirs et crépus ombragent un front court, deux larges sourcils donnent plus de dureté à des yeux ardents, sa bouche est vaste ; une espèce de moustache s'élève contre un nez barbouillé de tabac d'Espagne ; ses bras, ses pieds, tout cela est d'une forme hommasse, et c'est sa voix que je prenais pour celle du mari.

---

(1) Portions.

— Foutre, dit-elle à la Saint-Just, où as-tu pêché ce joli enfant ? Il est tout jeune ; mais qu'il est petit ! N'importe, petit homme, belle queue...

Pour faire connaissance, elle m'embrasse à m'étouffer...

— Sacredieu, il est timide.

— Oh ! c'est un garçon tout neuf.

— Nous le ferons... Mais est-ce que tu es muet ?

— Madame, lui dis-je, le respect ! (J'étais abasourdi.)

— Et tu te fous de moi avec ton respect... Adieu Saint-Just. Çà, çà, je garde mon fouteur ; nous soupons et couchons ensemble.

Nous restons seuls ; ma belle se plonge sur un sofa ; sans m'amuser à la bagatelle, je saute dessus, dans un tour de main, la voilà au pillage. Je trouve une gorge d'un rouge brun, mais dure comme marbre, un corps superbe, une motte en dôme, et la plus belle perruque... Pendant la visite, ma belle soupirait comme on beugle, semblable à la cavale en furie ; son cul battait l'appel et son con la chamade... Sacredieu, une sainte fureur me transporte, je la saisis d'un bras vigoureux, je la fixe un moment, je me précipite... O prodige... Ma bougresse est étroite... En deux coups de reins j'enfonce jusqu'aux couillons... Je la mords... Elle me déchire... Le sang coule... Tantôt dessus, tantôt dessous, le sofa crie, se brise, tombe... La bête est à bas ; mais je reste en elle ; je la presse à coups redoublés...

— Va, mon ami... va... foutre... Ah !... ah !... va fort... Ah ! bougre !... Ah ! que tu fais bien ça... Ah ! ah ! ah !... Sacredieu, ne m'abandonne pas, ne m'abandonne pas... Ho, ho, ho... encore... encore... V'là que ça vient... A moi, à moi... enfonce, enfonce. Sacrée bougresse, son jean-foutre de cul qui va comme la grêle m'a fait déconner... Je cours après... Mon vit brûle... Je la rattrape par le chignon (ce n'est pas celui du cou), je rentre en vainqueur...

— Ah ! dit-elle... Je me meurs...

Foutue gueuse !... (je grince les dents)... Si tu ne me

laisses pas décharger, je t'étrangle... Enfin haletante, ses yeux s'amolissent, elle demande grâce... Non foutre... point de quartier... Je pique des deux... ventre à terre... Mes couilles en fureur font feu ; elle se pâme... Je m'en fous, et je ne la quitte que quand nous déchargeons tous deux le foutre et le sang ensemble...

Il est temps, je crois, de remettre sa culotte. Un peu rendus à nous-mêmes, ma hussarde me félicite en se *congratulant*; elle va faire bidet, et moi je relève le sofa du mieux que je puis.

— Que fais-tu là ? me dit-elle en rentrant. Mon ami, mes gens sont accoutumés à cela, et j'ai un valet de chambre tapissier qui fait la revue tous les matins.

Vous pensez bien que nous ne parlons pas sentiment. Est-ce qu'elle s'embarrasse de ces foutaises-là ? Nous voyons sa maison, son magasin qui est de l'or en barre ; les trésors des trois parties du monde s'y rassemblent... Enfin, nous arrivons dans un cabinet ; elle ouvre un coffre...

— Tiens, me dit-elle, prends ce portefeuille...

Je fais des façons.

— Allons foutre, quand on bande comme toi, on a le moyen d'acquitter ces bagatelles...

Je le mets dans ma poche, non sans avoir remarqué qu'il contient pour cinq cents louis de bonnes lettres de change... Voilà ce qui s'appelle des douceurs.

Nous soupons : ma foi, j'en avais besoin ! C'est elle qui me sert, des morilles, des truffes au coulis de jambon, des champignons à la marseillaise ; au dessert, les pastilles les plus échauffantes, sans oublier les liqueurs de Mme *Anfou*... De la table, nous nous élançons au lit, et de la vie, je crois, on n'a vu pareille scène.

Rendez-vous pris au surlendemain, j'arrive... Madame est malade. Hélas ! et c'est tout simple, elle avait excessivement chaud ; quelque chose que j'aie dit, elle a voulu que j'ouvrisse la fenêtre au mois de janvier. Une fluxion de poitrine l'enterre en trois jours... O douleur!... je vais lui dire un *De profundis* chez la Saint-Just.

Après avoir essuyé ses larmes et ses doléances (car elle me proteste que ma princesse était une de mes meilleures pratiques), je l'assure que, très touché de cet accident funeste, j'ai fait des réflexions, et qu'ayant toujours honoré la vieillesse, je viens lui demander ses bons offices pour me consacrer au service de la douairière dont elle m'a parlé. Nous prenons jour, et j'obtiens sous huitaine d'être introduit chez Madame *In aeternum.* On m'avait prévenu qu'elle était fort riche, en sorte que la grandeur de l'hôtel, la beauté des livrées et des ameublements ne me firent pas d'effet, au contraire, j'en dévorais d'avance la substance... Eh! sacredieu! la fée ne devait-elle pas s'alimenter de la mienne?

Le tête-à-tête était ménagé, l'on m'attendait, j'avais relevé mes appas; à force de vouloir réparer les siens, ma vieille était encore à sa toilette; asile impénétrable, je fus introduit, en attendant, dans un boudoir lilas et blanc: des panneaux placés avec art réfléchissaient en mille manières tous les objets, et des amours dont les torches enflammées éclairaient ce lieu charmant. Un sofa large et bas exprimait l'espérance pour les coussins vert anglais dont il était couvert; la vue se perdait dans des lointains formés par les glaces, et n'était arrêtée que par des peintures lascives que mille attitudes variées rendaient plus intéressantes; des parfums doux faisaient respirer à longs traits la volupté. Déjà mon imagination s'échauffe, mon cœur palpite; il délire; le feu qui coule dans mes veines, rend mes sens plus actifs... La porte s'ouvre, une jeune personne s'offre à mes yeux; un négligé modeste, une simplicité naïve, des charmes qui n'attendent pour éclore que les hommages de l'amour; des détails délicieux... Telle se montre la jolie nièce de ma douairière, la belle Julie; elle m'offre les excuses de sa tante, qu'une affaire arrête, et me prie d'agréer qu'elle me tienne compagnie. Je réponds à ce compliment par les politesses d'usage, et nous nous asseyons sur des fauteuils dans un coin de la chambre; Julie s'éloignait du sofa (hélas! qu'il était bien plus à craindre pour moi!); mes yeux erraient sur elle, je sentais toute la timidité d'un amour naissant, tous les combats de ma raison contre mon cœur; le feu de mes regards en imposait à Julie, notre conversation languissait en apparence; mais déjà nos âmes s'entendaient.

— Mademoiselle fait sûrement le bonheur de sa tante, puisqu'elle est la compagne?

— Monsieur, ma tante a de l'amitié pour moi.

— La foule qui abonde chez elle a sans doute de quoi vous plaire, et vos plaisirs (Julie soupire)... Mille adorateurs... (le feu me monte au visage).

— Ah, monsieur! combien de ces adorateurs méritent, évalués, ce qu'ils sont en effet!

— Quoi! vous n'en auriez pas trouvé dont l'hommage eût su vous intéresser... (elle se trouble)... Pardon... bon Dieu!... j'allais commettre une indiscrétion... Mais, mademoiselle, me condamnerez-vous de le désirer?...

Nous entendons du bruit; un regard assez expressif est toute la réponse de Julie.

La tante avait fini sa toilette; elle s'avance... Peignez-vous, mon ami, un vilain enfant de quelque soixante ans. Sa figure est un ovale renversé, une perruque, artistement mêlée avec un reste de cheveux reteints en noir, en ombrage la pointe, des yeux rouges et qui louchent pour se donner un regard en coulisse, une bouche énorme, mais que Bourdet a fort bien meublée, du blanc, du rouge, du vermillon, du bleu, du noir, arrangés avec un art, une symétrie que des yeux connaisseurs et un odorat exercé peuvent seuls découvrir.

Une robe à l'anglaise puce et blanc se rattache par des nœuds de gaze, d'où s'échappent des *coulants de perles*, qui, retombant en ondes, se terminent par des glands d'un goût exquis; un *coutil* couvre la place où pouvait être une gorge il y a quarante ans : voilà ce que je démêlai au premier coup d'œil... Heureux, si je n'en eusse vu ni senti davantage !

— Mon Dieu, mon cher cœur, me dit-elle en minaudant et se laissant aller sur le sofa où elle m'entraîne, je suis désolée de vous avoir laissé ennuyer avec une petite fille (Julie s'était éclipsée), c'est ma nièce, et cela connaît si peu le monde.

— Comment, madame, votre nièce ? Mais on ne le croirait pas à l'âge dont elle paraît.

— Cela est vrai, mais sa mère est infiniment mon aînée...

Puis, saisissant une de mes mains :

— La Saint-Just, mon cher, m'a parlé de vous ; mais d'une manière extraordinaire ; elle raconte des choses... Oh ! pour cela incroyable.

— Ces sortes de femmes nous vantent quelquefois ; mais si je lui eus jamais une obligation, c'est de m'avoir mis à portée de vous offrir mes hommages.

— Tiens, mon cœur, bannissons la cérémonie. Ton air me prévient, tu es joli, sois sage, et sûrement tu ne t'en repentiras pas. Il est temps de passer dans mon salon, j'ai du monde, tu souperas...

Une révérence est ma réponse, un baiser me ferme la bouche... (Ah ! sacredieu, c'est du vernis tout pur.)

— Ne joue pas, continue-t-elle, cause avec ma nièce, tu sembleras être son amant... (Ah ! charmante vieille ! l'aurore de l'amour vient me luire ! Que je t'embrasse de bon cœur !... Mais foutre ! *la peinture !*) Et nous nous rejoindrons quand ces importuns seront bannis.

Mon supplice est donc retardé... Nous entrons au salon ; nombreuse compagnie s'y rassemble, et, pendant que Julie et sa tante arrangent les parties, moi je réfléchis.

Amour ! amour ! tu viens donc encore me décevoir, m'égarer, me percer ! Dieu cruel ! N'ai-je donc pas été assez longtemps ta victime ? Veux-tu te venger ? Quel rôle vas-tu m'imposer?... Objet du caprice d'une hideuse vieille, la beauté, les grâces seront mon tourment! Hélas!... enfant trop aimable! Si j'ai jamais su conquérir des cœurs, en soumettre à ton empire; si j'ai fait fumer sur tes autels un encens qui te fut agréable! Ah! protège-moi!... Je suis exaucé; une ardeur nouvelle m'embrase, Julie, la belle Julie, recevra mon cœur, mes transports, et sa tante abusée n'aura de moi qu'un tribut chèrement acheté.

Le jeu fait régner le silence; tout le monde est occupé. Julie, au bout du salon, tient un ouvrage par contenance, et je suis auprès d'elle, elle est inquiète; je suis timide.

— Quoi, me dit-elle, on vous a déjà assigné votre personnage.

— Ah! mademoiselle, si vous daignez lire dans mon cœur, vous verrez combien il m'est cher.

— Je l'avoue, monsieur, quelque accoutumée que je sois à ces propos et au motif qui les fait tenir, j'aurais plus de peine à les supporter de vous que de tout autre.

— Vous me les défendez donc, mademoiselle?... Ah! je ne le vois que trop, vous me confondez dans la foule des lâches que votre tante entretient à ses gages; vous me croyez revêtu d'un masque trompeur, je l'ai bien mérité!... N'importe, il faut vous délivrer d'un objet qui vous déplaît; peut-être vous ferai-je m'estimer... Ah! belle Julie! vous saurez un jour que je ne me suis exposé à votre haine... mais vous ne voudrez pas m'entendre; vous m'abhorrez, vous me méprisez... et je ne pourrais pas soutenir longtemps vos dédains... (Je me lève.)

— Mon Dieu, monsieur! me dit-elle tout effrayée, qu'allez-vous faire? Je serais perdue, ma tante m'accuserait... Que sais-je?... Peut-être de l'avoir trahie.

— Non, non, elle aurait tort, vous la servez trop bien... Vous, la servir!... Julie! Dieux! quelle idée!... Et pour votre amant! (Julie se trouble et fait un effort pour sourire...)

— Mon amant, y pensez-vous? Vous êtes cependant arrivé sous des auspices...

— Je vous entends, mademoiselle..., et si ce moyen eut été le seul pour parvenir auprès de vous, me trouveriez-vous si condamnable ? Depuis six mois je vous adore (vous vous doutez, mon cher ami, que je n'en savais pas un mot), je suis partout vos pas, je brûle en secret, je m'informe, on m'instruit de l'humeur de votre argus (1), et je suis obligé de couvrir du voile le plus déshonnête le sentiment le plus pur qui fût jamais (la pauvre petite ! comme elle est oppressée ! comme son sein s'élève ! Quel sein, grand Dieu !... chienne de vieille, il faudra donc que je te donne ce profit-là !)... Vous ne répondez pas... De grâce, Julie, nous n'avons qu'un moment, décidez de mon sort. Pourquoi me rendre la double victime de vos rigueurs et des faveurs de votre tante ? (Ce mot *faveurs* fut prononcé d'un ton si triste qu'il était persuasif, la petite en sourit.)

— Eh bien ! je vous crois, me dit-elle, pourquoi me tromperiez-vous ?... Je suis déjà si malheureuse ! Hélas ! il ne tient qu'à vous de me le rendre bien davantage...

Je ne vous détaillerai pas le reste d'une conversation gênée par les observateurs ; mais, pour tout dire en un mot, nous convînmes que je serais l'amant de la tante, et que nous saisirions tous les moments favorables pour nous voir, en affectant, la petite et moi, beaucoup d'indifférence l'un pour l'autre.

On soupe. Après souper je fais un brelan avec ma chère tante ; tout le monde défile. Julie, dès minuit, s'était retirée ; je reste seul. C'est alors que la vieille, par ses tendres caresses, me montre toute la rigueur de mon sort, cependant j'y réponds en grimaçant ; elle sort pour se rendre à sa chambre à coucher, et moi pour faire ma toilette de nuit. Enfin, l'heure du berger, l'heure fatale sonne ; une femme de chambre m'appelle, j'arrive cherchant partout ce que tu sais, et ne trouvant rien.

(1) Son chaperon qui la surveille.

— Rien ?

— Rien, ou le diable m'emporte : devine où il était allé se nicher. A côté d'une grosse bourse bien remplie, placée entre deux bougies sur la table de nuit de Madame ; je le repris en passant. Ma déesse était en cornette... Sacredieu, qu'elle avait d'appas ! Son lit à la turque, de damas jonquille, semblait assorti à son teint (car celui de jour était répandu sur dix mouchoirs qui invoquaient la blanchisseuse). Un sourire qu'elle grimace me fait apercevoir qu'elle ne mord point. Enfin, je grimpe sur l'autel.

— Bandais-tu ?

— Hélas ! il fallait bien bander de misère, ou renoncer à Julie, et à cette bourse devenue nécessaire ; car le maudit brelan m'avait arraché les derniers louis qui fussent en ma possession...

Que parlai-je de possession ?... J'en ai sacredieu bien une autre. Regarde, mon cher ami, c'est pour toi que je n'abaisse pas la toile.

Je parcours des mains et des pieds les vieux charmes de ma Dulcinée... de la gorge... je lui en prêterais au besoin... Des bras longs et décharnés, des cuisses grêles et desséchées, une motte abattue, un con flétri et dont l'ambre, qui le parfume, à peine affaiblit l'odeur naturelle... Enfin, n'importe, je bande ; je ferme les yeux ; j'arpente ma haridelle, et j'enfourne. Ses deux jambes sont passées par-dessus mes épaules ; d'un bras vigoureux, je la chauffe sur mon vit. Une bosse de grandeur honnête que je viens de découvrir me sert de point d'appui pour l'autre main. Son cou tendu m'allonge un déplaisant visage qui, gueule béante, m'offre une langue appesantie, que j'évite par une forte contraction de tous les muscles de ma tête. Enfin, je prends le galop... Ma vieille sue dans son harnois ; sa charnière enrouillée s'électrise, et me rend presque coup pour coup ; ses bras perdent de leur roideur, ses yeux se tournent ; elle les ferme à demi, et réellement ils deviennent supportables... Sacredieu, j'enrage ; cela ne vient pas ; je la secoue... et tout à coup la bougresse m'échappe... Foutre, la fureur me prend, je m'échauffe ; le talon tendu contre une colonne, je la presse, je l'enlève ; la voilà qui marche... Ah ! mon ami ! mon petit ! Ah ! mon cher cœur !... je me meurs... ah ! je n'y comptais plus... Il y a si longtemps... ah ! ah ! ah !... je dé... dé... charge... mon cher ami, je décharge... Le diable m'emporte, ses convulsions me tiennent cinq minutes dans l'illusion ; la vieille coquine avait une jouissance comme à trente ans ; elle fut longtemps à se remettre ; elle était épuisée dans toute la force du terme. Moi j'étais en eau... Mais voici bien une autre histoire. En m'essuyant, je trouve une double perruque ; c'était celle de ma ribaude, qui, n'étant que collée, se joignait à la mienne par esprit de sympathie. Le désordre de la bonne dame était risible ; son bonnet et la toison qui lui tenait lieu de chevelure, tout était au diable... elle avait l'air honteuse.

— Tiens, ma bonne, lui dis-je, entre nous point de façons ; je t'aime mieux tout naturellement, et, pour preuve de cela, je veux te recommencer.

A ces mots, je la ressaute et j'amène l'aventure à bien. Pour cette fois, elle n'avait point de dents, Dieu merci ; car j'eusse été dévoré.

Après cette seconde reprise elle sonne... Mlle Macao, qui nous servait d'eunuque noir, lui arrange ses affaires. Tandis que je me rhabille, la bonne vieille ne tarissait pas sur mes éloges... Deux fois ma chère... Deux fois. Oh ! ce petit ange-là est un prodige ; les autres me faisaient bien venir l'eau à la bouche ; mais lui... Mets la main là, j'en suis pleine.

Il était quatre heures du matin, je m'approche pour prendre congé ; la vieille, en m'embrassant (foutre ce n'était pas là le plaisant de l'histoire), m'offre deux bourses au lieu d'une, et m'accuse qu'elles contiennent deux cents louis, tandis qu'elle n'en donne ordinairement que cent.

— Non, madame, lui dis-je avec générosité, si j'ai été plus heureux qu'un autre, je n'aspire point à une récompense double ; j'accepte le témoignage ordinaire de vos bontés, mais je ne veux m'ôter ni la possibilité de revenir plus souvent, ni à vous, celle de contenter un goût qui paraît vous satisfaire.

— Ma foi, je l'aurais prise au mot.

— Nigaud ! qui ne sait pas que voilà comme on ruine ces bougresses-là... à la preuve... transportée. Elle tire de son doigt un beau brillant (je l'ai pardieu vendu deux mille écus) et le met au mien. Alors, je me retire avec une permission indéfinie pour toutes les heures du jour et de la nuit, et la consigne de paraître amoureux de Julie, afin de cacher notre intrigue... Je fais le difficile ; mais la sublime tante me démontre si bien cette nécessité que je me rends pour l'amour d'elle.

Revenu chez moi, dois-je y trouver du repos ? Non, Julie... Julie ! ton image me trouble ; je te vois, hélas ! dans cet instant, en proie à des désirs inconnus jusqu'alors, tu m'accuses et tu gémis ; moi-même je soupire... Vile soif de l'or ! A quelle horrible divinité me forces-tu de sacrifier du sang ?... Bien plus encore ! c'est la substance la plus pure qui s'épanchera sans fruit sur cet autel odieux... Mais ne suis-je pas dédommagé ? Où trouverai-je une enfant plus jolie ? Julie, que l'amour me peigne dans tes rêves, et que l'attrait d'un songe te prépare au charme de la réalité !... Allons, ma valeur, à mon secours, qu'êtes-vous devenue ?... De l'or, morbleu de l'or ; c'est le nerf de la guerre : front partout ; que les feux de l'amour embrassant mon courage me rendent cette vigueur première qui dit tomber sous le couteau sanglant tant de vierges dans Israël... Et toi, Priape ! patron des fouteurs ! je t'invoque ; qu'une ivresse lubrique me saisisse auprès de ma vieille ! je t'offre le sacrifice de toutes ses perfections... Qu'elle crève en foutant !... C'est un holocauste digne de toi.

On s'imagine bien que la matinée ne se passe pas sans que je me rende chez ma bonne. On m'introduit au petit jour. La fidèle Macao me donne des conseils pour plaire à Madame, et je lui sacrifie une parcelle de mon or pour en gagner un monceau. Ma vieille me reçoit avec toutes les grâces possibles... Mais, ô surprise !... avez-vous jamais vu une pomme que l'on place sur le récipient d'une machine pneumatique ? Chaque coup de piston semble lui rendre sa fraîcheur ; sa peau ridée devient lisse, et les rayons du jour qui s'y réfléchissent y donnent un vermeil qu'elle avait perdu... Voilà l'état de ma vieille ; ses yeux sont dérougis ; elle semble soufflée, et si elle avait des cheveux, de la gorge et des dents, elle serait foutable... Ma main batifole, un sourire enfantin la ranime... Quand elle me chasse très sérieusement pour mettre ordre à ses affaires.

Mlle Macao est gouvernante en chef de ma Julie ; son nom d'heureux présage n'est point démenti par son caractère ; cette fille qui, dans sa jeunesse, a fréquenté les seigneurs dans des lieux où tout est égal, est compatissante pour l'innocence ; elle a même fourni à Julie les éléments d'un jeu de mains ; badinage renouvelé des Grecs et très utile même aux Françaises.

Somme toute, je lui fais comprendre que Julie est appelée à changer d'état, et je lui prouve par un argument irrésistible que je suis tombé de là-haut tout exprès pour opérer ce grand œuvre : elle devient donc ma confidente, et j'entre chez Julie que je trouve à sa toilette.

Ma foi, je ne sais ; mais la timidité me reprend... Qu'elle est belle, mon ami... De grands cheveux blond cendré, des yeux noirs et bien fendus, des traits que j'aimerais moins s'ils étaient plus réguliers... Nous restons seuls. Et, pour débuter, je me prosterne et j'embrasse l'idole.

— Foutre, quelle timidité !

— Sûrement, en voilà la preuve... Quand j'ai bien peur, je me jette à corps perdu tout au milieu du danger.

— Mais Julie doit se fâcher ?

— Oui, si elle en avait le temps... Et puis Julie est franche, sa pudeur répugne sans doute à mes caresses ; mais elle est bien aise de les recevoir. Enfin, après quelques petites façons, je reste en possession de ma place à ses genoux, et de tous les petits larcins que me fournit le désordre d'une toilette, et les dérangements d'un peignoir qui voile seul deux hémisphères enchanteurs, sur lesquels je n'ose encore voyager que des yeux.

Nos jours coulent ainsi pendant quelque temps dans la paix. J'avance en grade auprès de Julie. La tante me comble de bienfaits : cela veut dire que je les mérite. Enfin, je me rends un samedi saint pour dîner. Ma chère tante m'annonce qu'elle est forcée de sortir, et qu'elle ne reviendra qu'à huit heures et demie ; qu'une assemblée de charité, un sermon, une quête et toute la simagrée sont pour elle d'une obligation indispensable (car, par contenance, la bonne dame place l'arche dans le temple de Dagon). Je peste ; je me fâche... On se flatte d'un jour de bonheur... On est cruellement abusé. La bonne me console avec attendrissement :

— Eh bien ! mon petit, ne te fâche pas ; je m'arrangerai pour souper avec toi, et puis... hein ? Dis donc, petit fripon ?... Mais je ne veux pas que tu sortes, Julie restera avec toi, et vous ferez de la musique... Mademoiselle, j'espère que vous ne laisserez pas ennuyer Monsieur.

— Non, ma tante (et l'embarras, et la rougeur).

Moi, je fronce le sourcil ; j'ai des affaires... Bref, Mlle Macao est chargée très expressément de m'enfermer. La vieille part et nous restons seuls, Julie et moi, dans le joli boudoir.

Puissance du Ciel ! Vous dont émane ce feu céleste qui nous élève au-dessus des mortels, vous vîtes mon bonheur !... Curieux, indiscret ami ! Tu veux donc aussi pénétrer les mystères de Paphos ?... Eh bien ! lis, dévore et branle-toi.

Tout favorisait mes feux. La beauté du jour, dont les rayons amollis par une gaze diaphane attendrissaient pour nous les objets, le printemps, son influence, l'innocence de Julie, mon expérience qui l'échauffe pour la détruire, des tableaux lascifs que je lui applique d'une manière plus lascive encore ; des vœux prononcés à ses pieds, reçus par sa tendresse... Les désirs nous animent l'un et l'autre ; un tact assuré, et qui ne me trompa jamais, redouble ma hardiesse ; déjà la bouche de Julie est en proie à ma bouche qui la presse ; son sein trop soulevé s'irrite contre les rubans qui le retiennent... Nœuds odieux ! disparaissez... Des larmes coulent de ses yeux, je les sèche par mes baisers, son haleine s'embrase ; le feu de nos cœurs s'exhale et se répand dans nos poitrines brûlantes ; nos âmes se confondent... J'entreprends davantage, les bras de Julie ne semblent me repousser que pour m'attirer mieux ; déjà elle ne se défend plus, son œil se ferme à demi, sa paupière vacillant se fixe à peine... Que de trésors je découvre et parcours !... Arrête !... Téméraire ! s'écrie la tendre Julie... Cher amant !... Dieux... je... je meurs... Et la parole expire sur ses lèvres de rose... L'heure sonne à son Cythère ; l'amour a secoué son flambeau dans les airs ; je vole sur ses ailes, je combats, les Cieux s'ouvrent... J'ai vaincu... O Vénus ! couvre-nous de la ceinture des grâces !...

Peindrai-je ces extases voluptueuses où l'âme semble jouir du repos, alors même qu'elle se répand davantage audehors ?... Non, non, de telles délices ne s'expriment pas.

Loin de nous les reproches, Julie ne m'en fera point ; elle me voulait pour maître, elle désirait le bonheur, elle renaît pour le goûter encore... Mais quel prodige ! Notre sofa s'anime ! Une multitude de mouvements combinés avec art fait éclore pour la sensible Julie mille émotions plus vives, s'il est possible. Enfin, épuisés de plaisir, de caresses, nous nous arrêtons... (et j'arrête aussi le diable de ressort qui m'avait prêté son secours d'une manière si peu attendue). Je ne connaissais pas le sofa, et Julie met tous ses plaisirs sur mon compte... Je me garde bien de la désabuser.

Je ne reste pas plus longtemps ; ma toilette est diablement dérangée ; d'ailleurs ma vieille aurait une sotte offrande.

Sans répéter des détails monotones, notre commerce dura trois mois : Julie m'aime constamment ; la tête tourna à la tante au point de déranger ses affaires pour moi. Une assemblée de famille la fit interdire et mettre dans un couvent. On arracha Julie à ma tendresse, et comme on soupçonna qu'elle avait pu prendre certaines leçons chez sa tante, il y eut des explications dont le Parlement se serait mêlé sans une protectrice que je trouvai dans la parenté même. Mme la marquise de Vit-au-Conas, placée à la cour, accommoda toute l'affaire. C'est de mes arrangements avec elle qu'il me faut vous parler.

Un tendre engagement va plus loin qu'on ne pense. J'eus le bonheur d'intéresser Mme de Vit-au-Conas ; elle me demanda les détails de mon affaire ; je lui peignis mon aventure avec bonne foi, elle était femme, pouvait-elle être bien sévère pour un crime qui, dans le fond, n'était qu'un hommage à la beauté ? Elle aimait le plaisir, mon double emploi lui parut être une preuve de solidité précieuse. Mon Dieu, me dit-elle, il y avait de quoi vous tuer ; la modestie eût été hors de saison. Je répondis tout bonnement que ma santé, loin d'être affaiblie, exigeait un service au moins aussi fort : ses yeux s'ouvrirent, les miens s'égarèrent, nous nous remontrâmes ; elle n'était pas novice : je lui avais des obligations qu'il m'était doux d'acquitter, c'est-à-dire assez que nous nous entendîmes.

Son service la retenait souvent à Versailles ; le mien, qui commençait à cette époque, me rendait assidu : à la cour on est si désœuvré ! Le mari de la marquise était à son régiment ; il lui laissait du vide. Je m'offris à le remplir.

Les premiers jours de notre connaissance, j'allai passer

chez elle quelques moments pour attendre le coucher du roi. Parmi les hommes qui composaient le cercle de la marquise, je remarquai un grand chevalier de Malte fort maigre, fort pâle, mais qui se donnait des airs de privauté. Le ton maussade de la marquise me convainquit que c'était mon devancier, et qu'il allait être congédié. Pour aider à le pousser dehors, je l'attaquai, je le persiflai, il se défendit mal. Je sortis, il me suivit. Après le coucher, il me pria de gagner avec lui la pièce des Suisses, m'assurant qu'il avait quelque chose à me confier. La nuit était belle, nous nous promenâmes ; arrivés dans un lieu assez solitaire, il mit brusquement l'épée à la main ; je la saisis, je l'enlève, et la jette à vingt pas, du plus grand sang-froid du monde : mon homme, tout étonné, se fâche, et je n'en ris que davantage. Enfin, je lui dis :

— Mon cher chevalier, je crois entrevoir vos motifs ; vous êtes bien avec la marquise, elle vous rejette, vous pensez que je suis votre successeur, et vous n'avez pas tort. Vous voulez vous couper la gorge avec moi, et je suis bien sensible à cette marque de votre amitié ; mais je vous dirai franchement que je ne me battrai qu'après avoir vu si elle en vaut la peine ; ma réputation est faite, on ne me soupçonnera pas, nous prendrons, vous, le temps de la réflexion, moi, celui de coucher avec elle ; ensuite, si le cœur vous en dit, nous nous amuserons...

Je cours ramasser son épée, je la lui présente, je lui souhaite le bonsoir, et je vais me coucher.

Le chevalier vint chez moi le lendemain, il convint de ses torts, nous nous embrassâmes, et je me rendis chez la marquise qui, déjà instruite du fond de l'aventure, ne m'en fit pas mauvaise mine, parce qu'elle ignorait les détails.

Enfin, les jours s'accumulaient, la marquise jouait la coquette, semblait vouloir irriter mes désirs et me donner un véritable amour. Nous étions dans la saison des petits voyages ; nous ne nous voyions que des moments, et ces moments étaient perdus pour mes projets. Tout cela m'ennuya; j'étais oisif, je la pressai; j'obtins un rendez-vous pour le lendemain, et quelques gestes très significatifs de part et d'autre m'annoncèrent qu'il serait tout ce que je voulais qu'il fût. Je me rends à l'heure marquée; le roi était à la chasse; tout le monde dehors; le château semblait un désert. Mais l'appartement de la marquise n'était-il pas assez peuplé? Nous étions deux: les désirs accouraient en foule, ils appelaient les plaisirs... Ma foi, je ne sais pas où l'on aurait pu trouver meilleure compagnie.

Les feux du midi embrasaient l'atmosphère. Un jour à demi étouffé régnait dans le boudoir: on y respirait la fraîcheur, les parfums et la volupté. Représentez-vous sur une pile de carreaux une grande femme bien taillée, encore mieux découplée; quelques rubans galamment noués sont le seul lien qui retienne la gaze légère qui la voile: sa gorge est belle, sa figure assez commune; mais ses yeux disent ce qu'ils veulent; d'assez belles dents, des cheveux d'un noir admirable, tout m'invitait. Les préliminaires commencent; les ménagements auraient ennuyé. Je détourne sur elle et sur moi des voiles importuns. En deux tours de mains j'arrange la marquise; je me précipite... Dieux!... *le flot qui m'apporta recule épouvanté.*

— Eh! qu'as-tu donc?

— Ce que j'ai... Le diable peut-être... Je me signe et je crois que M. Satan s'est venu planter là en propre personne.

— Mais encore... est-ce une illusion?

— Foutre, tu n'as qu'à juger...

Un braquemart de huit pouces levait sa crête altière et défendait les approches. Le coquin avait pensé m'éventrer. La marquise, nullement déconcertée, riait aux larmes. Enfin je me rassure, j'examine, puis adressant la parole au papelard: Hélas, lui dis-je, j'étais venu dans l'intention de le mettre à Monsieur votre frère; mais, beau Sire, à tout seigneur tout honneur... Alors je me retourne et je lui présente bien humblement ce que Berlin révère, et que l'Italien encense. Sacredieu, de ma vie je ne l'ai échappé si belle. La marquise m'attire à elle... Un moment plus tard...

— Hein ?

— Oui, pardieu, je l'étais. Et tout vivant.

Cependant mon étonnement cesse et, après avoir rendu ce tribut d'admiration, je plaçais Vit-au-Conas de la manière qui nous convenait à tous deux. La marquise était vive sans être tendre ; un tempérament ardent lui commandait, l'entraînait ; elle croyait aimer l'objet qu'elle tenait dans ses bras, et, les sensations effacées, les désirs satisfaits, son cœur s'épuisait. Dix années de cour forment bien une femme ; elle était intrigante, adroite, dissimulée ; elle avait enfin le caractère de son état. Aussi jouissait-elle d'une considération que la crainte de son esprit malin et médisant lui avait attirée. Au reste, levant effrontément le masque sur le chapitre des mœurs, elle m'afficha avec une impudence qui m'eût fait rougir, si l'on rougissait encore. J'affectais de la discrétion, de la retenue.

— Allons..., me disait-elle. Mais tu es un enfant : tout cela est reçu, mon ami. Dans les commencements que j'ai habité ce pays-ci, tout me révoltait. Je sortais du couvent, j'étais jeune, assez jolie ; j'avais de la pudeur, d'un gauche inconcevable. Les femmes m'ont formée ; les hommes m'en ont trouvée mieux. J'ai gagné de tous côtés.

Je vivais chez elle comme chez moi. Nous couchions ensemble, et comme elle me trouvait vigoureux, elle s'en tenait là. Mais l'argent ne venait point ; car comment tirer de l'argent d'une femme de cour encore jeune et jolie ?... Le diable y pourvut. Un jour que, dans le délire des sens, nous avions fait ma foi toutes les folies que le bon Arétin a dépeintes dans son livre si religieux, la marquise ne prend-elle pas subitement de l'amour pour mon postérieur ? Ma plaisanterie et le compliment que j'avais fait à son monsieur fortifient cette idée. A toute force elle veut en venir à l'exécution... As-tu jamais vu, mon ami, un perroquet défendre sa queue contre un chat futé et malin ?... Me voilà, je fais des sauts de carpe, des courbettes, des pétarades... La diablesse ne perd point la carte... Je le sens... Aïe, aïe.

— Mais, madame, c'est un pucelage, foi de chrétien.

— Eh bien ! je le paierai cent louis.

— Oh ! non, de par tous les diables, deux cents.

Eh ! foutre, me voilà... (j'en meurs de honte)... Me voilà enfilé.

Après ce bel exploit, la marquise m'apostrophe :

— *Rodrigue, qui l'eût cru !*

Et moi, en portant la main au pauvre blessé, et faisant piteuse grimace :

— *Chimène, qui l'eût dit ?*

Ses baisers, ses caresses, ses folies, le triomphe qu'elle se flattait d'avoir remporté, lui donnaient une gaieté à laquelle je ne pus résister...

— Tiens, lui dis-je, mauvaise, tu m'as diablement fait de mal, mais je te pardonne.

Nous scellâmes la réconciliation de manière à ne pas laisser le plus petit coin en rancune.

Le bon roi Dagobert avait bien raison, il n'y a si bonne compagnie qu'il ne faille quitter. Mon intrigue avec la Vit-au-Conas durait depuis six mortelles semaines ; d'ailleurs, j'avais profité de son hétéroclite : je lui coûtais des monceaux d'or.

— Mon cher, me dit-elle un jour, je crois que nous ne nous aimons plus. Tu me parais toujours aimable, je veux te conserver comme connaissance intime. Mais prévenons le dégoût : tu ne saurais manquer de femmes ; tu es jeune, je ne veux pas te faire perdre un temps précieux, et je prétends te guider. Tiens, je te le dis avec franchise, les femmes de cour, à commencer par moi, sont dangereuses au-delà de l'expression, rien ne leur manque pour plaire ; et les hommes trouvent en nous la société de la bonne compagnie, et tous les vices de la mauvaise. Vices qui, communiqués et rendus, font entre les deux sexes une circulation dont les effets, variés à l'infini, ont presque toujours pour base, pour motif et pour but la perfidie. « Nous sommes coquettes par ton, vicieuses par caractère, le plaisir a pour nous de l'attrait, mais nous jouissons par habitude. Un amant nouveau est sûr de nous plaire ; cela est au point qu'il m'arrive tous les hivers de recevoir mon mari avec une joie incroyable, de lui prodiguer pendant vingt-quatre heures les caresses de la passion. L'illusion cesse, le bandeau tombe, je le reconnais, je me reconnais moi-même et nous nous quittons.

« Le sentiment est regardé parmi nous comme une chimère, nous en parlons avec emphase, avec esprit, raffinement même, précisément parce qu'il ne nous a jamais touché. Tu dois réussir ici par ta complaisance, ta vigueur, et surtout ta science dans l'art de la volupté. Je connais vingt femmes qui se ruineront pour toi ; tu leur créeras un tempérament, ou tu ranimeras ce qui leur en reste.

« Mais, mon ami, prends garde à certains désagréments. Moins honnêtes que les filles, nous donnons sans délicatesse ce que l'on nous a communiqué sans scrupule, et souvent nous ne valons pas le repentir que nous causons. Pour éviter ces précipices, que *les fleurs* qui les couvrent rendent plus dangereux, abandonne la timidité, la délicatesse, elles te perdraient, et l'on n'y donnerait ici que des noms ridicules.

« La pudeur est grimace, la décence hypocrisie, les qualités se dénaturent, les vertus sont chargées des couleurs du vice ; mais la mode, les grâces embellissent tout, on ne prise l'esprit que par le jargon qui l'accompagne. En un mot, c'est de nous que dépend la fortune, et nous sommes aussi aveugles qu'elle, parce que souvent un sot ouvre la nuit un avis important.

« Prends donc un extérieur hardi, impertinent même

dans le tête-à-tête ; brusque tes aventures, tu ne serais téméraire que dans le cas de faiblesse, et le seul manque de respect que nous ne pardonnions pas, c'est une faute d'orthographe. Mais en public change de ton, fais ta cour assidûment, prodigue les soins et les éloges ; ce n'est pas de la discrétion que l'on te demande. Nous ne craignons, mon ami, la révélation des mystères que lorsqu'ils ne sont pas à notre avantage... »

La marquise s'arrêta. Son sofa n'était pas loin, nous nous fîmes des adieux très circonstanciés, et j'obtins en la quittant la permission de renouveler de temps en temps connaissance... Sauf à être encore empalé.

Me voilà donc libre ; je m'introduis dans les différentes sociétés de la cour : je jette sur les femmes qui les composent un œil curieux et perçant. Du plus au moins, je fis mainte application des peintures de la marquise. La saison des bals arrive ; j'aime la danse à la fureur, mais n'étant point talon rouge [1], elle m'était interdite chez les hautes puissances ; l'observation m'offrit des dédommagements. J'avais obtenu la permission de me rendre chez une princesse, qui joint à tout plein d'esprit le meilleur ton et le cœur le plus sensible. Je la jugeai faite pour inspirer un attachement durable ; mais trop sage pour s'afficher ainsi. A son âge, avec tous les moyens de plaire, se fixer !... Eh ! que dirait l'amour ? Lui a-t-il confié ses flèches pour les laisser oisives, ou pour les ficher sur un seul cœur, comme des épingles sur la pelote de sa toilette ? Je consultai mon grimoire, et je sus qu'on ne pouvait allier plus de générosité, de talent et d'adresse. Je sus encore qu'en prédicateurs excellents ses préceptes ne nuisaient pas à ses plaisirs, et je crus sentir qu'un peu de contrainte pouvait y ajouter du prix.

(1) Signe de haute noblesse.

— Mais qui est-ce donc ?

— Oh ! vous en demandez trop, allez sur le grand théâtre, quand on jouera *La Gouvernante,* vous lui verrez remplir un rôle que son cœur lui rend cher, et qui lui mérite tous les applaudissements.

Confondus dans un groupe d'hommes, nous exercions notre critique sur les danseurs.

— Eh ! bon Dieu ! quelle est cette petite personne, si folle, si extravagante ? Elle est tout ébouriffée, son panier penche d'un côté, tout son ajustement est en désordre... Je ne l'en trouve ma foi que plus jolie ; tous ses attraits sont animés, ses gestes sont violents, tout pétille en elle.

— C'est la duchesse de ***, me répond le comte de Rhédon ; vous ne la connaissiez pas ? Je vous présenterai ; elle aime la musique, vous l'amuserez.

Le lendemain, je somme le comte de sa parole, et nous partons.

A six heures du soir la duchesse était en peignoir ; de grands cheveux s'échappaient d'une baigneuse placée de travers sur sa tête. Embrasser le comte, me faire la révérence, me proposer vingt questions, et me prendre pour répéter le pas de deux de Roland ([1]), ne fut l'affaire que d'un instant. Je fus froid les premiers pas, une passe très lascive qu'elle rendit comme Guimard ([2]), m'enhardit, m'échauffa, me fit... (Ah ! mon ami, la jolie chose qu'un pas de deux quand on bande.) Le comte applaudit à tout rompre ; elle s'écrie que je danse comme Vestris ([3]), que j'ai un jarret à la d'Auberval ([4]) ; me fait promettre de venir répéter avec elle, et me donne carte blanche pour les heures ; puis mon lutin sonne les femmes. Le comte se sauve, je demeure. Elle se

(1) Opéra.
(2) Danseur très connu.
(3) Célèbre danseur surnommé *le beau Vestris.*
(4) D'Auberval ou Dauberval, acteur de la Comédie-Française.

coiffe à faire mourir de rire ; me demande mon avis ; je touche à l'ajustement, et je lui donne un petit air grenadier qu'elle trouve unique... Elle s'habille, sort ; je lui donne la main, et je me retire.

Parbleu, dis-je en moi-même, celle-là n'a pas le temps d'être méchante ; je me couche ; sa friponne de mine me tourmente toute la nuit. Je me lève en raffolant, et je cours chez la duchesse à dix heures du matin. Elle sortait du bain fraîche comme la rose. Une lévite la couvre des pieds à la tête ; on apporte du chocolat ; je suis barbouillé du haut en bas ; elle saute à son clavecin : sa jolie menotte a toute la vélocité possible ; elle a du goût, un filet de voix, des sons charmants ; mais pour de l'âme... serviteur. Je vois cependant qu'elle est susceptible. Nous prenons un duo ; je la presse ; je l'attendris malgré elle ; elle perd la tête, son cœur se serre : j'en arrache un soupir ; la voix meurt, la main s'arrête, le sein palpite, mon œil enflammé saisit tous ses mouvements... Zeste ! tout au diable ; elle plante là le clavecin, me bat, me demande pardon, passe un entrechat, se jette en boudant sur son sofa, et se relève par un grand éclat de rire.

Heureusement pour moi, Gardel arrive, nous dansons ; je remarque cependant avec plaisir qu'elle prend de l'intérêt : elle me loue avec affectation. Gardel n'a garde de la contredire ; avant que je sorte elle me demande excuse, implore son pardon, me prie de lui imposer sa pénitence. Vois donc d'ici, bourreau, cette petite mine hypocrite ; je saisis une main que je couvre de baisers ; l'autre me donne un soufflet qu'un baiser plus hardi répare à l'instant.

Le lendemain j'y vole sur l'aile des désirs. Elle m'avait demandé quelques ariettes nouvelles, je les lui portais. Elle était au lit, une femme de chambre ouvre son rideau, je parais ; un fauteuil placé à côté d'elle me tendait les bras... J'aime bien mieux m'appuyer contre une console qui me tient de niveau.

Gravure de l'édition de 1784

Où es-tu, divin Carrache (1) ? Prête-moi tes crayons pour esquisser cette enfant !...

Un bonnet à la paysanne couvre sa tête à moitié ; les traits n'ont aucune proportion ; ce sont des yeux noirs superbes, la plus jolie bouche, un nez retroussé, un front trop petit, mais ombragé délicieusement ; deux ou trois petits signes noirs comme jais assassinent leur monde sans rémission ; son teint est moins très blanc qu'animé, mais le carmin le plus pur n'égale pas le vermeil de ses joues et de ses lèvres.

Après quelques folies débitées de part et d'autre, je lui montre ma musique, elle me prie de chanter... Je déployais toute la légèreté de ma voix quand, tout à coup, un drap soulevé me découvre un sein de lys et de roses... Et *la cadence chevrote...* Je continue. Tantôt c'est un bras arrondi par l'amour, une cuisse fraîche rebondie, une jambe fine, un pied charmant, qui, tour à tour, se promènent sur le lit et frappent tous mes sens... Je tremble, je ne sais plus ce que je chante... Allons donc, me dit la duchesse avec un sang-froid dont je ne la croyais pas capable. Je recommence, et le manège d'aller son train ; mon sang bouillonne, tous mes nerfs s'agacent et s'irritent ; je palpite, mon visage s'inonde de sueur ; la méchante, qui m'observe, sourit et cependant soupire... Un dernier bond la découvre tout entière... Sacredieu, mes yeux font feu ; je jette la musique, je fais sauter des boutons qui me gênent ; je m'élance dans ses bras ; je crie, je mords, elle me le rend bien, et je ne quitte prise qu'après quatre assauts redoublés.

La duchesse était évanouie, cela commença à m'inquiéter ; j'employai un spécifique qui ne m'a jamais manqué : j'ai la langue d'une volubilité incroyable, j'applique ma bouche

(1) Célèbre famille de peintres italiens. Il s'agit sans doute d'Augustin Carrache dont le Recueil de postures érotiques s'intitule *l'Arétin.*

sur le bouton de rose qui termine un joli globe. Un trémoussement presque subit me rassure sur son état...

— Dieux ! ô dieux ! me dit-elle en me sautant au cou, cher ami, tu l'as trouvé.

— Eh ! quoi ? lui dis-je, tout étonné.

— Hélas ! un tempérament que l'on m'avait persuadée que je n'avais pas...

Et baisers d'entrer en jeu ; et les pièces de mon habillement de couvrir le plancher. Enfin, nous nous trouvâmes, comme dit le précieux ridicule, *l'un vis-à-vis de l'autre* ; et je vous jure que ma petite duchesse n'était point de ces prudes qui craignent un homme absolument nu. Elle avait des doutes ; il fallut bien les éclaircir. Chaque situation nouvelle me découvrait de nouveaux charmes. C'est bien le corps le mieux fait ! Charnue sans être grasse, svelte sans maigreur, une souplesse de reins qui ne demandait que de l'usage... Eh ! parbleu, je lui en donnai de toutes les façons.

J'aime bien à foutre. Mais comme le bon Dieu n'a pas voulu que nous trouvassions le mouvement perpétuel, il faut s'arrêter enfin, car *ce jeu lasse plus qu'il n'ennuie.* Or, ma duchesse n'avait qu'un jargon toujours le même ; et comme j'avais ralenti son feu, ce n'était plus qu'un petit être fort plat, fort monotone. Que j'aime à voir sortir, d'une belle bouche, ces riens que rend si précieux une femme enivrée de volupté ! Qu'un mot placé à propos fait bien relever le prix d'une caresse, et la rendre plus touchante ! Otez les préludes de la jouissance, et les paroles magiques qui, faisant sortir de l'extase, aident si souvent à s'y replonger... *l'ennui bâille avec nous sur le sein de nos belles :* l'amour fuit, l'essaim de ses plaisirs s'envole, et l'on s'endort pour ne jamais se réveiller.

Voilà les dégradations que j'éprouvai chez la duchesse pendant quinze jours : nos commencements furent trop vifs, et la satiété amena le dégoût. J'en étais là, quand un soir en entrant chez moi on me tendit un écrin et ce petit billet : « Un instant me rendit votre amante, un instant a tout changé ; mais j'ai, monsieur, de la reconnaissance de vos soins : je vous prie de conserver cet écrin, il vous représentera l'image d'une femme qui parut vous être chère, et qui se reproche de n'avoir pas pu faire plus longtemps votre bonheur. »

Je vis sur-le-champ de quelle main partait ce billet : la duchesse était incapable de l'avoir dicté. J'y répondis. « Vos bienfaits, madame, ont droit de me toucher si votre cœur a daigné apprécier le peu que je vaux. J'ai mis dans notre liaison des procédés dont l'énergie paraissait vous plaire ; je n'ai ni dépit, ni colère. C'est bien assez pour moi d'avoir eu les honneurs du triomphe, sans aspirer à ceux de la retraite : depuis huit jours j'attendais vos ordres, et la preuve de mon respect est de ne les avoir pas prévenus. Votre portrait sera pour moi le gage de l'estime que vous accordez à *mes talents.* Puisse, madame, le fortuné mortel qui me remplace vous en porter de *plus heureux* ! Vous m'aurez tous deux une obligation bien douce : celle de vous avoir mis dans le cas d'en sentir tout le prix. »

Mon successeur, homme d'esprit, n'a pu y tenir comme moi que peu de jours. Elle l'a remplacé par *un prince,* et réellement quant au moral ils se convenaient. Pour le physique, elle eut ses laquais, c'est le pain quotidien d'une duchesse.

Mon billet écrit, j'ouvris l'écrin ; j'y trouvai de fort beaux diamants et le portrait de la duchesse en baigneuse : il était frappant ; je l'approchai machinalement de mes lèvres. Avouerai-je ma faiblesse ? Je sacrifiai encore une fois à ce joli automate, et mon caprice s'écoula avec la libation que je venais de répandre en son honneur.

Je me rendis chez la Vit-au-Conas : elle était en possession de mes jours de congé ; d'ailleurs nous avions contracté une amitié commode. Ô que cette femme-là gagne à être approfondie ! Réellement, à la manière dont elle me reçut (la réception dura deux grandes heures), je crus qu'elle ne me reconnaissait pas. Quand elle fut en état d'écouter, je lui racontai mon aventure ; le comte de Rhédon lui avait dit quelque chose ; la catastrophe lui plut, l'égaya, et nous en étions sur la chronique scandaleuse quand on annonça Mme de Sombreval, et une autre femme chez qui j'avais négligé de me faire présenter, quoiqu'elle fût d'un rang à ne pas être oubliée. Elle m'en fit la guerre avec chaleur ; j'y répondis avec intérêt, et je demandai, pour la forme, une permission de faire ma cour, qui était tout accordée.

La visite finie, ma chère Vit-au-Conas me dit :

— Mon ami, je vais te perdre encore : voilà un dévolu jeté sur toi. Pour celui-là c'est une trouvaille : conduis-toi bien... Pousse-la, pousse...

— Ah ! Madame, vous savez comme je le pousse ; témoin... (vous sentez le geste que je fis). Elle me prit au mot, et le témoin fut en *con*frontation. Nous nous quittâmes ; ma chère marquise me souhaita bonne chance et je courus me préparer à la ménager.

Doré comme un calice, pimpé, cardé, musqué, je me rends chez Madame de ***. Le cercle était nombreux. Après les premiers compliments, une minute d'examen me mit au fait de l'assemblée : huit ou dix freluquets pirouettaient sur des talons rouges, vils adulateurs de la maîtresse de la maison, dont ils briguaient un regard ; ils honoraient de leurs airs penchés, de quelques fades polissonneries et de ricanements pitoyables une douzaine de femmes, hardies dans leur maintien, impudentes dans leurs propos et, à ce que j'appris, dans leur conduite. Mon instituteur était un *Monseigneur* à qui un bon évêché et deux abbayes, affermées cent mille francs, donnaient le privilège de prêcher la vertu chez les filles de la capitale, ou chez les titrées de la cour ; ce qui revient au même.

— Voyez-vous, me disait-il, cette grosse baronne. Son visage est enluminé, ses gros yeux ronds sont surmontés d'un sourcil noir, épais, dur... Tudieu, c'est une maîtresse femme. Cochers, laquais, elle met tout sur les dents. Sans être mauvaise maîtresse, elle en change souvent; mais elle leur fait un sort. La semaine dernière, elle en a placé deux aux Invalides; elle prenait aussi son mari quand elle ne trouvait personne; elle a rendu le pauvre diable, il est fourbu; et au moment où je vous parle il est aux incurables.

— Quelle est cette grande blonde fade?

— Quoi! Vous ne connaissez pas la comtesse de Minandon?

— Non, mais elle tourmente cruellement son éventail.

— Bon, c'est qu'elle joue la mijaurée, mais foutre (notez bien que c'est monseigneur qui sacre), bien fou qui s'y fiera. Elle m'a donné, il y a six mois, une chaudepisse... Le vit m'en cuit encore.

— Voilà ce que c'est, monseigneur, que de *sortir de son diocèse* (condom)... Quelle est celle qui lui parle à l'oreille?

— La Saute-au-Corps, c'est l'auberge des gardes du roi. Elle deviendra gargote, et gare la vérole.

J'allais en savoir davantage quand quelqu'un, adressant la parole à Monseigneur, et la conversation devenant générale, notre *a parte* finit.

Un de ces jolis individus, qui, avec un minois de poupée, une voix de grêle et un ton glapissant, jugent, décident et tranchent, tenait le dé (1). On en était aux spectacles. Des auteurs furent sifflés, bornés, ou loués d'une manière qui, je vous assure, devait peu leur importer.

Enfin, l'on en vient à la musique. Madame de *** m'apostrophe:

— Monsieur, ceci est de votre ressort; je sais combien vous êtes amateur.

— Moi, madame, je ne suis point musicien, mon seul mérite est de *bien écouter.*

(1) Mirabeau écrit *dez* en français ancien. Tenir le dé c'est tenir le crachoir.

— Parbleu, mon cher, reprend le marquis de Fier-en-Fat, en ce cas-là écoutez-moi, et vous vous rendrez à mon avis... *Moi,* je suis fait pour la musique ; j'ai un tact *à moi,* qui ne me trompe jamais, et il y aurait de la fatuité à tirer vanité d'un bienfait de la bonne nature. Qui diable s'est jamais vanté de ses oreilles ? (J'observai qu'en cela le marquis était modeste...) Or, je n'aime point ce Gluck ; il n'y a pas le mot pour rire dans sa musique, pas un pauvre petit air qui aide à sabler gaiement son vin de Champagne. Il faut décomposer cet homme-là pour y trouver deux ou trois phrases qui fassent un rondeau. Votre Piccini n'entend point l'harmonie, et, sans l'air de ballet que danse Guimard, j'aurais sifflé son *Roland* (1) de fond en comble.

— Monsieur n'aime point l'ouverture d'Iphigénie ?

— Eh ! non, mon cher, non, cela fait venir la chair de poule. Parlez-moi de celle du Déserteur ; voilà ce que l'on appelle une ouverture : cela se chante tout couramment comme un *pont-neuf.* Le Floquet vous fait joliment un opéra, je le soutiens contre vent et marée, et, pardieu, je ne conçois pas comment ce parterre s'est avisé de le siffler, tandis que j'applaudis du geste et de la voix. Ses bases font toujours un second dessus : il est vrai que le violon dit la même chose ; mais cela renforce l'harmonie... Ces animaux de danseurs prétendent que l'on ne saurait danser ses airs de ballets, moi je les décide sautillant au dernier point.

— Ils voudraient peut-être du louré (2), du voluptueux.

— Oui, de l'ennuyeux... Ma passion à moi c'est l'*allegro.*

— Monsieur le marquis, on s'y lasse bien vite.

Un sourire de Madame de ***, et un peu d'embarras chez le marquis, me démontrèrent qu'il pouvait bien en être à se reposer. L'arrangement des parties finit la conversation. Je

(1) *Roland :* Opéra en trois actes, paroles de Marmontel, musique de Piccini.
(2) Qui doit être joué avec un caractère champêtre. Notes lourées.

me retirai avant souper. Mais Madame de *** trouva un moment pour me donnez rendez-vous le lendemain à sa toilette.

J'ai oublié de vous tracer sa figure. Madame de *** a trente-huit ans ; elle ne s'en cache pas. Assez blanche, elle a la peau d'une finesse et d'une égalité singulière ; l'ovale que forme son visage serait arrondi si elle avait plus d'embonpoint ; des yeux assez beaux disent sans minauderie ce qu'elle veut exprimer ; sa bouche est bien, elle est grande ; mais sa taille trop longue n'est pas assez marquée ; sa poitrine est trop serrée, sa gorge est petite, placée en femme de condition, c'est-à-dire un peu bas, mais ferme, et surtout d'un susceptible qui la fait tressaillir ; le bras et la main sont trop maigres, la jambe bien, le pied charmant. Son discours en public est concis, serré et à prétentions... Le roi lui a dit cela... Cette nouvelle vient de mesdames... Les ministres sont ses amis... Elle leur donne quelquefois leçons et toujours des conseils. Racontez-vous une affaire ? Elle en développe les ressorts secrets. Un mariage se fait-il ? C'est elle qui a présenté l'épousée, qui protège le jeune marié. Elle sait tout, pénètre tout, a tout vu, tout deviné ; elle met en avant sa faveur, offre sa protection, a des audiences, un secrétaire, des bureaux, un taxateur, un trésorier et des gens d'affaires.

— Parbleu tu feras ta fortune avec cette femelle-là. Tu attends des grâces, bientôt tu les distribueras.

— Je gage que tu vas me demander *l'honneur de ma protection...* A genoux, sacredieu, et dépêchons-nous. Je vais prendre possession de mon emploi, et je t'offre ma survivance...

J'arrive chez Madame de ***, on me reçoit comme un homme attendu. La toilette se passe en galanteries de ma part, en défenses de la sienne ; je fais tourner la tête aux femmes de chambre à force de contrôler : elles finissent par rire, et leur maîtresse déride sa gravité.

Enfin, nous restons seuls... Foutre, du cœur, je crois que la timidité me gagne... Un sofa reçoit Madame de *** ; je m'y place à ses pieds (j'ai un grand fond de tendre pour les sofas).

— En vérité, me dit-elle, je fais une démarche bien extraordinaire.

— Moi, je ne vois rien de si naturel.

— Je me croyais à l'abri de certaines faiblesses, et le rang que je tiens...

— En vérité, madame, il est très favorable à certains arrangements.

— Mais qu'imaginerait-on ?

— Que je vous adore, et que je suis assez heureux pour ne pas vous déplaire.

— J'ai des vues sur vous, mon cher ami.

— Mon bonheur sera de les remplir.

— Vous avez de l'esprit, du feu.

— Ah ! madame, peut-on en manquer auprès de vous ? Vous électriseriez la nature... (Elle s'électrifie, pardieu, son front se colore, ses yeux brillent, sa main tremble... Amour ! Amour !... Viens donc petit bougre.)

— Vous avez là un joli habit.

— Cette couleur m'a paru vous plaire ; je la porterai longtemps... Bon Dieu ! Voilà des rubans d'une nouveauté (et l'échelle se dénoue).

— Que faites-vous ? Que faites-vous donc ? Que diront mes femmes ?

— Ah ! madame, nous perdons un temps... Un temps qui pourrait être mieux employé.

— Bon Dieu ! Si l'on entrait.

— Tant pis pour les curieux (et mains de trotter, et bouche de s'appuyer sur un sein qui bondit sous les coups de langue).

— Aïe... ah !..., dit-elle, en changeant de note, petit démon, tu m'as vaincue...

Les grands mots sont lâchés, mon pégase débridé, la ville rendue, et ma charmante foutue. Mais c'est au second coup que je l'attends. Je presse, je pousse, je lime ; elle est sacredieu tortillée autour de moi comme un serpent. Il n'y a pas une ligne de perdue...

— Ah !... ah ! mon ami, le... ah ! le duc ne le fait pas mieux que toi... Le prince m'aurait ratée là... L'ambassadeur ne m'a jamais tant fait décharger... (je crus, ou le diable m'emporte, qu'elle allait me passer toute la cour en revue).

Quand nous nous fûmes bien convaincus que nous n'avions plus rien à nous faire, nous renouâmes conversation. Madame de *** abandonna cet air de dignité que je lui avais toujours vu... J'étais amant heureux ; elle m'en accorda toutes les prérogatives.

Comme je ne pouvais mieux faire ma cour qu'en l'entretenant de son crédit, je sus l'en faire parler. J'avais d'ailleurs mon intérêt à pénétrer ses secrets, ses ruses, son manège : je ne perdais point de vue mon objet principal, mon cher argent !... Mes connaissances devaient guider les manœuvres qui pouvaient m'en faire tirer parti. Le premier moment d'une jouissance que je sais, à mon gré, rendre impétueuse et brillante, avait étourdi mon adorable. Mais les femmes dévorées d'ambition sont insensibles au plaisir ; la vanité, l'intrigue absorbent toutes leurs facultés. Sans cesse livrée à l'envie, à la haine, les poisons de l'une, les poignards de l'autre écartent les amours. Je ne devais donc m'attendre qu'à une jouissance froide, inanimée ; je ne pouvais me flatter de la captiver par les sens, mais par ses propos ; je lui reconnus de la suffisance, beaucoup d'estime d'elle-même, une vanité sans bornes, par conséquent une imagination resserrée, point de vues, ou elles étaient courtes ; aucun plan fixe... Dès lors le mien fut formé de l'assujettir, de la maîtriser, de m'en servir pour ma fortune, ou de la planter là si elle n'était bonne à rien.

Quinze jours d'habitude me suffirent pour réussir. Je sus

faire goûter à Madame de *** mes projets ; elle adopta mes idées, en croyant ne suivre que les siennes ; son secret fut dans mes mains sans que je la laissasse disposer du mien. Ce n'était pas tout, elle faisait des affaires : il fallait m'en rendre maître... Je n'avais qu'à vouloir... Tout me fut remis. Dès lors je devins l'arbitre des traités ; je corrigeai le tarif (non pas, comme vous le pensez bien, pour le diminuer), mes honoraires ne furent point oubliés, et ma patronne partageait en outre avec moi ce que ma conscience assez commode m'engageait à lui restituer.

Trop sage pour me mettre au grand jour, j'avais prévu que tout cela finirait mal ; que Madame de *** porterait la peine de ces exactions ; je ne voulus donc aucune place. Faire et ne point paraître, c'est l'adresse des gens habiles. Avant de vous conter la catastrophe, je vous dois deux ou trois aventures dignes d'être distinguées de la foule qui s'est passée sous mes yeux.

L'abbé Ricaneau, connu de toute la terre, postulait depuis longtemps un bénéfice. Le sien était cependant bon ; mais le cher abbé, doué de vertu prolifique, faisait régulièrement quatre enfants tous les ans, et par principe de conscience il payait les mois de nourrice avant d'enrichir la collection des Enfants-Trouvés. On lui indiqua notre bureau, il vint me voir, la demande me parut simple, ses motifs excellents ; je lui demandai un mémoire bien circonstancié ; le lendemain il me l'apporta et me tortilla un compliment pour m'offrir une bourse dont la maigre apparence fronça mon sourcil.

— Ceci, monsieur, lui dis-je en la pesant, est pour les mêmes frais... Étrennes de portier, de valet de chambre, de maquereau, de secrétaire.

L'abbé, tremblant, n'osa me contredire... J'examinai le mémoire : j'y trouvai des difficultés... Il me pria d'appuyer, de porter des paroles.

— En ce cas-là, l'abbé, vous prenez le bon parti ; vous

voulez une abbaye de douze mille livres de rente... Vous êtes de mes amis... mille louis, elle est à vous.

Il se récrie...

— Comment, monsieur, mais c'est à rien... J'en suis fâché, je ne puis rien faire pour vous ; vous me rompez bras et jambes... (je sonne)... Le ministre ne m'a-t-il pas demandé ?

La réponse est connue... Je prends mon chapeau. L'abbé me talonne ; je le mène mal ; il se fâche ; je parle plus haut que lui, et je le menace d'informer le teneur de feuille de sa conduite... Je marmotte *lettres de cachet*... Il se sauve, il court encore, et je garde la bourse, où je trouvai cent misérables louis que le faquin imaginait devoir payer une femme comme Madame de ***.

Quelques jours après, on m'annonce une très jolie femme ; mes yeux se dérident. Elle demandait pour son mari une lieutenance de roi achetée par vingt ans de services et de blessures. Vous croyez que la générosité va me parler ?... Parbleu, vous ne vous trompez pas ; je débute par tous les signes qui pouvaient mieux lui marquer ma bienveillance. Elle fut d'abord timide ; elle s'apprivoisa ; nous nous apprivoisâmes et devînmes si familiers en moins d'une heure que nous ne fîmes plus qu'une même chair.

— Comment, tu l'as foutue ?

— Non... Je l'ai envoyée à quelque autre... Sacredieu, ne seras-tu jamais qu'un sot ?... C'est une des jolies remueuses que j'aie trouvée dans ma vie... Pour une provinciale, cette femme-là avait un vrai talent.

— Au moins, tu as fait son affaire sans lui demander de l'argent.

— Oh ! cela, c'était juste et nous convînmes seulement qu'elle écrirait à son mari de déposer dix mille livres chez un notaire, qui les remettrait à vue du brevet. Pour elle, je lui offris une boîte d'or, dont un faquin, qui voulait des lettres de noblesse, m'avait fait présent le matin : elle valait vingt-cinq louis.

Vous voyez que je suis généreux... C'était plus que l'intérêt de son argent.

Nos affaires allaient bien. Sous mon heureuse main le cuivre devenait or. Madame de *** m'adorait ; elle couchait avec l'univers ; mais j'étais le favori, car j'avais la bourse. Cependant, je sentais quelquefois des soulèvements de conscience ; elle m'en guérissait bien vite : cela aurait pu tirer à conséquence pour sa cuisine. Je m'appliquai seulement à la mettre toujours en avant, à ne jamais paraître, afin de me laver les mains sur tous les événements.

Bien m'en prit... Voilà le fait. Une femme jeune, riche, avait un amant.

— Beau début ! Eh ! quelle est la sotte qui n'en a qu'un ?

— Un mari jaloux.

— Allons donc, quel conte !

— Foi d'homme d'honneur.

Ces originaux-là sont rares, mais il y en a encore quelques-uns pour la conservation de l'espèce. Le susdit animal trouvait mauvais que sa femme couchât avec un représentant. Comme elle ne pouvait le supposer que fou, elle prit le sage parti de le faire enfermer ; elle vint me le proposer, et surtout d'éviter quelques petites formalités embarrassantes qui auraient pu retarder, même déranger un projet aussi bien vu. Madame de *** la loue infiniment, d'autant plus qu'elle faisait bien les choses ; elle assurait à son mari six cents francs de pension et l'habillait très proprement.

Je lui demandai quelques petites attestations faites par ces mains habiles qui ne rougissent pas plus que le papier qu'elles emploient, et nous fixâmes tous les frais à dix mille écus ; assurément c'était à grand marché. Enfin, huit jours après mon vilain fut enlevé sans bruit, coffré et écroué par ordre du gouvernement. Sa femme pleura, réclama, fit le diable à quatre (mais de loin). Je lui rendis le service de lui faire imposer silence, et elle n'eut pas de peine à le garder.

Qui diable n'aurait pas cru cette affaire finie ? Ce vieux

coquin devait crever, au moins devenir fou. Il avait le diable au corps : il n'en fit rien. Certain magistrat (M.L.N. ([1]), lieutenant général de police) fut visiter la prison ; je ne l'avais pas mis du complot. Cet homme-là est du vieux temps, il s'avise d'être vertueux, d'avoir dans le cœur cette humanité que les autres n'ont qu'à la bouche ; il compatit aux souffrances du coupable, mais il donnerait sa vie pour sauver celle d'un innocent. Il instruisit le ministre ; celui-ci, dans un moment d'indignation, peut-être de crainte, nomma Madame de ***, cria à la tromperie (pourquoi ne l'aurait-il pas fait ? Je criais bien moi !). Elle fut sacrifiée, perdit sa place, et courut ensevelir dans ses terres sa honte et nos amours.

Vous croyez peut-être, mon cher, que je vais me pendre ?... Non, je vais compter mon argent... Vingt mille écus en espèces sonnantes, des diamants, des bijoux... Ma foi, je suis fâché du sort de cette pauvre femme ; elle m'aurait valu beaucoup... Paierai-je mes dettes ? Fi donc, cela porte malheur. D'ailleurs ces coquins d'usuriers s'imaginent-ils que je leur donnerai mon sang, ma plus pure substance à dévorer ?... Qu'ils attendent mon mariage ou mon testament... Pardieu, ces idées tristes ont abattu mon courage... Allons, allons, volons au Potosi ([2]), cherchons quelque mine nouvelle, et que l'or couronne mes ardeurs !

Une fête d'apparat avait réuni la cour et la ville. Mes yeux, errant sur l'assemblée, cherchaient un objet qui les fixât ; ils furent distraits quelques instants par des figures friponnes et agaçantes... O Satan ! *vade retro...* Déjà je sentais mon cœur s'épanouir et ma bourse se vider... Enfin arrive avec bruit Mme de Cul-Gratulos : son état l'oblige d'assister

---

(1) Monsieur le Noir à qui ont eu affaire Mirabeau et le marquis de Sade enfermés au château de Vincennes.

(2) Ville de Bolivie riche de mines d'or et d'argent. Le Pérou dirait-on aujourd'hui.

au spectacle ; sans cela elle est trop régulière pour chercher le plaisir en public. Placé dans la loge où elle entrait, je fus assez heureux pour que mes prévenances ne restassent pas sans effet. Ce n'est pas que la figure me tentât... Représentez-vous, mon ami, une tête, un cou, un corps et un cul tout d'une pièce ; faites de tout cela un paquet mal fagoté ; ajoutez-y des bras grossiers et de couleur bleu pourprin ; attachez-y de grosses cuisses, de vilaines jambes ; percez à son visage des trous bizarrement placés pour faire des yeux, mais dont l'un, immense, annonce pour ailleurs la grande mesure ; barbouillez cela de rouge et de tabac ; coiffez-le d'une perruque ébouriffée, et puis par là-dessus des plumes, de la gaze, du ruban, des diamants... Voilà la comtesse physique.

— Et la comtesse morale ?

— Foutre, ne parlons pas si haut... Savez-vous bien que c'est une grande dame ; elle est haute comme le temps (quoiqu'elle ne soit pas si ancienne), ses valets sont aussi ventre-à-terre devant elle qu'elle-même devant les puissances ; elle *monseigneurise* son carrosse, ses chevaux, son mari, son père, son grand-père même ; mais elle ne remonte pas plus haut car elle craint les chutes. Au reste méchante, hargneuse, impudente avec effronterie, opiniâtre avec emportement et toujours avec bêtise, dévote avec ostentation... Chacun de ses valets met à la quête un écu qu'elle leur distribue : pour elle l'or brille toujours dans son offrande hypocrite...

— Mais, que veux-tu faire d'un pareil monstre ?

— Ce que j'en veux faire ? Parbleu, belle demande ! La piller, la gruger, et me foutre d'elle tout en la foutant.

Le spectacle finit tard ; elle m'invita à souper du ton dont on donne un ordre. J'étais au fait, je m'humiliai, je me confondis : sans lui offrir ma main, je lui fis faire place à la sortie ; je la vis entrer dans sa chaise qu'escortaient quatre valets, chapeau bas, et je me rendis chez elle.

L'assemblée était cérémonieuse, par conséquent fort triste. Le souper fut d'un compassé assommant : on y mangea peu ; on y parla moins ; le lever, la chasse, le coucher, quelques nouvelles rebattues, débitées d'une voix traînante... Des hommages à Madame terminèrent la séance ; mais non pas pour moi. Comme tout chez la comtesse se fait dans l'ordre, un valet de chambre m'avait prévenu que Mlle Branlinos avait à me parler avant que je sortisse (ne vous étonnez pas de ce nom, c'est la première femme de la comtesse).

Après avoir fait mon compliment à celle-ci, je me rendis chez la susdite qui, sans détour, m'annonça que j'étais destiné pour cette nuit aux plaisirs de Madame, et qu'elle avait reçu ordre de me préparer.

— Pardieu, lui dis-je, ma charmante, je ne m'attendais pas à tant d'honneur ; mais soit fait comme vous le voulez.

Nous entrons dans un cabinet de bain où j'en trouve un tout prêt. Branlinos ferme la porte sur nous et m'aide à me déshabiller... J'hésitais à me mettre absolument nu devant cette fille très jolie et qui n'avait pas plus de vingt ans, quand elle me dit :

— Eh ! monsieur, dépêchons-nous, il faut que je vous prépare.

— Ah ! foutre, mademoiselle, et moi que je vous essaye...

Je la campe sur le lit de bain, et je la fous... Le jeu ne lui déplut pas ; il m'amusait assez... Il fallut cependant songer à la préparation... Branlinos entra dans le même bain que moi, en me disant que je l'avais souillée, et m'avertissant qu'elle couchait en tiers avec nous... Ce procédé me parut nouveau ; mais la diablesse garda le *tacet* (1) en étouffant de rire. Enfin, bien lavés, bien essuyés, bien parfumés tous

(1) Le secret.

deux, elle se sauva de crainte de nouvelle pollution, et cinq minutes après vint me prendre.

J'arrive dans la chambre à coucher. La comtesse était déjà au lit, elle me tend une main que je baise avec autant d'ardeur que si elle eût été jolie. Je me place d'un côté, Branlinos de l'autre. La comtesse était plus humanisée, mais le *decorum* subsistait toujours... A la preuve :

— Mon cœur, dit-elle à Branlinos, voyez s'il bande (la petite me touche... et sacredieu je dresse au même instant)...

— Ah ! Madame, comme un ange..., s'écrie Branlinos.

Alors Cul-Gratulos fait demi-tour et me présente... Devinez.

— Quoi donc ?

— Sacredieu, que tu es bête !

— Ma foi, je ne sais pas.

— Son cul.

— Son cul ?

— Oui, foutre, son cul...

Amas énorme de chairs mollasses et tombantes... Je débande net... Branlinos, qui s'en douta, d'une main me prête son secours, de l'autre entrouvre le gouffre ; je m'y jette en grinçant les dents... Et j'étais au milieu que je ne m'en doutais pas encore... *O altitudo !...* Branlinos s'était remise à son poste ; sa main agile branlait Madame à toute éreinte, pendant que je la limais à suer dans mon harnois... Le moment de la décharge approche... Avez-vous jamais été réveillé par le grondement d'une porte mal graissée sur ses gonds rouillés ?... Voilà la passion de ma belle, et les douceurs qu'elle me débitait... Cependant, quand cela fut fini et qu'elle fut retournée, elle me fit la grâce de m'embrasser... Pouah !... Ma foi, j'aimais mieux l'autre. Encore était-il parfumé ; mais la bouche avait usurpé son goût.

Après un moment de conversation, il fallut recommencer ; même cérémonie : sa façon à elle est uniforme et, le diable m'emporte, depuis le baiser je ne la trouve plus si ridicule. Mais voici bien une autre histoire ; elle me place entre elle et Branlinos, me tourne tout comme à Berlin, admire ma chute de reins... Je crus être au second tome de la Vit-au-Conas... Non, j'en fus quitte pour la peur... Tout à coup, par inspiration :

— Mon chat, me dit-elle, veux-tu foutre Branlinos ?...

Pardieu, je tope à la proposition... Mais je sens que l'on me farfouille... Sacredieu, la bougresse me donnait le postillon : son gros vilain doigt me sondait d'importance. C'était pour me faire avaler la pilule qu'elle me laissait foutre la petite ; et, dans le fait, cela ne nuisait pas. Cul-Gratulos ne se lassa que quand je fus rendu de fatigue : le jour paraissait ; je lui laissai prendre du repos en me retirant. Le secret me fut recommandé de la manière la plus forte, et je l'ai bien gardé.

Les jours suivants furent marqués par les mêmes aventures. L'or me dédommageait, car elle en répandait à foison. Branlinos soutenait mon courage et me faisait bander. Au reste, la comtesse n'en était pas moins dévote, ni moins impertinente, même vis-à-vis de moi.

Mon quartier finit ; elle partit pour les eaux de Barèges en me comblant de présents, mais avec cet air qui en ôte tout le mérite. Et je revins à Paris.

Rendu dans cette Babylone qui ne renferme plus de corruption qu'ailleurs que parce qu'il y a plus de monde (car les vices plus rassemblés en produisent de nouveaux), pendant huit jours je fatiguai chevaux et valets à faire inscrire mon nom chez toutes les coquettes et les coquines de Paris. Quinze jours se passèrent sans aventures curieuses. L'ennui me gagnait ; je jouai, je perdis, et dès lors j'abandonnai ce moyen de conservation qui m'aurait dévoré mon or. Pour le conserver, il n'y avait qu'un moyen : la fuite. C'était un parti violent, et je le balançais.

Déjà le soleil dorait les moissons, les grâces se retiraient aux bocages; toutes les femmes volaient à la campagne, les unes par désœuvrement, d'autres par habitude, celles-ci pour opérer une révolution. De si grands exemples me déterminèrent; quelques légères excursions préparèrent ma retraite; je voltigeai; mais souvent bien différent de l'abeille industrieuse, je ne pompai que des sucs soporifiques. Encore l'ennui me fit-il bâiller sans m'endormir.

Vous connaissez comme moi ces palais enchantés que la Seine voit sur ses bords dans sa course tranquille... Hélas! un art cruel nous y poursuit encore; il étouffe la nature en croyant l'embellir. L'ennuyeuse symétrie a dessiné ces parterres émaillés de sables stériles, et ces tristes gazons dépouillés de leur verdure... Des murailles de charmille ne permettent point aux zéphyrs de caresser le sein de Flore; la rose se flétrit sans honneur dans ces vases qui la gênent, pour la rassembler en bouquets. De longues allées ne semblent m'offrir un point de vue délicieux que pour l'isoler et le rendre monotone. J'entre dans un bosquet; des arbustes fatigués y prêtent à regret leur ombrage; des entraves de fer asservissent leurs branches courbées; le chèvrefeuille n'y rampe point parmi le feuillage; la tulipe y est sans couleur, la violette sans parfums... Je me sauve dans un bois... Eh quoi! Toujours de l'industrie, jamais de surprises... La main de l'architecte a décoré ces salles tristement superbes; la règle impérieuse a tracé leurs contours; la serpe, la faux ont mutilé les dryades (1) gémissantes pour arrondir ces colonnes ou former des amphithéâtres. J'entends le bruissement des eaux... Hélas! la naïade en pleurs n'y roule point ses flots argentés; mille canaux emprisonnent son onde; des formes bizarres, des bouches d'airain l'élancent dans les airs; elle retombe brisée dans ces bassins où elle se perd

(1) Déesses des forêts.

sans pouvoir arroser le bocage qui la désire... O hommes ! votre despotisme réduira donc tout à l'esclavage !... J'erre dans les détours d'un labyrinthe compassé ; la fauvette légère, le pinson joyeux n'y trouvent point d'asile pour leurs amours. Philomèle seule y fait quelquefois entendre les sons de sa douleur ; et la nuit, quand Phoebé fait régner le calme et le silence, le triste coucou présage au maître de ces lieux ses hautes destinées.

Que je suis loin, grand Dieu ! de cette douce mélancolie, où l'âme attendrie perd le sentiment douloureux de ses peines ! Où des larmes involontaires, mais précieuses, dégonflent la poitrine oppressée, et rafraîchissent la paupière !... Je suis sombre : mes pensées tumultueuses s'agitent, se choquent, se confondent ; je reviens à pas lents, l'air rêveur, la tête penchée... Je rentre dans un salon brillant d'or et de glaces, elles me retracent vingt personnes que fixe un tapis vert. O source nouvelle d'ennui, de consomption !... Je reviens à la ville. Toute la vitesse de mes chevaux ne me sert pas à mon gré : je suis à peine arrivé que je voudrais être ailleurs ; je cherche avec ardeur des objets nouveaux... Ah ! il n'en est point qui puissent guérir un cœur blasé sur tout.

Essayons du moins de le distraire... Fuyons, fuyons la perfidie des cours, le tumulte des villes. Cherchons une retraite... Je l'ai trouvée ; j'y vole sur les ailes de l'espérance et du désir.

Au milieu de ces riches contrées que la Marne indocile fertilise dans son cours, s'élèvent des murs bâtis par nos aïeux ; leur superbe apparence semble annoncer la demeure des rois... Non, c'est le séjour tranquille des réponses chéries du dieu de paix... C'est l'abbaye de ***, la tante d'un de mes amis en est abbesse. Je suis annoncé par lui comme un homme aimable. Je suis désiré ; j'arrive... Le bruit d'une voiture qui vient au galop ; plus encore celui des valets, qui croient honorer leurs maîtres par leurs tapages, avaient fait événement. Tout, dans le couvent, se met sous les armes ; la discrète se met à exercer sa langue... Un homme de cour ! Qu'il va m'en conter de belles !... La nonnette jolie rattache sa guimpe légère avec art, avec coquetterie... Toutes veulent plaire ; toutes volent au parloir. Madame la dépositaire est députée pour me faire les honneurs : un compliment agréable et bénin me montre que l'on est prévenu en ma faveur.

Enfin madame l'abbesse arrive à la grille, et l'essaim disparaît par discrétion et par respect. Sacredieu, la charmante figure !... Lis son portrait, lis et meurs d'envie.

Elle achève à peine son cinquième lustre ; la fleur de la santé s'unit sur son visage à celle de la jeunesse. Un teint brillant, des yeux les plus beaux du monde et noirs comme jais ; la bouche mignonne et bordée de roses ; des dents d'ivoire qu'un sourire enchanteur laisse admirer... Au reste, un genre de coquetterie inconnu dans le monde, réservé pour le cloître. Sa robe, tissue d'une gaze diaphane, se drape en longs replis ; une ceinture dorée semble moins faite pour marquer sa dignité que pour faire valoir une taille divine. La batiste la plus blanche forme son bandeau ; sa guimpe se replie pour dessiner des tempes et arrondir davantage un ovale délicieusement tracé ; elle s'échappe ensuite et voltige au gré des zéphyrs ; mille amours nichés çà et là rentrent, sortent, ébouriffent tout ; et tout n'en va que mieux.

— Est-ce que tu t'aviserais de faire le second tome d'Abélard ?

— Ma foi, je n'en sais rien... Mais dussé-je chanter clair, je foutrai ma charmante abbesse, ou nous verrons pourquoi.

Les compliments furent ce qu'ils devaient être ; joliment tournés de la part de la nonne ; et galamment de la mienne. La connaissance fut bientôt faite ; j'apportais des nouvelles, et l'abbesse était trop instruite pour ne pas s'apercevoir que mon âme était dans mes yeux... mais elle n'était sacredieu pas morte autre part, et je bandais à crier... Sublime effet de la vertu ! Vierges immaculées ! les corpuscules saints qui s'exhalent de vos blancs tétons ont agité, pénétré tous mes sens... Puissé-je rassembler toute la vigueur d'un carme dans ses premières années, et retracer à vos cons pourfendus la valeur et les assauts du père Tapedru !

Je ne parlerai pas des fêtes qui me furent données, des concerts où je tins ma partie. Ma voix mâle est sonore, mes accents prononcés se mêlèrent à ceux de ces filles timides... Tel un satyre effronté, se glissant au milieu des nymphes, commence par les étonner : en vain elles veulent fuir ; un attrait puissant retient leurs pas ; s'ils deviennent plus chancelants, c'est l'ouvrage du désir... Et les cris que les belles poussent ensuite ne sont pas d'effroi.

O mon ami ! la jolie chose que d'être au milieu d'un sérail où vingt nonnettes se disputent le prix de la beauté ! Leurs yeux, moins agaçants que ceux de nos femmes, respirent une tendre langueur. Plusieurs même, innocentes encore, éprouvent des mouvements jusqu'alors inconnus... Dieux ! quelle expression touchante... Foutons, foutons... O mon vit ! déploie tes ressorts de fer ! Que tout cède à ton impulsion puissante !... Evoé (1) amour !... Evoé Priape !

Je me couchai roulant à part ces vastes projets. La moire tapissait ma chambre, le goût l'avait assortie, la simplicité, la propreté scrupuleuse y régnaient, et la mollesse y reposait sur le duvet le plus fin. Je ne dormis point ; j'étais enchanté, enivré... Une légère indisposition, peut-être de commande, retint le lendemain Madame l'abbesse au lit. J'eus permission d'aller lui faire ma cour dans son appartement... Que devins-je ! ô Ciel, que devins-je !... Elle était belle comme un ange, et de la beauté la plus touchante... J'oubliai jusqu'au motif qui m'amenait ; elle me tendit la main, en s'informant de ma santé ; je baisai cette main avec un feu,

(1) Evoé ou Evohé ! Cri des bacchantes en l'honneur de Dionysos.

une ardeur... L'abbesse soupira... Un soupir fut ma réponse... Nous étions seuls, ses yeux à demi clos, ses longues paupières abattues ; le gonflement, la palpitation d'un sein d'albâtre que couvrait encore un voile importun, tout semblait m'enhardir... Hélas ! j'étais timide... Julie ! Julie ! ainsi jaillirent les premiers transports de nos feux... Je me jetai à ses genoux ; mes lèvres brûlantes couvrirent cette main que je n'avais pas quittée, que l'on ne s'était pas efforcé de m'arracher... Dieux ! elle pâme... Elle se meurt... Le premier mouvement m'emporte... Je m'écrie... Ses femmes arrivent... Des sels, des eaux, des senteurs... Tout est sous mes mains.

— Ce sont les vapeurs de Madame, s'écrie une assistante...

Ah ! foutue bête, me dis-je à moi-même... Mais foutre, ce n'est pas son dernier accès. Au bout d'un demi-quart d'heure elle revient à elle ; elle est pâle... Mais c'est de la pâleur des amants ; quelques larmes ont mouillé ses beaux yeux... Qu'ils sont touchants ! Ils semblent implorer... Nous redevenons libres...

— Hélas ! dit-elle, je suis bien malheureuse : ces spasmes violents m'anéantissent... Et l'on ne peut deviner la cause...

Vois la rougeur qui colore ses joues ; son pouls est plus animé ; mon cœur bat ; je m'approche davantage... Quelques coussins dérangés m'offrent un prétexte ; j'ose avancer ma main pour la replacer, pour la soutenir... Un mouvement me livre sa gorge... C'est celle de Polignac (1)... L'ivresse me saisit ; je presse sa bouche de ma bouche amoureuse ; ma langue lui fait éprouver des tressaillements voluptueux ; j'avance vers le sanctuaire ; un doigt y pénètre... Il tremble, et ce tremblement l'émeut davantage...

(1) Favorite de Marie-Antoinette dont les secrets d'alcôve circulaient de bouche à oreille...

C'en est fait... Je l'ai remplacé... Dieux ! Dieux ! Quelle jouissance !...

— O mon Sauveur, dit-elle, ah !... ah !... O bonheur... Je puis mourir... Mon doux Jésus !... Ah ! cher ami !... Je meurs...

Les sensations étaient trop vives, trop multipliées, trop nouvelles... Mon âme ne pouvait y suffire, je m'évanouis très sérieusement... Mon abbesse effrayée sonna sans doute sa confidente ; je me retrouvai dans leurs bras ; les baisers de ma charmante abbesse me rappelèrent à la vie ; mais en même temps ils me remirent dans un état si ferme que la discrète jugea prudemment que je n'avais plus besoin de sa présence. Nous nous réitérâmes plus d'une fois, l'abbesse et moi, des serments de nous aimer toujours, et toujours la conviction suivait de près.

Les coulis, les restaurants les plus actifs me furent prodigués. Je passai la journée comme la matinée, et la nuit fut aussi heureuse. Les jours suivants, des amusements sans nombre me furent préparés : la chasse, la pêche, mille et mille jeux... Tant de plaisirs m'attachaient encore à mon abbesse ; elle était voluptueuse, mais sans art, sans raffinement. Mes conseils lui plaisaient ; mes leçons l'enflammaient ; elle y gagnait beaucoup, et je n'y perdais pas. Son beau corps svelte et flexible ; ses membres délicats s'enlaçaient, se pliaient sur les miens ; et ce n'était que dans mes bras qu'elle goûtait le repos... De bonne foi, je lui aurais gardé fidélité ; mais l'humanité s'y opposait. De jeunes cœurs soupiraient en secret pour moi : fallait-il les laisser se consumer, se flétrir ?... Non, je suis trop compatissant. Mon commerce avec l'abbesse s'était réglé ; je lui donnais mes nuits, et j'employais mes jours ailleurs. Dortoirs, cellules, tout m'était ouvert, et j'en profitai. S'il m'en souvient, la première que j'ai foutue fut une discrète.

— Une discrète ? Tu badines.

— Non, pardieu ; c'était notre confidente ; fille mûre de quinze à cinquante-cinq ans...

Voici le fait. Elle s'était chargée de mes déjeuners. Un jour qu'emporté par la chasse j'avais manqué mon heure ordinaire, je revins au moment où la bonne mère Saint-François ne m'attendait plus... J'entre sans bruit ; elle était étendue dans un grand fauteuil, le dos tourné vers la porte, retroussée jusqu'au nombril, les cuisses écartées, et remuait de toute sa force... Devine.

— Quelle demande ! Un godemiché.

— Tout juste...

Je ferme la porte avec précipitation, elle n'a que le temps de baisser ses cottes, et laisse le fer dans la plaie. Rouge comme un chérubin, elle se lève, fait deux pas, serre les cuisses, et moi, que le diable inspire, je la prends par-dessous les bras si lestement que le Priape quitte prise et tombe au beau milieu de la chambre... Ah ! ma mère en Dieu, n'êtes-vous pas blessée ?... Peste, dis-je en ramassant le poupon, voilà une rude fausse couche... Et foutre, ma bonne, ne vous étonnez pas, j'ai tout vu ; je vous ai fait rater, il faut que je vous achève. Je la campe sur son lit, et je lui fais deux fois la douce affaire ; c'était autant qu'il lui restait de dents... Le bon Dieu vous le rende, me dit-elle avec attendrissement. Je ris et j'aperçois au fond de sa bouche un petit chicot ; je me rappelle la vieille histoire ; une noble émulation m'enflamme ; d'ailleurs, j'avais besoin d'elle ; elle était maîtresse des novices... J'arrachai le chicot ; mais il tenait diablement fort. Je crois n'avoir eu de ma vie autant de peine.

Passons sous silence quelques aventures communes. Je baisai la sœur Saint-Jean-porte-Lapine, sœur Magdelon, mère Saint-Bonaventure, *et coetera.* Le dortoir, le jardin, la dépense et l'apothicairerie furent tour à tour mes théâtres. Mais parlons des novices.

Elles étaient cinq, et, parmi elles, sœur Agathe, sœur Rose et sœur Agnès se faisaient distinguer. C'étaient les plus jolies enfants du monde. Les deux premières, éveillées petites commères, s'aimaient à la fureur, et se caressaient de même, faute de mieux. Sœur Agnès était amoureuse de moi, ne disait rien et pleurait d'autant. Un jour de grande récréation, je trouve le moyen de la chambrer :

— Qu'avez-vous, belle Agnès ?

— Hélas ! je n'en sais rien.

— Depuis huit jours vous êtes toute changée ; vous que l'on voyait sans cesse rire, folâtrer, vous rêvez.

— Hélas !

— Vous soupirez... Agnès ! Agnès ! vous n'avez point de confiance en moi... Moi qui vous aime tant (ses joues se colorent).

— Vous m'aimez !... Oh ! mon Dieu, si cela était !

— Agnès, serait-ce vous offenser ? Hélas ! ce n'est pas ma faute ; vous êtes si aimable (je prends sa main).

— Oh ! laissez-moi... Sainte Vierge (elle se lève).

— Ma sœur, je le vois, vous avez peur de moi ; je vous suis odieux... Eh bien ! je me retire.

— Comment, tu t'en vas ?

— Foutue bête !... La pauvre enfant ! Elle est à moi ; je n'aurais pas le temps de la pousser à bout. A la première séance, elle est dans mon sac.

La maîtresse des novices me fournit quelques jours après une bonne occasion (vous savez qu'elle est de mes amies). On devait chanter un motet au chœur ; le maître de musique n'était pas venu ; elle me confie Agnès pour la faire répéter, et sortit en tirant la porte sur nous.

— Eh bien ! ma belle Agnès, êtes-vous toujours aussi cruelle ? (elle baisse les yeux)... Que je suis malheureux ! Vous me détestez ! Oh ! le bon Dieu le sait (et ses mains s'élèvent vers le ciel), Agnès, vous m'avez fait répandre bien des larmes.

— Et moi !... Ah ! comme j'ai pleuré (et ses pleurs coulent encore).

— Si vous vouliez, hélas ! nous nous consolerions... Ou, sans cela, il faut que je meure.

— O mon Jésus ! vous, mourir !... Non, non, ce sera moi.

— Vous, Agnès ! vous que j'aime plus que ma vie (je la saisis, je l'attire sur mes genoux... Vois, ah ! vois donc son cou collé contre moi, sa tête penchée sur mon visage, ses beaux yeux bleus pleins de larmes)... Agnès, mon seul amour ! Ah ! dis-moi que tu m'aimes.

— Méchant ! Vous en doutez ?...

Sa bouche me caresse ; l'innocent ne connaît aucun mal aux élans de son cœur... Son heure est arrivée, je la couvre de baisers : je fais passer dans son sein l'ardeur qui me dévore ; je l'enivre de caresses et d'amour ; j'écarte tous les voiles : que de trésors me sont livrés !... La pudeur ne gémit point... Elle ne se connaît plus... Rapide comme l'éclair je déchire la nue... Et le cri qu'Agnès laisse échapper est le signe de ma victoire.

Tu vas bêtement croire qu'elle fera des grimaces, des simagrées, qu'elle me traitera de monstre, de séducteur... Eh ! laisse cela à nos pucelages rajeunis du siècle... La pauvre enfant ! Elle me remercie de mes bontés... Il est vrai que j'ai eu diablement de mérite ; car la place était rudement forte à emporter.

Agnès, après cette ouverture d'esprit, acquit une intelligence infinie pour son motet. Et au retour de la maîtresse, elle le chanta à ravir. Heureusement pour moi, mon abbesse, à cause de certaines visites, faisait lit à part ; car pardieu j'étais écorché vif et en sang ; douze heures de repos me cicatrisèrent.

— ... Hon... Beaux passe-temps !

— Eh ! pourquoi diable grondes-tu, je te prie ?

— Je gronde parce que tu perds ton temps et que l'argent ne vient point.

— C'est ma faute, j'en conviens... Ton esprit financier me charme ; mais je devais te dire que l'abbesse, aussi généreuse que belle, me comblait de présents... Ainsi, calme-toi pour écouter de nouveaux exploits.

AGNÈS Pl. 4

Je déchire la Nüe

Sœur Agathe et sœur Rose appellent mes hommages. La plus âgée n'a pas ses dix-huit ans ; la première, vive, pétulante, est un petit démon ; elle a de l'esprit comme un lutin, de jolies reparties, une adresse incroyable. Rose est plus douce, plus tendre, mais gaie. Ces deux enfants sont liées par une étroite sympathie, et plus encore par le tempérament ; l'abbesse, dont elles sont les bijoux, m'a confié qu'elles s'en donnaient avec excès, et qu'elle-même les avait reçues plus d'une fois dans son lit, pour du moins tromper ses désirs. J'étais libre avec elles ; je leur montrais à danser, et nous faisions mille folies...

— Parbleu, mes sœurs, leur dis-je un jour, vous devriez bien m'apprendre ce jeu que vous jouiez hier ensemble.

— Quel jeu ? répond Agathe pendant que Rose rougit.

— Ma foi, si je le savais bien je ne vous le demanderais pas.

— Bon, Rose, il veut cache-cache... (et la friponne d'éclater de rire).

— Cache-cache... Ah ! vous mentez, espiègles ; il n'y avait rien de caché ; je l'ai bien vu.

— Quoi ! vous l'avez vu, dit Rose... Agathe, nous sommes perdues (la petite pleure et sa compagne est déconcertée).

— Eh ! mon cœur ! ne pleurez pas... Rose, vous êtes une enfant ; je n'en dirai, ma foi, mot à personne... (cela les tranquillise un peu : *au cloître comme ailleurs, péché caché n'est rien*).

— Mais comment l'avez-vous vu ? reprend Agathe plus timidement.

— Je vous trompais ; je ne l'ai pas vu, mais mon génie me l'a dit.

— Un génie !

— Un génie, répète Rose.

— Oui, un génie qui me visite tous les jours... (et mes folles de rire à gorge déployée)... Pardieu, petites incrédules, je vous le ferai voir... mais à condition que vous m'appreniez votre jeu, et que vous écoutiez ce qu'il vous dira.

— Comment, il parle !

— Sans doute, mais c'est par signes, et je vous les expliquerai.

— Ah ! voyons.

— Voyons, dit Rose.

— Doucement... Diable, comme vous y allez !... Attendez donc que je l'appelle... Si vous vouliez toujours me montrer votre jeu ?... (j'avais sacredieu mes raisons : jamais mon génie ne fut si bête ; j'avais beau le talonner, ce bougre-là n'arrivait point... Pardon, pardon, le voilà qui vient)... Écoutez : que la plus incrédule passe dans ce coin-là, et quand elle l'aura vu, qu'elle le tienne bien, de peur qu'il ne s'en aille ; car il est un peu farouche... (ainsi fut fait, je tire *Monseigneur*; ma folle Agathe saute dessus).

— Ah ! Rose, viens donc vite, je le tiens... (nous nous approchons au jour). Oh ! le drôle de génie, comme il est fait ; mais il n'a point de nez !

Rose le prend :

— Ah ! comme il est chaud !

— C'est qu'il est venu fort vite.

— Eh ! mais, dis Agathe, il tient... (et la petite bougresse le tire à le démancher).

— Sacredieu, mesdemoiselles, un moment donc ; vous ne voyez pas que c'est un escargot ? Il est dans sa coquille.

— C'est vrai, c'est vrai, dit Rose : voilà le bourrelet... (elle saisit les voisines qui, ramassées en dessous, étaient dures comme la pierre... Agathe y porte la main et revient au personnage).

— Un escargot ! Je n'en ai jamais vu comme ça.

— C'est qu'il est de la Chine.

— Montre-t-il ses cornes ?

— Eh ! non, ils n'en ont point dans ce pays-là ; mais ce sont eux qui les apportent aux maris... Ah ! çà, il est pressé (je mourais de peur que le génie ne s'émancipât dans leurs mains). Votre jeu, mesdemoiselles ?...

— Oh ! il faut qu'il parle.

— Allons, je le veux bien... Il faut convenir que je suis trop complaisant... Mais je vous avertis que c'est à chacune en particulier qu'il faut vous laisser faire des signes, sans dire mot, ou bien serviteur, plus d'esprit ; et s'il se fâche il ne reviendra plus... Allons, Agathe, à vous ; mais surtout motus... (je la prends, je la jette sur le lit).

— Ah ! dit-elle, je ne vois plus l'esprit.

— Soyez tranquille ; il ne s'en ira que si vous n'êtes pas sage... Je la trousse ; tu te doutes du reste, et du langage de l'esprit. La petite fut courageuse et ne dit pas un mot... Mais, ami, peins-toi Rose tournant de tous côtés, examinant, pâlissant, rougissant, trépignant...

— Agathe, parle-t-il ?

— Ah ! oui... Ah ! mon Dieu !... Ah ! Comme il parle ! le joli esprit !... Mon Dieu !... Ro... se... je n'en puis plus.

— Agathe ! Agathe ! qu'est-ce qu'il te dit donc ?

Elle avait pardieu autre chose à faire que de répondre... Ma foi, la petite diablesse se remuait si vivement et me serrait si ferme que j'allais recommencer quand, tout à coup, Rose, ennuyée, me tire par mon habit, et l'esprit sort tout en sueur, tout échauffé du carnage... Je n'ai que le temps d'étendre Agathe sur un fauteuil, et je travaille sa compagne. Celle-ci était moins vive, mais pétrie par la volupté. Elle avait surtout cette qualité si précieuse que j'avais déjà trouvée à quelques femmes, et toujours avec un nouveau ravissement : le sanctuaire se refermait après le sacrifice, et pressait sans laisser le temps de débander... Mais voyez combien l'esprit avait donné de réflexions à Agathe : elle ne me faisait plus de questions. Les deux amies, penchées l'une sur l'autre, étaient dans une extase dont rien ne pouvait les tirer. Pour moi, je jouissais de leur trouble ingénu, et je le partageais... Nous ne parlâmes plus du jeu ; elles reconnaissent ma tromperie sans m'en savoir jamais gré. Et l'esprit, de temps en temps, leur donna de nouvelles leçons.

J'étais au comble du bonheur, à un peu de fatigue près ; mais le diable, qui veille toujours, s'était fourré dans la tête de me débusquer d'un si bon gîte. L'habitude amène la sécurité, la sécurité endort ; on ne se précautionne plus et l'on devient soi-même l'artisan de son malheur : d'ailleurs, une pomme pour trois déesses les fit battre ; un homme pour vingt religieuses... Il y a de quoi, j'imagine, les faire étrangler.

Vous ne connaissez pas, mon ami, les républiques femelles, dont l'abbesse est comme le doge. La plupart des filles qui les composent ont été enrôlées malgré elles dans la milice céleste ; on les a faites épouses d'un être immatériel, et les charmes de la contemplation ne détruisent pas en elles la *corporalité.* Il en résulte dans la jeunesse une révolte des esprits charnels, un conflit de juridiction entre le sens et la raison, entre le créateur et la créature, où souvent la faiblesse humaine est obligée, comme Pilate, de *s'en laver les mains.* Tout cela ne fait que tromper les passions, irriter les désirs, les allumer davantage... De là les nerfs, les spasmes, etc. Dans la vieillesse, on est pie-grièche, colère, âpre, grondeuse. De là encore les inspirations, les apparitions et toutes les folies que les uns ont brûlées, les autres canonisées... Cela n'est point de mon grave sujet.

On ne peut pas toujours prier ; il faut médire ; prendre son prochain par les pieds et par la tête : le tout pour son bien, et la plus grande gloire de Dieu. Les confessions sont surtout un grand objet. S'ils sont deux, le bercail est partagé, et chaque parti hait cordialement son adversaire ; s'il n'y en a qu'un, jalousies, rivalités, fureurs.

— Quoi ! pour un vieux moine ?

— Oui, pour un vieux moine.

Car avec sa figure de singe, toujours est-il du bois dont on les fait ; on se mange, on se dévore, on s'empoisonnerait pour lui... Enfin, mon cher, dans ces séjours de paix et d'innocence, on goûte en paradis les douceurs de l'enfer.

Que serait-ce donc si je peignais les amours des jardiniers ?... Les ruses pour faire entrer des amants ? Les horreurs du despotisme que les vieilles discrètes exercent sur les pauvres enfants qu'on leur a livrées ? Que serait-ce si, te racontant mille scènes dignes de l'Arétin, je t'effrayais de la corruption que ces demoiselles vont puiser, jusqu'au moment où on les marie, dans ces lieux consacrés à la vertu et prostitués aux vices ?

Eh ! que serait-ce encore si je te traçais les scènes du désespoir qui se passent dans le secret et le silence ? Les brigues, les trahisons, les complots, tout ce que doit nécessairement enfanter la contrainte, la servitude et la barbarie ?... Non, tu m'accuserais d'humeur... A la vérité, j'eus quelque sujet d'en prendre.

Déjà l'on murmurait, le conseil des discrètes s'était assemblé ; on glosait sur l'abbesse qui, trop absolue peut-être, voulait que l'on respectât les goûts et les plaisirs. Les révérendes mères, sans cesse aux écoutes, gênaient les miens. Toute la jeunesse, rigoureusement observée, n'osait plus se livrer à mes empressements : je m'aperçus que ces vieilles bougresses me regardaient comme le bouc émissaire. Le Père-en-Dieu conduisait tout, mais sourdement, depuis que j'avais menacé sa révérence de la faire rouer de coups par mes valets, sauf à le guérir par six mois de séminaires ; des lettres anonymes, péché mignon des prêtres, se répandirent. L'abbesse faisait tête à l'orage ; je lui devenais plus cher par la crainte de me perdre... Hélas ! le coup était porté. On avait fait passer des plaintes à *Monseigneur*: il était bête ; portait un large chapeau, des cheveux plats comme sa figure, et cachait sous un maintien double et cafard une âme ecclésiastique et traîtresse ; sa réponse fut tonnante ; il annonçait sa venue pour *remettre l'ordre dans une maison où l'esprit de Bélial s'était introduit...* Je voulais l'attendre : ma chère abbesse me fit concevoir que je la perdrais, et je partis chargé d'or et de sucre.

Depuis six semaines, je n'avais pas vu mes gens ; ils s'étaient arrangés avec les tourières, et je leur trouvai un embonpoint édifiant ; je tournai mes regards vers les clochers où je laissais bien des yeux en pleurs... Ils se perdirent dans les airs ainsi que mes regrets.

Je ne fis que passer à Paris, pour déposer tous les présents dont j'étais comblé, et repartis pour la Picardie, afin d'achever en province la belle saison. N'attendez pas, mon ami, que j'aille dans quelque ville ; non, je les ai fréquentées autrefois, et ma curiosité est rassasiée ; j'y ai trouvé les mêmes vices que dans la capitale, avec cette différence qu'ils sont plus ridicules et moins aimables. Là, c'est un conseiller d'élection, si vous voulez, qui joue la gravité d'un chancelier, les honneurs du pavé lui sont dus. Dans le cercle, on ambitionne de faire sa partie ; il sourit aux femmes, dédaigne les hommes, ricane, tranche, décide... Il veut être fat, il n'est qu'un sot.

Ici, M. le receveur du grenier à sel, ou quelque seigneur de l'intendance, fait le petit fermier général, appelle tout le monde *mon ami,* vante son cuisinier, fait grosse chère, rit aux éclats, patine ses voisines, débite des nouvelles qu'il tient de la cour, et promet sa protection auprès des valets d'un ministre, qu'il appelle secrétaires.

On y voit, tout comme à Paris, la femme d'un marchand mettre en diamants sur sa tête des fonds presque aussi forts que ceux qu'il a dans le commerce ; étaler un pied de rouge, porter des plumes, des chapeaux, dire *piseons* (1) et grasseyer.

On y voit des précieuses, des dévotes, des femmes à prétentions, et tout cela putains comme chez nous. On y voit,

(1) Pour *pigeons.*

enfin, tout ce que je me suis lassé d'y voir; et qui ne me paierait pas de mon ennui... Je vais donc dans des lieux champêtres prendre la nature sur le fait, dévaliser quelque château, et démanteler quelque dame de paroisse à croupe large et rebondie.

Un de mes amis, chez lequel j'arrive, tient un assez grand état; il a une chasse superbe; de beaux droits; sa maison est ancienne; il en a soutenu l'état au service avec honneur; sa femme a été belle; il y paraît encore... Mais, pour ce couple-là, c'est Philémon et Baucis. Ne croyez pas qu'elle soit dévote: non, la plaisanterie l'amuse; elle recevra des vers galants parce qu'elle sait y répondre; une gaieté douce, qui fait son caractère, la rend l'âme des sociétés; elle y inspire le sentiment et le respect... Voilà, sur mon honneur, un portrait vrai, et vous savez que je suis peu panégyriste; elle est trop modeste pour me lire; mais du moins son mari lui rendra témoignage que j'ai trouvé à Villers ce que j'ai cherché vainement dans beaucoup d'endroits: la réunion des talents et des vertus.

La société qui se rassemble au château me fournit bientôt des occasions de m'en écarter; je voltigeai, et tout en courant je pensai jouer malgré moi un rôle dans une scène très singulière qui, me faisant croire aux jaloux et les craindre, ne me ramènera qu'un peu plus tôt au séjour des maris commodes. Pour la rareté du fait, je veux te conter cette aventure.

M. et Mme d'Obricourt vivaient très bien ensemble: aucun soupçon ne troublait l'esprit du mari. Cependant Madame avait une intrigue, jouait Monsieur, et qui plus est se moquait de lui avec son amant. Une imprudence détruisit la sécurité de l'époux: tout le monde avait été à la chasse, et j'étais resté seul dans la maison avec Madame. Elle passe dans son boudoir pour écrire; je prends un livre et l'attends au salon. Tout à coup, elle sort, une lettre à la main; son mari, revenu sur ses pas je ne sais pourquoi, entre en même temps.

— Ah ! Monsieur, lui dit-elle, qu'avez-vous ? Vous êtes pâle à faire peur...

Il détourne sa vue sur la glace. Pour le malheur de la dame, cette glace me réfléchissait en entier, et le mari voit très distinctement qu'elle me glisse une lettre que je cache de mon mieux... La jalousie lui monte au cerveau. Il avait son fusil à la main ; il me couche en joue, et me dit d'un air furieux :

— La lettre ou tu es mort !

— Vous êtes fou, lui dis-je, et quand même j'en aurais une, une imprudence coupable pourrait seule vous la donner ; car cet écrit ne vous serait pas destiné, et vous devriez vous épargner de le voir.

— Point de conseils ; la lettre, ou trois balles dans le corps...

Je n'avais rien mis dans celui de la dame ; je ne crus pas devoir attendre les représailles du mari... Je me lève, je lui présente la lettre, et je pousse la femme dans son cabinet, car elle avait l'imprudence de ne pas bouger.

La lecture en apprit au mari plus qu'il n'aurait voulu, et il se reconnut de la manière la plus claire Chevalier du Croissant. C'était un homme très violent avec les dehors les plus flegmatiques. Il prit sur-le-champ son parti, et me demande le secret. Les chasseurs arrivèrent ; on ne s'aperçut de rien ; il donna à sa femme tous les noms d'amitié qu'il lui prodiguait dans la conversation... Je ne revenais pas de mon étonnement.

Cependant, je n'ai jamais aimé les colères froides, et vous allez voir que j'avais raison de craindre. Partout où Monsieur rencontrait Madame seule, les chaises, les fauteuils, lui servaient d'armes pour l'assommer. Rentrait-on dans le salon ?... *Mon cœur, m'amour, mon ange...* Comme sa digne moitié ne s'accommodait nullement de ce jeu-là, qu'elle n'était point bornée, et qu'elle ne manquait pas d'esprit, elle nous fit cacher un beau matin dans sa chambre à coucher, trois femmes de ses amis et moi troisième homme. Monsieur arriva, la battit comme plâtre... A ses cris, nous sortîmes et, comme les femmes se soutiennent, je vous laisse à penser si la scène fut complète. Sur-le-champ l'on monte au carrosse, et l'on conduit Madame chez la mère de son mari. Cette mère, vieille janséniste, avait un faible infini pour sa belle-fille, et fort peu d'amitié pour Monsieur son fils qui n'avait pas l'honneur de penser comme elle.

C'était sur cette connaissance que la petite diablesse avait formé son plan.

— Maman, lui dit-elle, je viens me jeter entre vos bras. Depuis un an je souffre le martyre avec mon mari ; il faut vous l'avouer ; je suis ce qu'il appelle *janséniste* ; il me maltraitait continuellement ; enfin, il a saisi une lettre que j'écrivais à un saint ecclésiastique qui m'entretient dans mes bons sentiments. Comme je parle à cœur ouvert à mon directeur, les plaintes que je faisais ont irrité mon mari ; il a porté l'audace jusqu'à m'accuser d'un commerce criminel. Depuis ce malheureux jour, il m'assomme de coups en particulier et pousse l'hypocrisie jusqu'à m'embrasser en public. Ces trois dames en sont témoins ; trois hommes d'honneur le sont de même ; si vous ne me sauvez pas, je suis perdue ; je n'ai plus qu'à me livrer à mon désespoir... (les larmes coulent et arrosent le récit que les dames confirment).

— Ah ! le coquin, l'infâme, répond la belle-mère... Ma fille, restez chez moi ; je me charge de votre affaire... et si le malheureux est assez hardi... il suffit.

Ce n'était pas tout. Il fallait retirer la lettre des mains du mari ; elle faisait preuve très convaincante. La jeune femme le persuade à sa belle-mère, qui mande à son fils de la lui envoyer par le même exprès qui lui porte son ordre, ou qu'il sera déshérité dans les vingt-quatre heures... Il connaissait sa mère ; il en attendait quarante mille livres de rente. Il fallut obéir ; mais il accompagna le texte d'une glose fulminante... Vaine précaution ! La vieille crut faire la plus belle action du monde de remettre le tout à sa belle-fille (comment se méfier d'une janséniste ?). Celle-ci voulut lire ; on lui imposa silence.

— Eh bien ! ma bonne maman, jetons tout cela au feu.

— Quoi ! ma fille, anéantir ces sottises !... Vous avez trop d'égards pour ce drôle-là.

— Maman, il est votre fils, il est mon mari, et je l'aime toujours.

D'Obricourt, furieux, invoqua mon témoignage ; moi, je dis que je ne savais rien ; que j'avais bien eu une lettre, mais ignorant ce qu'elle contenait... Ce ne fut pas tout. Il y eut séparation et la mère, qui vient de mourir, assure vingt mille livres de rente à sa belle-fille, indépendantes de Monsieur son époux.

Lassé de fesser des lièvres et de tuer des lapins ; plus fatigué encore du ton des campagnards, je m'enfuis sur les bords de la Somme. Là, un antique château bien noir, bien triste, bien vilain, atteste que depuis l'an treize cents il est le logis des hiboux et des chouettes du canton. Le vieux baron qui l'habite ne déroge point à si bonne compagnie ; son humeur est revêche, sa figure hideuse, son corps usé... Pour de l'esprit, son arbre généalogique l'a dispensé d'en avoir. Grand lecteur de gazettes, grand *politiqueur,* se faisant *monseigneuriser* par ses valets, par un curé qui, ainsi que lui, fait pour toute érudition marquer un cent de piquet ; mangeant peu, dormant moins, et jaloux comme un tigre d'une jolie personne que trois mots de latin avaient *baronisée.*

La baronne, comme dit la chanson, *voudrait bien qu'on la ramone.* Le baron, qui ne le peut, dit qu'il ne le veut ; et c'est pour cette bonne œuvre que j'arrive céans. Je veux bien t'avouer encore *à toi de mes secrets le grand dépositaire,* que l'on m'a dit que le vieux coquin avait de l'or, mais beaucoup ; et que l'espérance d'en palper quelque portion me fait braver ennui, dégoûts, tempêtes.

Le baron me reçoit mal, et j'agis comme si je le trouvais bien. Sa femme joue la dignité, fait la précieuse, et tant soit peu l'ours ; mais le mari, qui m'observait, me traita bientôt mieux. Je lui apportais vingt recueils de nouvelles. Pendant qu'il les feuilletait, je puis te peindre la belle.

Une brune piquante, un teint coloré, de jolis yeux bien noirs où le foutre pétille ; la bouche très fraîche, les dents que le pain de seigle rend fort blanches ; ni grande ni petite, la taille ramassée en jument poulinière de l'avant-main ; un peu tétonnière, mais cela est dur, blanc et bien tourné ; la croupe normande ; point trop de boyau ; le montoir facile, la jambe fine comme une biche, et le sabot charmant. Tous ces appas-là n'ont pas vingt ans ; en conséquence, cela est très foutable. Au reste, ridicule dans sa parure, gauche dans son maintien, guindée dans ses propos ; mais ses regards promettent du dédommagement, et elle prouve dans le tête-à-tête qu'elle n'est sotte que par contrainte.

A dîner, je fais tomber la conversation sur les femmes ; le baron en médit ; je renchéris, j'abonde dans son sens, et il en est si transporté qu'il veut m'enivrer par reconnaissance. Un coup d'œil avait mis la femme au fait (quand il s'agit d'attraper un mari, aucune n'est novice) ; elle fait mine d'être fort piquée, et sort au dessert. Alors, le baron me conte ses chagrins ; m'apprend qu'il s'est mésallié, déplore sa faiblesse, etc. J'applaudis ; je lui promets de faire entendre raison à sa femme (c'était foutre bien mon projet). Dès lors, il me laissa pleine et entière liberté ; j'avais annoncé mon départ pour le lendemain ; il me demanda en grâce une quinzaine, et me promit compagnie.

— Allons donc, mon cher baron, la vôtre me suffit ; qui diable nous amènerez-vous ? Des gentillâtres ou des bégueules. Vous êtes pardieu le seul galant homme que j'aie trouvé dans ces cantons.

— En vérité, dit-il en s'adressant au curé, il me raccommoderait avec la jeunesse ; jamais à cet âge on eut tant de raison.

Le même jour, je tiens compagnie à la baronne dans une promenade. Son mari ne put pas être en tiers à cause d'un catarrhe, et il fut presque obligé de se fâcher pour me forcer à lui aller préparer des cornes. Je ne perdis pas de temps. Après quelques propos vagues, j'en vins à ma déclaration :

— Ce ne sera pas vous offenser, ma belle dame, que de vous plaindre. Ma conduite, depuis que je suis chez vous, a dû vous faire comprendre que je ne suis pas venu sans dessein. Ce dessein est de vous plaire ; je vous aime ; je désire que vous m'aimiez. Si je vous conviens, arrangeons-nous. Vengez-vous du maroufle qui vous tyrannise ; je vous offre des consolations, des secours, des plaisirs ; un cœur dont les sentiments seront prouvés avec force... Votre réponse, belle baronne, décidera de mon sort. L'état où vous gémissez doit vous ôter une indécision, qui nous nuirait à tous deux. Si je suis assez malheureux pour vous déplaire, je pars...

— Mais que diable ! on ne brusque pas ainsi une femme de qualité.

— Sans doute : je filerai le parfait amour !... Seras-tu donc éternellement incorrigible ?... Elle est bien moins bête que toi ; car, après quelques petites façons préliminaires, elle accepte la proposition ; et nous scellons le tout d'un baiser. Ensuite elle prend ses arrangements pour venir coucher avec moi ; ce qui lui était beaucoup plus facile que de me recevoir.

As-tu jamais eu quelques jouissances de campagne ?... C'est une bête à dormir dessus. Cela n'a ni charnière ni mouvement. Cela ne sait pas placer un petit foutre à propos... Pour ces mots consacrés à l'amour, *ce sont pour ces beautés grands termes de chimie.* Mais en revanche cela décharge... Ah ! sacredieu ! j'étais confit, et, par là-dessus, pas un sacré bidet. Je me donnais au diable... Excusez, c'est que le curé l'avait défendu.

— Mais, madame, si ce bougre-là en avait autant dans la bouche, croyez-vous qu'il ne la laverait pas ?

LA BARONNE Pl. 5.

Elle vit du Pays.

— Ah ! dit-elle, cela expose à la tentation (le scrupule était bon là).

Eh ! morbleu, lave toujours, et si je trouve l'ennemi je lui fais sauter la cervelle.

Je la reprends dans mes serres ; en une heure de temps, je la mis en eau. Levrette, brouette, américaine, hollandaise... Pardieu ! je t'assure qu'elle vit du pays. L'heureux naturel ! A deux heures de là, elle me grimpait déjà sur le corps toute seule. Enfin, nous nous séparâmes avec promesse de nous rejoindre le soir sans préjudice de la journée, et en convenant de nos rôles.

Le baron resta dans une sécurité parfaite, que mon ton avec sa femme sut entretenir. Elle jouit des moments les plus doux, et me donna de l'or bien plus que je n'en devais attendre d'une femme de province.

— Mais comment pouvait-elle l'avoir ?

— Comment ? La chose est simple. Les maris de campagne ne mettent pas leurs femmes en pension. Celui-ci, d'ailleurs, était jaloux et brutal, mais amoureux ; Madame avait, ainsi que lui, la clef du coffre-fort. La petite rusée ouvrit trois ou quatre sacs d'or, afin qu'il ne pût s'apercevoir d'aucune diminution, et me remit deux cents louis que je voulus bien accepter pour les frais du voyage. Mon bail expiré, je me retirai très bien avec le baron que je laissai cocu et content, et mieux avec sa femme qui répandit de grosses larmes ; mais l'ordre du destin m'arrachait de ses bras, et je partis.

Ma dernière excursion champêtre fut à Salency, où je me trouvai le jour même de la fête de la Rosière ; la simplicité touchante de ce spectacle, fait pour la candeur et l'innocence, porte jusque dans l'âme de nous autres libertins un attendrissement auquel on ne résiste pas... Sublime effet des sages réflexions, des révolutions salutaires qu'il m'inspira !... Je n'eus pas plutôt vu celle qui venait de remporter la rose, qu'il me prit envie de l'effeuiller. Cette paysanne avait seize ans, était naïve, sensible et jolie. Je connus avec elle le prix de l'amour; c'était pour moi-même qu'elle m'aimait (car je n'aurais pas voulu acheter ses faveurs), et je goûtais pour la première fois peut-être un plaisir si doux... Il y avait si longtemps que je n'avais rien fait pour mon cœur!...

— Ah! te voilà sur les bords du Lignon ([1])?

— Tu crains des bergeries, et que je ne te fasse bâiller en m'affadissant le cœur... Bourreau! ne puis-je donc pas me délasser un moment dans les bras de l'innocence?... Qu'elle est jolie, cette enfant! Son teint hâlé, mais tout en feu quand je l'approche, ses yeux que je la force à lever sur moi sont si touchants!... Sa bouche sans artifice reçoit et rend le baiser avec cette ardeur ingénue que je sais réchauffer encore. Elle n'a que l'éloquence de la nature; mais combien elle est vive lorsqu'elle n'est pas corrompue!... Nous parlons peu, nous agissons davantage. Mets ta main dans ce corset. Eh bien! as-tu trouvé beaucoup de gorges pareilles? Comme cela est séparé, blanc, ferme, élastique! Veux-tu que je te découvre son corps d'albâtre? Celui-là n'est pas estropié par des baleines ou des tailles à l'anglaise... Voilà les vraies proportions de la Vénus de Médicis. Comme ces contours sont gracieux, amollis à l'œil! Quelle fraîcheur de carnation! quel coloris pur!... Bandes-tu? Quelle jouissance!... Son premier cri fut: *Ah! que ça fait mal...* le second: *Ah! que ça fait plaisir...* Et le joli petit cul de remuer, avantage inappréciable de l'éducation villageoise, elle n'est ni épuisée, ni énervée. Son rein vigoureux craque sous moi: bientôt elle me rend secousse pour secousse; elle ne se bat point les flancs pour s'évanouir; mais quand elle décharge, chaque fibre est émue, son spasme même est animé. Déjà ses caresses prennent plus d'énergie; elle ose

(1) Rivière qui doit sa célébrité au roman pastoral d'Honoré d'Urfé, *l'Astrée.*

appuyer sur ma langue une langue plus agile... Tous les lieux sont pour nous le sanctuaire de l'amour, la plaine au coucher du soleil, le bocage au midi, au matin la prairie. Sans se masquer d'une feinte pudeur, elle laisse parler ses désirs ; elle sait qu'ils sont innocents et que je partage son plaisir à les satisfaire.

— Ma Nannette, lui disais-je un jour, l'ambition de la rose était donc bien forte en toi pour te faire craindre l'amour et ses caresses.

— Bon, me répond-elle, si j'ai été sage, c'est que je n'y pensais pas ; j'étais tranquille ; tous nos garçons ne me donnaient aucune émotion.

— Mais, Nannette, ton cœur ?

— Ah ! c'est vous qui lui avez appris à parler (je l'embrasse).

— Tu m'aurais donc sacrifié ta gloire ?

— Mais, dame, est-ce que vous ne valez donc pas mieux qu'une rose ?...

Et puis je ne l'aurais pas perdue pour ça.

— Comment, comment, petite rusée !

— Bah, bah, quand on est un peu jolie, et qu'on est des notables, ils n'y regardent pas de si près (eh bien ! qu'en dis-tu ? L'aréopage paysan vaut-il mieux que celui d'Athènes ?)... Tenez, ma cousine Nicole... Oh ! comme elle aimait Michaut !... Ils étaient tous deux comme de la braise ; ils allaient comme nous dans le bois, et ma cousine me disait qu'il lui faisait tant de plaisir !... (elle rougit, la friponne).

— Eh bien ?

— Eh bien ! elle a eu la rose l'année dernière : à tout cela il n'y a qu'à se bien cacher. Quand on ne fait rien, on ne peut pas vous accuser.

— Mais toi, tu le savais ?

— Oh ! moi, j'aime trop ma cousine ; et puis elle m'avait promis de me tout dire quand j'aurais la rose...

Accourez tous enthousiastes ! Voilà donc ces établissements de vertus ! ces conservateurs de pucelages ! Bon saint Médard ! mon pauvre bougre, quand votre révérence proposa cette rose, elle radota, ou le diable m'enlève. Quoi ! de simples paysannes à quinze ans savent déjà tromper !... Sexe enchanteur ! vous êtes partout le même ; et si le serpent n'eût tenté Ève, elle lui eût d'elle-même proposé la douce affaire.

Quelles haines dans ces séjours champêtres où devrait habiter la paix ! Quoi ? les mères instruisent leurs fillettes à la délation, à la médisance, à la calomnie ! Bel apprentissage de vertus ! Pour qu'une fille en accuse une autre, il faut qu'elle sache qu'il y a du mal à se laisser baiser par les garçons... Et l'innocence ! Croit-on qu'une femme oublie en grandissant qu'une telle lui a fait manquer la rose, peut-être injustement ? Les parents n'embrasseront-ils pas la querelle de leurs enfants ? Les juges ?... Vous avez vu comme ils sont impartiaux. Et puis, qui vous dira que le lendemain de son triomphe la rosière, pour éviter l'orgueil, ne s'humilie pas sous un robuste villageois ?... Nannette et moi serons-nous un phénomène ? La belle institution qui contient les filles jusqu'à seize ou dix-huit ans !... comme si l'on ne foutait qu'à cet âge !... Pour moi, n'en déplaise aux amateurs et aux sots imitateurs qui pullulent chaque jour, je séduirai à Salency autant de paysannes qu'ailleurs.

Il fallut quitter ce joli séjour. Je revins à Villiers, et bientôt après à Paris. Pardieu, l'air qu'on y respire a une salubre influence. Je repris à la porte toute ma scélératesse.

Que diable ! on se rouille à la campagne : on y parle mœurs, vertu, honnêteté, honneur. On y trouve jusqu'à des femmes estimables : ces gens-là m'auraient gâté... Ah ! vive le grand théâtre ; je ne me sens pas de joie. Que de dupes je vais faire encore ! Que d'or je vais amasser ! Que de foutre va couler !... Mais quelles seront mes victimes ?... Pardieu, je veux faire un acte de justice : il faut que je dépouille nos sœurs de l'Opéra... Bien dit: j'aurai du plaisir et de l'argent... Et puis c'est représailles; c'est bonne guerre : pillons qui nous vole, et foutons qui nous fout.

Plein de cette ardeur généreuse, je vole à l'Opéra; trois mois font bien du changement, et j'avais besoin de me remettre au fait; je grimpe au marché aux chevaux... Toutes les nymphes m'environnent, me baisent, me déchirent, m'étouffent; je riposte à droite, à gauche; je prends des culs, des tétons.

— D'où diable viens-tu ?

— De la lune.

— Non, c'est de Mercure.

— On t'a dit mort, mangé des loups, châtré ou converti, ce qui revient au même.

— Pour converti, j'en conviens... (je me dégage un peu pour accoster une charmante danseuse)... Bonjour Mimi.

— Non, je suis fâchée.

— Tiens, faisons la paix; je veux te donner mon pucelage.

— Non, j'aime mon entreteneur.

— Eh!... foutre, tu te moques de moi; affaire de style, cela s'entend; me prends-tu pour un recru ?

— Je suis fidèle.

— Qui diable te parle d'infidélité ?... Ah ! çà; nous couchons demain ensemble (elle rit).

— Mais s'il le sait ?

— Tu es donc devenue bien bête ?

— Il est vieux et jaloux.

— Deux raisons pour l'attraper.

— C'est un grand seigneur.

— Pardieu, il n'en sera que plus sot... Écoute, le tour du cadran si tu veux, ou je le donne à Rosette.

La raison était déterminante; elle accepte; moi, je fus souper chez un financier qui rassemblait vingt hommes de grand nom et de mauvaise compagnie, et quinze filles qui l'augmentaient.

— Peste de l'animal : quoi te voilà encore retombé !... C'est une horreur, tu m'avais tant promis de renoncer à ces créatures !

— Eh bien ! je tiens parole ; je n'y vais qu'à mauvaise intention. N'est-ce pas y renoncer ? Je veux gagner de l'argent, et pressurer la sangsue.

— Mais le métier est malhonnête.

— Apprenez, monsieur le bougre, qu'il n'y a point de sot métier quand il nourrit son maître ; et que de grands noms dans la France ne tirent leur illustration ou leur fortune que du cul d'une putain... Eh ! ces drôlesses-là ne nous doivent-elles pas tout ? Qui les forme dans le grand art de la coquinerie, de la perfidie, des noirceurs, si n'est nous autres gens de cour. Nous débauchons une fille ; l'attrait du plaisir, la coquetterie, la vanité, nous intéressons tout ; nous l'enlevons de chez ses parents ; le père veut le trouver mauvais ; c'est un coquin qu'il faudrait enfermer à Bicêtre. Mais non, une sage institution fait arracher ces tendres plantes à la tyrannie paternelle : on la fait recevoir à l'*Académie de Musique* ; alors elle peut librement lever une tête effrontée, faire marcher le vice et la bassesse sous les couleurs du luxe et les livrées de l'opulence. Son cœur est neuf encore. Quelle jouissance il nous offre ! Le corrompre est un de nos jeux les plus doux : pourvu de tous les talents de l'homme aimable, il faut bien en faire usage. Quel diable de parti voudrais-tu tirer dans un souper d'une mijaurée qui s'avise d'avoir de la pudeur ? Que tous les raffinements de la débauche viennent investir sa jeune âme ; qu'elle soit ivresse, crapuleuse ; que les plus sales propos assaisonnent les actions les plus débordées... Voilà un sujet, cela. On applaudit l'écolière ; tout le monde la court, se l'enlève, se l'arrache, et l'on élève le maître aux nues.

Mais ce n'est encore là que l'écorce ; l'effervescence des sens, des liqueurs traîtresses peuvent en faire autant que des autres ; et si elle n'avait que cet avantage, elle ne serait pas distinguée. Mon éducation manquée ne mériterait pas d'éloges. Je veux donc corroder tous les germes de vertus qui pourraient s'élever encore, détruire les principes de la sensibilité ; ajouter, s'il est possible, à la vileté du sang dont elle est sortie ; qu'elle devienne arabe, corsaire, sans pitié ; que son cœur soit plus avide encore que ses mains ; qu'insensible à l'amour, mais pétrie de caprices, elle ne connaisse de la jouissance que des désirs effrénés, des plaisirs brutaux ; que tous ses goûts portent l'empreinte de son caractère ; que le mortel le plus indigne soit toujours le préféré. Jamais elle ne saura ce qu'est la reconnaissance ; sirène dangereuse, elle n'enchantera que pour dévorer. Mais je veux aussi que la dissimulation profonde, naturelle à son sexe, exaltée par mes soins, soit le voile de tant de perfections ; qu'aux charmes d'une figure décevante elle joigne l'extérieur le plus attrayant ; que ses talents agrandissent les blessures que ses yeux auront faites. Je veux enfoncer dans son âme toute la scélératesse de la mienne ; je veux qu'elle sache abuser, jusque dans ces moments où l'on est sans défense ; je veux enfin la rendre une femme de cour pour le fond, en lui conseillant seulement plus de décence en public. Alors, elle pourra voler de ses propres ailes, arracher des fils de famille à la tendresse de leurs pères, aux embrassements de leurs mères éplorées ; leur inspirer des forfaits, mais avec assez d'astuce pour n'y jamais tremper. Elle sera en état de réduire à l'indigence ce négociant que son commerce, sa probité, ses richesses avaient rendu recommandable ; cet époux qui lui sacrifie la substance la plus pure de sa femme, de ses enfants ; elle causera des ruines, des deuils, des supplices peut-être... Et nous en rirons ensemble ; nous partagerons les dépouilles, en insultant aux dupes prises dans nos filets... Mais voilà trop de comptes que j'ai la bonté de te rendre.

Je croyais coucher avec Mimi, une partie a dérangé la nôtre ; elle était de femmes (car la bougresse est à deux mains). Pour me dédommager un peu, elle me rendit témoin de la célébration des mystères de la Grande Déesse.

Imaginez-vous un salon bien décoré, bien éclairé, les portes fermées ; trente femmes (parmi lesquelles je pourrais citer du plus grand), jeunes ou vieilles, se mettent nues comme la main. Le premier coup d'œil fut charmant. Que de trésors se développèrent à mes yeux ! L'une, grasse, potelée, offre à mes regards avides une gorge éblouissante ; l'autre, dans une attitude molle, couverte de ses blonds cheveux, ressemble à la Vénus du Titien. Une troisième, svelte et légère, paraît une nymphe dans son gentil corsage... Mais que devins-je au signal donné ?... Chacune empoigne sa chacune : le premier temps de l'exercice est un branlement général (foutre, je me branlais aussi et ce ne devait sacredieu pas être la dernière fois). Tout à coup, la scène s'échauffe ; la volupté se reproduit sous mille formes différentes ; le bruit des baisers, le murmure des soupirs, les sons entrecoupés se font entendre... Déjà les sofas gémissent ; de tendres pleurs coulent, le tremblement les saisit ; elles s'évanouissent, elles nagent dans des torrents de sensations.

Quel tableau ! Comment te peindre trente femmes qui déchargent !... Je manquai enfoncer la fenêtre qui me couvrait et sauter dans la salle... Tout à coup elles renaissent... Que vois-je ?... Sont-ce des satyres ?... Non, non, j'y suis : je reconnais ma chère de Vit-au-Conas à son braquemart. Trois autres, montées comme elle, se précipitent sur nos jeunes tendrons ; elles passent tout le sérail à la ronde. *Viande creuse, foutre Mesdames, viande creuse,* leur criais-je, *ces engins-là sont mous, ou le diable m'emporte...* Personne ne m'entendit que cette pauvre veuve, *Poignet,* qui vint encore à mon secours.

La ronde achevée, l'orgie commence ; des flots de vin de Champagne coulent bientôt. L'ivresse s'en mêle ; mes tribades deviennent de vraies bacchantes. Vois ces deux couchées l'une sur l'autre en sens inverses, et se gamahuchant toutes deux ; vois ce groupe plié en mille postures différentes ; plus loin, de Vit-au-Conas occupe seule six de ses compagnes ; elle est étendue sur un sofa à jour ; elle tient sa langue dans le con de la première qui, suspendue au-dessus de sa tête, inonde son visage de foutre, et se baisse pour lui branler la gorge ; ses mains branlent à droite et à gauche ; une quatrième à cheval sur elle est enfilée par son braquemart ; une cinquième, à genoux, la tête entre ses jambes, la gamahuche de toute sa force ; la sixième enfin lui enfonce dans le cul un petit godemiché qu'un ressort fait décharger... Tout à coup, les cris, les imprécations, la fureur s'élèvent au sein de leurs plaisirs ; leurs traits s'altèrent ; elles ne se connaissent plus ; elles se frappent l'une l'autre ; leurs seins sont meurtris, livides, pantelants ; leur chevelure jonche la terre... Eh bien ! leurs forces ne répondent pas à leur rage ; elles tombent épuisées sur les tapis qu'elles souillent de sang, de vin et d'aliments... Éperdu, rempli d'horreur, je me sauve de ce bordel infernal, en jurant bien de n'y remettre les pieds de ma vie.

Obligé de me coucher seul sur cette dégoûtante scène, les songes me la retracèrent... Ma foi, ce n'était qu'une horreur de plus, au bout du compte ; les actrices étaient femmes de cour, de quoi diable pouvais-je m'étonner ? Je pris donc le parti d'en rire en me réveillant, et d'en faire quelques gorges chaudes par charité chrétienne. Je fus le soir chez Mimi ; j'arrive à onze heures, comme un homme qui devait être attendu ; je la trouve couchée ; je me déshabille ; je lui vois un peu d'embarras ; mes caresses le dissipent, et cette Laïs, franche du moins, et faisant son métier de bonne grâce, me procure une jouissance très vive, très agréable et très variée. Sais-tu bien que c'est du fruit nouveau ? Comment diable ! il y a un an que je suis au régime. Je n'eus guère que le temps de courir mes douze postes ; et foi de fouteur, elle n'eut pas même besoin d'employer main-forte ; le couvent m'avait remonté. De temps en temps, j'étais interrompu par des frémissements contre les parois de l'alcôve.

— Mais foutre, ton chat est enfermé.

— Eh non.

— Pardieu je te dis que si, je l'entends qui gratte.

— Eh bien ! qu'il y reste.

— Soit.

Nous n'eûmes, en vérité, pas le temps de nous ennuyer. Sur les huit heures je me levai pour laisser dormir mon adorable ; j'étais dans son cabinet de toilette ; bientôt j'entends rire à gorge déployée. J'y cours, et je trouve le chevalier de ***, le beau, beau, de la cour, comme Saint-Roch en simple chemise, l'air piteux, gelé et morfondu.

— Ah ! me dit-il en m'embrassant, mon ami, je suis mort.

— Quoi donc ?

— J'ai eu diablement froid ; mais tiens j'en tremble encore ; j'ai mesuré cent fois, cette infernale nuit, la hauteur des fenêtres... Mimi me donne rendez-vous hier ; j'étais couché avec elle depuis une demi-heure ; nous entendons du bruit... Ah ! dit-elle, c'est mon entreteneur : je suis perdue ; au nom de Dieu, Chevalier, sauve-toi... Je me jette à bas du lit ; je ramasse mes habits et je me fourre dans une petite armoire au bas de l'alcôve (foutre, voilà mon chat, écoutons). Les compliments commençaient à devenir longs, comment sortir ? J'étais nu, sans armes ; elle me l'avait dit vieux ; mais ses valets !... Miséricorde, je l'entends qui se couche... Au moins, pendant qu'il dormira... Point ! le sapajou avait je crois mangé dix livres de *diabolino* : il l'a foutue douze fois...

— Allons donc, cela n'est pas possible... Eh ! mordieu, c'est tout ce que je pourrais faire.

— Douze fois, te dis-je, foutre, je les ai bien comptées peut-être. Encore le vieux coquin criait-il *au chat,* et voulait-il venir me visiter : juge de ma situation. Tantôt sur un pied, tantôt sur un autre, grelottant ; une maudite cloison qui rendait tous mes mouvements... Enfin, il part ; je sors, et Mademoiselle se fout de moi, rit aux éclats.

— Ma foi, lui dis-je en éclatant de rire, elle n'a pas tort ; mais tiens, Chevalier, quand on a peur on n'y voit pas bien, tu nous fais là des contes, et je parie que tu as rêvé tout ce fatras.

Il se dépite, il jure, il écume, me fait mille détails...

— Je crois même, ajoute-t-il, qu'il l'a foutue en cul.

— Oh ! pour le coup halte là, Chevalier, je ne suis pas bougre.

— Eh ! qui parle de toi ?

— Toi.

— Moi ?

— Sans doute, et tu racontes mon histoire.

— Par le sang, par la mort, par...

Mais il n'acheva pas, car il avait l'âme trop bonne. Mimi avait oublié mon rendez-vous, et la peur ou le diable de la malice lui avait fait pousser jusqu'au bout l'aventure.

Notre liaison allait bon train ; mais il me fallait autre chose que des coups de cul. La petite était fort bien en diamants, en équipage, en argenterie ; mille écus par mois sans les cadeaux. Elle était à la *grande pension* ; et puis le casuel et le travail des mains ; car cette fille-là fuit l'oisiveté de peur des tentations. Bon an, mal an, si cela dure, cela fait cinquante mille francs... Et moi, je n'aurais rien !... La société serait léonine. *Primo,* à quoi bon ces diamants-là ? ce n'est plus la mode. Les emprunter pour les vendre ?... Non, cela n'est pas neuf. Il y a un comte en l'air qui a ce vilain tour sur la conscience... Les empocher et nier la dette ?... Tel marquis que je nommerais bien m'accuserait de le copier... On a bougrement de peine aujourd'hui à être un coquin original. Messieurs les gens de qualité ont épuisé les modèles. Soyons donc *honnête homme.* Faisons-lui tenir maison ; qu'elle paraisse donner tous les soupers : pendant que j'inviterai, que je ferai tous les honneurs, elle paiera ; les diamants, l'argenterie, tout y passera ; et quand elle n'aura plus rien... Oh ! pardieu, je suis trop scrupuleux pour vivre sur ses crochets.

Le plan pris, nous marchons : la cour et la ville abondent à la petite maison qui devient *nôtre;* il n'est bruit que de nos soupers. Les plus jolies filles s'y rassemblent ; que de couples bizarrement appareillés ! Là, c'est un commandeur de Malte, qui n'a rapporté de ses caravanes que les vices et la mollesse de l'Asie ; qui joint la débauche outrée, le scandale d'un religieux à la licence d'un militaire, au débordement de la cour. Il a soixante ans passés et n'aime que les enfants ; le duvet même d'une motte rebondie qui commence à fleurir le choque. Que prétend-il ? Forcer des obstacles imaginaires ?... Débile athlète ; en vain les fouets travaillent ses fesses décharnées, il n'aboutit qu'à pleurer tristement à la porte du sanctuaire que sa main tremblante a fatigué.

Près de lui, voyez cet abbé... Quoi ! Vous rougissez pour lui ? Il a l'intérieur d'un infâme, l'extérieur d'un sacripant ; mais il est rampant comme un valet ; il porte le vit d'un mulet ; il sera mitré : pour crossé, vingt fois il le fut dans sa vie. Voyez les bubons qui couvrent son front, son nez tacheté de rubis... Fruits de guerre ! s'écrie-t-il en embrassant *Martin* qui fait si bien que souris qui n'a qu'un trou est bientôt prise.

Eh bien ! eh bien ! Turcaret qui devient tendre... Eh foutre ! un instant, attendez donc qu'on éteigne les bougies... Le jean-foutre allait monter sur Quincy ; il vient de lui mettre dans la main.

— Fi donc.

— Que diable ! tu as toujours peur. Écoute... C'est tout le produit d'une confiscation de tabac d'Espagne.

— Je suppose, me dit Milord B *** qui est à côté de moi, Madame Rosette prêter son tripe à moi pour cent guinées.

— Milord, vous parlez d'or; mais, sacredieu, prenez-y garde, je crains qu'il ne soit farci.

Ah ! million de *Devil,* laisse-moi donc rire... Un provincial qui assure Colombe de son très profond respect ; elle tient son sérieux à ravir... Mais la bougresse fait les yeux mourants... Foutre, je le crois bien, d'Orbigny la branle pendant ce temps-là.

Écoute, Hortense, dit le comte qui va à Rome (il est un peu saoul pour son voyage), tu m'as donné la chaudepisse ; c'est en règle... Non, je ne m'en plains pas ; c'est le bonbon du métier. Mais foutre, tu la donnes à mes laquais ; ces bougres-là me font des représentations, et cela me ruine. Elle joue la désolée, lui donne un démenti ; il était près d'elle : ma foi, il lui arrache un chauffoir qui portait les livrées du printemps... Pouah ! nous nous sauvons, et ils se raccommodent.

Mimi donna des bals ; on joua ; les chevaliers d'industrie abondèrent ; on ruina de jeunes gens et de vieux enfants. Mimi ne fut pas heureuse : enfin, en deux mois nous mangeâmes bijoux, vaisselle, diamants, argent, meubles, jusqu'aux chevaux quoiqu'ils fussent bien maigres.

Sur ces entrefaites, un maître boucher demanda à l'entretenir ; ce gaillard-là était fait aux bêtes à cornes ; je ne voulus pas nuire à ma charmante ; je me retirai pour m'attacher à Violette.

Tu connais cette jolie petite, elle est faite comme un ange, pétrie de la main des grâces, le plus beau teint, la peau la plus fine, la gorge ravissante. A toutes ces perfections, elle joint le talent de tromper un entreteneur mieux que personne qui vive ; un gentil jargon, un air enfantin... Fiez-vous-y.

Cette bougresse-là s'était laissé *encazer* (1) l'été dernier ; je

(1) Encager.

lui fis comprendre que son Léandre n'ayant pour toute fortune que du *gazon* (1) (encore était-il monté en herbe), le produit ne valait pas le diable. Ils se quittèrent mal, comme c'est l'usage ; un financier la prit, la rhabilla, la meubla. Pour le pansement, il n'y entendait rien. Que diable ! il fallait bien que quelqu'un s'en chargeât, et ce quelqu'un-là fut moi. Le Monsieur était asthmatique et goutteux ; il avait les doigts à *nodus* et crochus ; c'est l'étiquette. Au reste, magnifique seigneur, laid comme un diable ; mais parlant d'or. Chaque visite annonçait un présent. Ma foi, dans peu nous devînmes opulents. Ma déesse voulait un carrosse : je ne fus point de cet avis (il aurait fallu mettre à bas le mien) ; mais nous ne nous refusions aucune des petites commodités du luxe, le tout aux dépens du vilain. J'étais très féal commensal du ménage. De crainte d'accident, je convins avec Violette qu'elle me présenterait comme son frère, selon l'usage. Un jour donc que notre Crésus avait dîné chez elle, j'entre en frac, veste et culotte blanche, bien retapé et avec un air décontenancé comme un laquais qui cherche condition.

— Ah ! bonjour, mon ami.

— J'ai l'honneur d'être, monsieur, le vôtre.

— Que fais-tu ? (je crus que le bougre allait me demander où j'avais porté la livrée).

— Monsieur, je suis tapissier pour vous servir.

— Sais-tu bien lire et écrire ?

— Oh, monsieur, j'ai été trois ans à l'école, et sans me flatter...

— J'ai des bontés pour ta sœur ; sois sage, et j'en aurai pour toi... (il me met deux louis dans la main)... Il est réellement joli, ma reine, il a tes yeux... Ça, il n'est pas dégourdi.

— Oh ! pour cela non, dit-elle, il est d'un neuf à m'impatienter.

---

(1) Perruque d'un chauve ou cheveux très rares.

— As-tu une maîtresse ? (vois comme je branle la jambe en tournant mon chapeau et rougissant).

— ... Monsieur, vous avez bien de la bonté : j'aimerais bien la fille à notre maître ; mais c'est qu'il y a un vieux singe qui lui donne dans les yeux parce qu'il a des écus.

— Il est donc bien vieux...

— Ah ! monsieur, presque autant que vous.

— Hou, dit-il en grondant, ton frère n'est qu'un sot... C'est bon ; c'est bon, adieu... Je me retire, et foutre, au bout de trois jours mon nom était inscrit sur le livre de vie des femmes.

Violette se donnait cependant au diable, son Monsieur l'ennuyait horriblement ; je cherchais à la dédommager les nuits ; car Monsieur ne découchait jamais à cause de sa chaste épouse, bonne diablesse d'ailleurs, mais qui le rossait tant soit peu. Deux manières de foutreries divertissaient surtout ma princesse, et comme j'en suis l'inventeur, je veux te les détailler.

Après les deux premiers coups, car il faut que l'on soit bien en train, saisissez votre belle à travers le corps ; couchez-la sur vous en diagonale très peu inclinée ; vous passerez votre bras gauche dans le vide que sa position produira nécessairement, et la main repliée viendra branler le téton gauche ; elle sera foutue en levrette, cela est clair ; mais sa tête penchée sur la vôtre vous donnera moyen de lui tenir langue en bouche, et la main droite s'appuiera sur le clitoris... Imagine-toi tout cela qui part à la fois ; le mouvement parallèle des deux charnières ; celui des deux poignets, la langue qui trotte, les dents qui mordent... Les femmes les plus froides partent : c'est un fait ; juge d'une jeune salamandre... je puis dire sans vanité que peu de putains sont manégées comme Violette, elle qui a fait honneur à mon invention...

Et je ne passerais pas à la postérité !... Ingrats mortels ! vous accordez à des bavards qui vous ennuient, des prix, des lauriers immortels... Et moi, rien ? Un plat faiseur de panégyriques, un fastidieux dissertateur se place dans un fauteuil... Ah ! pardieu, si ce n'est que cela, je le laisse entre ses bras pour me jeter dans ceux de Violette... Mais à la honte de la France, il n'y a point de prix pour ceux qui foutent le mieux. Partisans de la population ! Bande-à-l'aise économistes ! Est-ce un foutu calcul de morts ou de naissances qui donnera des enfants à l'État ? Tous vos abbés, ennuyeux raisonneurs, et qui manquent de couilles, ont des pensions, tandis que j'use mon vit sans fruit et sans honneur. J'ai vu la guerre au pain dans ma triste patrie ; j'ai vu (chose incroyable !) six mille soldats réduire cinquante paysans armés de sacs de farine. Qui avait ameuté tous ces gens-là ? Qui avait fait descendre *des montagnes du nord ces nouveaux Sicambres* (1) ?... Vos livres, vos foutus livres. Eh ! mordieu ! si, au lieu d'un maître d'école, on eût mis dans chaque village un juré en fouterie, les paysans, grimpés sur leurs bêtes, n'auraient point pensé à venir manger les petits pains de la capitale... Autrefois, Apollon touchait sa lyre avec un vit... Hélas ! il ne bande plus, sa main l'a remplacé !... Eh ! que me foutent à moi cent volumes de fadaises académiques, magnifiquement reliés en veau, comme leurs auteurs, enterrés dans une poussière froide et soporifique ? Mon livre est un con ; je le feuillette de mille manières, et le résultat de mes problèmes est aussi gai que glorieux... Je propose donc une académie, moi qui ne respire que la gloire de ma patrie. Chaque récipiendaire doit être inventeur d'une posture au moins ; je fonde dix places ecclésiastiques en faveur d'un beau cardinal et des prélats amateurs ; le bas clergé et les moines seront reçus comme associés libertins ; chaque année il y aura un prix accordé à la plus belle manière de foutre, et une médaille d'or pour celui qui

(1) Ancien peuple de la Germanie.

l'aura le mieux employée; les juges seront une duchesse, une intendante, une fille d'opéra, toutes trois putains, comme il est ordinaire et convenable. Les modèles ne manqueront pas... Alors, on verra fleurir le priapisme, qui vaut bien le déisme. Le secrétaire ne s'avisera pas d'être impuissant, et l'on fera des contes physiques au lieu de contes moraux... Mais foutre, revenons à nos moutons, il y a de l'analogie; c'est toujours un animal à toison.

Violette a les plus beaux cheveux de la terre, et la manie de se les faire foutre.

— Foutre en cheveux?

— Oui, mon doux bougre, cela vous étonne?...

Même en aisselles, en yeux, en oreilles... Pour en tétons, elle a beau faire, sa gorge est trop dure et trop séparée; c'est bon pour *Aimée*. Mais la perle, la voici. La petite Messaline s'étendait tout de son long, les jambes bien ouvertes; et moi, mettant les pieds où je devais avoir la tête, je la foutais en bouche, puis, la tête entre ses cuisses, je la gamahuchais d'importance; pardieu, tu rirais si tu pouvais être témoin de cette scène; ce mouvement double de têtes et de culs est impayable.

Cependant, M. Duret fournissait aux appointements, et je mangeais d'autant. Nos sociétés de débauche, dont il n'était pas, m'amusaient assez. Un beau matin, je vais demander à déjeuner à une jolie coquine de notre intimité. Les valets sont toujours au diable, et je pénètre jusqu'à la chambre à coucher sans obstacle. Un bruit très significatif m'apprend qu'on est en affaire. Je me retirais, quand j'entends:

— Assez... assez... Ah! révérend... Assez... Ah! foutre... Bougre de moine... Ah! tu me feras mourir.

— Par le cordon de saint François, répond le cafard, je veux achever ma douzaine...

Foutre, il est des nôtres; je saisis une écuelle pleine de rôtie sucrée. Je me campe en sentinelle, en attendant qu'il ait chanté sa litanie; alors, ouvrant le rideau:

— Père-en-Dieu, lui dis-je bien humblement, ne voudrez-vous pas ce julep [1] ? Vous me paraissez échauffé du fer. Quel vit ! mon ami, quel vit ! Ah ! Pardieu celui du Turc n'y faisait rien...

Qui fut sot, sinon père Ambroise, provincial de son ordre ? Il s'était chargé d'une mission, et jamais pareil goupillon n'a exorcisé monsieur Satan...

— Écoute, mon révérend, lui dis-je, je suis bon diable, soyons amis, rassure-toi et buvons un coup.

Père Ambroise tope à la proposition, se remit de son trouble. Alexandrine sonne, et le déjeuner nous apparaît...

— Foutre, dit le moine encore en rut, voilà, mon chef, voilà cependant l'effet de nos garces de robes. Sous ce froc que j'abhorre, nous cachons des vits de fer et des cœurs de poule, par la crainte des supplices affreux qui nous attendent.

— Comment ! des supplices pour avoir foutu une jolie femme ?

— Eh ! foutre non ; c'est pour la bêtise de se laisser prendre sur le fait. Nous sommes à peu près les plus honnêtes d'entre les capuchonnaires ; toujours pères à grandes manches furent honorés par les femmes, peut-être moins par les maris ; quoique, sacredieu, nous rendions de grands services dans un ménage. Tant que la peccadille est secrète, nous n'avons rien à redouter ; le cas mis au jour, on nous en séquestre.

— Comment, vous expédiez votre monde ?

— Ma foi, autaut vaut, nous les campons *in pace*. Moi-même, sacredieu, qui suis bon diable, j'ai enseveli dans un cachot un jeune père qui s'était fait pincer chez la *Dumas*. Nous ne vivons que d'aumômes. L'hypocrisie nous est donc salutaire et nécessaire. Mille plats bougres, autant de vieilles

(1) Terme de pharmacie, potion calmante.

Gravure de l'édition de 1784

putains qui veulent aimer Dieu, parce que le monde ne les souffre plus, entretiennent notre fainéantise. Mille fraudes, mille tours de passe-passe nous aident à leur escroquer de l'or qui, décorant les autels de la superstition, alimente les supports des vices ; car foutre je suis de bon compte, à commencer par moi, nous ne valons rien.

— Cependant, père, vous êtes avancé pour votre âge.

— Cela est vrai, mais écoutez pourquoi. J'entrerai à dix-neuf ans dans le cloître, des fanatiques m'avaient monté la tête ; je voyais le diable, en propre personne, qui me talonnait ; j'avais peur de ses cornes (j'en ai tant planté depuis que je me suis familiarisé avec les ornements de ce pays-là)... Au nom de la sainte obéissance, on m'encula ; j'étais grand et bien fait, je devins le bardache à la mode de la communauté ; mon vit ne tarda point à se porter à ce degré d'éminence où vous le voyez. Les contrôleurs ambulants de la sacrée hiérarchie faisaient la recrue pour le collège de Rome ; notre père général se mourait de consomption. On l'avait mis au con pour se refaire... Foutue viande (n'en déplaise à Madame)... pour un Italien ; mais il avait épuisé l'Italie ; j'étais beau *a parte ante et a parte post* (cela veut dire de cul et de tête). Notre gardien me présente (le pauvre bougre est mort de chagrin de ce sacrifice). Le visiteur me prit la mesure et je fus agréé. Amené à la révérence *éminente,* elle me tourna le cul ; c'est la marque d'honneur, et j'entrai en exercice. Sacredieu, c'était un fier *puant,* il était large comme un muid (1) ; mais j'étais de taille ; je devins son mignon ; il fut fait grand Inquisiteur de Tolède ; je le suivis. Ah ! foutre la bonne vie ! C'est là qu'il me fut permis de connaître les cons. Le bon pays que l'Espagne ! Il y a bien des fleurs à cueillir ; souvent elles sont blanches, mais un moine ne doit pas être si délicat. Je ne vous détaillerai

(1) Mesure de capacité.

pas tout ce dont je fus témoin ; combien de jolies filles nous avons enfermées comme juives, et foutues comme chrétiennes ! Nos culottes leur servaient de *san benito,* et l'absolution se donnait à coups de vit. Ce qui me fâche, c'est qu'on en a fait brûler une douzaine qui s'avisèrent de faire les étroites, ou qui voulaient jaser... Oh ! la discrétion est une belle chose !... Père Nicole mourut de la mort des saints ; de la vérole. Je rendis quelques services au cardinal Porto Carrero : on me fit vicaire et de là provincial. La vie de bougre m'ennuyait ; Paris fourmille en cristallines ; d'ailleurs, monté en grade, je n'avais plus rien à craindre ; j'ai donc suivi mon goût, j'ai foutu, je fous, je foutrai. Voilà mon histoire et ma conclusion.

Nous l'arrosâmes...

— Mais, père, les dévotes vous paient.

— Foutre, sans doute ; j'en ai, moi qui vous parle, pour cent pistoles par mois sans compter le casuel ; je dirige cons et consciences.

— Comment, la confession !...

— Foutaise ! c'est là qu'on instruit une fille ; que l'on tranquillise une scrupuleuse madame, et qu'en sortant de l'église on lui donne pour pénitence l'avant-goût du bordel (le sacré bougre de cafard me faisait frémir malgré moi).

— Mais, père, on ne croit donc à rien chez vous ? (je le savais bien, et je ne crois pas plus qu'eux apparemment ; mais je voulais approfondir la monstruosité de ces gens-là).

— Eh ! mon ami, vous êtes bougrement bête pour un homme du monde. Qui diable peut croire aux singeries qu'il invente ? Je me fous de Scot comme de saint Augustin. Bien intriguer, bien boire, bien foutre... Et vogue la galère. La dévotion nous rapporte ; nous en dégoisons ; nous amusons les vieilles, nous branlons les jeunes.

— Pardieu, père, c'est bien pensé : voilà des maximes très évangéliques ; mais vous oubliez un grand point, l'instruction et l'intendance des familles.

— Foutre, c'est là où nous brillons; la nation bigote, gent imbécile, quoique traîtresse, nous est dévouée, je vous l'ai déjà dit; nos armes, dans le commencement, sont la persuasion, la douceur, les inspirations du Très-Haut; nous nous insinuons en serpents; nous élevons sur la base de l'humilité le triomphe de l'orgueil. D'abord complaisants, bientôt despotes, nos avis deviennent des décisions, nos décisions des oracles auxquels il n'est pas permis de résister; et n'avons-nous pas fabriqué les foudres du Père Éternel pour punir les réfractaires? Voilà comment en captivant les consciences, en faisant peur de Belzébuth (moins méchant que nous cependant) nous sommes les maîtres des secrets, des biens d'une famille. Il y a dans une maison une jolie fille, je veux la foutre; elle ne le veut pas, son arrêt est prononcé; un couvent la fera gémir de son trop de vertu... On veut marier sa sœur; son amant lui plaît; mais il me déplaît à moi, parce qu'il me méprise, ou seulement quelquefois parce que je veux faire le mal pour le mal; cela divertit le cœur d'un moine; je répands des bruits sourds; il ne croit ni à l'échine de saint Pantaléon, ni à la culotte de saint Bonaventure; c'est un impie; il est exclu; il se met à la raison; il paie; il devient orthodoxe autant que saint Dominique. Le fils unique est un jeune homme de la plus grande espérance; il a de l'esprit, de l'élévation, des talents; son père, dur comme tous les dévots (quoiqu'ils ne soient pas les seuls), le laisse manquer d'argent, le met hors d'état de se soutenir; il cherche des moyens: que fais-je? La fougue de l'âge le pousse à quelque sottise. Je conseille le sceptre de fer; il le sait; il me déteste: bon, cela vient à mes vues. Tout en feignant de l'excuser, je le rends plus coupable; je le fais déshériter, enfermer, périr, tout cela pour la plus grande gloire de Dieu, et le barbare idiot que je bride par le nez croit avoir gagné le ciel, qu'il fait frémir ainsi que la nature... Une femme aimable et jolie est l'épouse d'un vieux coquin; l'espoir d'assouvir une vengeance déjà criminelle, une haine odieuse par son motif et ses effets, sa lubricité impuissante, ou tel autre objet, aussi louable, l'ont poussé à l'associer à son infirme et débile décrépitude. Les jours de cette beauté s'écoulent dans les pleurs ; ses nuits dans les privations et les sanglots : trop heureuse encore si elle n'est obligée de recevoir des caresses dégoûtantes, qui, en outrageant ses appas, révoltent son cœur, de souffrir un supplice réel en corps comme en esprit, puisque jamais elle n'embrasse qu'une ombre... Ah ! la jolie position pour moi cafard, effronté, libertin, audacieux... Mon projet est formé ; elle se rendra à mes désirs ; je l'immolerai à ma passion, ou elle est perdue, infâme, déshonorée. Goûts innocents, plaisirs permis, bienséances nécessaires, pensées, paroles, actions même indifférentes, gestes, regards, joie ou tristesse ; tout sera empoisonné, si elle n'est pas ma complice elle sera ma victime. Elle vivra souillée à ses propres yeux, ou périra dans les chagrins et couverte d'opprobres publics... Mais, foutre, buvons un coup, ami, *in vino veritas...* Sacredieu, n'allez pas révéler le secret de l'Église, vous vous en repentiriez.

— Qui ! moi, mon père ? et comment s'il vous plaît ? Je ne dépends pas de vous autres.

— Vous n'en dépendez pas ? Foutre, nous allons voir... Je suppose un instant que vous ayiez été assez sot ou assez mal avisé pour nous insulter. Vous êtes foutu, mon ami.

— Halte-là, scélérat de moine, s'écrie Alexandrine, tu fous comme un ange ; mais ton cœur est atroce ; tu me fais horreur ; je me sauve ; je ne veux pas t'entendre davantage.

— Morveuse, dit père Ambroise, cela ne sait pas son pain manger ; va-t'en, va-t'en, je ne bande plus... (Nous continuons.)

— Crois-tu que nous t'attaquerons à force ouverte ? Pauvre sot ! tu te sauverais, tu nous démasquerais. Non, nous commençons par nous informer de tous les gens estimables que tu connais ; nous choisissons les plus faibles, dont la

Le Rideau cache les Mœurs

molle vertu, soumise aux préjugés, se fait des monstres exprès pour les combattre. On fait ton éloge. C'est bien dommage que tant de qualités soient gâtées par tel et tel défaut (il sera toujours dirigé suivant la manie de l'auditeur bénévole) ; on sème ainsi peu à peu la froideur ; on te suit pied à pied ; on ne laisse échapper aucune occasion.

— Mais je ne donnerai aucune prise sur moi.

— Tu ne fais que ça. On te calomniera... Tu veux obtenir une place, former un établissement. Lettres anonymes, inventées par le diable qui en fit présent au premier cénobite, voleront de tous côtés. Nos partisans les répandront, les proclameront en secret en les commentant, les envieux les adopteront avidement et les mettront en crédit ; tes ennemis (tout homme en a, et ceux de mérite plus que les autres) enchériront.

— Mais je me défendrai peut-être.

— Sans doute. Je crois même que tu persuaderas cent personnes qui te connaîtront particulièrement ; mais la voix publique sera toujours contre toi, et à peine trente ans de vie te suffiront-ils pour effacer l'impression qui t'aura perdu... Va, va, nous suivons à la lettre la maxime que l'ami Machiavel nous a léguée... *Calomniez toujours; il reste au moins la cicatrice,* et la méthode est infaillible.

— Ma foi, père, je suis ravi, extasié ; je ne vous croyais pas si habile.

— Bon, bon, reprend le papelard, ce ne sont là que nos éléments... Et si je te dévoilais les ressorts de cette politique qui nous a fait pendant si longtemps commander à la terre en rois des rois, et faire disparaître à notre gré les souverains, du trône ou du séjour des vivants...

— Ah ! père, de grâce, apprenez-moi de si belles choses. Pardieu, qui sait ? peut-être me ferai-je cordelier.

— Tu pourrais foutre plus mal t'adresser. Mais écoute...

— Tu n'ignores pas qu'il fut un temps où la crasse ignorance enveloppa le monde ; le fanatisme et la superstition régnèrent en adeptes sur ses siècles heureux... Age à jamais mémorable et fortuné où le froc commandait au diadème, où les Bernard, les François, les Dominique, puissants en voix, en poumons et en scélératesse, savaient émouvoir, exalter la bile de l'imbécile chrétienneté ! Prophètes audacieux et menteurs, ils entassèrent des millions de croisés dans les sables de l'Égypte et de la Palestine ; et l'Europe, à leur premier signe ébranlée contre l'Asie, courut y chercher de vastes tombeaux, tandis que ses crédules habitants, devenus nos vassaux, laissaient dans nos mains assez de dépouilles pour élever la vraie Jérusalem ; la Jérusalem immortelle et puissante, où devaient pulluler tous les vices de l'oisiveté, tous les crimes de l'ambition et de la cupidité.

« Alors tout moine était saint ; tout homme un peu éclairé au-dessus de son siècle, excommunié. La liberté n'est plus ; nous poursuivons son ombre jusqu'au fond de l'âme, jusqu'au sein de la pensée... Heureux temps ! ils changèrent, hélas !... La *philosophie* parut ; non pas cette tracassière *verbeuse* qui se traîne encore en rampant dans la poussière de l'École ; mais cette lumière vive et fatale qui a dissipé les vapeurs du fanatisme, et brisé les hochets de la superstition ; tels que les oiseaux de nuit, nous fûmes blessés par l'éclat du jour. Il nous terrassa ; nous courûmes nous cacher dans ces asiles que le vulgaire respectait encore ; le rayon vengeur nous y suivit ; on démêla nos trames ; on dévoila nos ressorts ; on approfondit notre politique ; on démasqua nos mœurs et nos vices. L'univers conjuré se réunit pour nous abattre ; nous étions perdus... Son mépris nous sauva ; notre métropole nous soutînt.

« Il est une puissance dont l'orgueil excessif et les prétentions sans bornes en imposent, quoique son autorité soit précaire et factice. Artificieuse autant qu'opiniâtre et politique, sa force est dans sa faiblesse. L'ignorance lui a donné l'être ; l'astuce et la fourberie l'ont accrue ; les dissensions des princes et les intérêts anarchiques, dont elle a su profiter, l'ont rendue formidable ; la persévérance et la hauteur l'ont maintenue ; ses excès l'ont affaiblie ; l'art et la souplesse la soutiennent ; son chef, longtemps modérateur impérieux d'une aristocratie puissante, ne doit son crédit qu'à nous. Milice enthousiaste, ardente, immortelle et toujours renaissante. Perdus pour la chose publique ; isolés, d'esprit et de cœur, du reste des humains, notre unique intérêt est notre agrandissement qui fait la gloire de ce vicaire fantastique. C'est sur nous qu'il fonde son empire. Aussi sommes-nous ses enfants autant chéris que dévoués. Fraudes pieuses, spectacles indécents, farces coupables étaient autrefois révérés ; mais leur règne a passé ! Eh bien ! notre marche en est devenue plus secrète et plus sûre. Nous avions à nous venger ; du fond de nos asiles, nous soufflâmes la discorde, nous fomentâmes ces guerres civiles qui ont inondé de sang l'Europe déchirée ; nos libelles, nos sermons séditieux, les séductions du confessionnal nous suffirent pour aiguiser les poignards ; et grâce à nos efforts, il fut universellement reconnu *qu'il est permis, qu'il est saint de tuer un hérétique* ; c'est-à-dire notre ennemi. Ainsi le père massacra son fils ; ainsi le fils arracha à son père la vie qu'il en avait reçue ; les forfaits ont produit des martyres ; nous dévastâmes de fertiles contrées, nous versâmes sans danger des flots de sang. Nul mortel voué à notre vengeance ne put se dérober à nos coups. Ici, les fils de saint Dominique font périr le dernier des Valois ; là, ceux d'Ignace immolent Henri, que des philosophes osent encore pleurer ; les bûchers, le fer, les poisons nous servent tour à tour, les victimes s'amoncellent, les bourreaux et les assassins sont fatigués ; les prisons regorgent d'innocents, et nous de sang, d'or et de volupté... Mais nous ne sommes pas rassasiés. L'esprit de commerce qui s'est venu joindre à celui de domination nous prodigue en vain les trésors du Nouveau Monde dévasté par notre art aussi bien que celui-ci ; notre avidité s'en irrite, et nos mœurs n'en sont pas adoucies ; le calme règne en apparence ; mais il n'est que simulé ; nous sentons que nos richesses survivent à notre crédit ; les ambitieux promoteurs du despotisme, qui cependant haïssaient les rois, sont anéantis ; il nous faut bien rester dans le silence, mais non dans l'inaction. Nos complots se lient, nos trames s'ourdissent, nos ennemis nous attaquent avec les armes du ridicule ; ils s'abusent sur leur prétendue supériorité : nous nous réservons bien d'autres ressources, nous minons sans bruit ; tu es jeune, tu verras le fruit de nos travaux. Une révolution, éloignée peut-être, mais certaine, menace de nouveau le monde ; nous foulerons aux pieds ces hommes superbes qui osent nous dédaigner ; nous commanderons encore... Puissions-nous replonger les humains dans la barbarie, anéantir les sciences, arracher jusqu'au germe funeste de cette philosophie perfide qui nous abreuve d'humiliations ; élever enfin sur tant de ruines le nouvel édifice de notre grandeur ! Alors un sceptre de fer régira l'univers, soumis à nos caprices, dévoué à nos plaisirs. Nous disposerons en sultans des mères, des femmes, des filles de nos esclaves ; et nous amènerons ces âmes avilies au point de regarder comme un bien leur déshonneur... Va, ces jours de gloire et de félicité s'avancent plus rapidement que ne le croient nos imprudents ennemis. Ils n'osent pas tenter le seul moyen de le reculer, celui de casser notre sainte milice, et la hiérarchie puissante sous les drapeaux de laquelle nous servons, de nous arracher surtout ces richesses immenses qui nous rendent tout possible. Non, nous ne craignons rien de ce siècle vénal, nous payons des protecteurs qui deviendront nos esclaves, ils nous rendront au centuple ce qu'ils nous auront coûtés. »

— Par-là sambleu [1], père, voilà qui est sublime ! Quelle

---

(1) Par la sambleu ou palsambleu ! Jurement de l'ancienne comédie, corruption de *par le sang de Dieu !*

immensité de vues ! Quelle étendue de scélératesse ! Quels mystères d'iniquité... (je m'arrête, car père Ambroise s'apercevait qu'il avait trop parlé, et fronçait le sourcil ; pour le dérider, j'attrape Alexandrine qui dansait au milieu de la chambre)... Père, voulez-vous connaître le vrai type de la destinée des empires, l'instrument des révolutions, la boussole de l'univers ?... Le voilà, dis-je en mettant en évidence le con rebondi de la belle, c'est là que viennent aboutir les intrigues du sacerdoce, la morgue du sultan, le faste du Mogol, les caprices du despote, les fureurs du tyran, les délices ambitieux du conquérant, les richesses des deux hémisphères...

Foutre, je me sauve au milieu de la période, car père Ambroise m'enlève Alexandrine et la jette sur son lit pour aboutir aussi.

Je rentre chez Violette, le chagrin m'y attendait ; une régie avait chassé M. Duret des fermes générales : nous n'avions rien à ménager, nous devions (nous, c'est-à-dire elle) ; je lui conseillai de vendre ses meubles pour payer, et je me retirai pour ne pas gêner le déménagement.

J'ai toujours aimé la musique ; je fis le même soir connaissance avec la Guyarre. Cette bougresse-là est laide, et joue comme une cuisinière ; mais sa voix est belle, et quand elle ne chante pas faux elle fait plaisir ; d'ailleurs elle fout comme une enragée. Ma réputation abrégea le cérémonial ; je convins de six coups par jour ; elle cassa aux gages son porteur d'eau qu'elle avait éreinté, laissa reposer ses laquais et son coiffeur ; et nous nous accordâmes à faire bourse commune (bien entendu je n'y mettrais rien). Elle donnait des concerts, recevait des compagnes qui la grugeaient en la détestant, des musiciens d'assez mauvaise compagnie, et des gens de qualité amateurs qui n'ont pas même le mérite d'être bons.

J'étais à causer un après souper avec un virtuose célèbre et charmant compositeur *(Cambini)*: nous parlions de la révolution de la musique en France ; je l'écoutais avec avidité et je m'instruisais. Tout à coup, un de ces messieurs nous aborde :

— Quoi ! vous parlez composition ! pardieu, sans me flatter, je suis d'une bonne force.

— Je n'en doute point, lui dis-je en jetant un coup d'œil sur l'artiste, et je serai fort aise que vous nous donniez, à monsieur et à moi, quelques leçons.

— Volontiers, volontiers ; moi, je ne refuse jamais mes soins.

— Par exemple, monsieur veut composer un opéra et il me demande le poème.

— Sa musique est faite, apparemment ?

— Non pas, comment !

— Tant pis ; jamais la musique ne va bien quand on la compose pour des paroles ; cela gêne un musicien, et l'empêche de peindre ; son imagination est refroidie.

— Mais, monsieur, il me semble...

— Il vous semble mal. Un orchestre, morbleu, un orchestre, voilà tout ce qu'il faut ; suivez Moline [1] ; cela s'appelle faire un opéra ; les paroles ne sont jamais d'accord avec la musique ; mais aussi cela n'arrête point les effets... Moi, je tiens pour les effets ; ai-je raison, Cambini ?

— Monsieur le marquis, cependant, quand on veut exprimer un sentiment, l'amour par exemple...

— Oui, il faut du chromatique, beaucoup de fausses quintes ; on relève cela par l'accord parfait ; déjà on passe dans le ton relatif par la tierce mineure : appuyez-moi une septième diminuée. Si le mode est mineur, grimpez au majeur ; semez-moi des bémols ; accords de tierce, dominante, sixte et les doubles octaves... Pardieu, l'on module dans un tour de main... As-tu de la fureur dans ton opéra ?

(1) Auteur dramatique de l'époque.

— Beaucoup, monsieur le marquis.

— Ah ! pardieu tu vas voir ; mesure à quatre temps battue bien ferme ; pour le récitatif, *ad libitum* avec accompagnement obligé ; ensuite un chœur en fugue à deux sujets bien sortants l'un de l'autre, parce que cela marque la dispute, le conflit de juridiction, surtout que cela crie comme le diable (il faut que l'on entende un chœur peut-être) ; ensuite un grand silence ; c'est imposant ça, hein ?... Un trois temps bien tendre pour faire le contraste, tu m'entends bien ? Il n'y aurait pas de mal d'y mettre des timbales ; ensuite le héros se fâche en *allegro* avec quatre bémols à la clef ; il faut qu'il fasse une tenue de dix mesures pour lui rassurer la poitrine ; pendant ce temps-là l'orchestre va le diable ; puis ton héros fait des roulades pour se reposer ; il veut qu'on l'entende... Eh ! non, morbleu, que l'orchestre l'écrase, et si ce diable de Legros (1) perce encore on y mettra du tonnerre... Ah ! ce que je te recommande, c'est une basse bien ronflante ; que tout cela marche...

— Et mes airs de danse, monsieur le Marquis ?

— Oh ! pour cela il nous faut du noble ; un beau grand morceau de flûte avec des variations pour la commodité de Salentin, et puis un point de l'orgue avec des roulades ; il sera long pour faire un peu gigoter Gardel... Tu ne sais pas comment sortir de là ?

— Ma foi non.

— Un tambourin, mordieu, un tambourin ; il n'y a que ça pour qu'on s'en aille gaiement... Ah ! ça, bonsoir...

— Ah ! cervelle du diable, maudit empoisonneur, *coglione* (2), *coglione...*

— Là, là, tout doux, Cambini, lui dis-je...

Eh bien ! mon ami, voilà qui vous juge, et sans appel

---

(1) Ténor et même haute-contre de l'Opéra.
(2) Couillon.

encore... Nous rejoignîmes la compagnie à qui le marquis avait déjà fait confidence de ses bontés pour nous, en briguant des voies pour la première représentation en cas que l'on suivît ses avis.

Je passais ma vie ainsi au milieu des talents et des ridicules ; mais ma bougresse m'ennuyait ; elle jure comme un charretier ; pas la moindre ressource avec elle ; elle ne sait que foutre ; encore brutalement. Un dernier trait me la fit planter là. Un soir, en sortant du spectacle, j'entre chez elle ; elle allait souper en ville et moi aussi. Peut-on partir sans faire graisser ses bottes ? Je m'asseois sur une chaise ; elle se met sur moi et je la fous. Dans le plus fort du plaisir et feignant de perdre la tête, la gueuse ne la perdit pas. Ma montre était superbe, elle en avait envie ; l'escamoter lui parut joli ; elle la tire doucement et la met dans sa poche. Aussi chatouilleux qu'elle, je m'en aperçois, et je parviens à lui dérober la sienne qui était d'un grand prix ; nous nous quittons. Le lendemain, grandes inquiétudes de sa part ; plaisanteries de la mienne... Pour dénouement, vous êtes une effrontée coquine, lui dis-je, je vous rends votre montre ; gardez la mienne, vous l'avez profanée ; ma seule vengeance sera de répandre ce trait odieux ; il est neuf et vous fera honneur... Elle jura ; je lui fis la révérence et je sortis.

Il faut donc jeter le mouchoir... Allons, Dorville, tu seras ma sultane. Ma foi, elle en vaut la peine. Une taille de nymphe remplie de grâces ; le plus bel incarnat anime son teint de blonde ; ses grands yeux bleus ne demandent qu'à mourir pour ressusciter... On se retrouve du moins avec celle-là ; ma cuisinière m'avait dégoûté. Nous commençâmes par coucher ensemble, et ma nuit fut éloquente et décisive. Je m'établis maître de la maison. J'avais sous moi un intendant avec qui il fallait des ménagements, parce qu'il payait la dépense ; je suis bon diable ; je lui laissai le champ libre.

Cette nouvelle jouissance me plaisait beaucoup ; tous les

raffinements de la volupté nous enivraient tour à tour ; je la trouve un matin dans son cabinet de bain ; elle en sortait comme Vénus Anadyomène [1], parée de sa seule beauté ; une jambe était encore dans la baignoire, elle appuyait l'autre sur un fauteuil ; ses beaux cheveux flottaient sur ses épaules ; sa main caressait une gorge d'albâtre ; elle contemplait tous ses charmes avec un doux sourire. Placé dans l'embrasure de la porte que j'avais entrouverte, observateur bandant, je jouissais de ce spectacle délicieux, et le feu coulait dans mes veines. Un bruit léger que je fais m'offre un nouveau tableau. Elle se baisse toute honteuse ; la rougeur la colore ; elle cherche à se faire un voile de sa longue chevelure... Un petit caniche assis sur le fauteuil s'élance justement où il fallait, entre ses cuisses, lève sa tête, voile le sanctuaire, jappe de toute sa force, et remplace par sa petite gueule une autre fente... J'entre en riant à gorge déployée, ma belle fut bientôt consolée, et devinez comment ?

Vous vous imaginez que je devais être heureux... Eh bien ! je ne l'étais pas. Dans ce beau corps, le temple des grâces, Dorville renferme l'âme d'une furie bizarre, capricieuse ; elle n'a de confiance que dans le mal et la noirceur ; intéressée, avare même, elle n'attire des amants que pour les dévorer. *Je suis fâchée,* me disait-elle un jour en parlant d'un malheureux dépouillé par elle, perdu, abîmé sans ressources, *je suis fâchée de lui avoir laissé les yeux pour pleurer...* Dorville empoisonne tout, sa langue perfide dénature les choses les plus simples ; son esprit artificieux, fécond en intrigues, cache la dissimulation la plus profonde sous le voile de la naïveté la plus ingénue ; méchante, comme tous les faibles, les crimes ne lui coûteraient rien sans la crainte des supplices.

— Eh ! pourquoi vivre avec un pareil monstre ?

---

(1) Au bain ou sortant des eaux.

— Je ne la connaissais pas ; elle est séduisante ; je croyais qu'elle m'aimait... J'en fus cruellement puni.

Le comte de ** était mon ami ; il venait souvent chez Dorville, sa présence ne me gênait pas ; je ne l'en croyais pas amoureux ; j'étais tranquille. Mais bientôt je crus démêler en lui de la contrainte, il venait plus fréquemment mais sa gaieté disparaissait. Peu à peu il se montra sombre et taciturne ; accabla notre société d'ennui et moi de chagrin. Je m'efforçais de le distraire ; il recevait mes avances avec cette politesse gênée qui présage aux amis le refroidissement et la rupture. Dorville est adroite, insinuante, je lui confiai ma peine, je la priai de tirer de mon ami le secret de ses malheurs ; elle parut entrer dans mes vues... La perfide... Quelques jours après, elle m'inquiéta par sa profonde tristesse ; je la surpris plus d'une fois versant des larmes qu'elle voulait dérober. Inquiet, alarmé, je pressai, je conjurai ; enfin, dans ces moments où, tout entiers l'un à l'autre, on ne se refuse rien, je renouvelai mes efforts ; alors, avec cette émotion, cet accent que la vérité seule devrait connaître...

— O mon ami, me dit-elle, cher amant ! je vais navrer ton cœur ; mais j'exige ta parole : cette parole sacrée que tu contiendras une trop juste fureur (je promets ce qu'elle me demande)... Tu croyais le comte ton ami, il n'est qu'un traître.

— Un traître ! lui ?

— Oui, un traître bien lâche, et il a voulu me rendre sa complice. Il m'a fait l'aveu de son indigne amour. J'ai essayé de le ramener à l'honneur, à l'amitié ; j'ai employé la douceur, les prières, les larmes... Mais au nom de l'amitié son emportement a été extrême. Je l'abjure, s'est-il écrié, je l'abjure. Mon rival est mon ennemi... Ajouterai-je les insultes qu'il t'a faites ? Non, non ; mon cœur en saigne encore ; tu voudras te venger ; tes jours seraient en péril... Mais, Dieu ! que je crains de noirceurs...

La barbare ! et des pleurs inondent son visage ; elle en

baigne le mien ; ses caresses portent dans mes veines tous les feux de la volupté ; tous les poisons de la jalousie ; l'orgueil développe un amour que je n'avais pas cru sentir... Moi, je perdrais tant de charmes !... Indigne ami, tu périras, ton sang lavera ton offense... Dorville ne feint d'apprécier ma fureur que pour l'attiser davantage ; mais elle m'avait lié par des serments ; la rage se concentre et fomente dans mon sein.

Le comte revint ; nous nous agaçâmes ; je le persiflai. Dorville, toujours en tiers, empêchait toute explication ; cette situation était trop violente pour durer. Le comte m'insulta, nous sortîmes ; la fureur nous guidait l'un et l'autre. Je l'atteignis d'un coup mortel qui l'étendit à mes pieds... Hélas ! le voile affreux qui nous couvrait tombe aussitôt ; le comte laisse tomber son épée. Je me précipite sur mon malheureux ami pour arrêter son sang...

— C'en est fait, me dit-il, je meurs... Je l'ai mérité... Ami, je voulais t'arracher la vie... Dorville me l'avait demandée.

— Dorville, ô ciel !

— Ma passion était au comble... Elle avait mis mon bonheur à ce prix... Adieu, pardonne-moi... Je suis bien puni... Que je meure du moins ton ami...

Il s'efforce de m'embrasser, il expire... O terre, engloutis-moi...

Je m'arrache de ce lieu d'horreur ; désespéré, furieux, j'erre, en proie aux furies qui me déchirent. Je ne sais où je vais ; mes pas s'arrêtent machinalement devant la maison de l'infâme ; j'y monte, et je tiens encore le fer fumant du sang de mon ami...

— C'est moi, c'est moi qui l'ai tué, m'écriai-je en hurlant de douleur ; tiens, monstre, assouvis ta rage ; il n'est plus ; tu voulais qu'il versât mon sang ; tu m'as demandé sa vie, tu lui demandes la mienne ; viens, prends-la ; rassaisie-toi de carnage !

Le sang-froid, la sérénité règnent sur son visage ; la joie y perce ; elle ose encore me tendre les bras, me féliciter sur ma victoire... Horrible mégère ! tremble, cette main, que tu as rendue criminelle, pourrait t'en punir... Un geste furieux accompagne ces mots. Elle se précipite à mes genoux, son sein palpite et la pâleur le convie... Je jette mon épée loin de moi, toute son audace renaît...

— Eh bien, dit-elle, j'ai tout conduit, il est vrai ; je le détestais, j'ai alimenté son amour pour le perdre ; je l'ai animé contre toi ; je savais que je ne t'exposais que faiblement. Il m'avait offensée autrefois en me préférant une rivale... Je suis vengée... Je l'entendais à peine. Devenu plus calme, je m'évanouis, et je me retrouvai dans mon lit au milieu de mes gens.

Longtemps je fus inconsolable ; absorbé dans ma douleur, je fuyais les humains. L'image de mon ami succombant sous mes coups me suivait sans cesse ; je me refusais à toute distraction ; je mourais lentement ; j'invoquais le tombeau.

Dans la même maison, mais dans un corps de logis séparé du mien, la femme d'un colonel vivait très retirée. Jusque-là, je lui avais rendu quatre fois par an les simples devoirs de l'honnêteté. Ma vie trop dissipée, le genre auquel je m'étais livré ne m'avaient pas permis de faire beaucoup attention à elle. Mon valet de chambre, instruit de mon affaire et désespéré de mon état, imagina que cette jeune dame pouvait seule m'en tirer. Mon changement de conduite et d'humeur avait fait événement dans la maison ; il sut se faire presser d'en découvrir la cause ; quelques mots lâchés à la femme de chambre excitèrent la curiosité de la marquise. Mon homme lui détailla ma funeste aventure, elle en fut touchée ; chaque matin ses gens s'informèrent par son ordre de ma santé. L'apathie où j'étais plongé ne me permit pas de sentir que je devais l'en remercier. Nous nous remontrâmes un jour en sortant, elle me fit des reproches de mon humeur sauvage avec un air d'intérêt ; je lui marquai de l'empressement de réparer ma faute, et nous restâmes. Ma visite fut courte, mais le premier pas était beaucoup ; je continuai ; je la vis plus fréquemment ; bientôt je n'en bougeai pas. La marquise était douce et complaisante ; elle ne se rebutait pas de détails cent fois répétés ; elle s'attendrissait et pleurait avec moi. Ma douleur devint moins amère ; le sentiment de ce que je devais à cette aimable amie me fit une douce habitude de la reconnaissance...

— Aïe... gare l'amour.

— Hélas ! mon enfant, tu as raison. Une liaison intime, une confiance sans bornes entre une femme de vingt-deux ans charmante, et un jeune homme, y conduisent infailliblement. D'ailleurs, combien la douleur dispose à la tendresse.

— Enfin, te voilà à l'amour parfait. Belle chute, mon ami, belle chute !

— Non, je ne ferai point le langoureux Philinte [1]. La marquise n'est pas de ces femmes qui se plaisent au merveilleux ; jolie sans vouloir le paraître, vraiment bonne et sensible, aussi séduisante qu'on peut l'être et toujours égale. Cette femme adorable n'est cependant pas heureuse. Son mari, comme trop de militaires, néglige un trésor qu'il possède pour courir après des guenons. Il ne croit pas à la vertu qu'il n'est pas digne de connaître, et cependant il est jaloux jusqu'à la brutalité. Qui ne sait que c'est le moyen le plus sûr d'accomplir sa destinée ; il était digne de la sienne ; mais combien Euphrosie méritait peu son infortune !

Quelle différence, ô mon ami, entre les caresses ingénues d'une femme aimable et naïve, et les agaceries de nos coquines. Celles-ci peuvent enivrer nos sens ; mais, leur fougue dissipée, on retombe sur soi-même ; le dégoût,

(1) Personnage du *Misanthrope* de Molière.

l'ennui empoisonnement jusqu'aux plaisirs passés ; il faut s'aiguillonner pour les goûter encore.

La marquise, à tout l'éclat de la jeunesse, joint une taille imposante ; elle paraîtrait colossale si elle était moins bien proportionnée . Cinq pieds quatre pouces, pieds nus. Le plus beau corps du monde ; une gorge ravissante ; le bras, la main potelés ; une physionomie qui, sans être la beauté, renferme mille grâces que n'a point une belle ; une irrégularité piquante ; des cheveux gros comme le bras, et qui lui descendent jusqu'aux pieds : voilà son portrait.

Personne ne sait mieux qu'Euphrosie ([1]) manier le ridicule ; sans la bonté de son cœur, elle serait caustique ; mais elle craint de faire de la peine, même à ceux qui l'auraient offensée, si le respect qu'elle inspire le permettait à l'audace. Chaque jour son esprit m'étonnait davantage. Sa modestie lui faisait trouver étranges les marques de mon admiration... Mais, mon ami, m'a-t-elle dit vingt fois, tu te rends ridicule, sans cesse tu me vantes, tu t'extasies sur des choses si simples !... Tout le monde en dirait autant.

Mais son âme... Comment te peindre cette âme toute aimante qui n'a d'existence que pour les sentiment nobles et tendres : c'est par eux qu'elle sort de ce calme inaltérable et doux qui la caractérise dans la société ; c'est là qu'elle puise cette chaleur qui la rend si touchante, si dévouée, si sublime en amour. Euphrosie est aussi voluptueuse que tendre ; mais elle est toujours décente ; elle est pure, elle est chaste. Et voilà pourquoi, sans doute, je ne connus jamais de jouissance égale.

---

(1) Le personnage d'Euphrosie a-t-il quelque chose à voir avec Sophie de Monnier ? Ce n'est pas impossible. Le nom est inventé par Mirabeau soit à partir d'Euphrasie ou d'Euphrosine, une sainte du cinquième siècle, soit à partir d'Euphrosyne, une des trois Grâces et filles de Jupiter et d'Eurynome, selon Hésiode. Il est intéressant de noter qu'on retrouve Euphrosine (sans *y*) dans une référence mythologique de *Hic-et-Haec* ou *Hic-et-Hec,* roman libertin que beaucoup de bibliographes n'attribuent pas à Mirabeau, à l'exception de Guillaume Apollinaire.

Ne vous attendez pas à m'en voir esquisser le tableau. Que le voile du mystère couvre à jamais nos plaisirs... Mais que de combats j'eus à soutenir contre sa vertu ! Combien de fois il me fallut lui répéter que le crime seul faisait la honte, et que l'amour, un amour tel que le sien ne pouvait pas être criminel... L'avouerai-je ? Son devoir fut longtemps plus fort que moi. Elle sentit le danger ; elle eut le noble courage d'écrire à son mari ; de lui demander ses soins et sa présence. Il méprisa cette femme respectable ; il rejeta ses prières ; une indifférence repoussante, un mépris insultant furent le prix des efforts qu'elle faisait sur elle-même pour s'arracher à la tendresse... Je persuadai, je triomphai. Euphrosie ne rougit plus devant moi ; la paix régna dans son cœur. Eh ! quel homme de fer osera le condamner ? Six mois se passèrent au milieu des délices. Isolés du reste de la nature, nous nous suffisions à nous-mêmes. Nos feux sans cesse renaissants avaient toujours le charme de la nouveauté. Une confiance mutuelle et sans bornes achevait notre bonheur.

Hélas ! peut-il durer longtemps ? Vils jouets du destin, que possédons-nous de stable ? Et, pour quelques gouttes de bien mêlées dans l'océan de maux, faut-il chérir la vie ?... La marquise portait dans son sein un gage de notre amour. Bientôt son état ne fut plus incertain. J'étais au comble de la joie sans oser le lui témoigner : joie insensée peut-être, mais si douce que je pensais pas même à la combattre. Euphrosie, plus éclairée par ses pressentiments, se sentait dévorée d'inquiétudes que sa douceur et son amour déguisaient à peine. Son mari, de retour à Paris, avait aisément démêlé nos liaisons, et le lâche les avait divulguées. Il nous prodiguait à tous deux les injures : vingt fois Euphrosie arrêta mon bras. Prêt à la venger, elle sut m'enchaîner par des serments ; mais son bonheur fut altéré à jamais. Sans cesse je la surprenais baignée de larmes, et j'y mêlais les miennes...

— Euphrosie, lui dis-je un jour, hélas ! je cause tes douleurs, et je ne puis les adoucir ; nos cœurs cessent-ils donc de s'entendre ? Ah ! pourrais-tu jamais me haïr ?

— Te haïr ! Ah ! jamais tu ne me fus si cher. Cet enfant infortuné que je nourris dans mon sein naîtra sous de cruels auspices sans doute ; mais il a resserré, s'il est possible, les nœuds qui m'unissaient à toi. Va, mon ami, je ne suis point injuste ; et si je t'ai fait des sacrifices, ne crois pas que je m'en repente ; je t'en ferais de bien plus pénibles... Cher amant, il m'en reste peut-être bien peu à t'offrir... Au moins que cet enfant te rappelle sa mère.

— Cruelle, que veux-tu me faire entendre ?... Et voilà donc ton amour !... Ah ! si je t'étais cher, paierais-tu d'un tel prix ma tendresse ?... Meurs, meurs, pusillanime amante, mais tu jouiras, avant d'expirer, du barbare plaisir d'avoir immolé ton amant. Tu vas priver ton enfant de tes embrassements et des miens ; il restera en butte à tous les coups du sort, inconnu sur la terre, entouré d'ennemis peut-être, il vivra pour la douleur. Et c'est toi, si tendre, si compatissante qui, en lui donnant le jour, le voue à de longues infortunes que n'adoucira jamais notre tendresse...

Euphrosie m'interrompt par ses sanglots, mais le torrent de larmes qu'elle répand dans mes bras paraît soulager son cœur...

— O, mon Euphrosie, lui dis-je alors, quitte ces funestes pensées ; rappelle ton courage, conserve-toi pour l'amour ; ne m'as-tu pas dit mille fois que tu ne vivais que pour moi ?...

Elle me promit d'être plus tranquille. Je crois qu'elle le devint en effet.

Peu de jours après, des ordres de la cour me forcèrent à me rendre en Bretagne. Mon voyage devait être court ; mais Euphrosie avançait dans sa grossesse. Que d'inquiétudes j'allais lui donner, et combien j'en ressentais !... Des pressentiments affreux nous agitaient. Nos adieux furent cruels ; longtemps pressés dans les bras l'un de l'autre, il nous semblait que c'était pour la dernière fois. Euphrosie s'évanouit ; on m'arracha d'auprès d'elle. Il fallut partir.

Déjà je me flattais d'un prompt retour ; mes affaires allaient finir. Je reçus ce billet d'un ami : « Que fais-tu, malheureux ? Tu remplis de stériles devoirs, et tu négliges les plus sacrés. Accours, ne perds pas un instant, viens servir l'amour... » Je vole, l'âme saisie d'effroi ; j'arrive... Horrible spectacle !... Tout est en deuil chez Euphrosie... Ciel ! ô ciel ! elle n'est plus !... Je veux la voir, je veux l'embrasser encore ; je veux mourir avec mon amante... J'avance malgré les efforts de ceux qui me retiennent ; ils me parlent ; je ne les entends pas. Ivre de désespoir, j'allais entrer...

— Arrête, jeune téméraire, me dit un vieillard vénérable qui sort de la chambre d'Euphrosie ; respecte ces lieux habités par la douleur. Son accent sévère, mais touchant, pénètre mon cœur ; je me précipite à ses genoux sans le connaître, je l'embrasse...

— O qui que vous soyez, ayez pitié de moi, laissez-moi revoir mon amante ; j'invoque cette seule grâce... Hélas ! ne puis-je obtenir une mort plus douce auprès d'elle ?

— Relève-toi, me dit-il en pleurant... Jeune insensé, tu précipites au tombeau ma douloureuse vieillesse. Que t'avais-je fait ? Jusqu'ici rien n'a souillé mes cheveux blancs ; tu livres mes derniers jours à la honte, au désespoir. Déjà ton funeste amour me coûte mon fils et ma fille ; l'un était mon soutien, et l'autre mon bonheur.

— Vous, son père... O dieux !... Vieillard infortuné, prenez ma vie ; je ne désavouerai pas mon amour, et puissiez-vous en vous vengeant me réunir à mon amante.

— J'ai tout perdu ; je pourrais t'imputer tous mes maux ; mais je n'ai pas le cœur d'un barbare, et je ne puis ni ne veux te haïr... (mes cris, mes gémissements sont ma seule réponse)... Eh ! quoi, c'est donc à moi de te consoler ? Calmez-vous, jeune homme trop malheureux ; Euphrosie...

— Eh bien ! mon père... j'attends à vos genoux mon arrêt...

— Euphrosie respire encore.

— Elle respire... O dieux ! laissez-moi... Courons... (je m'arrête avec le sang-froid et l'égarement du désespoir) ; mais non, elle n'est plus ; vous me flattez encore pour savourer plus longtemps votre vengeance...

A ces mots, mes forces m'abandonnent ; je tombe sur un fauteuil ; une stupeur mortelle s'empare de moi ; j'ai les yeux ouverts et je ne vois rien.

Le père d'Euphrosie daigne me prendre la main...

— Je ne vous trompe point ; mais votre sort et le mien n'en sont guère moins cruels. Croyez ce que je vous dis, et apprenez les malheurs que vous avez causés. Huit jours après votre départ, le marquis de ** vint voir ma fille. Son frère était chez elle ; Euphrosie venait de lui confier son état et son amour. Le marquis, furieux, s'emporta contre sa femme dans les termes les plus outrageants. En vain mon fils voulut-il l'apaiser. Le marquis menaça Euphrosie ; il voulut même la frapper. Mon malheureux fils se jette au-devant de sa sœur ; son beau-frère, hors de lui, tire son épée et le force à se mettre en défense. La rage l'aveuglait ; il se précipite sur la sœur de son adversaire ; mon fils, désespéré, vole à son secours. Le marquis cachait un pistolet dont il tue mon enfant... A la vue de ce combat funeste, Euphrosie était tombée sans connaissance. Les douleurs d'un accouchement prématuré la rappelèrent à la vie et à toute l'horreur de sa destinée. Elle a mis au monde un enfant qui n'est plus ; on a jusqu'ici désespéré de la mère : aujourd'hui elle paraît moins mal ; mais comment échapperait-elle à sa douleur ?

J'avais dévoré ce terrible récit, j'étais immobile ; mais, dieux ! que de serpents déchiraient mon cœur !...

— Eh bien ! m'écriai-je avec amertume, elle vit... elle vit ; mais c'est pour me détester... Mais non, Euphrosie ne peut pas me haïr... O mon père ! ah ! souffrez que je vous donne ce nom : je vous offrais ma vie ; elle vous sera consacrée. Que je répare autant qu'il est en moi vos pertes affreuses; que je devienne votre fils! O combien les devoirs m'en seront doux!... Mais, mon père, laissez-moi sauver votre fille; Euphrosie vivra pour vous aimer...

Le bon vieillard s'attendrit; un rayon d'espoir pénètre son âme, il pleure sur moi, il daigne me presser contre son sein... Hélas! nous nous abusions tous deux. Euphrosie revint à la vie; mais une mélancolie profonde l 'avait empoisonnée pour jamais. Elle refusa de me voir, et courut s'ensevelir dans un couvent. Je tentai tout pour vaincre ses résolutions; son père seconda mes efforts; tout fut inutile, elle prit le voile et prononça ses vœux.

Mon imagination était allumée, ma tête exaltée, mon cœur inondé de tristesse. Je pris un parti violent, et sans communiquer à qui que ce fût mon dessein, je montai à cheval, et courus chercher la Trappe pour y ensevelir le reste de mes jours.

Le ciel semblait conjuré contre moi. Un orage affreux m'oblige de m'arrêter à Verneuil. J'étais percé, je n'avais rien pour changer; je me jette dans une auberge pour me sécher et, rendu de fatigue, je résous bientôt à y passer la nuit. Seul dans ma chambre, j'y broyais du plus beau noir possible. L'histoire de l'abbé de Rancé me montait au quatrième siècle [1]; je ne voyais rien de si beau que ces longs cimetières dont quelques lampes sépulcrales perçaient à peine les sombres horreurs; j'entendais cette cloche funèbre qui semble appeler la mort; je la voyais s'avancer à pas lents; Comminge et Euphémie étaient devant mes yeux; je prenais le travail pénible de mon imagination délirante pour l'héroïsme de la vertu. J'allais enfin m'enfoncer dans ces demeures funèbres, où gémissent tant de malheureuses

(1) C'est-à-dire le siècle, ou l'âge de *fer,* après les trois premiers, respectivement d'or, d'argent et d'airain.

victimes des préjugés et des passions... Je le voulais, la Providence ne le voulut pas.

Absorbé dans mes sombres réflexions, je n'apercevais pas une très jolie fille de l'auberge, arrivée depuis un quart d'heure devant moi... J'y prends garde enfin ; je sors de ma rêverie, mais pour tomber dans une autre ; je lui approche un fauteuil, la croyant ma foi je ne sais qui, je l'oblige à s'asseoir ; elle ne doute plus de ma folie. Enfin, à force de me demander ce que je voulais pour mon souper ; elle me rappelle à moi, je ris, elle éclate.

Je donne mes ordres ; Magdelon descend, et revient faire mon lit. La bonté divine veillait sur moi : ces sortes de filles portent leurs cotillons fort courts. Magdelon, en s'allongeant, me laissait voir une jambe faite au tour et le bout d'une cuisse très blanche... Hélas ! me dis-je à moi-même, je vais m'enterrer ; que cette pauvre fille profite du moins de mon reste : enfilons-la ; c'est le dernier coup que je foutrai de ma vie... Alors, avec une gravité sans égale, je la prends par les deux pattes, je la jette sur le lit, je la trousse et je l'enferme avant qu'elle ait eu le temps de voir comment. Elle fit un peu la revêche ; mais où est la fille qui ne marche pas au troisième coup de cul ? Seulement, pour me marquer son dépit, elle remuait comme un diable. Par habitude, je voulais recommencer, elle me fit convenir que cela ne se pouvait pas, qu'on attendait après elle ; mais nous arrêtâmes qu'elle viendrait coucher avec moi, et je me débarrassai en sa faveur de quelques louis qui, suivant mon projet, allaient me devenir inutiles ; car je n'en démordais pas.

Nous passâmes la nuit ensemble ; je m'en donnai comme pour la dernière fois. Mais admirez l'ouvrage du bon Dieu : plus j'allais à ce diable de trou, plus ma tête se calmait ; mes résolutions s'affaiblissaient d'autant et je résolus, sous prétexte de fatigue, d'attendre encore une nuit pour me déterminer. Je ne fus pas dans cette peine. La berline de poste arriva vers l'heure du dîner; deux hommes qui étaient dedans me firent demander la permission de partager le mien; je l'accordai; mais quel fut mon étonnement! C'étaient deux de mes amis intimes qui me galopaient.

— Ah ! Ah ! monsieur l'enragé, me dit Saint Flour, vous faussez donc ainsi compagnie; que diable, tu as l'air du Chevalier à la triste figure !

Je voulus soutenir contenance, ils m'envoyèrent promener, me persiflèrent, me démontrèrent que je n'avais pas le sens commun. Je le crus; je montai en voiture avec eux : nous arrivâmes à Paris.

Pendant quelque temps, je fus un peu honteux; d'ailleurs le diable m'emporte si je savais où aller, ni quelle liaison former. Cependant, j'étais endetté; mes créanciers, honnêtes Israélites, venaient m'offrir leur figure patibulaire. Je pris une résolution magnanime. Je me décidai à me mettre la corde au cou; à me marier.

— Ah ! tu vas faire une fin.

— Oui, une fin; c'est pardieu bien périr avant le temps.

Je connaissais une vieille intrigante, doyenne des marquises apparieuses de sacrements. Je fus lui conter mon affaire en lui observant que j'étais pressé.

— Oui, me dit-elle, la voulez-vous jolie ?

— Ma foi, cela m'est égal; c'est pour en faire ma femme; je ne m'en soucierai guère; et je ne la prends pas pour les curieux.

— Il la faut riche ?

— Oh ! cela, le plus possible.

— De l'esprit ?

— Mais oui, là, là.

— Je tiens votre affaire. Connaissez-vous Madame de l'Hermitage ?

— Non.

— Je vous présenterai. C'est une de mes amies; sa fille a dix-huit ans, elle est très riche, et surtout son caractère est excellent... (ah ! foutre, que cette bougresse-là est laide !)...

Mon aimable duègne part sur-le-champ pour porter les premières paroles ; manigancer mon affaire et me vanter ; le soir, elle m'écrit deux mots, et deux jours après nous nous rendons chez ma future belle-mère.

Mme de l'Hermitage tient bureau de bel esprit. Là, tous nos demi-dieux, tous nos Apollons modernes viennent chercher des dîners qu'ils paient en sornettes. Dès l'antichambre, je respirai une odeur d'antiquité qui me saisit l'odorat ; la vieille m'avait prévenu qu'il fallait beaucoup admirer. J'entre dans un salon immense et carré ; j'y trouve la maîtresse de maison avec l'air d'une fée, le corps d'un squelette et le maintien d'une impératrice. Elle m'assomme de longs compliments ; j'y réponds par des révérences sans nombre ; je cherche des yeux la future... Ah ! foutre, on vous en donnera. Diable, il faut que sa chère mère me juge auparavant ; et la bienséance permet-elle qu'on expose une fille aux regards du premier occupant ? La duègne et la mère entament les grands mots et les vieilles histoires. Pendant ce temps-là je toisai le salon ; des tapisseries d'antiques verdures en couvraient les murailles. Cassandre et Polixène y figuraient aussi bien que le roi Priam, nombre de Troyens et de perfides Grecs, avec chacun un rouleau qui leur sortait de la bouche pour la commodité de la conversation. Du plancher pendait une lampe immense à sept branches de bronze doré qui avait servi aux festins de Nabuchodonosor ; aux quatre coins, des trépieds de vieux laque surmontés d'urnes à l'antique, et de pyramides tronquées, trouvés dans les fossés de Ninive la superbe. Des tables de marbre de Paros, portées sur des piliers de granit, chargées de bustes grecs et latins, et d'un grand médailler. La cheminée, élevée à huit bons pieds de hauteur et surmontée d'un miroir de métal environné d'une bordure immense en filigrane ; c'était, je crois, celui de la belle Hélène. Les fauteuils paraissaient modelés sur ceux de la reine de Saba, couverts de tapisserie, durement rembourrés pour éviter la mollesse ;

mais magnifiquement dorés... Voilà, mon cher, le mobilier qui frappa mes regards. Au reste, tout décelait à mes yeux exercés un fond de richesse qui chatouillait mon âme ; et je projetais déjà de changer toutes ces fadaises contre les belles intentions de notre luxe moderne. Je m'extasiai sur chaque objet ; je tranchai du connaisseur pour applaudir ; on accueillit mes éloges, et nous nous retirâmes, la duègne et moi.

En sortant, elle me dit que ma figure, mon air sage et posé (car il ne m'était pardieu pas échappé un sourire), surtout mon excellente politesse avaient prévenu en ma faveur, que probablement je serais invité à dîner pour le jeudi qui était le grand jour ; et qu'alors je verrais Mlle Euterpe... Foutre, voilà un beau nom ; j'ai diablement peur que ma charmante ne soit aussi quelque antiquaille.

Je fus invité ; le dîner répondit à l'ameublement, et je vis mon Euterpe (1)... Ah ! sacredieu, la jolie future ; elle est faite à coups de serpe ; elle a été modelée, ou le diable m'emporte, sur quelque singe ; aussi Madame sa chère mère dit-elle que c'est le vivant portrait de M. de l'Hermitage. Ramassée dans sa courte épaisseur ; un teint d'un jaune vert, de petits yeux enfoncés, battus jusqu'au milieu de deux joues bouffies ; des cheveux à moitié du front, une bouche énorme et meublée de clous de girofle ; un cou noir ; et puis... serviteur ; une gaze envieuse voilait un je ne sais quoi qui montait au diable. Eh ! pardieu, que ne couvrait-elle aussi les deux plus laides pattes que jamais servante ait levées. Au reste, Mlle Euterpe fait la petite bouche, grimace avec complaisance, et n'en est que plus laide... Ce fut bien pis quand elle eut parlé. Ah ! Cathos n'est rien en comparaison... Jour de Dieu ! épouser cela, me dis-je à moi-même, c'est bien dur !

(1) Muse de la poésie lyrique et de la musique.

— Et fi donc ! Tu ne l'épouseras pas peut-être ?

— Eh ! mon ami, quarante mille livres de rente d'entrée, autant de retour ; cela n'est pas à négliger ; elle a les beaux yeux de la cassette, et moi je n'ai rien qu'un beau vit dont elle ne tâtera guère. Mes créanciers me talonnent ; il faut s'immoler...

Après le dîner, Mlle Euterpe fut se camper auprès de sa chère mère ; moi, j'allai roucouler d'amoureux hoquets qui furent reçus avec humanité et condescendance. Somme toute, au bout de quinze jours, on nous maria, en m'avantageant de vingt mille livres de rente par contrat. Me voilà donc Euterpe. La mère donna à sa bien-aimée sa bénédiction et le baiser de paix. Ma chaste épouse fut se mettre entre deux draps ; les talons dans le cul comme cela se pratique par modestie. Une partie de la noce était dans les chambres voisines ; les jeunes gens surtout, pour qui c'est une aubaine, me firent compliment sur mon bonheur futur, me souhaitèrent bonne chance, et se mirent en embuscade. Je me campai à côté de ma charmante qui versait de grosses larmes.

— Madame, lui dis-je, le mariage où nous nous sommes engagés est un état *pénible,* une voie *étroite,* mais qui mène au bonheur ; il n'est point de rose sans épines ; et c'est moi votre époux qui dois les arracher. Le Créateur nous a réunis pour que nos deux moitiés ne fissent qu'un tout. Afin de mieux consolider son ouvrage, il a fait présent à l'homme, chef de son épouse, d'une cheville... Tâtez plutôt (je lui porte la main là, et la masque retire la patte comme si elle avait bien peur). Or cet instrument doit trouver son trou : ce trou est en vous ; permettez que je cherche et que je le bouche... Alors, d'un bras vigoureux je prends ma chrétienne, elle serre les cuisses ; j'y mets un genou comme un coin ; elle me fout des coups de poing par manière de résistance ; enfin elle fait semblant de se trouver mal ; elle allonge les jambes, lève le cul ; je frappe à la porte... Ah ! foutre ! ah ! sacredieu ! mort de ma vie !

— Quoi donc ?

— Comment, bourreau ! deux pieds de corne. Je suis étranglé... Elle est ouverte à deux battants encore. Ah ! chienne ! ah charogne ! et tu défendais la brèche !... Foutue garce !... Je la cogne, elle m'égratigne, elle hurle, je jure en frappant toujours. La mère arrive, écumant de rage, je saute à bas du lit et je me sauve. Mes amis rangés en haie me demandent avec une maligne inquiétude si je me trouve mal, si je veux un verre d'eau...

— Je veux le diable qui m'emporte loin d'ici.

Un instant après, ma belle-mère rentre, et d'un ton de sénateur :

— Mon gendre, je sais ce que c'est.

— Comment, ventredieu, je le sais bien aussi moi, et que trop.

— Non, ce n'est rien ; le premier jour de mes noces, il m'en arriva tout autant.

— Ah ! la foutue famille !

— Rassurez-vous, c'est une enfant qui ne sait pas ce que c'est, elle s'y fera ; allez vous remettre auprès d'elle et prenez-la par la douceur.

La rage qui m'étouffait m'avait empêché de l'interrompre ; mais à cette douce invitation, je m'écrie :

— Moi y retourner ! Que le jean-foutre qui l'a commencée l'achève... Ah ! foutre ! c'est une antique ou un cheval, tant elle est large (Mme de l'Hermitage fronce le sourcil).

— Mon gendre, je comprends ; c'est que vous ne pouvez pas.

— Comment, foutre, Madame, je ne peux pas ! Eh ! sacredieu, la besogne n'est pas dure, on y passerait en carrosse...

La vieille fée se fâcha ; je manquai la foutre par la fenêtre, et je sortis pour jamais de ce maudit lieu.

O rage ! ô désespoir ! moi la terreur des maris ! moi la perle des fouteurs ! me voilà coiffé d'un panache à la mode... Coa, coa, en herbe... Coa, ventre et dos, et par une guenon, une maritorne (1) ! Où fuir ? où me cacher ?... Les épigrammes vont m'assassiner.

Ce n'est pas tout. Le lendemain, un homme en noir demande à me parler. Au milieu de beaucoup de révérences, il me signifie un petit papier...

— Monsieur, vous vous trompez.

— Non, monsieur, me dit le Normand.

— Mais d'où cela vient-il ?

— De haute et puissante demoiselle Euterpe de l'Hermitage, votre légitime épouse.

— Comment, coquin ! foutre si tu ne sors...

Il était déjà parti, et court encore... Eh bien ! la bougresse me faisait sommation de la traiter maritalement, sans quoi l'on m'annonçait bénignement que l'on demanderait séparation. Je cours chez mon procureur ; je consulte ; nous plaidons pendant trois mois ; on me tympanise ; enfin je suis contraint d'abandonner dix mille livres de rente de mes vingt constituées, et l'on me déclare père d'un individu (quelque sapajou sans doute) dont ma bougresse était grosse ; encore n'était-ce pas le premier.

Furieux, désespéré, je pars pour le pays étranger, et j'abandonne à jamais cette heure maudite où je pourrais rencontrer tant d'objets.

Sort ! foutu sort plein de rigueur ! Qui moi ? j'éprouverais tes caprices, tes bizarreries ? Voilà donc le fruit de mes belles résolutions ! Tous mes projets aboutiraient à la parure de Moïse ! Fuyez, foutez le camp, rêves arbitraires ! songes creux de mon imagination bilieuse... Non, non, mesdames, vous ne tiendrez point mon chef dans vos cuisses maudites ; jamais un con marital ne m'enverra des vapeurs cornifères. Au foutre la *Conversion* ; mais dans mon humeur de ven-

---

(1) Nom d'une servante repoussante dans le *Don Quichotte* de Cervantès.

geance je foutrai la nature entière ; j'immolerai à mon Priape jusqu'à des pucelages (si tant est qu'il en existe). Par moi, légions de cocus peupleront le palais, les champs et les cités ; j'usurperai jusqu'aux droits de notre bonne mère sainte Église. Point de fouteuse de prélats, point de monture de curé que je n'enfile sur tous les sens (pour leur conserver l'habitude), jusqu'à ce que rendant dans les bras paternels de M. Satan mon âme célibataire, j'aille foutre chez les morts.

L'abbé IL-ET-ELLE
(Hic-et-Haec)
ou
l'élève des Révérends Pères Jésuites d'Avignon

Berlin 1798

HIC-ET-HEC

OU

L'ÉLÈVE

DES RR. PP. JÉSUITES

D'AVIGNON.

Orné de Figures.

TOME I.

A BERLIN.

1798.

AVERTISSEMENT

La présente édition est conforme à l'édition originale de 1798 intitulée *Hic-et-Hec ou l'Élève des RR.PP. Jésuites d'Avignon* imprimée à « Berlin » en deux volumes in-12 demi-carré (7,5 cm × 13,2 cm). Selon Pascal Pia, c'est l'édition la plus complète de cet ouvrage attribué à Mirabeau (Cote Enfer : 669-670). Les cinq gravures de cette édition sont reproduites in-texte.

La dernière édition, qui remonte à 1815, était intitulée *Hic et Hec, ou l'Art de varier les plaisirs de l'amour et de la volupté, enseigné par les R.P. Jésuites et leurs élèves,* Londres, chez tous les marchands de nouveautés (Enfer 671-672). *Les Chevaux neufs,* anecdote reçue de Paris et lue par Mme de Valbouillant manque dans cette seconde édition. Les douze gravures du XIXe sont grossières. Nous les avons néanmoins publiées en fin de volume à titre de curiosité. Toujours selon Pascal Pia, la seconde édition de 1815 a été condamnée à la destruction par un jugement du tribunal correctionnel de la Seine en date du 7 janvier 1830, confirmé par un arrêt de la Cour royale de Paris le 7 mars 1830.

La seconde édition comporte une centaine de coquilles par rapport à l'édition originale. Apollinaire avait publié des extraits de cette seconde édition en 1910 dans son ouvrage *L'Œuvre du Comte de Mirabeau,* Les Maîtres de l'Amour, Bibliothèque des Curieux.

Dans leur catalogue de 1919, Apollinaire, Fleuret et Perceau écrivent ceci : « Si *Hic et Hec* est réellement de Mirabeau, il faut croire qu'après l'avoir confié à un libraire, l'amant de Sophie fit défense qu'on le publiât. Le grand tribun n'avait plus besoin de sa plume pour vivre. Le libraire conserva sans doute une copie du manuscrit et le fit paraître après la mort de Mirabeau. » Nous avons ajouté quelques notes en bas de page pour faciliter la lecture.

M. C.

PREFACE

« *NOUS AUTRES, PRODIGUES DE VIE...* »

J'ai toujours eu un faible prononcé pour Gabriel de Mirabeau. Se prénommer Gabriel n'est pas chose facile. Certains prénoms baptismaux sont légers à porter, d'autres sont redoutables. Gabriel, prénom archangélique, consubstantiel au Fiat *de la Vierge Marie, est de ceux-ci. Comment en être digne, surtout si l'on est un libertin, un roué, ce que les nurses du temps jadis (ah! nos jolies nurses! les enfants d'aujourd'hui perdent beaucoup en n'ayant plus que des* baby sitter*) appelaient un mauvais sujet. Quand on est beau, cela passe encore: l'archangélisme, la beauté et l'auréole de soufre s'amalgament voluptueusement, les lycéennes adorent ça, et tout ce qu'on risque, c'est de recevoir l'aimable sobriquet d'archange aux pieds fourchus. Mais quand on est laid, irrémédiablement laid, c'est une autre histoire.*

L'auteur de Hic-et-Haec *était laid à faire peur. « Mirabeau est l'homme du monde qui ressemble le plus à sa réputation: il est affreux », disait Rivarol. Être Dorian Gray n'est pas un destin funeste (du moins sur cette terre, car la damnation finale et les flammes dévorantes de l'enfer, nous n'y échapperons pas); en revanche, avoir ses vices gravés sur son visage, être l'ambulant portrait de Dorian Gray, c'est être damné dès ici-bas, et damné doublement si l'on est animé des mêmes passions que si l'on était beau, du même désir de séduire les jeunes personnes du sexe, de la même impatience de les mettre dans son lit, de la même voracité amoureuse. Tel était Mirabeau, et je l'admire de n'avoir jamais, nonobstant sa face disgraciée, sa taille courtaude, ses mains grossières, renoncé aux effervescences du cœur et aux délices du plumard. J'admire d'autant plus ce crapoussin d'avoir osé être un Cupidon déchaîné que, né en 1749, mort en 1791, à l'âge donc de quarante-deux ans, il n'aura connu dans son miroir que l'humiliation et l'horreur; il n'aura jamais joui de cette délicate revanche des laids qui, dans leur vieillesse, se voient rejoints par les beaux dans la flétrissure et la hideur du grand âge.*

Dans ses Idées sur le roman, *où il passe en revue les romanciers anglais et français du XVIII*e *siècle, Sade ne mentionne ni Laclos ni Mirabeau, et ne cite Restif que pour l'insulter. En revanche, il tresse des couronnes au maréchal de Boufflers, « auteur charmant de* la Reine de Golconde *», un conte qui l' « immortalise »* (sic). *C'est dans* Juliette *que Sade publie son sentiment sur Mirabeau : il évoque dédaigneusement ses « méprisables brochures », où il déplore la rareté des scènes luxurieuses et l'absence des goûts cruels : « Les trembleurs me désespèrent, s'exclame-t-il, et j'aimerais cent fois mieux qu'ils n'écrivissent rien, que de nous donner des moitiés d'idées. »*

Notant cela, Sade songeait principalement à l'Éducation de Laure. *Ses griefs peuvent-ils mêmement s'appliquer à* Hic-et-Haec *? Ce roman d'éducation sexuelle n'a certes pas été écrit par un trembleur, et ce n'est point par prudence que Mirabeau y gaze volontiers la crudité de ses descriptions; mais si la métaphore est un des diamants de la langue française, une des colonnes d'Hercule de notre art, son excès, dans un récit libertin, nuit à la force de celui-ci, voire à sa clarté.* Hic-et-Haec *est un roman où un chat est rarement appelé un chat : les fesses y sont toujours les jumelles, unSapho, savourer avec une jolie nymphe les agréables dédommagements dont la Lesbienne usait en l'absence de Phaon ».*

Si vif que soit mon amour des Grecs et des Romains, ce style est un peu trop enrubanné et fleuri selon que je le sens, encore que certaines trouvailles de Mirabeau m'amusent fort : l'arrière-temple est charmant, et j'adore la façon dont Hic-et-Haec, alors âgé de quinze ans, invite la belle Babet, une adolescente de quatorze ans, à le masturber : « Est-ce vous qui préparez cet excellent chocolat ? — Oui, monsieur, c'est moi. — Que je voudrais bien être à sa place, comme je mousserais bien sous vos mains. » Ce n'est plus la poire Belle Hélène qu'à la sortie du lycée j'emmène mes petites amoureuses déguster chez Pons, c'est la poire Belle Babet, et nul n'en disputera le brevet à Gabriel de Mirabeau.

La cuisine joue d'ailleurs un rôle d'importance dans Hic-et-Haec, *ce qui est bien naturel, car l'amour donne faim : « Le sacri on se fouette à l'occasion dans* Hic-et-Haec, *mais c'est pour exciter les ardeurs lubriques, et non pour le plaisir de torturer : « Allons, petit coquin, je vais vous apprendre à faire des solécismes ; et il agite légèrement les verges sur mes jumelles, de manière à les chatouiller plutôt qu'à les blesser. » Les héros de* Hic-et-Haec *sont attentifs à se faire du bien, et non du mal. Chacun y est gentil, prévenant, de bonne humeur ; les visages y sont souriants, et quand on y pleure, c'est de joie. « L'évêque proposa d'aller folâtrer dans quelques bosquets de l'averne, son jardin délicieux : tout le monde applaudit, et tous, d'un pied léger et d'un front riant, suivirent le saint prélat et sa superbe sœur. » Le roman est dans son entier écrit sur ce ton-là. Nous sommes loin de la férocité sombre, désespérée, qui est la marque du génie de Sade. L'univers de Sade est un univers chrétien, un univers de la chute : ce fut celui de saint Augustin et de Pascal ; ce sera celui de Byron et de Dostoïevski ; c'est l'univers de la modernité. Mirabeau, lui, appartient à la même famille spirituelle que Horace, Martial et Pétrone dont le* Satiricon *est cité deux fois dans* Hic-et-Haec *: c'est l'amour couronné de roses, l'innocence du plaisir, les bonheurs allègres ; c'est l'embarquement pour Cythère.*

Ce qui fait à mes yeux le principal intérêt de Hic-et-Haec, *c'est la place qu'y occupent les très jeunes personnes de l'un et l'autre sexe : Hic-et-Haec a douze ans quand il entre dans la vie amoureuse, Babet quatorze, Laure dix-sept ; la signora Magdalani est dévirginisée à douze ans par un garçon qui en a quinze. Ces âges, très matznéviens, scandalisent le lecteur de notre XXe siècle finissant qui, comme chacun sait, est si prude, si vertueux ; mais ils n'étonnaient pas les contemporains de Mirabeau, qui les tenaient pour la nature même. De nos jours, le philopède est un monstre, un paria, une bête à abattre ; mais au XVIIIe siècle, et dans les siècles précédents, tout le monde était philopède en France, et désirer les moins de seize ans n'était pas une maladie honteuse, mais la norme.*

Ce n'est qu'au XIXe siècle qu'on a assisté, en France, à la mise en place d'un système pénal dont le but était, selon la juste formule de mon ami René Schérer, de dresser entre les mineurs et les majeurs une barrière infranchissable. Sous le prétexte de protéger l'enfance et l'adolescence, la société a tracé autour d'elles un véritable cordon sanitaire, et celui qui, comme moi, franchit quotidiennement et ingénument ce cordon, est tenu pour un diable, et pour un pervers. Les moins de seize ans d'aujourd'hui sont protégés, et surprotégés, par une législation à prétentions pédagogiques, dont le plus clair effet est de les empêcher de disposer d'eux-mêmes, de circuler librement, de se lier d'amitié avec des adultes autres que ceux qu'autorise l'État : parents, éducateurs, juges. Jadis, on expliquait aux fillettes et aux garçonnets que la masturbation rendait fou ; à présent, on leur apprend à se méfier des vilains messieurs, et à les dénoncer à la police.

D'où l'extrême salubrité d'une lecture comme celle de Hic-et-Haec, *où Mirabeau affirme son refus de la philopédie platonisante ; son refus d'un monde aseptisé où le juridique codifierait nos actes et réglerait nos comportements. « Je contemplais avec un délice incroyable les progrès de la volupté sur sa mine innocente et candide », s'écrie Hic-et-Haec, âgé de quinze ans, après qu'il a donné sa première leçon de plaisir à la petite Babet, qui en a quatorze. Et Babet, interrogée par Hic-et-Haec sur ces lumières qu'il lui a procurées, répond, enthousiaste : « Je végétais, j'existe. Adieu tous autres soins, tous autres plaisirs ; je voudrais pouvoir doubler chaque jour la durée du temps et en employer chaque minute à répéter les charmantes leçons que j'ai reçues. » Pour Hic-et-Haec, pour Babet, pour Laure, pour tous ces adolescents en fleur, Mirabeau exige le droit à l'aventure, à la rencontre, au plaisir, à la passion.*

Un des mérites de Hic-et-Haec *est que la connaissance qu'a l'auteur de son sujet a été acquise, si j'ose ainsi parler, sur le terrain. Les romanciers qui, pour décrire les actes de l'amour, puisent leur inspiration dans leurs désirs inassouvis, dans ce que le jargon moderne appellerait leurs fantasmes, c'est-à-dire, en bon français, dans les fantômes des passions et des plaisirs qu'ils sont trop lâches, ou trop maladroits, ou trop moches, pour vivre réellement, m'ennuient. Oh ! je sais ce qu'on peut m'opposer sur ce point ; je sais que la littérature d'imagination fantasmatique compte quelques très beaux livres. Mais je vous prie de m'excuser, les très beaux livres, je m'en fous, et la littérature qui n'est que de la littérature, les œuvres d'imagination, l'art pour l'art, tout ça ne m'intéresse pas, et je m'en tamponne le coquillard, « l'arrière-temple » dirait Mirabeau. Je partage le sentiment de Céline, quand il affirme que pour écrire nous devons mettre nos tripes sur la table. Les seuls livres qui me captivent, les seuls que j'ai envie d'écrire ou de lire sont ceux où l'auteur se brûle tout entier et qui sont la transmutation d'une expérience existentielle. Ce que Mirabeau sait du sexe, il l'a appris dans les alcôves, et non dans les bibliothèques. C'est de ses aventures, de ses passions, de sa vie tumultueuse, qu'il nourrit ses ouvrages, et chez lui l'amour et la création littéraire n'ont jamais cessé de mêler intimement leurs eaux, jusqu'au gouffre ultime. Il en avait une conscience douloureuse, lui qui écrivait dans ses* Mémoires, *prémonitoirement : « Dans ces temps d'orage où nous autres, prodigues de vie, nous voyons couler si vite et finir si brusquement nos jours, usés par le travail et les passions... »*

Qu'il soit humain ou divin, charnel ou transcendant, l'érotisme n'est jamais la facilité : il est au contraire tension, transgression, paroxysme, et c'est pourquoi il est si souvent lié à la souffrance et à la mort. Bien qu'il soit traditionnellement représenté sous les traits gracieux d'un jeune garçon, l'Amour n'est pas une divinité aimable. Gamin cruel et trompeur, l'enfant ailé aux flèches irrémissibles est l'archer qui nous blesse, et le volage qui nous trahit ; il est le démon de l'inachèvement et de la désillusion. « Toi, tyran des dieux et des hommes, Éros ! » (Euripide, Andromède*).*

Ce pouvoir despotique d'Éros est dû à la nature primordiale de celui-ci, et à son caractère originel. Au commencement était la volonté de vivre, c'est-à-dire la volonté de possession et de jouissance. Ne nous berçons pas de chimères : le don de soi, l'altruisme, l'amour oblatif ne sont pas innés ; ils ne peuvent être qu'une victoire que nous opérons sur nous-mêmes, une conquête héroïque et contre-nature. Dans la spontanéité de son élan vital, chacun de nous, si infime qu'il soit par comparaison à l'ensemble de l'humanité, se tient pour le centre du monde. Avant notre naissance, l'univers n'existait pas pour nous, et il s'évanouira tel un songe avec notre mort. Je suis pour moi l'unique réalité. Mon accomplissement, mon bonheur, mon plaisir, voilà à mes yeux la pierre de touche du bien et du mal. Tout le reste n'est rien.

Ces réflexions ne nous éloignent pas de Hic-et-Haec*: au contraire, elles nous plongent au cœur de l'œuvre de Mirabeau, car ce caractère férocement égoïste de la nature humaine, que les hypocrisies et les illusions de la vie sociale parviennent d'ordinaire à masquer, ne se dévoile jamais avec autant de franche impudeur que dans la soif des plaisirs sensuels. Le séducteur, le dragueur, est le parfait microcosme de la volonté égoïste de jouir, il incarne le désir dans sa primitive pureté. C'est cette absence de mensonge idéaliste que nous trouvons dans* Hic-et-Haec*, et c'est ce qui en fait le prix. La littérature érotique a une honnêteté dont nous pouvons légitimement préférer le cynisme à la menteuse sublimité des romans prétendus « d'amour ». Là, les personnages ne disent pas « Je t'aime », quand ils pensent « Je te désire »; là, ils ne murmurent pas « Je veux ton bonheur », quand ils songent « Je veux jouir ». L'enfant Éros est un dieu impitoyable, mais il est aussi un dieu véridique.*

Barrès, méditant sur le destin de Mirabeau, écrit: « C'est un transfuge. Est-il chassé? S'est-il évadé pour monter plus haut et plus seul? » Voici une bonne question, parce qu'elle est double, comme la vie, et la réponse, elle aussi, est double. Mirabeau a été un transfuge à la fois volontaire et involontaire; il s'est mis à l'écart, et il y a été mis par une société qui ne supportait pas ce qu'il avait de singulier, de supérieur, et pour laquelle être différent, c'était être coupable. Adolescent, j'avais recopié sur un petit carton, que je portais sur moi, ces lignes de Chateaubriand sur Mirabeau; elles m'aidaient à supporter la camisole de flammes qu'était alors ma vie dans le monde, et aujourd'hui encore je ne les relis pas sans une émotion extrême: « En sortant de notre dîner, on discutait des ennemis de Mirabeau: je me trouvais à côté de lui et n'avais pas prononcé un mot. Il me regarda en face avec ses yeux d'orgueil, de vice et de génie, et, m'appliquant sa main épatée sur l'épaule, il me dit: "Ils ne me pardonneront jamais ma supériorité!" Je sens encore l'impression de cette main, comme si Satan m'eût touché de sa griffe de feu. »

J'ai commencé avec l'archange Gabriel, je finis sur Satan, voilà qui est bien ambigu, et contradictoire, à l'instar de ce curieux titre, Hic-et-Haec (1), *mais Mirabeau, comme toutes les âmes profondes,*

(1) *Hic-et-Hec* dans l'édition originale de 1798.

était animé par la nostalgie de l'adolescent-jeune fille, nostalgie de l'androgyne ultime, nostalgie paradisiaque, et il savait que Gabriel et Méphistophélès, l'archange de la lumière et l'archange de l'ombre, ne sont que les faces, tantôt opposées, et tantôt mystérieusement confondues, d'un même Visage ineffable.

Gabriel MATZNEFF
été 1984

Je dois le jour à une distraction d'un R.P. jésuite d'Avignon qui, se promenant avec ma mère, blanchisseuse de la maison, quitta dans l'obscurité le sentier étroit qu'il parcourait d'ordinaire en faveur de la grande route qui lui était peu familière.

A peine avais-je six ans que sa tendresse paternelle me fit admettre par charité dans les basses classes ; j'y rendais tous les services qu'on pouvait attendre de mon âge, et grâce aux heureuses dispositions dont la nature m'avait doué, je profitai ; à douze ans, je fus balayer la troisième et faire les commissions du père Natophile, qui en était régent.

J'étais précoce en tout, ma taille était élancée et svelte ; mon visage rond et vermeil, mes cheveux châtain-brun et mes yeux noirs, grands et perçants, me faisaient paraître plus âgé que je n'étais : on me prenait pour un enfant de quatorze ans.

La bassesse de mon origine, la pauvreté de ma parure m'avaient éloigné de toute intimité avec mes camarades de classe, et par conséquent de la corruption, et je donnais tout mon temps à l'étude. Le régent, satisfait de mes progrès, me prit en gré, me chargea du soin d'arranger sa chambre, de faire son lit et de lui porter tout ce dont il avait besoin, et, pour ma récompense, il me donnait des leçons particulières après la classe, et me faisait lire dans sa chambre des auteurs qu'on n'explique pas en public.

Un jour, j'avais plus de treize ans alors, il me tenait entre ses jambes pour me suivre des yeux, dans l'explication de la satire de Pétrone ; son visage s'enflammait, ses yeux étincelaient, sa respiration était précipitée et syncopée ; je l'observais avec une inquiète curiosité qui, divisant mon attention, me fit faire une méprise.

— Comment, petit drôle ? me dit-il d'un ton qui me fit trembler, un sixième ne ferait pas une pareille faute ; vous allez avoir le fouet.

J'eus beau vouloir m'excuser et demander grâce, l'arrêt était prononcé ; il fallut bien me soumettre. Il s'arme d'une poignée de verges, me fait mettre culotte bas, me jette sur son lit, et de peur que je me dérobe au châtiment, il passe son bras gauche autour de mes reins, de façon que sa main empoigne un bijou dont encore j'ignorais l'usage quoique sa dureté momentanée, depuis plus d'un an, m'eût donné à penser.

— Allons, petit coquin, je vais vous apprendre à faire des solécismes !

Et il agite légèrement les verges sur mes jumelles, de manière à les chatouiller plutôt qu'à les blesser. La peur, ou le doux frottement de sa main, fit grossir ce qu'il tenait.

— Ah ! petit libertin, qu'est-ce que je sens là ? Ah ! vous en aurez d'importance...

Et il continuait la douce flagellation et ses attouchements, jusqu'à ce qu'enivré de volupté, un jet de nectar brûlant couronnât ses efforts et comblât ma félicité. Alors, jetant les verges :

— Ferez-vous plus d'attention une autre fois ?

— Ah ! je ne crois pas, mon père, il y a trop de plaisir à être corrigé de votre main.

— Tu me pardonnes ma colère ; eh bien, applique-toi ; quand tu feras bien, je te récompenserai comme je t'ai puni.

Je lui baisai la main avec transport, il m'embrassa et, passant ses mains sur mes jumelles, il me couvrit de baisers.

— Puisque tu es content de la correction, mon cher enfant, poursuivit-il, tu devrais bien récompenser mes soins de même.

— Je n'oserais jamais !... fouetter mon régent !

— Ose, il t'en prie, et, s'il le faut, il te l'ordonne.

J'allai en rougissant prendre les verges, il découvrit son postface ; à peine osais-je le toucher, il s'enrouait à me crier :

— Fort, plus fort ! on doit punir plus rigoureusement les fautes des maîtres que celles des écoliers.

Enfin, je m'enhardis, et, empoignant son sceptre comme il avait fait du mien, je le fustigeai si vertement qu'il versa des larmes de plaisir.

De ce moment, la confiance s'établit ; il prétexta un rhume qui le mettait dans la nécessité d'avoir quelqu'un auprès de lui, et il fit mettre mon lit dans un petit cabinet qui touchait le sien ; mais ce n'était que pour la forme, et, dès qu'il était couché, il m'appelait et j'allais dormir ou veiller dans ses bras. Il fut mon Socrate, je fus son Alcibiade ! Tour à tour agent et patient, il mit sa gloire à perfectionner mon éducation.

Ma quatorzième année finie, je possédais le grec, le latin, un commencement de logique et de philosophie, et je connaissais les premiers éléments de la théologie.

Mais pour approfondir cette prétendue science, qui tant de fois aiguisa les poignards du fanatisme, il fallait que je passasse dans d'autres mains, le père Natophile s'étant livré presque exclusivement à la belle littérature, et je fus obligé d'aller étudier sous le professeur Aconiti.

Je gardai néanmoins mon lit chez Natophile qui, sentant que pour faire mon chemin dans cette nouvelle carrière, je serais obligé d'avoir les mêmes complaisances pour Aconiti, le prévint en ma faveur et dressa lui-même les articles du traité de partage. Il fallait le consentement du supérieur pour mon admission au cours de théologie. Natophile me présenta chez lui, ma figure lui plut, et il fallut bien lui payer son droit.

Pendant l'année qui suivit, je passai les jours à l'étude et les nuits à mériter la faveur de mes professeurs. Mes progrès m'avaient fait un nom qui me promettait les plus brillants succès, quand arriva la catastrophe qui anéantit la société. Accablés par ce revers, Natophile et Aconiti prirent le parti de se retirer en Italie ; et le premier, pour ne pas me laisser sans ressource, me recommanda à Mme de Valbouillant pour me charger de l'éducation de son fils, âgé de sept ans, dont le professeur venait de mourir. Ma réputation, le témoignage de mes professeurs, me firent accepter malgré mon excessive jeunesse.

Mme de Valbouillant pouvait avoir vingt-quatre ans, les dents blanches, l'œil noir, le nez en l'air, les cheveux bruns et fournis, la peau superbe, la gorge et la croupe rebondies, et la main d'une beauté ravissante ; elle n'avait d'enfant que mon élève, et son mari depuis six mois était en Italie, à la suite d'une succession qui lui était échue. Natophile me conduisit chez elle, y fit porter mon attirail d'abbé et le petit trousseau que son amitié l'avait engagé à me donner.

Cette Dame me reçut avec une bienveillance attrayante et promit à Natophile de me traiter d'une façon à établir entre elle et moi la confiance réciproque qui devait assurer le succès de mes soins auprès de mon élève. Quand mon introducteur fut sorti, la Dame me regardant d'un œil fixe et animé, je baissai la vue et je rougis ; j'avais bien la force de soutenir les regards lascifs de mes instituteurs, mais ceux d'une femme riche, d'un rang distingué, dont ma fortune allait dépendre, m'en imposaient à un point que je ne puis exprimer.

— Que vois-je, dit-elle, vous rougissez ? Le père Natophile m'aurait-il trompée ? Vous avez bien les traits d'une jolie fille, vous en montrez la timidité, n'en auriez-vous pas le sexe ?

d'Honneur l'abbé, vous êtes un monstre.

Je rougis encore plus fort.

— Ah ! continua-t-elle en riant, je placerais là un joli gouverneur auprès de mon fils ; je veux m'en assurer.

Et, passant la main dans le jabot de ma chemise, elle eut l'air de chercher à découvrir par mon sein si je n'étais pas une fille ; le sien, que je voyais presque en entier, me mettait dans un état à détruire tous ses doutes ; je perdis ma timidité et, prenant son autre main, je l'appuyai sur la preuve palpable de son injustice.

— Ah ! dit-elle, que je m'étais trompée ! Pourquoi avoir une aussi jolie mine ? Ma méprise est bien excusable, mais si jeune... quelle grosseur ! D'honneur, l'abbé, vous êtes un monstre !

— Bien facile à apprivoiser, dis-je en me jetant à ses pieds, et je donnerais ma vie pour le bonheur de vous plaire.

— Ah ! que je m'en veux de mon erreur, sans elle il ne serait pas à mes pieds ; levez-vous donc, quelle audace !

— Non, madame, je n'en puis sortir que je n'aie obtenu mon pardon, et je l'obtiendrai si vous considérez l'empire de vos charmes ; et l'effet qu'ils font sur moi, j'en conviens, il est presque incroyable !...

Et ses yeux se fixaient sur l'insolent dont l'orgueil augmentait à vue d'œil ; il y a peu d'avocats aussi éloquents aux yeux d'une femme : je vis le succès du plaidoyer muet, et reprenant sa main, je la pressai contre l'orateur.

— Ah ! fripon, s'écria-t-elle en passant son autre bras autour de mon col.

Et serrant ma tête contre son sein, je sentis l'énergie de ce *« Ah ! fripon »*, et, profitant de la circonstance et de l'heureuse attitude, je fis tant des genoux et des mains qu'en quatre secondes tous les obstacles furent écartés, et l'union la plus intime couronna mes efforts ; ses yeux humides et demi fermés, son sein haletant, sa bouche collée contre la mienne ; forcés au silence par la volupté, nos langues trop occupées pour peindre nos plaisirs, nous restâmes plusieurs moments dans cette ivresse qu'on sent trop pour pouvoir l'exprimer. Son dernier [1] période combla mes vœux sans affaiblir nos désirs, et le front orné de myrtes, je ne me reposai point pour courir à une nouvelle victoire.

Mon athlète, charmé de sa défaite et de ma valeur obstinée, se livra avec transport à la nouvelle lutte qui, moins rapide et plus profondément sentie, nous plongea dans une mer de délices. Remis de notre trouble, nous couvrîmes réciproquement de baisers enflammés tous les charmes dont nous avions joui, et nous convînmes de la réserve la plus sévère devant le monde et les domestiques, et de l'abandon le plus parfait dans le tête-à-tête. Chaque jour me découvrait de nouveaux charmes dans ma conquête qui, s'attachant de plus en plus par la jouissance, m'aimait avec la tendresse d'une amante. L'appartement de mon élève communiquait au sien par sa garde-robe ; et le soir, quand tout le monde était endormi, je passais dans son alcôve chercher le délire dans ses bras, et je rentrais chez moi avant le point du jour. Nous jouissions sans trouble de cette félicité, quand de Valbouillant revint de son voyage, après avoir heureusement terminé ses affaires.

Je lui fus présenté ; je lui parus bien jeune pour un instituteur. Connaissant le tempérament de son épouse, il se douta bien qu'elle ne me laissait pas donner exclusivement tous mes soins à mon élève ; mais il n'était pas jaloux, et le séjour qu'il avait fait à Florence l'ayant accoutumé aux plaisirs socratiques, et ma figure le séduisant, il crut pouvoir faire servir la faiblesse de sa femme pour moi à s'assurer de mes complaisances. Il feignit le soir un mal de tête, s'excusa de coucher seul dans son appartement, lui disant, en l'embrassant tendrement, qu'il espérait s'en dédommager

(1) Période au masculin au sens d'apogée ou de paroxysme.

Choisis entre ces poignards.

quand cette indisposition imprévue ne le contrarierait plus. Elle me fit alors un signe que je compris à merveille. Quand je le crus retiré, je m'introduisis dans le lit de ma belle, et nous nous hâtâmes de profiter d'une occasion que nous craignions de ne pas retrouver de sitôt.

A peine étions-nous à l'atelier (1) que nous vîmes paraître de Valbouillant en chemise, un poignard à la main, qui, jetant la couverture et me saisissant de la main gauche, me dit :

— On ne m'outrage point impunément ; mais je suis humain, choisissez entre ces poignards, brandissant celui qu'il tenait et me montrant celui dont Jupiter frappait Ganymède.

L'amour de la vie ne rendit pas mon choix douteux ; je cédai à l'impérieuse circonstance, et Mme de Valbouillant, trop heureuse de s'en tirer à si bon marché, me retint assujetti dans la position où je me trouvais ; son mari devint le mien, et dans le fort de ses transports, il prodiguait mille baisers à sa femme, bénissant une infidélité qui lui procurait une aussi délicieuse jouissance.

— Tu me pardonnes donc ? lui dit-elle en l'embrassant.

— Comment rester fâché contre de si chers coupables ? Ce sein, dit-il en le baisant, et elle l'avait superbe, et ces jumelles, ajouta-t-il en frottant de la main l'autel où il venait de sacrifier, attendriraient un tigre ; de plus, je n'ai pas compté, connaissant ton tempérament, que tu pusses rester fidèle pendant une si longue absence. J'ai gagné dans mon voyage une bonne succession et des cornes. La première me fait plus de bien que les autres ne me feront de mal. Ne prêtons (2) point à rire, soyons discrets et jouissons sans scru-

---

(1) L'atelier ou la loge du lit. Mirabeau était franc-maçon.
(2) *N'apprêtons point* dans l'édition originale.

pule de tous les plaisirs que notre âge et notre fortune nous offrent ; évitons le scandale et moquons-nous du reste.

Mme de Valbouillant, enchantée de la manière dont son mari avalait la pilule, le comblait de caresses.

— Ah ! mon ami, que de bonté ! Non, jamais tu n'auras de reproche à me faire ! Je renonce.

— Tais-toi, point de serment, je n'y croirais point. J'exige ta confiance et non ta fidélité, ce serait demander l'impossible. Tiens, regarde notre abbé, comme il est radieux ; j'ai retardé ses plaisirs et les tiens, mais je ne veux pas vous en priver ; allons, Hic-et-Haec ([1]), reprenez votre besogne.

— La plaisanterie est trop amère, mon ami, quand tu vois mon repentir.

— Je ne plaisante point, j'ai donné à l'abbé ce que je te destinais, il est juste qu'il t'en dédommage ; les plaisirs que tu prendras devant moi ne peuvent m'offenser, puisque c'est de mon aveu, et que mes yeux jouiront par ce tableau.

Et tenant sa femme dans l'attitude la plus commode, il me pressa de me jeter dans ses bras. La singularité de tout ce qui venait de se passer me fit hésiter ; il insista, je cédai, et j'avoue que j'en mourais d'envie. Alors, nous serrant tous les deux dans ses bras, il nous couvrit de caresses ; sa femme, d'abord embarrassée, se rassura et, lui serrant la main, se livra sans réserve à mes transports, et parvint au but désiré en même temps que moi.

— Eh bien ! mes amis, dit-il, ne suis-je pas un mari bien complaisant ?

Des caresses furent notre réponse.

— Regarde, dit-il à sa femme, l'effet du spectacle que vous venez de me donner...

(1) L'abbé ayant été en même temps « celui-ci » de Madame et « celle-ci » de Monsieur, le voici désormais surnommé Hic-et-Haec. (Hic-et-Hec dans l'édition originale.)

Et il lui découvrit son sceptre dans l'état le plus respectable.

— Qu'il est menaçant ! s'écria-t-elle ; allons, mon pauvre Hic-et-Haec, résignez-vous, vous allez encore être poignardé.

— Non, madame, c'est sur vous que cette fois ma fureur va tomber ; si, par hasard, dans neuf mois vous me rendez père, je ne veux pas avoir de certitude que l'enfant n'est pas de moi.

En disant ces mots, il use de ses droits et s'empare de la place dont je venais de sortir.

De Valbouillant était bien fait, il avait à peine trente ans, son corps frais et rebondi était d'une blancheur éblouissante ; la vue de son postface me rendit ma vigueur. Je me précipitai sur lui, je m'introduisis sans peine, et mes mouvements secondant ses efforts le faisaient pénétrer plus avant dans la grotte ardente de son épouse.

— Ah ! cher abbé, s'écria-t-il, quel plaisir, tu doubles ma jouissance !

Je continuai avec ardeur, et bientôt une triple émission couronna notre félicité. Alors, plus calme, il me baisa avec une tendre fureur pour me payer des délices que je lui avais fait éprouver.

— Vous m'étonnez, dit sa femme, je pensais bien qu'en socratisant l'agent goûtait un plaisir vif par la pression qu'il éprouve dans la voie étroite ; mais je ne puis concevoir que le patient en puisse ressentir : au contraire la grosseur de ce qu'il admet doit lui causer une sorte de douleur qui doit émousser toute volupté.

— Ah ! ma chère, que vous êtes dans l'erreur, le rôle de patient est au moins aussi doux à jouer que celui d'agent, le chatouillement intérieur est ravissant, et j'ai vu des femmes qui préféraient de recevoir leur ami de ce côté-là.

— Cela est singulier, et pourquoi ne me l'avoir pas fait essayer ? Je n'osais te le proposer, et sans les événements d'aujourd'hui je ne t'en aurais peut-être jamais parlé.

— Je serais bien tentée d'en faire l'épreuve, si je ne craignais pas que cela me fît beaucoup de mal.

— Nous l'avons bien supporté, votre mari et moi, presque dans l'enfance ; avec un peu de pommade les obstacles disparaissent.

— Vous m'encouragez ; cependant comment est-il possible que ceci (touchant le sceptre de son mari) puisse entrer dans un si petit réduit ?

— Mon cœur, il faut choisir, pour commencer le défrichement, la charrue dont le soc sera le plus aigu.

A l'examen, les proportions du mien parurent plus propres pour entamer l'ouvrage, et après quelques moments de repos, mes forces s'étant ranimées, de Valbouillant resta dans le lit, nous nous levâmes sa femme et moi ; je lui fis courber le corps sur le lit, son mari la retint, unissant sa bouche à la sienne et l'animant par des baisers à la florentine ; cependant sa croupe s'élevant me présentait un double chemin au bonheur ; je choisis celui convenu, après avoir préparé la voie par un liniment suffisant ; la grosseur du soc lui fit d'abord faire un cri ; je m'arrêtai et, poussant avec ménagement, quelques secondes après j'ouvris le sillon assez pour y cacher la moitié du fer de la charrue. Je m'arrêtai encore :

— Souffrez-vous ? lui dis-je.

— Encore un peu, mais moins.

Alors, appuyant sur les manchons, je fis le défrichement aussi profond qu'il devait l'être, allant et venant, comme l'exige ce genre d'agriculture.

— Ah ! Dieu, s'écria-t-elle ; je ne sais où j'en suis, la tête me tourne, je brûle ; ah ! quelle volupté, je fonds, ah... ah... je succombe... je pars encore... quartier, mon cher ami... je n'en puis plus...

Me sentant aussi tout hors de moi, je retirai mon soc du sillon où il était, je l'enfonçai profondément dans le voisin que je trouvai inondé d'un déluge de larmes de volupté ; les miennes s'y mêlèrent et nous nous rejetâmes sur le lit dans cet abattement délicieux, qui succède aux désirs satisfaits.

— Ah ! mes amis, s'écriait Mme de Valbouillant, se peut-il que j'aie vécu jusqu'à présent dans l'ignorance d'un bonheur aussi grand ? bon Dieu, quelle félicité, quelle douceur ineffable !

De Valbouillant, qu'elle caressait en tenant ce discours, lui proposa de lui faire répéter l'expérience dont elle s'était si bien trouvée.

— De bon cœur, quand j'aurai pris quelques moments de repos. Mais laissez-moi respirer quelques instants, et me recueillir sur une jouissance aussi parfaite et aussi nouvelle pour moi.

Elle s'assoupit un moment, la tête appuyée sur mon sein ; je m'endormis aussi, une main sur ses reins et l'autre enveloppant un côté de son sein. De Valbouillant suivit notre exemple. Nous dormîmes près de deux heures. Un songe intéressant occupait notre belle, elle agitait ses reins et m'embrassait avec un transport qui me réveilla tout à coup. De Valbouillant ouvrit aussi les yeux.

— C'est, dit-il, à mon tour de lui faire la seconde expérience socratique.

— D'accord, répondis-je, mais, si vous m'en croyez, nous pouvons doubler pour elle la volupté.

— Comment ?

— Je vais me coucher sur le dos et l'établir sur moi tout physiquement, et vous vous installerez ensuite dans la voie étroite.

Tous deux applaudirent à mon idée, et nous nous mîmes sans délai à la réaliser.

Je mis un coussin sous mes reins pour les élever davantage, mon héroïne se mit à cheval sur moi, enfonçant mon poignard dans sa blessure et collant sa poitrine sur la mienne, de façon qu'elle offrait dans la position la plus avantageuse le revers à son second athlète. Il ne tarda pas à battre la muraille avec son bélier, qui bientôt s'y fit jour. Enivrée de plaisir, elle me mordait, me pinçait, me baisait, m'inondait et par-dessus m'étouffait. Quelle volupté que j'éprouvasse, je commençais à me repentir de mon invention quand, par bonheur, de Valbouillant, dont le frottement de nos chevilles ouvrières sur la mince membrane qui nous séparait accélérait le triomphe, arrosa l'intérieur de l'arrière-temple, et me débarrassa de son poids ; alors je redoublai mes mouvements et, dardant le nectar dans le plus profond de l'antre de la volupté, l'âme de ma belle et la mienne se confondirent quelques moments. Elle avoua que, de sa vie, elle n'avait conçu l'idée d'un plaisir aussi ravissant. Elle nous pressait sur son sein, son mari et moi, et gémissait de ce que la nature humaine accordait si peu de force pour savourer et prolonger la volupté. Ce dernier combat ayant totalement épuisé nos ressources, nous nous retirâmes pour la laisser chercher, dans les bras du sommeil, le repos que nous fûmes, de notre côté, prendre chacun dans nos lits.

Le lendemain, je fus réveillé à onze heures par la jeune Babet, filleule de Mme de Valbouillant, qui vint me dire qu'elle m'attendait pour déjeuner avec du chocolat, et que je vinsse dans l'état où je serais.

Comme j'aurai occasion de reparler de Babet, pendant qu'elle est dans ma chambre, j'en vais crayonner le portrait. Elle avait à peine quatorze ans, sa taille haute et légère aurait pu servir de modèle à l'Albane pour peindre la plus jeune des Grâces, un sein petit et dur commençait à s'arrondir autour de deux boutonnets vermeils et frais comme la rose, et qui paraissaient à l'œil comme deux fraises appétissantes que le soleil n'a fait encore que rougir légèrement ; son front brillait du coloris de l'innocence, dans ses yeux on commençait d'entrevoir le plaisir d'aimer encore méconnu, et la naïve gaieté entrouvrant sa bouche de corail allait creuser dans ses joues deux fossettes charmantes.

Je l'avais peu remarquée jusqu'alors. Malgré les fatigues de la nuit, le démon du matin ne me laissa pas maître de voir sans émotion tant de charmes. Je me fis répéter trois fois le sujet de sa commission, quoique je l'eusse très bien entendu dès la première.

— Est-ce vous, charmante Babet, lui dis-je en jetant ma couverture pour me lever et me rendre aux ordres de sa maîtresse, est-ce vous qui préparez cet excellent chocolat ?

— Oui, monsieur, c'est moi.

— Que je voudrais bien être à sa place, comme je mousserais bien sous vos mains.

— Un abbé, mousser, cela serait plaisant.

— Et très naturel.

— Vous moquez-vous ? Comment cela se peut-il ?

— Tu vas le voir, lui dis-je en l'attirant sur mon lit, suppose que ceci est le manche du moussoir.

— Ah ! comme c'est fait ; mais non, je veux m'en aller...

Et, feignant de vouloir sortir et de détourner la tête, je l'aperçus cependant qui glissait un regard de côté pour mieux détailler cet objet nouveau pour elle.

— On ne me quitte pas ainsi, repris-je en la retenant avec un tel effort qu'elle perdit l'équilibre et tomba de côté sur mon lit, de telle sorte que, voulant se retenir, ce fut directement au manche du moussoir que sa main s'accrocha. Me trouvant bien du hasard de la chute, je la maintins dans cette attitude.

— Ah ! mon Dieu, que cela est dur, dit-elle en s'accoutumant à le considérer et le touchant avec complaisance, à quoi cela peut-il servir ?

— A faire ton bonheur et le mien.

— Cela serait drôle, et comment cela ?

— En le plaçant dans l'ouverture de ta chocolatière.

— Elle est chez Madame, au coin du feu, je vais vous la chercher.

— Ne te donne pas tant de peine, tu portes toujours

avec toi celle qu'il me faut. Et glissant ma main sous sa jupe, je lui fis sentir par l'attouchement d'un doigt caressant quel était le meuble qu'il me fallait.

— Comme vous me chatouillez l'...

— Comment ? Quoi donc ?... Ils sont faits l'un pour l'autre, et c'est de leur union que naîtrait pour nous le plus grand des plaisirs.

— Ah ! comme votre doigt seulement m'en donne, ah ! que cela est drôle ! Et vous dites que ce que je tiens là m'en donnerait davantage.

— Je t'en réponds, cela ne se ressemble pas.

— Que je le baise donc ?

Et la pauvre ingénue se mit à me le couvrir de baisers pendant que mon doigt, continuant son office obligeant, la conduisait au dernier période de volupté.

— Ah !... ah !... quelle ivresse, s'écria-t-elle en roulant les yeux et agitant les reins, je n'en puis plus... je meurs, ah !... ah !... je suis toute mouillée.

Je contemplais avec un délice incroyable les progrès de la volupté sur sa mine innocente et candide. J'allais essayer de lui donner des plaisirs plus solides, quand du bruit que nous entendîmes dans le corridor me fit lâcher prise et remettre à un autre temps la leçon de cette charmante écolière.

— A ce soir, lui dis-je, quand tout le monde sera couché, j'irai achever de t'instruire. Tu le veux bien ?

— Si je le veux ! Je vous en prie.

— Ne dis rien à personne de ce que nous avons fait, et laisse cette nuit ta porte entrouverte.

— Je n'y manquerai pas.

A peine était-elle sortie que de Valbouillant entra.

— Comment, pas encore debout, paresseux !... Voilà ce que c'est que de vous envoyer de si jeunes émissaires, monsieur songe moins au message qu'à la messagère.

— Je dormais profondément, Babet a eu de la peine à me réveiller.

— Elle vous tenait pourtant par l'endroit sensible.
— Que dites-vous ?
— Mais vous n'étiez pas ingrat.
— Quoi ! vous pourriez penser ?
— J'ai tout vu, fripon, mais je me suis retiré pour ne pas être un trouble-fête, et j'ai fait ensuite assez de bruit, en revenant, pour que vous ne fussiez pas surpris de ma venue. La petite Babet est charmante, j'en raffole depuis mon retour, et je ne vous laisserai pousser tranquillement votre pointe qu'à condition que quand vous l'aurez initiée, elle sera associée à nos plaisirs.
— Soit, repris-je, laissez-moi huit jours pour la disposer et je vous la donne après pour l'effet de société le plus aimable.
— Huit jours ! ah ! Monsieur l'abbé, du train où vous y allez, le terme est trop long. La nuit prochaine, passe ! celle d'après il vous plaira que tout soit commun entre nous. Il fallut bien y consentir.

Pendant ce colloque, j'avais passé des bas, un caleçon et une robe de chambre, et il m'emmena chez sa femme, où nous trouvâmes le chocolat tout préparé, qui nous fut versé par les mains de Babet qui, sans savoir pourquoi, rougissait en emplissant ma tasse.

De Valbouillant lui donna quelque ordre qui la fit sortir pour un demi-quart d'heure, et, profitant de son absence, il conta à sa femme ce qu'il avait surpris de mes arrangements avec sa filleule.

— Comment, libertin, dit-elle, déjà une infidélité !... Mais je ne serai pas si douce que mon mari : ou je dérange vos projets, ou je repaîtrai mes yeux de vos succès.
— Comment voulez-vous qu'une première fois cette jeune personne consentît ?
— Laissez-moi faire, dit-elle, elle est parfaitement innocente, a pleine confiance en moi, et si les exploits de cette nuit n'ont pas mis l'abbé hors de combat...

— Hors de combat ? repris-je en lui faisant voir que j'étais dans toute ma gloire.

— Ah ! ma foi, l'abbé est un héros. Eh bien, j'entends que le pucelage de Babet n'ait pas plus d'une heure à vivre et que nous assistions à ses obsèques. J'en fais mon affaire.

— Comment prétendez-vous ?...

— Ne vous embarrassez pas, laissez-moi conduire la chose et je réponds de la réussite.

Quelques moments après, Babet rentra.

— Qu'on dise là-bas que nous sommes sortis et qu'on ne laisse monter personne, dit la marquise d'un ton sérieux mais sans dureté ; revenez aussitôt, Babet, j'ai des choses importantes à vous apprendre.

La filleule obéit et rentra.

— Asseyez-vous, Babet, continua Mme de Valbouillant.

L'innocente balançait.

— Obéissez.

Elle céda.

— Je suis votre marraine et trop instruite dans ma religion pour ignorer qu'en vous tenant sur les fonds j'ai pris l'engagement de vous éclairer, de vous protéger et de pourvoir tant que je pourrai à vos besoins.

— Vous l'avez toujours fait, madame, et ma reconnaissance...

— Je veux continuer, l'âge en amène de nouveaux. Depuis un temps, j'ai cru remarquer que votre sein s'arrondit.

— Madame, ce n'est pas ma faute.

— Je ne vous fais pas de reproche, mais il faut que je voie en quel état il est.

La pauvrette rougit.

— L'abbé, continua Mme de Valbouillant, délacez son corset ; comme vous serez son directeur, il est bon que vous jugiez par vous-même des secours dont elle peut avoir besoin.

Je me mis en devoir d'obéir. La petite, embarrassée, interdite, ne savait s'il fallait céder ou résister.

— Vous n'êtes plus une enfant, poursuivit la marraine, je vais à présent vous parler comme à une grande fille, et vous devez vous conduire de même ; vous n'imaginez pas, je crois, que je voulusse faire, ni vous faire faire, quelque chose qui ne fût pas convenable. D'ailleurs, la présence de mon mari devrait vous rassurer. Mais pour détruire votre timidité je veux bien vous montrer l'exemple.

En disant cela, elle détache son fichu elle-même et découvre cette gorge rebondie que nous avions tant fêtée la nuit. Babet alors fit moins de résistance et me laissa tirer de son corset ses deux globes naissants, blancs et fermes comme l'albâtre. Je fus ébloui de leur éclat.

— Bon, dit la dame en les touchant légèrement, ceci annonce quelque chose, voyez si le reste le confirme. Vous étiez chauve, il y a quelques années, au-dessous de votre buste. L'êtes-vous encore ?

— Madame...

— Eh bien ?

— C'est que je n'ose.

— Dites, dites, ne craignez rien...

— Depuis six mois...

— Après ?

— Il m'est venu...

— Voyons.

— Il est peut-être malhonnête.

— Bon, ce qui est naturel peut-il l'être ? Regardez-y l'abbé... Babet, au mouvement que je fis, parut bien plus confuse et résista machinalement.

— Quelle enfance, continua la maîtresse, faut-il encore que je vous donne l'exemple ? J'y consens.

Et elle leva ses jupes, et nous découvrit la toison la plus brune, la mieux frisée qu'on pût voir. Alors, imitateur fidèle, j'exposai à la vue le duvet naissant qui ombrageait le portique du plus joli temple que l'amour ait jamais formé. Mme de Valbouillant y porta le doigt, et son chatouillement y ayant causé les douces oscillations qui conduisent à la volupté :

— Le moment du besoin est arrivé et, pour y pourvoir, c'est, ma chère enfant, de l'abbé que j'ai fait choix. Allons, Hic-et-Haec, conduisez-la sur ma chaise longue et donnez-lui tous les secours qui dépendront de vous.

De Valbouillant et moi brûlions de désir à la vue de tant de charmes ; la petite n'était pas plus calme, mais la présence de sa marraine et de Valbouillant la couvrait de rougeur et de confusion. Mme de Valbouillant, pour tirer parti de la circonstance, prenant son mari par ce qui se révoltait en lui :

— Montrons à cette enfant, dit-elle, comment il faut qu'elle fasse. Et, par cet exemple, elle détermina bientôt l'innocente, que je plaçai dans l'attitude convenable au sacrifice.

— Ah ! mon cher abbé, me dit-elle en se plaçant comme je voulais sur la chaise longue, qui m'eût dit ce matin que, sans risquer d'être grondée, je pourrais vous abandonner ce que vous chatouillez si joliment et toucher ce qui, dites-vous, doit me donner tant de plaisirs ! Ce que c'est que d'avoir une bonne marraine !

Pendant qu'elle disait tout cela, je m'établissais, et la pointe de mon dard s'efforçait de pénétrer dans le réduit jusqu'alors insensible, dont la pudeur défend l'accès à la volupté. Le spectacle de Mme de Valbouillant qui, dans ce moment, se pâmait sous les efforts de son mari, irritant ses désirs, l'empêchait de s'opposer aux miens, quelques douleurs que lui causassent mes efforts. Je profitai de ce moment d'ivresse et, passant mes mains autour de ses reins, j'appuyai si vertement que, franchissant tous les obstacles, j'établis la tête de ma colonne dans le retranchement de l'ennemi, qui céda à mon effort.

— Ah ! je suis morte, dit-elle, cruel ! Est-ce là les plaisirs que vous me promettiez ?

Je ne lâchai pas prise.

— Le plus fort est fait, répondis-je, encore un peu de patience, ma chère Babet, et tu verras que je ne t'ai point trompée.

Elle pleurait, gémissait, et moi je gagnais toujours du terrain. Cependant, de Valbouillant et sa femme ayant fini leur besogne vinrent à notre secours ; l'officieuse marraine glissant sa main dans le champ de bataille chatouilla cette voluptueuse excroissance qui, par sa dureté, annonce l'arrivée de la volupté, et les lèvres de Valbouillant, serrant amoureusement une des fraises de son sein, portèrent son ivresse au comble. Elle oublia sa douleur, que le frottement affaiblissait.

— Ah ! dieux ! s'écria-t-elle, qu'est-ce que je sens ?... qu'est-ce que j'éprouve ?... ah !... ah ! je me meurs... serre-moi... j'expire... ah !...

A ce mot elle ferme les yeux, se roidit et, par la plus copieuse éjaculation, me prouve le plaisir qu'elle prenait ; je ne fus pas longtemps à m'acquitter, et l'abondante injection que je fis en elle du baume de vie compléta sa félicité.

— Ah ! cher abbé, divin abbé, quel délice, quel nectar !...

Et elle perdit de nouveau la voix en même temps que je perdais mes forces. Je me retirai couronné de myrtes ensanglantés.

— Eh bien, dit la marraine, comment t'en trouves-tu, Babet ?...

— Il m'a fait bien mal, mais bien du plaisir.

— Va, le mal est passé et le plaisir se renouvellera souvent. La friponne ! avec quelle abondance elle a versé les larmes de la volupté !

Et, sous prétexte de réparer le désordre que l'événement avait causé dans sa toilette, elle la déshabilla totalement et nous fit voir un corps dont Hébé aurait été jalouse. Aux caresses que Mme de Valbouillant prodiguait à chacun des charmes de sa filleule à mesure qu'elle les découvrait, je reconnus aisément que, quelque goût qu'elle eût pour le solide, elle pouvait, voluptueuse émule de Sapho, savourer avec une jolie nymphe les agréables dédommagements dont la Lesbienne usait en l'absence de Phaon (1). Je voyais son front s'animer, sa gorge se gonfler et ses yeux pétiller à mesure que ses mains parcouraient les charmants contours de ce corps pétri par les Grâces.

— Qu'elle est jolie, quelle taille divine, quelle fraîcheur ! s'écria-t-elle en la serrant contre son sein ; je brûle... Ah ! ma mignonne, prête-moi ta main...

Et l'entraînant sur la duchesse, elle ranima en elle tous les désirs pendant que Babet, d'une main peu exercée, fourrageait le bosquet de Vénus.

— Suspendez ces transports, leur dis-je, vos vêtements sont un obstacle aux plaisirs que vous cherchez et à ceux de nos yeux ; dépouillez ces cruelles draperies qui contrarient vos attouchements et nos regards.

Elle y consentit et, avec mon aide, elle parut en deux secondes comme Diane en sortant du bain ; et se précipitant de nouveau sur sa jeune proie, elle passa une jambe entre les siennes, de façon que les temples des deux athlètes frottassent voluptueusement sur la cuisse de leur adversaire ; leurs bras étaient entrelacés, leurs seins se touchaient, leurs bouches collées l'une sur l'autre s'entrouvraient pour laisser passage à l'organe de la parole qui devenait celui de la volupté, leurs reins s'agitaient, leurs cheveux flottaient çà et là sur leur corps dont le mouvement animait le coloris ; des soupirs enflammés se faisaient entendre, on eût dit Vénus se consolant dans les bras d'Euphrosine (2) de

(1) Héros de l'île de Lesbos ayant dédaigné l'amour de Sapho.

(2) S'écrit aujourd'hui *Euphrosyne,* une des trois Grâces, dont Mirabeau fait état dans *Ma conversion,* nom à partir duquel il a sans doute créé celui du personnage d'Euphrosie.

l'absence de Mars. Tout à coup elles s'arrêtèrent, cinq ou six mouvements convulsifs et précipités nous annoncèrent qu'elles touchaient au but, et bientôt nous vîmes les perles du plaisir couler sur le champ de bataille.

— Ah ! ma chère marraine, ah ! mon cher abbé, quel bonheur de ne plus être enfant.

Après cette exclamation et quelques caresses que la fatigue rendait plus modérées, nos belles allaient reprendre leurs habits quand de Valbouillant, que cette scène avait rendu plus brillant que jamais :

— Quoi ! dit-il, serai-je le seul qui n'aurait procuré aucun plaisir à cette charmante enfant ? Non pas, s'il vous plaît.

Et la serrant dans ses bras, il la renversa de nouveau sur le théâtre qu'elle allait quitter.

— Je ne puis le blâmer, reprit sa femme, jamais objet ne fut plus séduisant. Mais nous, resterons-nous spectateurs oisifs ?

— Non, ma reine, non, permettez d'abord que ma bouche recueille le nectar que vous venez de répandre, pour faire place à celui que je veux y verser.

Elle y consentit, et ma langue amoureuse furetant les recoins du parvis du temple, en savourant cette liqueur divine, ralluma ses désirs et les miens. Alors, l'entraînant sur moi à l'instant qu'elle introduisait le véritable dans la route ordinaire, j'insinuai mon doigt suffisamment mouillé dans le petit voisin et, doublant ainsi ses sensations, nous arrivâmes ensemble au but désiré, à l'instant que de Valbouillant perdait ses forces à côté de nous sur le sein de la jeune Babet. Nos soupirs se confondirent, nous restâmes quelques moments immobiles et considérant d'un œil calme et satisfait la beauté des corps qui nous touchaient. La Dame rompit le silence qui succéda à la jouissance par ces mots :

— Ah ! Valbouillant, qu'est-ce que le mariage au prix des délices que nous goûtons.

— Ah ! ma chère, reprit-il en embrassant Babet, elle, moi successivement, je ne puis trop remercier l'abbé de m'avoir fait cocu.

Nous aidâmes nos belles à se rhabiller ; la toilette fut plus gaie que décente, et nous nous séparâmes après avoir bien recommandé le secret le plus profond à Babet sur tout ce qui venait de se passer. La pauvre petite avait pris tant de plaisir que, sans cette recommandation et la menace de n'en plus goûter de pareil, elle aurait indubitablement été en faire le récit à ses jeunes compagnes ; mais la crainte de la privation contint sa langue. Quand j'eus donné ma leçon à mon élève, je le ramenai dîner avec ses parents ; il y avait plusieurs étrangers qui parurent surpris à ma jeunesse qu'on m'eût choisi pour instituteur.

— Il a reçu une parfaite éducation, dit de Valbouillant, il est extrêmement instruit et nous nous trouvons très bien, Madame et moi, de la confiance que nous avons mise en lui ; sa jeunesse ne nous fait point de peine.

Cette réponse fit cesser les observations. J'eus l'occasion de déployer un peu d'érudition et de développer des connaissances en littérature et, avant la fin du repas, les convives, charmés de mon goût, de la modestie et du ton de vertu qui régnait dans tous mes propos devinrent mes partisans aussi zélés qu'ils avaient d'abord été prévenus contre moi.

Quand tout le monde se fut retiré, nous fîmes un tour de promenade ; nous soupâmes et, notre élève étant couché, nous rentrâmes chez Mme de Valbouillant avec la jeune Babet qui, depuis la scène de ce matin, devait se trouver dorénavant à tous nos plaisirs. Les travaux de la nuit et de la matinée précédentes nous avaient rendu un peu plus modérés sur l'article des désirs. De Valbouillant me demanda comment, si jeune, je pouvais avoir si bien approfondi les diverses ressources de la volupté. Je lui répondis par le récit de ce qui s'était passé entre le père Natophile et moi.

— Comment, s'écrièrent à la fois mes trois auditeurs, des coups de verges ont allumé vos premiers désirs ?

— Oui, certes, et à tel point que je ne pouvais plus tenir contre leur vivacité.

— C'est un phénomène.

— Phénomène qui ne manque jamais d'arriver et, dans l'état où nous sommes tous à présent, il ne manquerait sûrement pas son effet.

— Vous plaisantez, l'abbé ?

— Non, madame ? Vous voyez mon humiliation.

— Fi donc, Hic-et-Haec, cachez cette misère.

— Eh bien, madame, le secours d'un balai de bouleau, en moins de deux minutes, lui rendrait toute sa gloire.

— Croyez-vous que cela fît le même effet sur mon mari ?

— J'en suis certain.

— Si nous en faisions l'épreuve ?

— Volontiers, dîmes-nous ensemble, de Valbouillant et moi.

Et Babet en fut chercher un qu'on avait apporté tout frais dans la soirée ; je le partageai en plusieurs poignées ; j'armai de la plus menaçante la main de Mme de Valbouillant et, découvrant mon postface :

— Je me livre à vos coups, lui dis-je ; commencez à demi-force et frappez après aussi fort que vous voudrez, et vous verrez.

Elle se mit à la besogne, mais la crainte de me blesser amortissait ses coups, au point qu'à peine en sentais-je l'atteinte.

— Plus fort ! m'écriai-je, plus fort !

Mais elle n'osait. L'espiègle Babet, lui ôtant le sceptre des mains :

— Laissez-moi faire, dit-elle, il me dira bientôt assez.

Et d'un bras vigoureux m'appliquant plusieurs coups précipités, les esprits se portèrent dans les pays bas, et je parus bientôt dans l'état le plus superbe. Mme de Valbouillant sauta dessus ma gloire, la pressa entre ses lèvres caressantes, et, d'une langue amoureuse en chatouillant le contour, me causa un plaisir si vif que, m'éloignant de la correctrice qui s'attacha alors à de Valbouillant, je conduisis la dame sur la chaise longue et, mettant mes pieds sous sa tête et ma bouche sur son temple, je pompai avec ma langue le nectar du plaisir, pendant que sa bouche me sollicitait à la volupté. Nous savourâmes quelques minutes les délices de cette attitude, qui nous procura bientôt une émission réciproque du baume précieux, sans lequel la Providence trahie cesserait de voir les espèces se reproduire ; nous le bûmes l'un et l'autre avec une ivresse qu'on ne peut exprimer. Revenus de notre trouble, nous vîmes de Valbouillant, sur qui la fustigation avait fait l'effet désiré, soutenant sur ses mains les jumelles de la jeune Babet qui, les bras autour de son col, les jambes croisées sur ses reins, perforée par sa vigoureuse allumelle, touchait au moment du bonheur dont nous sortions. De Valbouillant, sentant l'approche du moment où il allait perdre ses forces, la porta dans la même attitude sur le pied du lit, l'y renversa, et presque aussitôt nous jugeâmes par leurs soupirs de la fin de leur sacrifice. Je m'approchai de Babet et lui demandai comment elle se trouvait des lumières que nous lui avions procurées depuis deux jours.

— Je végétais, j'existe, me répondit-elle. Adieu tous autres soins, tous autres plaisirs ; je voudrais pouvoir doubler chaque jour la durée du temps et en employer chaque minute à répéter les charmantes leçons que j'ai reçues.

— Parle-nous franc, lui dit sa marraine, n'avais-tu jamais rien soupçonné qui en approchât ?

— J'avais, depuis un an, senti quelques démangeaisons là ; je le dis à ma tante pour savoir si de me gratter, comme j'avais fait, ne me ferait pas de mal. « C'est, m'a-t-elle répondu, à ton âme que cela en ferait ; si tu continues, tu te damnes sans ressource. » Et comme nous approchions de Noël, elle en avertit le père Tatonet, le carme, qui me confessait. Quand j'allai pour lui dire ma râtelée, il m'ordonna d'attendre, qu'il me confesserait la dernière, et que ce serait dans une petite chapelle derrière la sacristie, dont il avait la clef. En effet, il m'y conduisit quand il fut quitte de ses autres pénitentes. Je commençai par les misères, comme cela se pratique; puis, comme il voyait que j'hésitais, il me questionna sur le sixième commandement. C'est à cet examen que je dois le peu de lumières que j'avais jusqu'au moment où vous m'avez instruite. Quand je lui eus avoué l'article des démangeaisons et du grattement: « A quel endroit est-ce précisément », demanda-t-il avec des yeux qui semblaient vouloir me dévorer. Hélas! lui répondis-je, c'est là, un peu plus bas que mon busc. « C'est sûrement, dit-il, un tour de l'esprit malin; mais je vais lui en jouer un autre. J'ai de l'eau lustrale dans ce bénitier. » Il y mouilla son doigt et, me faisant asseoir sur son genou, sous prétexte de me purifier il me chatouilla pendant que, par son ordre, je récitais mon chapelet. Je n'étais pas au milieu de la seconde dizaine que la voix me manqua; je pris le plaisir que je ressentis pour une bénédiction attachée à l'eau bénite. Il me dit de me mettre à genoux et d'achever ma confession. J'aperçus sous sa robe quelque chose qui poussait, et auquel il donnait avec sa main de fréquentes secousses; et l'instant d'après, retirant cette main pour me donner l'absolution, je la vis couverte d'une écume blanche et visqueuse dont une goutte tomba sur ma main. Je n'osai lui demander ce que c'était. Il me défendit de jamais mettre ma main là, m'ordonna de me donner tous les jours, pendant la neuvaine, la discipline avec un meuble de ce nom, en cordes nouées, qu'il me remit, et de réciter pendant que je me fesserais cinq *Pater* et cinq *Ave,* et de revenir à confesse au bout de ce temps, qu'il commencerait l'exorcisme. Vous savez à quel point va le zèle de la religion quand on est jeune; je doublai la pénitence qu'il m'avait imposée et je me fouettais aussi fort que je pouvais le supporter ; la douleur, à mesure que je m'y accoutumais, se changeait en plaisir, et je sentais mes feux souterrains augmenter à chaque coup de discipline, mais je n'osais plus y porter le doigt. La neuvaine finie, je retournai chez mon cafard qui, après ma confession entendue, toujours dans la chapelle solitaire, me dit : « Le démon est plus tenace que je n'aurais cru ; ce n'est pas assez du doigt pour le chasser, je vois qu'il faut tout le goupillon. » Et, me faisant mettre à genoux et baiser la terre, et m'ordonnant de réciter le psaume *Miserere* sans changer de position, il voulut y introduire son énorme goupillon. Mais la douleur fut si vive que, faisant un cri aigu, je me jetai de côté, et mon cafard ayant perdu mon point d'appui alla mesurer le pavé avec son nez. Entendant du bruit dans la sacristie, il se releva, me disant que puisque je ne pouvais souffrir un petit mal pour l'amour de Dieu, il perdait l'espérance de me soustraire au démon, que je revinsse cependant dans l'octave et qu'il me confesserait dans sa cellule. Ma tante, surprise de mes fréquentes confessions, me questionna ; je lui contai naïvement tout ce qui s'était passé ; elle me défendit de retourner chez mon carme, et mon ignorance durerait encore sans les soins que vous avez pris de mon instruction.

Le récit de Babet nous fournit des réflexions sur la papelardise des moines et des directeurs.

— Comment se peut-il, dit sa marraine, que la discipline ne te blessât point ? Il me semble que cela doit faire un mal affreux.

— Oui, madame, les premiers coups, mais en les donnant doucement d'abord, rien ne cause un feu plus vif, et les derniers, quelque forts qu'ils puissent être, nous causent un plaisir si grand qu'il m'est arrivé quelquefois de répandre en me flagellant des larmes aussi abondantes par là que Monsieur (1) vient de m'en faire verser.

(1) *Madame* dans l'édition originale, ce qui est certainement une erreur.

— As-tu là ta discipline ?

— Elle est dans ma chambre, vous allez l'avoir tout de suite.

Elle sortit et, pendant son absence, nous ne tarîmes point sur son éloge ; jamais personne n'avait montré de plus heureuses dispositions pour tout genre de volupté. Elle rentra tenant en main le dévot instrument.

— Comment fait-on ? dit la marraine.

La petite, à ces mots, se déshabille entièrement et se met à se discipliner d'importance. Ses fesses rougies excitèrent la pitié de la Dame qui la priait de cesser, quand celle-ci lui dit :

— Touchez, madame, où vous savez, vous verrez si je souffre. Elle le fit et, dans l'instant, une copieuse libation se répandit sur sa main.

— Ah ! dit-elle, quel déluge, si jeune !... Je veux essayer de ta recette.

Elle se dépouilla dans l'instant et, prenant la discipline, les premiers coups, quoique légers, lui faisaient faire la grimace.

— Laissez-moi faire, dit Babet ; quand avec les verges j'aurai doucement échauffé ce beau derrière vous verrez que vous ne souffrirez plus.

Elle y consentit, et bientôt elle disait elle-même à sa filleule de frapper plus fort, et un instant après :

— Je n'en puis plus, s'écria-t-elle, je brûle ! ah ! quel délire... frappe toujours, frappe...

Ce spectacle nous avait rendu notre vigueur à de Valbouillant et à moi ; il y avait dans la chambre deux lits jumeaux, séparés par un espace d'environ trois pieds. Mme de Valbouillant, le ventre et la poitrine couchés sur un des lits, présentait la croupe à la fustigation de Babet. Le mari, prenant la place de la correctrice sans faire changer de position la pénitente, enfonce son aiguillon le plus avant qu'il peut dans le sentier physique, et j'en fis autant à la jeune enfant, l'ayant placée sur l'autre lit dans la même position, de sorte que nos postérieurs à chaque secousse se rencontraient, et par ce choc étant repoussés plus vigoureusement, allaient porter la volupté plus profondément dans les sanctuaires de nos belles. Mme de Valbouillant, dont la flagellation avait rassemblé tous les esprits dans la partie sensible, arriva trois fois au but pendant que son athlète fournissait une seule carrière ; pour moi, je perdis mes forces en même temps que la charmante Babet, dont avec un doigt curieux je sondai cependant la voie étroite. Elle me parut avoir le degré de sensibilité désirable pour les plaisirs que j'en attendais dans un autre moment. La pauvre petite, surprise à cette double intransmission, s'écriait :

— Bon Dieu ! qu'est-ce donc que cela ? que cela est drôle, aïe, aïe, cela me répond partout ; je n'y peux plus tenir, je me meurs...

Ce fut son dernier cri en finissant le sacrifice. Nous nous étions si bien trouvés de cette jouissance en quadrille que nous résolûmes bien d'en faire souvent usage. Mme de Valbouillant ne cessait de faire l'éloge des verges ainsi que son mari qui jurait n'avoir jamais trouvé sa moitié si voluptueuse. Pour Babet et pour moi, qui avions de longue main contracté l'habitude, nous étions charmés de les y voir prendre goût. Le résultat de cette apologie fut de nous armer tous d'une bonne poignée et de nous flageller réciproquement, de telle force que le postface de nos belles avait pris la couleur de la cerise, et que les nôtres, profondément sillonnés, laissaient échapper le sang par quelques endroits. Mais nous étions dans un état de fureur érotique qui nous dédommageait pleinement de cette petite souffrance.

— Tâchons, leur dis-je, de profiter de cet état heureux et d'en prolonger la durée : lorsque nous nous sentirons sur le point de terminer le sacrifice, suspendons et retirons-nous tout doucement, nous rentrerons bientôt en lice quand les esprits seront un peu plus calmes.

Nos belles s'assirent l'une à côté de l'autre sur le bord d'un des lits, et nous, restant debout, nous nous établîmes en elles ; leurs jambes se croisèrent sur nos reins ; dans cette heureuse attitude, nous dominions leurs charmes ; nos mains pouvaient, sans se gêner, parcourir le sein de l'une et de l'autre, et même nos bouches y pouvaient prodiguer des baisers, en sucer les trésors, sans que les parties essentielles fussent déplacées ; je m'arrêtais lorsque je sentais le moment approcher ; j'en faisais autant à de Valbouillant, que je tenais immobile quand la fréquence de ses soupirs m'annonçait qu'il touchait au terme. Après avoir ainsi peloté avec le plaisir pendant un gros quart d'heure :

— Troquons, lui dis-je.

Et il passa des bras de Babet dans ceux de sa femme, que je quittai pour le remplacer dans ceux de sa filleule.

Nos belles, cependant, moins économes ou plus en fonds que nous, versaient fréquemment des larmes de volupté ; enfin, comme il faut que tout se termine, j'insinuai le gros doigt de ma main gauche dans le postface de Valbouillant qui, de sa droite, me rendit le même office. Ce surcroît de chatouillement nous conduisit bientôt au but désiré, mais, comme elle avait été longtemps suspendue, jamais éjaculation ne fut plus abondante ; à peine nous restait-il assez de force pour nous traîner chacun dans nos lits, où nous allâmes chercher le repos dont nous avions grand besoin. Le lendemain, les restaurants, les cordiaux ne nous furent pas épargnés. Cependant, le soir, au grand regret de nos belles, accablés de sommeil, nous allâmes chercher le repos que nous désirions après n'avoir mis en jeu que de froids baisers et quelques mouvements de doigt officieux qui leur paraissaient de bien faibles dédommagements des services plus solides auxquels nous les avions accoutumées.

Le troisième jour, deux courriers arrivant de Rome [1] à

(1) Les menstrues.

nos belles semblaient devoir prolonger le temps de notre repos. Mais Mme de Valbouillant, que nous avions initiée aux plaisirs d'arrière-main, nous observa qu'à défaut de la porte cochère on pouvait entrer par le guichet; nous instruisîmes Babet dans le même art et nous la formâmes à ce précieux genre de volupté. Mais la tante de Babet la voyant plus alerte, plus spirituelle, moins embarrassée, n'en recevant plus de confidence, comme celle des démangeaisons, soupçonna partie de la vérité, et comme elle avait l'entrée libre dans la maison elle se cacha près du lieu de nos orgies. Là ses yeux et ses oreilles ne lui laissèrent aucun doute. Elle était née Italienne, partant superstitieuse, poltronne et vindicative. Elle n'osait éclater contre de Valbouillant, dont elle connaissait les richesses et craignait le crédit; elle crut qu'elle parviendrait à se venger en s'appuyant du prélat de la ville, auquel il fut demandé une audience particulière et qu'elle instruisit de la communauté de nos plaisirs, s'offrant de le rendre témoin oculaire de notre débauche. Son récit mit en rut le papelard et piqua sa curiosité; elle l'introduisit dans un petit cabinet près de la chambre de Mme de Valbouillant, dont une porte vitrée laissait un libre passage à ses regards avides.

C'était peu de jours après le rétablissement de la santé de nos belles. Pour mieux célébrer la fête, nous nous étions dépouillés de tout ornement superflu. Il faisait chaud, nous étions dans l'état de nos premiers pères dans l'Éden; nos serpents orgueilleux levaient une tête altière, et l'aspect des pommes que nous présentaient nos Èves nous faisait frémir de désir. Nous essayâmes mille diverses attitudes et, suspendant le dernier terme de la jouissance, nous fixions les désirs : Babet, renversée sur un lit, les jambes croisées sur mes reins, se pâmait voluptueusement en serrant dans son antre brûlant le joyeux bourdon que je poussais et retirais avec une agilité qui hâtait pour elle le moment décisif, tandis que de Valbouillant faisait avec sa femme, couchée sur le même lit, une épreuve antiphysique dont il redoublait les délices par le chatouillement d'un doigt obligeant à l'orifice du véritable sanctuaire.

Le prélat crevait dans ses panneaux, et la jalouse tante de Babet, le tirant par la manche, lui dit :

— Monseigneur, que d'horreurs !

— Que de volupté ! répondait-il.

Nous entendîmes ces exclamations et, la circonstance nous inspirant, nous prîmes de concert, sans nous être consultés, le sage parti de rendre nos témoins nos complices. Nos belles saisirent la vieille tante, la renversèrent sur le lit de repos ; je me jetai sur elle aussi brave que Curtius (1), je me précipitai dans ce gouffre pour le salut de la patrie. Le prélat était italien ; mon attitude, les deux globes que j'offrais à sa vue, ne lui permirent pas d'hésiter : il se crut Jupiter et je fus Ganymède. Et de Valbouillant, pour compléter le tableau, lui rendit ce qu'il me prêtait. Cependant Babet, voyant sa tante assujettie par le poids de trois corps, de manière à ne pouvoir se refuser à la bonne fortune imprévue qui lui arrivait, se saisit d'une des poignées de verges dont nous étions toujours pourvus, et en chatouilla le postface de Valbouillant, pendant que sa femme, renversée sur la partie vide du lit, nous découvrant les trésors de sa gorge d'albâtre et l'ivoire de ses cuisses, se prêtait à l'intromission d'un doigt caressant que je glissai à travers l'ébène de son taillis, sans cependant que je quittasse la brèche de l'antique citadelle où je m'étais logé. La vieille, qui dans l'abord voulait me mordre, me dévisager, prit enfin son mal en patience :

— Bonté divine ! s'écria-t-elle en remuant la charnière, ah ! chien... mon doux Jésus... quel dommage que ce soit un péché...

(1) Mirabeau a fait également allusion à Curtius dans un discours révolutionnaire.

— Dis plutôt quel bonheur ! criait le prélat, me rendant les mouvements de Valbouillant, va, rien ne vaut le fruit défendu...

— Je me damne, répliquait la vieille toujours tordant le croupion.

— Va toujours, j'ai les cas réservés.

Sur la parole du saint prélat, la vieille se résigne, me serre, s'agite et m'arrache une libation qu'elle me rend avec usure. L'évêque et de Valbouillant arrivent en même temps au comble du plaisir. Mme de Valbouillant, qui nous avait précédés, se lève alors et va avec la jeune Babet féliciter la vieille tante de la bonne fortune inattendue qu'elle venait d'avoir. Il y avait trop de témoins du plaisir qu'elle venait de prendre pour qu'elle en pût disconvenir. Elle se prêta donc au baiser que lui donna sa nièce, et borna ses remontrances à lui dire :

— Tâche du moins que personne ne s'en doute.

— Ne craignez rien, repartis-je, vous voyez comme nous traitons les curieux.

— Je ne crois pas, dit le prélat, la méthode sûre pour les corriger.

Dès ce moment, la confiance s'étant rétablie entre nous, la contrainte fut bannie. Le prélat fut l'âme de nos orgies : le long séjour qu'il avait fait en Italie lui avait donné une profonde théorie de tous les genres de volupté, et joignant la pratique à ses rares lumières, il nous fit essayer avec succès trente attitudes dignes d'exercer le pinceau des Clinchetet (1) modernes. De Valbouillant était dans l'ivresse et sa femme proposa au saint homme de le réconcilier avec les plaisirs naturels. La politesse l'empêcha de refuser ; pour le récompenser de sa complaisance, je le socratisai pendant sa besogne, et Babet, couchée sur de Valbouillant qui s'était

---

(1) Clinchetet ou Klingstedt, miniaturiste du début du XVIIIe, surnommé le « Raphaël des tabatières » et qui peignit de nombreux sujets grivois. Il est également question de Clinchetet dans *Le rideau levé ou l'éducation de Laure*

jeté à la renverse sur le lit à sa portée, offrait à son œil lubrique deux jumelles dont Ganymède aurait été jaloux. La tante, pour ne pas rester oisive, d'une main chatouillait les témoins de Monseigneur, et de l'autre s'escrimait à coups précipités d'une poignée de verges qui, sillonnant le bas de mes reins, redoublaient ma vigueur.

— Eh bien, dit de Valbouillant à l'instant qu'il touchait au dernier période de la volupté, que dites-vous de ma femme ?

— Que dans le paradis elle enlèverait à Madeleine toutes ses pratiques.

La soirée s'avançait, le prélat se rhabilla et, nous ayant comblés de caresses, il retourna à son palais, remerciant la tante de Babet des plaisirs que lui avaient procurés son inquiétude et ses scrupules ; et, avant de nous quitter, il lui fit présent d'un supplément qu'une abbesse, qu'il protégeait, lui avait envoyé pour modèle, le priant d'en faire faire une demi-douzaine pour le service de sa communauté. La bonne tante, après quelques cérémonies, l'accepta et nous lûmes dans ses yeux qu'elle en ferait plus d'usage que de son chapelet. Nous fîmes un léger repas et nous fûmes nous coucher après avoir bien ri de la bonne fortune de la vieille.

Le lendemain, à peine étais-je éveillé qu'on me remit une lettre du prélat. La voici :

« Sur le compte avantageux qui nous a été rendu, monsieur, de l'application que vous avez fait voir pendant vos études, des progrès que vous avez faits dans la philosophie, la physique et la morale, des dispositions que vous avez à devenir profond dans la théologie, nous croyons qu'il est de notre devoir pastoral de retirer de dessous le boisseau une lumière naissante telle que vous, et la placer sur le chandelier. Pour vous mettre à même de développer et d'accroître vos talents, je vous offre auprès de moi la place de lecteur ; je me charge de votre sort jusqu'à ce que quelque bénéfice honnête venant à vaquer soit votre récompense. L'éducation du fils de M. de Valbouillant peut être confiée à d'autres mains, et ce serait un larcin fait à l'Église que de lui dérober un sujet qui doit faire sa gloire. Aidé de mes conseils, je ne vous renfermerai pas dans le seul emploi de lecteur ; j'ai fort à cœur un ouvrage auquel je me livre avec un zèle ardent ; vous serez mon collaborateur ; je crois l'offre trop avantageuse pour que vous la refusiez ; vous pourrez toujours continuer vos bons offices à M. et Mme de Valbouillant ; ce sont des gens estimables dont je chéris les mœurs, et je vous seconderai de tous mes efforts. »

L'offre, en effet, m'était avantageuse ; mais je regrettais de quitter la bonne Valbouillant, la petite Babet, le père de famille même ; ils m'aimaient tant, ils m'avaient procuré des plaisirs si vifs, si variés... Je fus donc leur porter la lettre, m'en remettant à leur décision pour accepter ou refuser le parti ; ils furent aussi affligés que moi ; mais refuser l'évêque dans un pays où les prêtres peuvent tout était trop dangereux ; il fut donc arrêté que je me rendrais auprès de sa grandeur et que je ferais mes efforts pour m'échapper souvent et jouir avec eux des plaisirs que je leur avais fait connaître. Je ne répondis donc point à la lettre du prélat : je m'habillai avec soin et, les yeux baissés, le front modeste, je me rendis chez le saint homme. Dès qu'il me vit, d'un air grave il me dit de passer dans son cabinet intérieur ; et se hâtant de se débarrasser du promoteur et de l'official qui l'entretenaient de quelques affaires du diocèse, il vint me joindre, ayant défendu qu'on l'interrompît avant qu'il sonnât. Dès que nous fûmes seuls, son visage perdit la gravité épiscopale ; il m'embrassa avec transport :

— Eh bien ! mon cher Hic-et-Haec, me dit-il, nous vivrons donc ensemble ; n'y consentez-vous pas ?

— Les désirs de Monseigneur sont des ordres pour moi.

— Bon, entrez donc en exercice de vos fonctions de lecteur.

Il me remet la satire de Pétrone, ouverte à l'endroit qui a fourni la jolie scène des amours d'été, me fait prosterner sur une pile de carreaux et, pendant que je lis, réalise avec moi la scène dont il entend le récit ; il la pousse jusqu'au dénouement, et prenant ensuite le livre il se met à ma place et je lui prouve que je sais aussi bien attaquer que soutenir l'assaut. Nous nous rajustons et, nous approchant d'un bureau sur lequel étaient amoncelés plusieurs casuistes, il me fait asseoir, sonne et dit au valet de chambre qui arrive qu'il peut laisser entrer, et, pendant que plusieurs personnes, grands vicaires et autres, sont introduits :

— Je suis content, me dit-il comme en continuant une conversation. Vos principes sont les vrais, vous avez approfondi la matière et, quelques années de travail encore, vous vaudrez Sanchez ([1]). Messieurs, poursuivit-il en s'adressant aux arrivants, voilà un jeune homme qui me donne de grandes espérances ; depuis une heure que je l'examine pour m'assurer de ses talents, je ne l'ai pas trouvé un instant en défaut ! Il pousse un argument avec force, le soutient avec fermeté, et je crois qu'il fera un grand honneur à l'Église. Je l'ai pris pour mon lecteur et, après notre dîner, je lui donnerai les quatre *mineures* ([2]) ; quand on trouve des sujets il ne faut pas les faire languir.

Tout le monde me combla d'éloges pour plaire à mon patron ; je me couvris du manteau de cette modestie hypocrite qu'on aime à trouver chez un jeune homme, mais dont les gens instruits sont rarement les dupes. En sortant de table, l'évêque me tint parole : je me trouvai sous-diacre sans avoir fait d'autre séminaire que sur les coussins de Monseigneur et dans le boudoir de Mme de Valbouillant.

Le prélat me permit d'aller lui faire part de mon avancement, et me rappelant il me dit tout bas :

(1) Thomas Sanchez, célèbre jésuite espagnol, auteur d'un ouvrage destiné aux confesseurs, truffé de détails scabreux et obscènes. Il est encore cité par Mirabeau dans *Erotika Biblion.*

(2) Degrés avant la licence en théologie.

— J'irai chez eux quand je serai débarrassé de ces importuns ; prévenez-les pour que nous puissions n'être qu'entre nous.

Je m'inclinai avec respect et je sortis.

Je fus reçu avec transport par mes amis. De Valbouillant et sa femme m'accablaient de questions ; j'y répondis de mon mieux et je les instruisis par quelle voie j'étais entré dans les ordres, ajoutant que l'évêque viendrait leur dire, dès qu'il serait libre, ce qu'il avait fait pour leur protégé. Babet qui survint me couvrit de baisers, et si je m'en étais cru, je n'aurais pas différé à leur marquer ma reconnaissance de la part qu'ils prenaient à mon avancement ; mais l'incertitude du moment de l'arrivée du prélat, le désir de lui faire faire une orgie complète nous firent suspendre nos plaisirs. Il ne se fit pas attendre. Alors la porte fut fermée pour tout le monde ; on lui fit des remerciements et des reproches (ce qu'il faisait pour moi ne dédommageait pas ce qu'on perdaità mon absence) ; le saint homme promit que je pourrais les voir souvent et qu'il joindrait ses efforts aux miens pour égayer leurs moments. Après ces premiers propos, on fit venir Babet, qui d'abord s'était retirée par respect, et, profitant de la chaleur du climat, de l'avis du prélat nous quittâmes les pompes du luxe et nous nous mîmes dans l'état où nos premiers parents étaient dans l'Éden avant que la pomme fatale leur eût appris qu'ils étaient sans vêtements; on eût dit, en regardant Mme de Valbouillant, que c'était la volupté sous la livrée de la fraîcheur ; ce qui manquait à la légèreté de sa taille était bien compensé par la finesse de la peau, la fermeté des chairs, l'appétissant des formes arrondies et le tempérament que ses yeux pétillants et l'humidité de ses lèvres vermeilles annonçaient. Pour Babet, l'Albane ou Boucher (1) l'auraient prise pour modèle de la plus jeune

(1) Peintres célèbres, le premier du XVIIe et le second du XVIIIe.

des Grâces; sa taille svelte et déliée n'avait pas encore la perfection des formes, mais on voyait que deux ans encore leur donneraient cette rondeur qu'on ne trouve point dans l'extrême jeunesse; des cheveux d'un noir de jais tombant par grosses boucles au-dessus de mes mollets, formaient autour d'elle un voile transparent qui rendait encore plus touchants les charmes dont ils couvraient une partie. Le prélat ne put tenir contre ce charmant objet; elle fut la première à recevoir son hommage.

— Tâchons, dit alors l'évêque, de remplir par quelque récit amusant l'intervalle que la nature exige entre le plaisir et la renaissance des désirs; je vais vous raconter une aventure qui m'est arrivée quand j'étais au séminaire.

— Écoutons.

Et l'on s'assit autour du prélat.

« J'avais, dit-il, seize ans; j'étais assez joli, et ma tante, chez laquelle je passais communément les vacances à sa terre, s'amusait souvent à m'habiller en fille, et faisait prendre mes habits à Faustine, sa fille; elle était de mon âge, avait la taille élancée, et, pour la tournure et les grâces, ressemblait beaucoup à la gentille Babet. Ces travestissements avaient établi entre nous une liberté dont nous ne manquâmes pas de profiter. Faustine avait du tempérament comme Babet; j'étais ardent comme Hic-et-Haec. Ma tante n'était pas ombrageuse; son directeur la consolait de l'ennui du veuvage, et quand il venait passer quelques jours au château, nous étions encore plus libres, ma tante désirant de jouir dans sa retraite des pieuses exhortations du saint homme. Nous allions souvent promener en cabriolet, ma cousine et moi, dans les maisons du voisinage : il nous était même permis de découcher quelquefois, le voisinage étant habité par des amis de ma tante. Un jour que le père en Dieu était à la maison, il nous prit fantaisie d'aller promener, ma sœur et moi (c'est ainsi que je nommais Faustine); la fontaine de Vaucluse était l'objet de notre curiosité, et nous dîmes à ma tante qu nous reviendrions coucher à moitié chemin, chez une vieille parente qu'elle aimait beaucoup. Nous nous arrêtâmes dans un cabaret, à deux lieues, sur la route, pour y déjeuner. Pendant qu'on le préparait, l'idée me prit de troquer d'habits avec Faustine, qui m'avait paru la veille charmante en abbé.

— Volontiers, si cela t'amuse, mon frère, me dit-elle; mais je n'ai point ici ma femme de chambre; comment ferons-nous ?

— Bel embarras, je t'en servirai.

— Oui, mais la décence !

— Qui est-ce qui le saura ? tu ne te méfies pas de moi ?

— Non, sans doute, mais cependant je ne voudrais pas que tu visses tout à fait...

— Comme tu es faite, n'est-ce pas ? va, je m'en doute.

— Je le crois bien, mais...

— Tu te doutes bien comme je suis.

— J'ai quelques idées, mais point de certitude.

— Et qui nous empêche de satisfaire notre curiosité ?

— Mais maman...

— Crois-tu qu'elle se gêne avec le révérend père Cazzoni !

— Oh ! je ne veux pas pénétrer ses secrets.

— Nous ne l'instruirons pas non plus des nôtres; allons, quitte tes jupes et ton corset.

— Au moins tu seras sage.

— Oh oui ! mais je veux tout voir.

— Soit, mais tu satisferas aussi ma curiosité ?

— De toute mon âme; mais tu n'en diras rien ?

— Non, jamais, ni toi non plus.

— J'en jure !

— Et nous voilà à nous déshabiller avec empressement; mon habit était à bas, son fichu et son corset étaient enlevés. Nous commençâmes par comparer nos seins.

— Ah ! Faustine, les deux charmants hémisphères, que

ces boutons, qui représentent les pôles, sont frais et vermeils, que ces veines bleues relèvent l'éclat de cet albâtre sur lequel elles sont tracées.

Et je serrais ces charmantes fraises entre mes lèvres caressantes.

— Finis donc, mon frère ; tu me jettes dans un trouble... je ne pourrai pas finir de me déshabiller.

J'obéis en la dévorant des yeux.

— Mais travaille donc aussi, dit-elle d'un ton impatient, tu ne fais que me regarder, et je serai toute nue que tu auras encore ta culotte.

Je fis ce qu'elle ordonnait, et j'avais quitté mon caleçon à l'instant qu'ayant quitté ses jupes elle dépouillait sa chemise. Nos yeux se portèrent simultanément vers le point central.

— Ah ! que c'est joli, m'écriai-je en portant une main avide sur la mousse naissante qui commençait à couvrir le portique du plus joli temple de l'amour !

— Ah ! que c'est beau, dit-elle en serrant dans sa main l'image brillante du serpent qui tenta notre première mère ; comme cela est dur ! cela se découvre ; et cela, qui est au-dessous, à quoi cela sert-il ?

Ses attouchements me mettaient dans un état qui ne me permettait pas de lui répondre. Et, de mon côté, j'examinai l'objet intéressant qu'elle offrait à ma vue. J'avais commencé par fermer la porte aux verrous et je la décidai sans peine à se placer sur le lit pour que nous pussions réciproquement continuer notre examen.

— Cela, lui dis-je, est destiné par la nature à s'ajuster dans la partie où je tiens mon doigt.

— Ah ! comme cela me chatouille ! regarde.

— En effet, mais veux-tu que j'essaie ?...

— Dame ! je le voudrais bien, mais si maman le savait ?

— Et qui le lui dira ? ce ne sera pas moi sûrement.

— Eh bien ! eh bien ! essayons.

— Soit, essayons !

Alors, avec toute la gaucherie de l'ignorance et toute l'ardeur de l'amour, nous cherchons à nous mettre en besogne. La crainte de blesser Faustine arrêtait mes efforts dès qu'elle témoignait de la douleur ; je m'éloignais, elle me rappelait, et toujours la même difficulté... Enfin, je me rappelai qu'au collège mon régent de seconde, voulant badiner avec moi, s'était mis en frais de salive et m'avait appris ce proverbe : *Col la pazienta e la sputa si chiavarebbe una mosca* ([1]). Je pris un morceau de beurre frais qu'on nous avait apporté avec des radis, et grâce à ce secours je renouvelai mes efforts. Faustine s'arme de courage, résiste sans fuir ; la tête de ma colonne force la barrière ; je redouble, le bélier pénètre, la muraille s'entrouvre, les désirs escaladent la brèche et s'y logent en arborant le drapeau des plaisirs. Nous trouvions ce jeu si doux que nous eûmes peine à le quitter ; mais la crainte que la fille de l'auberge ne nous surprît en apportant ce qu'on nous préparait pour déjeuner nous força de nous rhabiller.

Je pris la chemise de Faustine, qui s'affubla de la mienne ; elle se chargea de ma coiffure, moi de la sienne, et quand on vint nous servir, elle offrait aux yeux un petit abbé, et je paraissais une assez jolie fille. Faustine, pour se conformer à son nouveau costume, prit l'air sémillant d'un jeune étourdi, et y réussit mieux que moi quand je voulus prendre l'air de réserve convenable à mon habit. La servante qui porta notre déjeuner avait la gorge ferme, la jambe fine, le bas bien tiré et la jupe courte, comme l'ont d'ordinaire nos jolies Vénaissines ([2]). Faustine la lutina ; Javotte ([3]) paya d'une tape l'agilité de ses mains. Le nouvel abbé ne se

(1) Avec de la patience et du crachat on peut baiser une mouche. *(Note de l'éditeur.)*
(2) De Vénasque dans le Vaucluse.
(3) Nom populaire : femme bavarde.

rebuta pas, et, levant sa jupe par-derrière, toucha l'endroit sensible.

— Qu'est-ce donc ? petit fripon, sans le respect que j'ai pour Mademoiselle votre sœur, je vous corrigerais de la bonne façon ; voyez un peu le beau morveux !

— Ah ! ne vous gênez pas, repris-je en riant, c'est un petit libertin, je ne prendrai pas sa défense.

Alors Javotte vous l'empoigne d'un bras vigoureux, et en un clin d'œil déboutonne sa culotte, l'abat et lui donne deux bonnes claques, et, cherchant ce qui le rendait si insolent, elle fit un cri de surprise en ne trouvant qu'une jolie grotte où elle croyait trouver un rocher sourcilleux.

— Ah ! pardon, mademoiselle, si j'avais su qui vous étiez, je n'aurais pas fait la bégueule, et si cela vous amuse vous êtes bien la maîtresse. Faustine, pour ne pas la désobliger, consentit à recevoir de bon gré ce qu'elle avait d'abord voulu ravir, et d'un doigt obligeant lui rendit le même bon office qu'elle en recevait. Pendant qu'elles s'occupaient, je pris la parole et je dis à Javotte que nous étions sœurs et que nous allions chez une de nos parentes dans l'intention de la divertir par ce travestissement, et je lui donnai un écu pour nous garder le secret.

— Ah ! de bon cœur, dit-elle ; mais vous êtes trop jolie pour n'être que spectatrice.

Et elle voulait passer sa main sous ma jupe.

— Non, Javotte, je vous remercie, il y a des empêchements.

— Des nouvelles de Rome peut-être [1] ?

— Précisément.

— Qu'importe, j'ai là de l'eau, des mains sont bientôt lavées.

— Oh ! non, jamais dans cet état...

---

(1) Les menstrues

— Vous ne me ressemblez guère, c'est le temps où je suis la plus ardente.

Voyant qu'il n'y avait rien à faire avec moi, elle nous servit ; nous mangeâmes à la hâte et nous partîmes. Nous rîmes fort dans la voiture du succès de sa témérité et de l'embarras où m'avaient jeté les offres de Javotte ; nous interrompions nos rires par des tendres souvenirs des caresses que nous nous étions prodiguées, et des lumières que nous avions acquises. Ces idées m'occupaient trop pour songer aux chemins, et une malheureuse ornière où la roue tomba pendant que j'embrassais Faustine donna une telle secousse qu'une de nos soupentes rompit ; force nous fut de nous arrêter, un baiser ne pouvait pas rétablir la fracture. Nous ne savions à quel saint nous vouer, et le plus petit sellier de village nous aurait été plus utile que l'intercession de tous les bienheureux des litanies. Nous grommelions entre nos dents quand nous vîmes se promener sur la gauche un châtelain du canton, en perruque ronde, chapeau et souliers gris, une grande canne à la main, surmontée d'un échenilloir ; sa mine annonçait près de cinquante ans. Sa moitié, la tête enfouie dans une énorme calèche garnie de ruban coquelicot, s'avançait majestueusement, soutenue sur un bambou éclaté. Cette dame, majeure depuis dix ans, s'efforçait depuis trois lustres de donner un héritier à l'illustre famille Cornucio, dont son époux était le chef. Mais la Providence se refusant à leurs désirs n'avait point étouffé dans son âme l'espoir de réussir en changeant de collaborateur, quand l'occasion s'en présentait.

Ce digne couple, ayant aperçu notre accident, s'avança pour nous offrir les secours qui dépendaient d'eux : nous nous trouvâmes heureux de leur zèle obligeant. Leur domestique conduisit au château notre cabriolet délabré, et nous, nous nous joignîmes au couple Cornucio dans leur promenade. La dame s'empara du bras du feint abbé et le mari saisit le mien. A mesure que nous approchions du château, leurs yeux s'animaient, leurs coudes pressaient nos bras sur leur cœur ; leur voix devenait agitée et leurs discours flatteurs. Arrivés au castel on s'occupa de nous loger ; ils n'avaient que deux petites chambres à nous donner, l'une attenant à la chambre de Madame, l'autre touchant à celle de Monsieur ; il paraissait tout naturel de loger l'abbé près de celle du mari et la prétendue demoiselle près de la dame, mais d'un commun accord ils en décidèrent autrement, comptant chacun tirer parti du voisinage. J'aurais pu en changeant le soir de chambre avec Faustine contenter tout le monde et cacher le mystère de mon travestissement ; mais l'idée qu'elle serait dans les bras de ce vieux satyre me révoltait trop ; j'aime mieux attendre l'événement et prendre conseil des circonstances. Cornucio et sa femme nous accablèrent de prévenance toute la soirée, et après le souper qui fut arrosé de très bon vin, ils nous menèrent dans nos chambres.

— Soyez bien sage, mon cher petit abbé, dit la dame en embrassant Faustine, il n'y a qu'une mince cloison entre votre lit et le mien, j'entendrai tout ; et puis, lui dit-elle à l'oreille, la porte qui nous sépare ne ferme pas.

Le mari me fit les mêmes confidences, et m'ajouta qu'il était somnambule en me serrant fortement la main, puis il se retira. Je ris de sa méprise et je me couchai. Faustine en fit autant dans sa chambre avec laquelle j'étais bien fâché de n'avoir pas communication, car nos chambres étaient aux deux bouts de la maison : il fallait traverser un corridor le long de l'appartement de la maîtresse, de la salle à manger, et de celui du maître.

A peine avais-je fermé l'œil que j'entendis marcher dans ma chambre, et s'avancer près de mon lit ; je sentis que j'allais avoir à combattre ; je saisis le pot de chambre, dont j'avais fait usage en me couchant, et quand Cornucio voulut ouvrir mon lit pour s'y placer, j'avançai le bras et le coiffai du vase et, traversant à toutes jambes le corridor, j'arrivai à la porte de Faustine, que j'enfonçai d'un coup de genou ; je la trouvai qui se débattait comme le chaste Joseph avec la femme de Putiphar. Elle s'était si bien enveloppée dans ses couvertures que notre lascive hôtesse n'avait pas découvert son sexe. La dame, à mon abord, parut médusée ; je me plaignis amèrement de la violence que son mari m'avait voulu faire éprouver, et je grondai mon soi-disant frère de l'impudeur avec laquelle il osait abuser des bontés de notre respectable hôtesse.

— Moi, ma sœur, s'écria le faux abbé, le ciel m'est témoin que c'est Madame qui voulait.

— J'ai cru vous entendre gémir ; craignant que vous ne fussiez incommodé, je suis vite accourue pour vous donner les secours qui dépendaient de moi.

— Votre mari, madame, ne vous le cède pas en charité ; mais je ne désempare pas de la chambre de mon frère, lui seul peut me protéger contre l'impudicité de votre mari.

— Couche-toi, ma sœur, me dit Faustine, je me mettrai dans un fauteuil près de ton lit pour te défendre ; j'espère que Madame y voudra bien consentir, et souffrir que nous reposions jusqu'au point du jour, que nous quitterons une maison où l'innocence est si peu respectée.

La dame, après quelques excuses maladroites, sortit et, ayant barricadé nos portes, nous nous jetâmes dans les bras l'un de l'autre, et nous savourâmes à loisir l'ivresse des plaisirs dont nous avions pris un échantillon dans l'auberge. Le lendemain, à la pointe du jour, ayant repris les habits de notre sexe, nous partîmes sans prendre congé de nos hôtes libidineux, et notre soupente raccommodée nous ramena chez ma tante, où j'achevai de passer voluptueusement la fin des vacances, après avoir assisté aux noces de mon aimable cousine, dont le mari, nerveusement conformé, n'aperçut point que j'avais frayé le sentier qu'il parcourut encore avec peine. »

Nous avions repris nos forces pendant l'histoire du prélat, et tour à tour, pendant la soirée, nous nous enivrâmes de tous les plaisirs qu'offrent la nature et la débauche à des gens qui, pleins de vigueur et vides de préjugés, loin de rien refuser à leurs désirs, les irritent par la recherche de toutes les possibilités voluptueuses ([1]).

A quelques jours de là, mon prélat, près duquel je remplissais avec zèle les fonctions dont il m'avait chargé, m'avertit que j'eusse à me préparer à le suivre à Bedarrides, sa maison de plaisance, à trois lieues d'Avignon, où il allait se reposer pendant une quinzaine des travaux de l'épiscopat, que j'y trouverais sa sœur, femme de qualité de Bénévent, et sa fille, chanoinesse des plus hautaines, mais ayant toutes les grâces de son état; il me confia que sa sœur, femme de trente-cinq ans, encore belle et fraîche, suivant toutes les apparences, me trouverait à son gré, et qu'il espérait que je l'aiderais à lui faire les honneurs de sa maison. Que pour la fille, elle avait la fraîcheur de ses dix-sept ans, le sourcil noir, l'œil vif, les lèvres humides et les plus heureuses dispositions pour marcher sur les traces de sa mère, mais que la fierté de ses soixante-quatre quartiers l'avait jusqu'alors empêchée de céder, parce qu'elle avait toujours trouvé quelque lacune dans l'arbre généalogique de ses soupirants; quoique l'état de chanoinesse qu'elle avait embrassé, vu son peu de fortune, l'eût fait renoncer au mariage, et que le manuel des solitaires ou les simulacres usités dans les couvents dussent être son unique consolation. Je la plaignis d'un préjugé si contraire au vœu de la nature et à l'humilité chrétienne.

— Je compte sur vous, mon cher Hic-et-Haec, pour l'en guérir, me dit-il; votre tournure, votre mine séduisante, vos profondes connaissances dans l'art de la volupté, peuvent seules ramener au bercail cette brebis égarée.

— Et comment y pourrai-je parvenir? moi, sans nom,

(1) Fin du premier tome dans l'édition originale.

sans titres, sans aïeux; le mépris sera le premier sentiment qu'elle éprouvera pour moi.

— J'en fais mon affaire, j'ai mon roman tout prêt : c'est un jésuite missionnaire dans l'Inde, qui, revenant du royaume de Pégou (1), vous aura ramené, par l'ordre d'un prince du pays dont vous êtes le fils naturel, pour être élevé dans la religion chrétienne, que son éloquence lui a fait embrasser.

— Si cette mystification amuse Monseigneur, je ne saurais qu'obéir.

— On t'en devra de reste pour ta complaisance : Laure est faite au tour et n'a contre elle que l'excès de l'orgueil; je te mets à même de l'initier. Mais c'est à la même condition que Valbouillant a mise à l'éducation de Babet, que tout sera commun entre nous quand tu l'auras guérie de ses préjugés.

Cela me parut plaisant, et je promis au prélat tout ce qu'il voulut.

— Il me vient une idée originale, dit mon évêque : si, pour étayer notre ruse, je glissais dans la conversation que tous les princes du sang du Pégou ont sur le corps un signe qui prouve leur origine.

— Un signe, et lequel, s'il vous plaît, Monseigneur?

— Parbleu, une tête d'éléphant blanc sur le bas-ventre au-dessous du nombril; le peintre qui vient de faire mon portrait t'en dessinerait fort bien une là.

— Quelle folie!

— Je lui ferais naître le désir de voir ce phénomène, et je ne doute pas que la trompe menaçante de l'animal, faisant remarquer sa force et son élasticité, ne parvienne à l'intéresser.

Ainsi dit, ainsi fait. Le peintre, dès le lendemain, se mit à

---

(1) Royaume qui fit partie de l'empire birman jusqu'en 1852.

l'ouvrage, et deux jours après son ventre offrit la plus belle tête d'éléphant qu'on pût voir, et Monseigneur, examinant le chef-d'œuvre du peintre et badinant avec la trompe de l'animal, celle-ci prit sous ses doigts sacrés une consistance qui le ravit. Nous fîmes le soir une visite à Mme de Valbouillant ; on admira la nouvelle peinture ; heureusement, elle était à l'huile, sans cela, à l'usage répété que je fis de la trompe, le tableau aurait disparu. La petite Babet, qui n'avait jamais vu de pareils animaux, ne se lassait pas de l'examiner, et trouvait qu'on en pouvait tirer aussi bon parti que du manche du moussoir. La pauvre enfant, peu versée dans les arts, ramenait tout à la nature. Le couple voluptueux, que le prélat instruisit du motif de cette peinture et de la mystification projetée, promit de la seconder et de nous suivre à cet effet à la maison de campagne de sa grandeur qui, depuis son admission à nos orgies, ne pouvait se passer des plaisirs que le libertinage de notre imagination variait sans cesse. Il fut aussi décidé que la gentille Babet serait du voyage. Chaque jour développait en elle de nouveaux charmes, ses formes s'arrondissaient, sa gorge se remplissait, et l'usage de la volupté avait donné de la finesse et de l'énergie à ses regards, d'abord incertains et timides. Ses mains, qu'on n'employait plus aux travaux grossiers de sa première jeunesse, avaient gagné de la blancheur ; et la finesse de sa peau, l'agilité de ses doigts délicats, lui donnaient plus de grâces à manier le sceptre de l'amour que n'en montrait Hébé à toucher la massue d'Hercule.

Le lendemain, nous partîmes, le saint prélat et moi. Sa sœur et sa nièce étaient arrivées deux heures avant nous. Nous les trouvâmes dans le salon ; la mère, couchée sur une ottomane, lisait d'une main un petit in-16 qu'en nous apercevant elle mit dans sa poche, et l'autre main reparut. La jeune chanoinesse, courbée sur un métier, brodait sur un sac à ouvrage le blason de ses armes, avec toutes les alliances écartelées. L'évêque, les ayant embrassées, me présenta comme un prince pégouan que le roi, mon père, nouveau converti, faisait passer en Europe pour s'instruire dans la foi et dans les arts qui font la gloire de notre heureuse patrie.

Ce titre de prince du bout du monde et de cousin de l'éléphant blanc me prévint en ma faveur l'auguste chanoinesse ; mes yeux vifs et pétillants, mes cheveux bruns et fournis firent aussi leur effet sur la mère ; l'une me demanda des lumières sur les armoiries de Siam et du Pégou, l'autre sur le costume des bayadères et sur la forme des chaises longues de l'Inde. J'y satisfis de mon mieux, d'après ce que j'avais lu dans les Voyageurs.

Après le repas, pendant lequel on admira tout ce que je disais avec l'air de l'étonnement qu'un jeune homme, né aux Indes, pût s'exprimer avec bon sens et facilité, on fut promener dans un bosquet délicieux près du salon ; la comtesse Magdalani me choisit pour écuyer, et l'évêque prit le bras de la chanoinesse, et lui parla de manière à la prévenir en ma faveur.

La mère, cependant, me questionna sur les mœurs de Pégou, sur la tournure des belles, sur les procédés qu'on y suivait en amour ; je l'assurai que les femmes grosses y étaient les plus recherchées (elle l'était) ; que les hommes ne se permettaient aucune avance vis-à-vis d'elles, de crainte d'être importuns, mais qu'ils répondaient avec transport à celle que les belles leur faisaient.

— Comment, si j'étais Pégouane, si vous me trouviez aimable, vous ne me le diriez pas ?

— J'aurais trop peur de vous offenser.

— Comment donc faut-il que la femme se conduise pour enhardir l'homme pour lequel elle se sent du goût ?

— Elle le regarde en baisant le bout du doigt de sa main gauche, et le cavalier s'approche avec timidité.

— Et la dame alors ?

— Elle porte la main droite sur son cœur.

— Comme cela ?
— Précisément.
— Je fais donc bien ?
— A ravir.
— Et le cavalier ?
— S'il est seul avec la belle, il se jette à ses genoux, obéit à tous ses ordres sans oser les prévenir ; mais s'il est devant témoins, il feint de ne rien entendre, et gémit les yeux baissés.
— Vous les avez à présent ?
— Exactement de même.
— Fort bien, mon frère, dit-elle à l'évêque qui nous suivait avec sa fille, que je ne vous empêche pas de vous promener, je me sens un peu fatiguée, je vais me reposer sur ce gazon ; le prince Hic-et-Haec achèvera de m'instruire des coutumes de l'Inde, vous nous retrouverez ici ou au salon.
— Soit, dit l'homme de Dieu, s'éloignant en souriant avec sa nièce.
— Reprenons notre leçon indienne, dit la signora. N'est-ce pas comme cela ? dit-elle en baisant son doigt gauche.
— Oui, si j'ai le bonheur de vous plaire.
— Ne faut-il pas mettre la main sur mon cœur ?
— Oui, si vous voulez que j'ose beaucoup.
— Voyons.

Et elle fait le signe encourageant en se couchant sur le gazon. Je m'y précipite avec elle, mes mains actives éloignent tous les obstacles, et bientôt nous ne faisons qu'un. Vive la méthode indienne ! s'écria mon Italienne, comme elle abrège les formalités ! Et me serrant, me pinçant, me mordant, elle arrive au période désiré et se pâme en bénissant Brahma, Vishnou et tous les dieux de l'Inde. Bientôt après, revenue à elle :

— L'abbé, me dit-elle en me serrant contre son sein, cher abbé ! comment les femmes, dans l'Inde, prouvent-elles qu'elles sont satisfaites ?

— En recevant avec transport un nouvel hommage.

— Presque sans se reposer !... Ah ! je retourne avec vous au Pégou, dit-elle en s'arrangeant pour me témoigner sa reconnaissance. Elle se trouvait bien des mœurs de l'Inde, et je lui parus mieux valoir que le livre qui l'occupait lors de notre arrivée ; puis se relevant et rajustant le désordre de sa toilette, elle s'appuie sur mon bras pour retourner au salon. Elle avait été trop occupée de choses solides pour s'être distraite au point d'observer la peinture éléphantine. Elle m'entretint d'un ton plus calme des diverses religions de l'Asie. Je lui parlai de la secte des multiplicandes et de la communauté des plaisirs qu'on voit établie dans les familles de cette caste.

— Comment, dit-elle, la mère dans les bras du fils, la fille dans ceux du père !...

— Eh ! madame, rappelez-vous d'avoir lu quelque part : « Qui doit goûter des fruits d'un arbre, si ce n'est celui qui l'a planté. »

— Il est vrai, mais le préjugé ?

— Le préjugé tient-il contre la loi du Créateur ?

— En est-il qui permette à un père, à une fille, à un frère, à une sœur ?... Fi donc, cela répugne.

— A qui donc a-t-il dit : *croissez et multipliez* ? N'est-ce pas à Adam, à Ève, à ses fils, à ses filles, il ne regardait donc pas l'inceste comme un crime, puisque alors il le commandait.

— Comment ? mais en effet.

— La volonté du ciel peut-elle être versatile ? Ce qui fut un précepte dans un temps peut-il être un forfait dans un autre ? Disons plutôt, puisque la nature nous a donné du penchant pour les êtres d'un autre sexe, sans égard à la parenté, que c'est la politique seule qui, pour faire communiquer entre eux les hommes disposés par la nature à prendre les plaisirs qu'ils avaient sous la main et qu'ils trouvaient au sein de leur famille, a interdit ces unions rapprochées pour réunir, par le besoin du plaisir, des êtres qui, sans ce besoin, ne se seraient jamais rapprochés ; que les législateurs ont prohibé par des vues humaines des unions qui tenaient les famille isolées les unes des autres, et que l'intérêt des gouvernants, et non le vœu du Créateur et de la nature, ont transformé en crimes des penchants naturels et par conséquent innocents. Observez encore que suivant la loi du peuple juif il était ordonné au frère d'épouser la veuve de son frère, et qu'ainsi la même femme devait passer de frère en frère tant qu'elle survivrait à son époux, et vous osez faire un crime à présent à un cousin d'amuser sa cousine, si le vicaire du Rédempteur ne lui accorde la dispense à prix d'argent ; mais ce même Rédempteur n'a-t-il pas dit, selon les livres saints : je ne suis point venu pour changer la loi, mais pour l'accomplir.

J'étais lancé ; et dans l'habitude de disputer sur les bancs, j'aurais passé d'arguments en arguments si le prélat n'était rentré avec sa nièce, vis-à-vis de laquelle il avait, je crois, soutenu la même thèse, si j'en juge par le feu de leurs yeux et la rougeur de leur teint plus animé que de coutume. La signora Magdalani s'en aperçut, et n'en osa rien témoigner ; la richesse et le crédit de son frère, les secours qu'elle en recevait, la rendaient réservée, et elle savait que l'exemple qu'elle donnait à sa progéniture ne l'autorisait pas à marquer beaucoup de sévérité.

— Eh bien ! dit le prélat, comment vous trouvez-vous, ma sœur, de l'entretien du prince Hic-et-Haec ? Êtes-vous bien instruite des coutumes et des mœurs de l'Inde ?

— Je suis très satisfaite de ses lumières, il est lucide, précis, et d'une philosophie... C'est un puits d'érudition.

— Et sa morale ?

— Bizarre, fondée en principes ; savez-vous bien qu'il m'a affranchie de bien des préjugés.

— C'est son fort ; mais, voyons, lesquels ?

— Je ne puis devant ma fille...

— Quelle enfance ! elle est d'âge à tout savoir, et je dis plus : il peut être dangereux de ne pas l'éclairer : que de fautes l'ignorance ne fait-elle pas commettre ? Une jeune fille à qui on ne cache rien est plus en état de repousser la séduction, et, si elle y cède, du moins elle évite le scandale qui, je le dis entre nous, est le plus grand mal moral. Qu'importe à la société que je satisfasse mes besoins physiques ou que je m'en prive, pourvu que je ne nuise pas au bonheur d'autrui (1), que je ne lui enlève pas sa propriété, que je n'altère pas ses jouissances et que je ne lui cause ni chagrin ni douleur ?

— Mon frère, dit-elle en souriant, diriez-vous cela dans une de vos homélies ?

— Oui, quand je parlerais à des gens de bon sens que je voudrais éclairer ; mais en chaire, non, le peuple en masse veut être trompé, l'ignorance aime les prodiges ; une religion sans miracles trouverait peu de sectaires et les mystères qui répugnent à la raison entraînent la crédulité du grand nombre ; je continuerai à jeter de la poudre aux yeux du peuple ; mais je serai loyal et sans scrupule avec mes amis. Laure a dix-sept ans et n'ignore pas sûrement la différence de son sexe et du nôtre ; mais les détails lui sont peut-être inconnus, nous nous gênons pour elle, nous affligeons sa curiosité, et peut-être, en nous quittant, fera-t-elle des questions à sa femme de chambre qui, moins discrète et moins éclairée, en lui faisant le tableau des plaisirs ne lui en peindra pas les dangers.

— Ah ! dit Laure, que mon oncle est aimable !

— Quand elle verra que nous ne lui cachons rien, elle sera sans dissimulation, nous lirons dans son âme et nous pourrons écarter d'elle les dangers sans en éloigner les plaisirs. Votre désir, je le sais, n'est pas de la marier, elle se sou-

(1) On retrouve sans cesse ce principe moral dans *Erotika Biblion.*

met à vos vues ; mais quand elle renonce à l'hymen, soyez sûre qu'elle ne renonce pas aux dédommagements que se procurent tant de jolies prébendières. Plus de gêne devant elle tant que nous n'aurons pas d'étrangers ; quand il en viendra de suspects, remettons vite le masque de la réserve.

La signora Magdalani regardant sa fille d'un œil caressant :

— Allons, je me rends puisque mon frère le veut ; mais, mon cœur, dit-elle en la baisant au front, ne perds pas l'usage de rougir. Rien ne fait plus d'honneur aux filles, et surtout aux mères.

— Allons, ma sœur, c'est convenu ; mais voyons sur quoi roulait la conversation avec Hic-et-Haec.

La Signora lui répéta ce que je lui avais dit sur la secte des multiplicandes et sur l'inceste.

— Eh bien ! ma sœur, n'est-ce pas précisément ce que je vous disais quand vous étiez si fâchée pour quelques espiègleries, qui pourtant vous avaient fait grand plaisir.

— Oh ! mon frère, devriez-vous dire cela devant ma fille encore.

— Ah ! maman, je m'en doutais, quoique sans oser vous en parler.

Je ne pus me tenir à cette naïveté ; en saisissant sa main, je la baisai avec transport. La petite rougit. La maman me jeta un regard sévère, qui ne m'en imposa pas. L'évêque, d'un ton tranchant, termina la dispute en disant :

— Fi donc, ma sœur, allez-vous y mettre de l'humeur ! Il est temps que la petite goûte sa part de nos plaisirs ; l'abbé est approchant de son âge.

— Mais, mon frère... songez-vous ?...

— Je sais qu'il prendra toutes les précautions nécessaires pour prévenir l'arrivée des petits indiscrets.

— Mais, mon oncle...

— Vas-tu me montrer quelques doutes sur l'ancienneté de sa généalogie ?... Rassure-toi, tes soixante-quatre quartiers doivent se trouver honorés de se joindre au cousin de l'éléphant blanc.

— Si du moins je voyais son blason.

— Rien n'est plus facile ; les princes de la maison royale de Pégou le portent toujours sur eux.

— Ah ! voyons-le donc.

— Allons, Hic-et-Haec, faites vos preuves.

Le baiser que j'avais collé sur la jolie main de la chanoinesse m'avait mis en état de paraître avec gloire. Au mouvement que ma main fit pour mettre en liberté la trompe d'éléphant :

— Quelle indécence ! s'écria la mère.

L'évêque :

— Regardez son cachet, c'est une tête d'éléphant.

J'exhibais cependant mes armoiries.

— Comment, dit la signora, je ne m'en étais pas aperçue.

— Ah ! ma sœur, vous avez déjà fourragé dans ce canton.

Elle rougit, en marmottant, que je suis une étourdie.

— Eh bien ! considérez plus à votre aise ; et vous, ma nièce, vîtes-vous jamais de plus belles armoiries ?

La mère, surprise, convint que cela était merveilleux, et la jeune Laure, interdite, et d'une voix syncopée par le désir :

— Cela est bien beau... Le superbe écusson...

— Allons, prince, initiez cette vierge ; pendant que vous lui ferez chanter sa première hymne à l'amour, nous battrons la mesure, sa mère et moi.

Je renversai ma chanoinesse sur le sofa ; l'évêque dénoua les cordons de son corset et découvrit à mes yeux éblouis deux hémisphères d'albâtre où des veines azurées traçaient le cours de mille rivières serpentantes ; ma bouche enflammée en suivit les contours, et en peu de temps parcourut bien du pays. Cependant, de peur de faire fausse route, je mouillai l'ancre dans une mer de délices ; et le saint prélat ayant jeté sa sœur sur l'ottomane voisine, s'aperçut de la double libation que j'avais faite.

— Ah ! ah ! dit-il, ce temple a été souillé par quelque profane ; mais avec ce goupillon je vais le purifier.

Et entrant dans le parvis après quelques allées et venues dans la nef, il pénétra dans le sanctuaire, qu'il purifia par une ample aspersion de son eau lustrale.

La petite, en ce moment, tournant la prunelle et se raidissant, s'écria :

— Ah ! roi de Pégou, que tu as bien fait de te convertir !

Quel que fût le délire que me causait son ivresse, la prudence l'emporta sur mes transports, et, docile aux préceptes du vénérable prélat, je répandis ma libation sur l'architrave du portique du temple. La mère et l'oncle me félicitèrent de ma sage retraite ; mais Laure m'en paraissant moins satisfaite, je me hâtai de la consoler en me replongeant de nouveau dans l'antre brûlant qui ne m'avait senti sortir qu'à regret, et je lui procurai une nouvelle émission sans dépense de ma part. L'évêque et sa sœur s'étaient cependant rapprochés de nous, et la dame, baisant le front de sa fille, approchait de mes lèvres une fraise de son sein, que je m'empressai de sucer, pendant que le prélat, d'une main caressante, pressait mon postface, qu'il socratisait du doigt majeur.

Nous nous remîmes après en état décent, et les ablutions nécessaires finies, les toilettes réparées, nous attendîmes l'arrivée de Valbouillant, de sa femme, de Babet, qui ne se firent pas longtemps désirer. Les premiers moments de l'entrevue se passèrent en compliments.

— Prince, me dit tout bas la gentille Laure, pourquoi mon oncle a-t-il invité ces gens-là ? Cela va nous forcer à une gêne que je savais supporter avant l'intimité de notre liaison, mais dont la connaissance des plaisirs va me rendre incapable.

— Rassurez-vous, repris-je, loin de contraindre notre élan vers la volupté, leur présence en variera les formes.

— Mais un homme marié !... la présence du mari doit bien en imposer à la femme.

— Bon, la présence d'une mère doit bien gêner une jeune chanoinesse, cependant...

— Ah ! toutes les mères ne sont pas bonnes comme la mienne.

— Oh ! tous les maris ne sont pas bons comme de Valbouillant.

On s'était assis, on s'observait ; tous avaient grande envie de voir la confiance et la liberté s'établir, mais personne n'osait rompre la glace. L'évêque sourit de l'embarras général et, prenant Laure par la main, la mena à Mme de Valbouillant.

— Souffrez, dit-il, que je vous présente une nouvelle initiée ; elle a d'heureuses dispositions et, docile à vos conseils, elle saura respecter les préjugés en public et s'en dépouiller dans le particulier. Je demande votre amitié pour elle ; bannissons entre nous tout respect humain, soyons dans ma retraite comme nous étions dans votre boudoir d'Avignon.

— Vous ne pouvez, répondit Mme de Valbouillant, me faire un plus grand plaisir ; vous n'attendez plus personne, je crois ?

— Non, et jamais aucun domestique n'entre dans ce corps de logis que je ne lui en donne l'ordre exprès.

— Bon, en ce cas-là, pour cimenter notre union et rendre notre connaissance plus intime et plus prompte, que ne prenons-nous tout de suite l'habit de la vérité ? Il sera, je crois, très avantageux à Madame et à cette belle enfant.

La signora Magdalani feignit un instant d'hésiter ; l'évêque la décida en enlevant lui-même son fichu et, dénouant son corset, Mme de Valbouillant en fit autant à la chanoinesse, dont elle couvrit de baisers la gorge et les bras qu'elle avait d'une rondeur et d'une forme ravissantes. Et monseigneur, ouvrant une petite armoire cachée dans le lambris, en tira quatre peignoirs d'une gaze très claire, agréablement ajustés, dont il couvrit nos nymphes, sans dérober leurs charmes à nos regards avides. La signora Magdalani était grande, avait des formes superbes et semblait entourée par les Grâces. On eût pris l'évêque pour l'Apollon du Vatican. De Valbouillant ressemblait au dieu des jardins, et nos belles trouvèrent que j'avais assez l'encolure de Ganymède.

Le prélat ne put voir sa charmante nièce sans désirer de s'égarer dans le sentier que je venais de frayer ; elle baissa les yeux, regarda timidement sa mère dont le sourire la décida à se résigner, et qui la suivit sur le canapé voisin où elle l'encouragea par son exemple, en se livrant aux transports de Valbouillant qui, passant les jambes de la belle sur ses épaules, s'introduisit très avant dans ses bonnes grâces. Je m'insinuai dans celles de Mme de Valbouillant qui, cependant, d'un doigt officieux caressant le centre des voluptés de Babet, jouissait du double plaisir qu'elle nous procurait. Six glaces avantageusement placées à la hauteur des ottomanes répétaient les trois groupes voluptueux qu'elles multipliaient à l'infini, et les sens irrités par ce spectacle enivrant redoublaient l'ardeur de chaque combattant, qui aurait rougi d'être vaincu dans cette lice érotique. Magdalani, par l'agilité de ses reins, prouvait à Valbouillant que ses trente-cinq ans n'avaient rien diminué de son ardeur, et que sa fille, malgré sa jeunesse, ne la surpassait pas pour la prestesse et le moelleux des mouvements.

Le saint homme applaudissait au zèle de la chanoinesse à suivre l'exemple de sa mère. Mme de Valbouillant, Babet et moi n'avions pas besoin d'être encouragés, mais ce spectacle nouveau nous rendait encore plus acharnés à fêter le dieu de Lampsaque. Les trois groupes ayant consommé leur sacrifice, nous nous réunîmes en rapprochant les trois sofas ; on voyait sur tous les visages la gaieté succéder à la jouissance ; point d'air d'épuisement ni d'ennui ; le fin sourire et le regard malin promettaient le prochain retour des désirs. On félicita la jeune Laure sur le courage qu'elle avait montré dans ses premiers combats ; sa mère reçut aussi nos éloges pour la philosophie avec laquelle, s'élevant au-dessus des préjugés, elle avait accéléré par son exemple la félicité de sa fille. La petite se jeta dans les bras de sa mère qui la couvrit de baisers, et d'un doigt curieux tâcha de reconnaître les dégâts que mes efforts et ceux de l'évêque avaient faits. Cet attouchement réveilla les sens de la chanoinesse qui versa presque aussitôt les larmes de la volupté sur la main de la Signora qui reçut d'elle le même service.

Mme de Valbouillant, pour nous faire attendre sans impatience le retour des désirs, nous proposa de nous lire une anecdote qu'elle venait de recevoir de Paris. Tout le monde y consentit et voici ce qu'elle nous lut :

LES CHEVAUX NEUFS
Anecdote

Adeline (1) des Italiens, célèbre par un joli pied et par des charmantes roueries, parvint à captiver le riche Vézère, il semait l'or avec profusion. Adeline en obtint une jolie maison à la barrière blanche ; il la meubla avec tout le goût possible, lui prodigua des diamants et prévint tous ses désirs ; mais il mettait toujours dans ses cadeaux un peu de gaucherie financière, et semait l'or sans grâce. Un jour il lui fit faire une voiture de la coupe la plus agréable, doublée de velours jonquille, enrichie de crépines d'argent, les panneaux étaient peints avec goût et vernis richement, il la fit conduire chez elle. Vous pensez bien que tous les parasites de la maison ne tarirent pas sur l'éloge du nouveau char qui devait faire le plus bel effet à Longchamps (2) ; mais Adeline observa que la voiture neuve ferait disparate avec ses vieux chevaux. Vézère, qui ne s'attendait pas à cette nouvelle

---

(1) Le texte original comprend Ad... partout, sauf dans la dernière phrase qui commence par Adeline. On a remplacé Ve... par Vézère pour faciliter la lecture. *(Note de l'éditeur.)*

(2) S'écrit sans « s » aujourd'hui.

dépense, en marqua de l'humeur : elle bouda, et il finit par dire qu'on allât chercher Javard, le maquignon, et que, s'il était raisonnable, il changerait ses chevaux.

La belle reprit sa gaieté, et trois quarts d'heure après, Javard arriva avec ses deux chevaux bais à col de cygne, tête busquée, jambe fine, jarret large, croupe arrondie et avant-main superbe, etc. Les voir et les désirer fut l'ouvrage d'un moment. Vézère, d'un air indifférent, demanda ce qu'il les voulait vendre. Javard, avant de répondre, détailla leur figure, vanta leur rigueur, leur fit faire cent courbettes, mit dans leur éloge toute l'emphase d'un maquignon, et finit par dire que quand ce serait pour son père, il ne pourrait pas les donner à moins de deux mille francs de retour.

VÉZÈRE

Deux mille francs ! Vous moquez-vous ?

JAVARD

A tout autre, j'en aurais demandé cent louis ; mais pour vous, monsieur, je n'ai qu'un mot : deux mille francs, et ils sont à mademoiselle.

VÉZÈRE

Vous n'en voulez pas douze cents francs.

JAVARD

J'y perdrais plus de trente louis.

VÉZÈRE

Vous n'en voulez rien rabattre.

JAVARD

Je ne puis, en conscience.

VÉZÈRE

La conscience d'un maquignon !... Allons, ils seront pour un autre.

ADELINE

Ils feraient pourtant bien à ma voiture, elle est si jolie !

VÉZÈRE

Jolie tant que vous voudrez ; vous garderez vos vieux. Vous me ruineriez par vos caprices.

Elle insiste, il s'impatiente et sort, en prenant sa canne et son chapeau.

ADELINE

Quelle lésine ! Il ne sait jamais rien faire qu'à demi. Il me donne une voiture délicieuse et me refuse les chevaux... Ils sont charmants... Quel dommage !

JAVARD

Je ne conçois pas qu'un homme aussi riche se fasse tirer l'oreille pour deux malheureux mille francs, quand il s'agit d'obliger une si belle personne qui veut bien faire son bonheur. Ah, si j'étais à sa place...

ADELINE

Vous feriez peut-être comme lui, les hommes ne sont généreux que quand ils nous désirent.

JAVARD

Je ne suis qu'un marchand de chevaux, mais je ne vous refuserais certainement pas les miens si je croyais, à ce prix, être traité cette nuit seulement comme M. de Vézère.

ADELINE, souriant

— Vous seriez bien attrapé si je vous prenais au mot.

JAVARD

Non, ma foi, j'en ferais le sacrifice de toute mon âme.

ADELINE

Vous plaisantez...

JAVARD

Non, j'en jure ; dites un mot et les chevaux entreront dans votre écurie.

ADELINE

Quoi, tout de bon ?

JAVARD

D'honneur.

ADELINE

Savez-vous que vos chevaux me tentent beaucoup.

JAVARD

Vous me tentez bien davantage.

ADELINE

Si j'allais accepter...

JAVARD

Je me flatte que vous seriez si contente de la nuit, que vous m'en accorderiez quelque autre.

ADELINE

Vous croyez... Eh bien ?

JAVARD

Eh bien ?

ADELINE

Puisque vous le voulez décidément... faites-les donc mettre dans mon écurie.

Les chevaux entrèrent, Javard remonta : c'était un gaillard de bonne mine, l'épaule large, l'œil vif, le teint brun et taillé en payeur d'arrérages, il voulut procéder, sans délai, à se payer de ses chevaux. Adeline avait trop envie de briller à Longchamps pour faire des difficultés après la générosité du maquignon. Son boudoir, avant souper, fut trois fois la caisse où il toucha des acomptes. Un repas fin et délicat arrosé d'excellent vin répara leurs forces, et son lit vit cinq fois l'ardent Javard travailler à toucher sa créance. Vézère ne l'avait pas accoutumée à pareilles fêtes. Elle s'y livra avec ivresse, mais le maquignon ne perdant pas la tête se leva de grand matin, courut chez Vézère et s'y fit introduire.

JAVARD

Mes chevaux sont, monsieur, chez Mlle Adeline. Il ne m'a pas été possible de la refuser.

VÉZÈRE

J'entends, et vous comptez que sans y avoir consenti, je ferai la sottise de vous payer deux mille francs.

JAVARD

Point du tout, j'ai pris des arrangements avec elle.

VÉZÈRE

Et quels arrangements ? s'il vous plaît.

JAVARD

Elle a un anneau dont je me suis accommodé.

VÉZÈRE

Sa bague ?

JAVARD

Oui, elle me convient fort...

VÉZÈRE

Parbleu, je le crois, elle m'a coûté deux mille écus, vous ne faites pas de mauvais rêves. Allons, faites votre quittance de deux mille francs ; je vais les payer, mais qu'il ne soit plus question de l'anneau.

JAVARD

Mais, monsieur, le marché est fait...

VÉZÈRE

Et je le défais. Diable, comme vous y allez ?... Allons votre quittance, voilà votre argent.

JAVARD

Allons donc, puisque vous l'aimez mieux.

Il fait la quittance, reçoit les deniers, et se retire, content d'avoir si bien vendu ses chevaux et d'avoir passé gratis une si bonne nuit.

Vézère prend alors sa redingote, sa canne et son chapeau et va chez Adeline. La femme de chambre a beau lui représenter qu'elle dort, qu'elle a toute la nuit été fort agitée, il entre, en disant qu'il a de quoi guérir sa migraine. Adeline se réveille au bruit.

ADELINE

Venez-vous encore me tourmenter après m'avoir désobligée comme vous avez fait hier ?

VÉZÈRE

Non, friponne ; tu sais bien que je finis toujours par faire ce que tu veux. Tiens, voilà la quittance de tes chevaux.

ADELINE

Je n'en ai que faire, monsieur, je les ai payés.

VÉZÈRE

Oui, avec ton anneau ! Il me l'a dit ; mais je n'entends pas cela ; garde-le, voilà ta décharge en bonne forme, et il m'a promis de te laisser ta bague.

Adeline devina sans peine l'équivoque, se mordit les lèvres pour n'en pas rire et, pour cacher sa confusion, elle eut la complaisance de recevoir le financier dans la chapelle que le maquignon avait si bien fêtée.

On applaudit fort à cette anecdote, et l'évêque proposa du sirop de punch pour désaltérer la lectrice et rafraîchir ses auditeurs.

— Volontiers, dit la signora Magdalani ; mais ne vaudrait-il pas mieux prendre auparavant le rafraîchissement du bain, mon frère en a de charmants, la chaleur est si vive que l'eau doit être assez échauffée par le soleil, nous n'avons point de toilette à faire, nos peignoirs ne tiennent qu'à un ruban.

— L'idée est charmante, dit Mme de Valbouillant ; mais personne ne pourrait-il nous voir ?

— Non, dit l'évêque, le bassin touche à ce boudoir et personne n'y peut pénétrer ; j'en ai seul la clef, et nous porterons sur le bord le punch que nous prendrons en nous baignant.

Tout le monde en fut d'accord, et nous passâmes dans ce délicieux bassin revêtu de stuc ; il était ombragé par un grand platane, deux sycomores et deux grands saules pleureurs ; le jasmin et le chèvrefeuille s'élevaient autour de leur tige et, s'étendant d'un arbre à l'autre, formaient des festons parfumés ; à quelques pas de là, des touffes de seringa sortaient d'une haie de rosiers de diverses espèces auxquels se mêlaient l'aubépine, l'acacia rose et l'épine-vinette ; la violette, la pensée, l'anémone et l'odorante jonquille couvraient le gazon qui séparait la haie du canal ; et les pois de senteur se ramaient (1) autour de la tige élevée de la tubé-

(1) Le verbe « se ramer » n'est plus usité aujourd'hui.

reuse ; plus loin, des bancs de mousse à travers laquelle percent la pâquerette et l'armoise offrent un siège doux et frais à la nymphe qui, sortant de l'onde, veut se sécher et s'essuyer avant de reprendre ses habits. C'est là que nous allâmes chercher à nous délasser de nos agréables fatigues ; l'Albane et Boucher se seraient trouvés contents s'ils avaient été admis ; quel travail pour leurs ingénieux pinceaux ! chacune de nos belles leur aurait fourni vingt académies. Ils auraient cru voir Thétis au milieu de ses naïades, recevant Phébus, tandis que les heures dételent son char. De Valbouillant avait l'air de Comus chargé de préparer le festin, pendant qu'en folâtrant près des belles nageuses, je ressemblais au dieu dont les ailes aux talons annoncent l'emploi.

Sur les pas du prélat, nous nous hâtâmes de nous plonger dans l'onde limpide, qui ne faisait que rafraîchir les charmes de nos nymphes sans les voiler ; les peignoirs, qu'elles avaient quittés, étaient remplacés par les boucles éparses de leurs cheveux qui formaient un vêtement transparent aux contours arrondis de leurs tailles élégantes ; l'eau ne s'élevait qu'à la hauteur de leur sein ; elles se baissaient quelquefois pour en avoir jusqu'au menton, et quand elles se relevaient, l'humidité qui restait sur l'ivoire de leur gorge appétissante ressemblait à ce frais duvet qu'on aperçoit sur la prune dans sa maturité et qu'on appelle la fleur ; avec quel empressement nos lèvres enflammées couraient la recueillir ; que de bonds, que de folies nous fîmes dans ce délicieux bassin.

Nos quatre naïades étaient belles, mais toutes d'un genre de beauté différent ; la signora Magdalani, d'une taille audessus de la médiocre, avait approchant les formes que nous fait admirer Raucourt [1] dans le rôle de Didon, et ses longs cheveux châtains relevaient l'éclat d'une peau d'un

(1) Dite Mlle Saucerotte, illustre tragédienne.

blanc de lait, sillonnée de veines d'azur ; son embonpoint lui rendait la fraîcheur que le grand usage des plaisirs lui aurait fait perdre si elle avait conservé la taille svelte qu'elle avait à vingt ans. Laure, plus petite mais agréablement coupée, voyait flotter sur sa gorge naissante une forêt de cheveux blonds cendrés ; ses yeux étaient bleus, ses longues paupières et ses sourcils bien arqués étaient de la couleur de l'ébène ; et d'ailleurs elle méritait mieux que jadis la Thévenin ([1]) le beau nom d'as de pique. Je ne répéterai point ici le tableau de Mme de Valbouillant, ni de la gentille Babet : la première, on le sait, a des jumelles qu'on ne peut pincer, des dents de perles et le regard humide de la volupté prête à toucher le but ; et Babet avec ses yeux noirs, ses cheveux châtains, avait l'air d'Hébé réveillant le dieu de la force.

Après mille agaceries réciproques, Mme de Valbouillant, poursuivant la jeune Laure et folâtrant comme Sapho le faisait d'ordinaire avec ses compagnes, la renversa sur une touffe de roseaux, nous fit apercevoir le carmin et la rose au milieu de son spadille ([2]) ; cependant de Valbouillant accourt et, tournant la chanoinesse de côté, se coulant sur son dos, s'insinue dans le losange vermeil dont sa femme continuait de chatouiller le sommet ; l'évêque, cependant, étend Babet à côté des combattants, de manière que l'officieuse main de Babet rendait à sa maîtresse tout ce que celle-ci prêtait à Laure ; et pour compléter le groupe, la signora Magdalani, se courbant sur les reins de son frère, m'offrit une double route aux plaisirs ; je commençai le sacrifice dans l'arrière-temple, et j'achevai ma libation dans le vrai sanctuaire. La fraîcheur de l'eau, l'ardeur de nos désirs, par leur contraste heureux, aiguisèrent la volupté, et nous convînmes d'une voix unanime que jamais on ne pouvait éprouver d'ivresse plus délicieuse.

(1) Artiste dramatique connue sous le nom de Mlle Sophie.
(2) As de pique au jeu d'hombre.

Nous sortîmes du bain aussi frais qu'en y entrant ; sur le rivage, nous vidâmes le bol de punch qui s'y trouvait préparé. Je fus l'échanson et l'on trouva que j'avais autant de grâce à remplir mes fonctions que le prince phrygien, qui servait le nectar à Jupiter.

Nos belles reprirent leurs peignoirs et nous de légères robes de taffetas. Rentrés au salon, nous échangeâmes les plus douces caresses. La signora Magdalani observa que la société, toute charmante qu'elle était, péchait en ce qu'il y avait plus de consommatrices que d'objets de consommation, et que, d'après toutes les proportions physico-mathématiques, tout serait plus dans l'ordre s'il se trouvait six hommes et quatre femmes, et qu'il fallait, pour le bien de la paix, doubler le nombre des collaborateurs.

L'évêque, reconnaissant l'évidence du principe, opposa la difficulté de faire cette opération sans compromettre sa réputation, qui était la base de l'aisance de sa famille. La Signora, confuse, ne savait que répondre quand Laure, élevant la voix, rappela à son oncle les bijoux qu'il avait eu la complaisance de lui faire passer de la part de sa tante la Visitandine. Le bon prélat sourit, la société le pressa, et il dit à sa nièce de produire ses bijoux si elle les avait encore.

— Si je les ai ! ils ont été ma consolation depuis que vous me le savez donnés.

Et elle tira de sa poche les deux plus beaux simulacres que l'art ait produits pour suppléer à la faiblesse humaine. Des tubes d'étain, rivaux de la nature, recouverts d'un velours incarnat, garnis d'un piston pour lancer à volonté du lait chaud. La pieuse abbesse des visitandines, empressée à fournir à leurs besoins, avait prié le prélat, son cousin, de lui en procurer de différents calibres pour les postulantes, les novices et les professes ; et pour être assurée que sa communauté ne chômerait point, elle en avait mis un nombre en réserve qui, le fanatisme religieux se ralentissant et chaque nonne en étant fournie, lui restait en magasin. Le prélat, prévoyant les besoins de sa nièce chérie, en avait demandé deux, et la bonne religieuse, pleine de zèle pour le salut de sa parente, avait garni les ceintures auxquelles elles étaient attachées d'*agnus dei*, de buis bénit et de bois pourri qu'elle avait honoré du nom de bois de la vraie croix, pour élever vers Dieu ses idées quand elle ferait usage de ce consolateur des recluses.

La lubrique assemblée admire le génie de l'inventeur et le talent supérieur de l'ouvrier dans l'exécution. L'espiègle Babet voulait à l'instant entourer ses reins de la sacrée ceinture ; mais sur la représentation de la chanoinesse, elle en différa l'usage jusqu'à ce que le lait nécessaire à cet usage fût préparé et parvenu à la chaleur convenable.

Pour attendre patiemment que tout fût prêt, on proposa que nos belles fissent le récit fidèle de leurs aventures. La proposition fut généralement acceptée, et la signora Magdalani, comme le doyenne, commença en ces termes :

« Ma mère perdit la vie en me donnant le jour ; mon père m'envoya près de ma tante, dans son petit castel aux environs de Nice. Ma tante, n'ayant rien de mieux à faire, s'était jetée dans la dévotion, et passait la journée à l'office ou à médire avec ses voisines ; on m'avait appris les litanies de la Vierge, et je prononçais avec toute l'emphase convenable : “ Tour d'ivoire priez pour nous, rose mystique priez pour nous, vase d'élection priez pour nous. ” Mais, de bonne foi, je n'attachais aucune idée à ces vocatifs décousus. Ma tante cependant s'applaudissait de ses talents pour enseigner, et de mes dispositions à m'instruire, parce qu'à douze ans je savais par cœur les sept psaumes en latin, le *Salve Regina* et l'*Angelus*. Quand ma tante était sortie, dès que j'avais fini l'ourlet qu'elle m'avait donné à faire, car j'apprenais aussi la couture, je courais dans le jardin pour m'amuser avec les enfants du jardinier Marcel. L'aîné était un petit polisson d'environ quinze ans, le teint animé, les yeux vifs, les reins doubles et l'épaule large. La gouvernante du curé, veuve du sonneur, femme entre quarante et cinquante ans, avait pris soin de l'instruire et s'était fait payer ses leçons. Mais je parus, et mes appas naissants piquèrent sa curiosité plus que les charmes surannés de son institutrice ; il cherchait impatiemment l'occasion de me faire part des connaissances qu'il avait acquises et je volais au-devant de l'instruction. Un soir que je me promenais dans le jardin où il plantait une planche d'escarole, je l'observais fourrant dans les trous qu'il avait faits avec le plantoir les racines des légumes qu'il venait d'arracher. Je lui fis quelques questions, il y satisfit avec la simplicité de son âge et de son éducation ; puis me regardant avec feu, quoique les yeux à demi baissés :

— J'ai bien, dit-il, un autre plantoir qui vaut bien mieux.

— Eh bien, voyons, comment tu t'en sers ?

— Oh ! ce n'est pas en pleine terre, c'est dans les serres chaudes qu'on en fait usage.

— Eh bien ! nous sommes tout auprès, voyons.

— Volontiers, dit-il, suivez-moi.

L'ardeur de m'instruire m'y fit consentir. Y étant entrée :

— Voyons ton plantoir ?

— Soit.

Il me renversa sur une couche, et d'une main découvrant le terrain qu'il voulait cultiver, de l'autre il découvrit ce merveilleux plantoir. Surprise, j'y portai la main.

— Qu'il est ferme, lui dis-je, il doit entrer bien avant. Mais où est le plant ?

— Tout, dit-il, est renfermé dans le plantoir, il perce, il plante, il arrose.

— Eh bien ! voyons comment tu t'y prends.

Croyant qu'il allait l'enfoncer dans le terreau de la couche. Mais le fripon, profitant de ma position, se précipite dans mes bras, passe mes pieds sous ses bras, m'attire à lui et, rassemblant tous ses efforts, pénètre, en renversant tous les obstacles, dans le réduit où dormait encore la volupté. Il la réveille, précédée par la douleur ; je fais des efforts pour m'échapper, mais ses bras nerveux les rendent vains. Je reste clouée sur la couche, me résignant à souffrir quoique impatiemment ; mais bientôt la douleur s'affaiblit et disparut par degrés. Cet hôte qui m'avait paru si terrible dans l'abord devint à mes yeux un commensal dans la société duquel on pouvait se plaire, et je désirais moins sa retraite. Petit à petit, je pris mon mal en patience et je craignis qu'il ne quittât le brûlant séjour dont il faisait alors mes plus chères délices. Mon ivresse s'accrut et ne se calma que par la voluptueuse émission d'un baume qui, soulageant mes blessures, me fit aussi répandre intérieurement les larmes les plus douces. Sa fureur étant calmée, le plantoir sortit dans un état moins menaçant. Je fus surprise de la souplesse qu'il avait acquise, je le touchai avec étonnement et je vis avec effroi qu'il était teint de mon sang ; mais je lui pardonnai sa barbarie, et j'étais affligée de l'état d'abattement dans lequel il se trouvait.

Bastien, c'est le nom du fils de Marcel, examina le ravage qu'il avait causé chez moi ; cet examen et la chaleur de ma main, qui n'avait pas quitté prise, ranimèrent son orgueil, et je l'aurais abattu de nouveau sans du bruit que nous entendîmes auprès de la serre. C'était ma tante qui rentrait du salut, et qui était passée par la petite porte du jardin : ma jupe fripée et salie par le terreau de la couche, ma rougeur et mon embarras lui donnèrent des soupçons. Une vieille dévote qui l'accompagnait les aggrava par de pieuses remarques : on visita mon linge, et le résultat de cette enquête fut un prompt départ pour un couvent, où je demeurai jusqu'à quinze ans, que je fusse mariée et prise pour vierge par mon époux.

— Comment, maman, il ne s'aperçut pas ?

— Non, mon cœur. Le petit Bastien, quoiqu'il m'eût blessée, était trop jeune pour être bien terrible, et ton père crut qu'étant restée trois ans au couvent j'aurais usé des ressources d'usage dans les cloîtres ; et je confirmai son opinion par un adroit aveu, pour détourner les idées plus désavantageuses qu'il aurait pu se former. »

La belle Italienne achevait à peine son récit, quand Babet nous annonça que le lait avait acquis la chaleur convenable, et, apportant la cafetière, remplit les deux suppléments, se mit la ceinture du plus gros et proposa à la belle Laure d'en subir l'épreuve. La chanoinesse le désirait, mais l'idée que la gentille Babet était simple roturière la faisait hésiter.

— Belle délicatesse, dit le prélat ; si Babet n'est pas d'une naissance illustre, elle est anoblie par ses alliances, elle peut embellir son blason de mes armoiries, de celles du prince Hic-et-Haec, et de Valbouillant.

Laure se résigna ; et me collant sur le dos de Babet, je lui rendis le même office tout naturellement ; ma bouche faisait un suçon sur l'épaule de Babet, pendant que ma main gauche pressait les reins de la belle Laure, et que ma droite, glissée entre les seins des deux nymphes, en palpait voluptueusement les contours élastiques. Cependant, la Signora s'insinua le second supplément pendant que de Valbouillant s'avançait dans ses bonnes grâces par la route détournée. Pour l'évêque, d'une langue caressante il cherchait le nectar de la volupté dans la grotte étroite et profonde de la complaisante de Valbouillant qui, de son côté, couvrait de baisers le bâton augural du pontife.

Les belles firent tour à tour l'épreuve des bienfaisants simulacres, et l'immense cafetière était presque épuisée quand notre ingénieux prélat voulut faire un nouvel essai. Il prit le plus gros des suppléments et s'en ceignit à rebours, de sorte qu'il avait l'air de sortir du bas de ses reins, comme la queue d'un cheval coupée à l'anglaise, puis il se plaça debout entre deux lits d'une hauteur suffisante séparée par une ruelle étroite, et plaçant sa nièce sur l'un et sa sœur sur l'autre de manière que leurs jambes portaient sur un lit et leurs corps sur l'autre, il établit le naturel dans le temple de sa nièce et l'artificiel dans celui de sa sœur, et par ses mouvements rapides il occupait utilement l'une et l'autre, et, lâchant le piston mécanique en même temps qu'il faisait physiquement la libation, toutes les deux jouirent simultanément du déluge de la volupté.

Cet essai fut le dernier de la soirée. Quelques fruits délicieux et d'agréables liqueurs les rafraîchirent et les restaurèrent, et l'on s'en fut se coucher séparément pour qu'on pût se livrer sans trouble au repos que la répétition des plaisirs nous rendait si nécessaire. D'ailleurs, le prélat était un homme d'ordre dans ses plaisirs ; il avait des statuts qu'on observait religieusement dans ses orgies. La communauté des jouissances était établie entre tous les membres de la société, on n'en pouvait dérober aucun aux regards lascifs des autres, et c'était une faute digne d'exclusion d'en frustrer leur voluptueuse curiosité ; il était également défendu aux femmes de faire les pensionnaires en leur particulier, parce que c'était priver d'autant la communauté de plaisirs qui devaient être partagés ; mais tout était permis, en prévenant la société de ce qu'on allait faire pour qu'ils en fussent les témoins, s'ils en étaient tentés.

Le lendemain matin, après neuf heures d'un sommeil tranquille, nos belles quittèrent le lit :

Alors belles sans art, dans le simple appareil
De beautés que l'on vient d'arracher au sommeil.

(Racine, *Britannicus)*

Elles courent de chambre en chambre ; Laure, levée la première, était déjà dans l'appartement de sa mère, qu'elle serrait dans ses bras pour lui peindre sa joie de la liberté qu'elle lui avait accordée la veille, et lui dérobant quelques caresses :

— Ah ! maman, que tu es belle, ce n'est que d'hier que je connais tes charmes ; le respect, jusqu'à présent, m'inspirait plus de contrainte que d'amour ; depuis que tu m'as associée à tes plaisirs, mon âme nage dans l'ivresse, et je sens qu'il me serait plus doux de t'en procurer que d'en recevoir même de l'homme le plus séduisant ; tiens, regarde l'effet du baiser que je viens de prendre sur ton beau sein.

— J'en éprouve un pareil, ma chère enfant, mais...

— Quoi mais... qui nous empêche de profiter de nos désirs mutuels ?

— Et nos règlements ?

Elle instruisit Laure de la nécessité de ne dérober aucun plaisir à la vue de la société...

— Eh bien ! Maman, descendons, nous leur dirons ce que nous allons faire, qu'ils en soient les témoins s'ils veulent ; mais je jure que je ne recevrai de caresses et n'en ferai à personne avant de t'avoir fait partager mes transports.

De Valbouillant et l'évêque arrivèrent alors, Laure leur déclara ses intentions, et comme je survenais avec Mme de Valbouillant et Babet, je me hâtai de presser la maman de céder aux transports de sa fille pour se rendre ensuite aux vœux de la société.

— Eh bien ! maman, que tardons-nous ? Viens sur ce sofa.

Comme elle hésitait :

— Retirons-nous, dit de Valbouillant, ce sont des affaires de famille, ne les troublons point, allons au salon, nos belles amies nous rejoindront quand elles voudront de nous.

— Y consentez-vous ? nous dit alors l'évêque.

— Assurément, dîmes-nous à l'unisson ; mais comme c'est une assemblée de parents, monseigneur en devrait être.

— Non, dit Laure vivement, nous vous rejoindrons tout de suite.

— A votre aise, reprit l'évêque en souriant, nous avons de quoi nous occuper sans vous, et nous allons faire préparer le déjeuner.

Nous descendîmes. La mère et la fille rentrèrent dans leur appartement, et l'ardente Laure menant la maman sur le lit qu'elle venait de quitter s'y précipita dans ses bras ; rien, ni jupes, ni corsets ne s'opposèrent à leur fureur érotique.

— Quelles superbes formes, s'écriait la chanoinesse en couvrant sa mère de baisers enflammés.

— Quelle fraîcheur, quelle fermeté, disait la maman caressant les charmes les plus secrets de Laure.

Et leurs jambes de s'enlasser, leurs seins de se presser, leurs lèvres de s'entrouvrir et leurs langues de s'unir ; leurs yeux se ferment, leurs mains s'égarent, leurs sens s'allument, leurs lèvres humides exhalent de tendres soupirs, leurs reins s'agitent convulsivement, leurs doigts agiles sont inondés de volupté.

— Ah ! ma Vénus, ah ! mon Hébé, s'écrièrent-elles ensemble en se serrant amoureusement.

— Ah ! dieux !...

Et la parole leur manque... ô Sapho ! ô Raucourt ! éprouvâtes-vous jamais des transports aussi vifs ? Les sentiments de mère et de fille semblaient ajouter au délire de leurs sens, que la plus abondante effusion du nectar du plaisir ne pouvait calmer. L'évêque, qui était remonté sur la pointe du pied avec de Valbouillant et moi, après avoir joui de leur ivresse en silence le rompit en chantant ce fragment de Lucile :

Où peut-on être mieux qu'au sein de sa famille ?

— Eh bien ! dit la mère sans se déconcerter, vous voyez,

mortels présomptueux, qu'on peut se passer de vous, et que ma Laure et moi nous savons nous suffire à nous-mêmes.

— D'accord, belle dame, lui dis-je, mais puisque la source du vrai bonheur est en vous, convenez que vous seriez barbares si vous nous refusiez de nous y désaltérer.

— Nous ne refusons rien, dit Laure, pourvu que vous ne nous forciez pas à nous désunir.

Alors elles se serrent de nouveau, couchées de côté sur le lit ; l'évêque et de Valbouillant, lestes comme des lévriers, s'élancent sur la couche et, à l'instar de ces animaux, se mettent à fêter nos belles. Je fus un instant spectateur, mais bientôt lassé de ce rôle, je pris mon évêque à revers ; ses mouvements m'apprirent qu'il m'excusait de le prendre en traître. Et bientôt, les soupirs entrecoupés, les doux gémissements prolongés de la mère et de la fille, et de légères convulsions, nous annoncèrent qu'elles continuaient de répandre des larmes de volupté. Nous redoublâmes d'ardeur et les retînmes dans leur ivresse jusqu'à ce que nous eussions nous-mêmes consommé le sacrifice.

Mme de Valbouillant et Babet, qui étaient survenues pendant le combat, pour ne pas rester oisives s'étaient armées des suppléments dont elles s'obligeaient réciproquement, en se réglant sur les mouvements du groupe principal.

Le sacrifice terminé, on se relève, on se félicite et l'on redescend dans la salle à manger ; de bons consommés, d'excellentes truffes à l'huile vierge, et des canapés d'anchois rétablirent les forces de nos aimables athlètes ; les vins les plus fins y furent joints ; quelques chansons aimables et folles égayèrent le déjeuner ; et l'évêque proposa d'aller folâtrer dans quelque bosquet de l'averne (1), son jar-

(1) *Laverne* dans l'édition originale. *Laverne*: déesse des voleurs à Rome. L'Averne : l'enfer des Anciens. Mais l'averne est aussi le nom vulgaire de l'aune.

Nous savons nous suffire a nous mêmes

din délicieux. Tout le monde applaudit, et tous, d'un pied léger et d'un front riant, suivirent le saint prélat et sa superbe sœur.

Rien n'égale le goût et la variété de ces jardins enchanteurs. L'acacia rose, le mélèze fleuri unissent leurs rameaux au cèdre du Liban ; plus loin le catalpa, le platane dépouillé de son écorce, ombragent de leur cime élevée le limpide ruisseau qui serpente à travers le gazon fleuri, tandis que le saule pleureur courbe vers l'onde fugitive ses rameaux minces et pendants ; la violette, la rose, le thym, l'iris, le talissée [1] émaillent la prairie et fournissent un riche butin à l'abeille laborieuse qui vient cueillir dans leur calice le baume vivifiant dont elle compose son miel ; les arbustes odorants, le jasmin parfumé, le rampant chèvrefeuille, s'élevant le long de la tige du citronnier et se liant aux branches de l'oranger, charment la vue par leurs guirlandes naturelles et l'odorat par leur douce saveur. Un sentier serpentant à travers un fort de noisetiers et de mûriers sauvages conduit à la plus charmante des grottes ; les rocailles les plus artistement posées, les coraux, les madrépores, l'éclatant burgos, la nacre brillante en tapissent les parois ; l'onde fraîche et limpide, filtrant à travers le rocher, se rassemble dans des conques superbes d'où elle retombe par cascades dans des bassins de granit, qu'on croirait creusés par les mains de la nature ; l'art partout est caché et n'en a que plus de succès. Sur l'entrée on lit : ICI L'ON S'ÉGARE. Au fond de la grotte, éclairée par une ouverture pratiquée pittoresquement dans la voûte, une mousse épaisse et fleurie offre des lits commodes au promeneur fatigué ; au-dessus on lit ; ICI L'ON SE RETROUVE.

La signora Magdalani s'y couchant dit en souriant :

— Qui veut se retrouver avec moi ?

(1) Coquille typographique ? Fleur ou plante inconnue...

Je me présentai le premier.

— J'admire son zèle pour la famille : il vient de rendre service à mon frère, il veut m'obliger et je parie qu'avant de rentrer au château il voudra se rendre utile à ma fille, le charmant enfant ! Mais je ne veux pas qu'il s'épuise ; jouons avec la volupté mais rendons-nous en maître, et sachons reculer l'instant de la conclusion. Mme de Valbouillant et Babet n'ont pas goûté de plaisirs solides aujourd'hui, que mon frère et de Valbouillant les occupent ; ma fille et moi nous nous contenterons de Hic-et-Haec ; il a de l'esprit jusqu'au bout des doigts, j'en veux faire plus d'usage que de la trompe de son éléphant. Viens, ma Laure, mets-toi à mes côtés, ouvre ton peignoir comme j'ai fait du mien ; que ses mains caressent nos deux portiques, que sa bouche se colle alternativement sur les nôtres, se promène sur ton sein et sur le mien, et soyons économes du baume précieux qu'il voudrait nous prodiguer.

Je consentis au joujou qu'elle proposait, et quand la volupté se faisait sentir trop vivement, elle me forçait de suspendre, pour reprendre après une courte trève. Laure fit aussi une si jolie mine, en arrivant au but désiré, que je ne pus résister au désir de porter la bouche sur la fontaine dont mon doigt venait de faire jaillir les eaux enflammées ; le mouvement que je fis ayant découvert la trompe dans l'état le plus brillant, la Signora la saisit entre ses lèvres ardentes et, par la succion la plus voluptueuse, me fit faire une libation plus abondante que celle que je recevais de sa fille, et ma main gauche, qui n'avait pas quitté son poste, reçut des preuves liquides de l'attendrissement de la mère.

Cependant, Mme de Valbouillant et Babet s'étant adossées l'une à l'autre recevaient debout l'évêque et de Valbouillant dont les coups, repoussés par l'athlète opposé, causaient une réaction vive et singulière. L'acte fini, après quelques moments de repos et quelques verres de punch, on demanda quelque anecdote à de Valbouillant.

— Non, mais c'est la plus adroite pourvoyeuse du Comtat ; peu de femmes ont une famille aussi étendue, elle a toujours deux ou trois nièces avec elle qui l'accompagnent aux promenades, au spectacle, et quand elles sont un peu trop connues, elles se retirent vers Orange ou Carpentras où elles portent l'instruction qu'elles ont reçue chez Sara, qui les remplace par de nouvelles parentes qui lui viennent des villages d'alentour, et qu'elle forme avec le même soin.

— Oh ! oui, je me rappelle, dit l'évêque, elle est grosse, courte, le front étroit, l'œil en dessous, le crin roux et le nez un peu bourgeonné.

— Précisément, et sûrement vous avez été plus d'une fois son neveu.

— Je n'en disconviens pas ; que lui est-il donc arrivé ?

— Hier, se promenant sur le rempart avec Justine, la nièce du moment, un négociant de Bâle est venu l'accoster ; on a lié conversation, elle a d'abord été galante, puis elle s'est animée, et le bon Bâlois a proposé de lui donner à souper. Sara, toujours prête lorsqu'il s'agit d'un repas, s'accorde à tout et l'on convient que le négociant partagerait ensuite le lit de Justine en déposant dix louis sur la table de nuit, dont il aurait droit d'en reprendre un à chaque politesse qu'il ferait à la gentille nièce. Sara, qui n'avait guère vécu qu'avec d'élégants Français ou de bons contadins [1], croyait que les Suisses ne pouvaient l'emporter en civilité sur ses compatriotes, et se hâta d'accepter le marché. On a soupé gaiement, le bourgogne et le montrachet n'ont pas été ménagés, la vieille s'est bien repue, bien égayée, puis a présidé au coucher ; on a vu poser l'or sur la table de nuit, et s'est prudemment retirée pour laisser en repos le couple heureux ; ce matin, rentrée à huit heures dans la chambre de Justine, elle n'a point trouvé d'argent sur la table de nuit,

(1) Paysans ou habitants de la campagne.

et le Suisse a prétendu qu'elle lui redevait deux louis. Justine, interrogée sur faits et articles, a confirmé par son aveu les prétentions du Bâlois ; Sara a redoublé ses cris, et l'Helvétien, pour l'apaiser, l'a renversée sur le lit et lui a fait cadeau du treizième. Elle a pris son mal en patience, mais en jurant ses grands dieux qu'elle ne ferait plus de pareil marché qu'avec des Français.

— La nièce, observa l'évêque, avait moins d'humeur que la tante. Mme de Valbouillant remarqua que le bon Bâlois s'était sans doute ainsi comporté pour honorer les saints Apôtres, et avait réservé le Judas pour Sara.

— Quoi qu'il en soit, dis-je alors, je voudrais me faire naturaliser suisse si j'étais sûr que le droit de bourgeoisie chez eux me procurât d'aussi rares talents.

— Ce n'est pas quand on vous ressemble, l'abbé, qu'on doit former de pareils vœux, et vous prouvez que l'état théocratique fournit les plus précieux sujets pour la volupté.

Ce propos valait bien un remerciement. J'embrassai la belle Valbouillant, sa main chercha si j'étais digne de l'éloge qu'elle venait de me prodiguer ; l'état où elle me trouva la fit soupirer. Les réflexions sur l'aventure de Sara terminées, on s'avisa aux amusements qu'on pourrait se procurer jusqu'à l'heure du dîner.

— L'abbé, dit Mme de Valbouillant, devrait nous indiquer quelques-uns des jeux qui l'occupaient au collège.

Je lui dis que les plus usités étaient le cheval fondu, la main chaude et le pet-en-gueule.

— J'ai, dit Laure, joué quelquefois à la main chaude au couvent, j'étais quelquefois un demi-quart d'heure sans deviner, cela m'ennuyait fort et j'avais la main tout engourdie.

— N'y aurait-il pas, dit l'évêque, un moyen de rendre le jeu plus piquant ?

— En décidant que celle qui devinerait disposerait à son gré pour ses plaisirs de la personne devinée.

Le jeu de pet en gueule .

— Sans doute, dit la signora Magdalani, mais cependant nous y gagnerons peu de chose ; nos volontés ne sont-elles pas la règle des désirs des hommes de la société ?

On disserta ensuite sur le cheval fondu, et l'on trouva du danger pour les reins de celui qui portait le principal fardeau, et on le rejeta. Quand on détailla le pet-en-gueule, il trouva plus de partisans ; mais il n'y avait que trois hommes pour quatre femmes ; c'était un inconvénient, mais la signora Magdalani, s'exécutant avec grandeur d'âme, s'offrit à juger des coups.

— Soit, dit l'évêque ; et vous recevrez, pour épices, les caresses du couple qui aura le mieux réussi.

Les choses ainsi convenues, tous les peignoirs et lévites furent quittés ; le prélat prit la fraîche Valbouillant, dont le mari choisit la jeune Laure ; et j'eus en partage ma gentille Babet, tantôt sur mes mains, tantôt sur mes pieds ; j'avais toujours les yeux fixés sur les contours arrondis de ses jumelles appétissantes, et sur le joli bosquet qui couvrait les bords de sa fontaine de Jouvence ; quelquefois en faisant la roue j'y collais des baisers brûlants. Le prélat était aussi enchanté des charmes antérieurs et postérieurs de la fraîche Valbouillant qui, tour à tour sur les mains, sur les pieds, à chaque repos appuyait ses lèvres caressantes sur le bâton augural (1) du saint pasteur. De Valbouillant et la chanoinesse faisaient la double roue avec la même ardeur. Nous fîmes trois fois le tour de la grotte en dedans, et nous nous arrêtâmes en trois couples aux pieds de la signora Magdalani, soit dessus, soit dessous nos belles, et profitant de l'attitude, nous répétions la scène voluptueuse du jeune Saturnin avec Mme Dinville.

Ce fut Babet et moi que la belle Magdalani crut dignes du prix. Elle me reçut dans ses bras, couchée sur le côté ; et

(1) *Lituus auguralis* dans l'édition originale. On reconnaît là l'humour du latiniste Mirabeau.

Babet, ceignant un supplément, le glissa à l'endroit que fait admirer Vénus Callipyge ; cependant les autres se groupant autour de nous cherchèrent le plaisir dans des attitudes variées au gré de leurs caprices. Pour moi, cueillant avec ma langue amoureuse le miel de la volupté entre les dents entrouvertes de la belle Magdalani, de ma main passée sur sa cuisse j'atteignis le sommet du joli buisson de l'espiègle Babet au-dessous du simulacre qu'elle avait introduit dans le sentier étroit et détourné de la déesse que nous servions ; les caresses de mon doigt ranimèrent son zèle, elle mit plus d'activité dans ses mouvements.

— Ah ! Dieu, s'écria la Signora, quelle volupté, quelle ivresse... je fonds...

Et elle m'inonda. Je ne ralentis pas mes efforts.

— Ciel ! s'écria-t-elle, je brûle, mon ardeur ne fait que s'accroître par la jouissance, ah ! que ne puis-je aussi baiser cette adorable Babet qui me donne tant de plaisir.

— Si vous voulez nous allons troquer de poste, elle et moi.

— Volontiers, mon divin ami.

En un instant l'échange fut fait, ce fut le supplément qui remplit la route frayée, et je me plongeai dans le sentier. Que son dos était blanc, uni et potelé, que la chute de ses reins était arrondie, quelle fermeté, quelle fraîcheur, les épaules les plus fines, les bras de la plus belle forme, les mains les mieux filées ; mes lèvres brûlantes parcouraient les charmants contours, pendant que mes mains pressaient amoureusement son beau sein et se trouvaient pressées par l'ivoire de celui de Babet, qui recevait des attouchements lascifs de la belle Magdalani une ivresse égale à celle qu'elle lui procurait. Nos transports devinrent trop vifs pour les pouvoir prolonger, notre bonheur fut au comble, nous perdîmes en même temps nos forces et nous restâmes quelques instants sans mouvement, à jouir de notre abandon voluptueux. L'évêque et de Valbouillant nous versèrent à chacun un verre de vieux vin d'Alicante qui répara nos forces, et nous étant rhabillés nous engageâmes de Valbouillant à nous raconter quelqu'une de ses aventures en attendant que l'heure du dîner nous rappelât au château.

« J'avais vingt ans, dit-il, j'étais capitaine de dragons et mon régiment, cantonné dans la Lorraine, y goûtait toutes les douceurs dont ce charmant pays abonde. Dans la petite ville où ma troupe était en quartier, habitait la jeune épouse d'un vieil officier général qui était en tournée pour une inspection dont le gouvernement l'avait chargé. Elle était musicienne, chantait bien, jouait agréablement la comédie, dansait avec grâce et légèreté. J'avais les mêmes goûts; cette conformité de talents la disposait en ma faveur et me faisait désirer de me lier avec elle. Je lui accompagnais avec mon violon une ariette italienne, et mes applaudissements parurent la flatter; je demandai et j'obtins la permission de lui faire ma cour chez elle, mais la présence d'une vieille belle-sœur, qui restait toujours au salon, me gênait dans l'aveu que je voulais lui faire de ma tendresse; elle s'en aperçut, sourit malicieusement, mais elle n'éloignait point le témoin importun. Je lui donnai des billets, des vers passionnés, elle les recevait, en paraissant satisfaite, mais elle n'y répondait jamais. Vous savez que je suis ardent, et même impatient, et j'avais peine à supporter cet état, je m'ennuyais de rester toujours au même point. Pour en sortir et pouvoir m'expliquer librement sans la compromettre, je supposai un voyage que je devais faire à Nancy où elle avait des parents; je m'offris de me charger de ses dépêches et je demandai qu'elle me permît de venir le lendemain les prendre à son lever.

— Vous êtes bien obligeant, me dit-elle, mais je ne sais si j'y dois consentir, je suis paresseuse, je fais ma toilette tard, et vous me verriez trop à mon désavantage.

— Ah! madame, quand on doit tout à la nature, c'est l'art seul qui peut nuire, et je ne vous trouverai que trop charmante dans l'heureux désordre du matin.

— Vous croyez ?... Moi j'en doute et j'exige pour prix de ma complaisance que vous me disiez sans déguisement si je perds beaucoup à me laisser sans parure ; venez sur les dix heures, mes lettres seront prêtes.

Un coup d'œil d'intelligence dont elle accompagne ce propos remplit mon cœur de l'espoir le plus doux. Le lendemain, ponctuel au rendez-vous, j'arrive, je m'adresse à Marton, sa suivante, pour être introduit.

— Madame, me dit-elle, n'a pas dormi de la nuit, elle a eu une migraine affreuse, elle est encore couchée.

— Dieux ! m'écriai-je, encore couchée, une migraine, quel contretemps, je m'étais flatté du bonheur de la voir.

— Elle s'en flattait aussi.

— Et il faut que je me retire...

— Je ne dis pas cela ; si vous voulez monter, vous êtes le maître, mais ne faites pas de bruit, parlez bas de peur d'ébranler sa tête.

Alors elle sort, je la suis et je monte sur la pointe du pied ; elle ouvre la chambre de sa maîtresse, m'introduit, se retire et emporte la clef. A la faible clarté qui pénétrait, les persiennes aux trois quarts fermées, j'aperçus la belle Adèle, mollement étendue sur un lit élégant ; un corset négligemment noué par une échelle de rubans gris de lin renfermait à demi la neige élastique de son sein ; son mouchoir transparent dérangé par les mouvements de la nuit laissait apercevoir une fraise vermeille ; ses cheveux s'échappant de dessous un bonnet de superbe dentelle tombaient en boucles flottantes sur son col d'ivoire avec lequel leur couleur d'ébène contrastait merveilleusement ; une légère couverture de soie avec de larges draps de Frise se collant sur son beau corps, en dessinaient les agréables contours. Je m'approchai d'elle avec tout l'empressement de l'amour et de la timidité qu'inspire le respect (j'étais novice encore).

— Ah ! c'est vous, monsieur, me dit-elle d'une voix qu'elle s'efforçait de faire paraître faible, convenez que j'ai bien peu de coquetterie de vous recevoir dans l'état d'abattement où je me trouve.

— Ah ! madame, il ajoute le plus vif intérêt à l'ivresse que vos charmes sont sûrs d'inspirer.

— Vous me flattez, voyez comme j'ai les yeux battus.

Je saisis sa main que je couvris de baisers, et fixant ses yeux soi-disant battus :

— Ce n'est pas le cas, lui dis-je, où les battus paient l'amende, mon cœur qu'ils ravissent en est la preuve.

Et je dérobai un baiser.

— Finissez donc, monsieur, n'abusez pas de la confiance que j'avais dans votre sagesse.

Et elle se débattit avec une charmante maladresse qui me découvrit de nouveaux charmes.

— Si quelqu'un entrait, qu'est-ce qu'on penserait. Marton ! Marton ! Comment, elle n'est pas là...

— Elle est redescendue.

— L'imprudente... mais si quelque autre...

— Elle a emporté la clef.

— Ah ! comme je la gronderai !... quelle idée lui a pris ! En vérité elle me met dans une position bien étrange.

— Elle vous met à même de me rendre le plus heureux des hommes, si vous êtes sensible à l'amour le plus tendre.

Et je voulus prendre quelques libertés.

— Ah ! monsieur, il serait atroce d'abuser de la faiblesse où me jette ma migraine ; je suis presque mourante, et vous... laissez-moi donc, je sens bien votre main.

— Oh ! l'heureuse migraine ! qu'elle vous sied bien ! elle ajoute encore à votre fraîcheur.

— Ah ! quelle audace ! je suis presque toute découverte... Non, monsieur, arrêtez... je ne suis pas femme à souffrir...

Je n'écoutais plus rien et mes mains actives parcouraient les plus rares trésors, j'avais déjà un genou dans le lit ; et j'allais m'élancer pour le partager avec elle quand, me repoussant et se retournant vivement, elle saisit le cordon de la sonnette ; effrayé et craignant de l'offenser, je fis un saut du lit à la cheminée pour réparer le désordre de ma toilette en cas que ses gens arrivassent, et je proférai selon l'usage des mots d'ingrate, de cruelle, etc... Quand, partant d'un grand éclat de rire, elle dit :

— Bon, je suis sauvée, il ne sait pas que ma sonnette est rompue.

Je ne fis qu'un saut pour aller reprendre ma place dans le lit ; elle ne fit plus de résistance que pour la forme. J'usai d'autorité, elle se soumit à l'impérieuse nécessité, et bientôt nos soupirs confondus exprimèrent la vivacité de nos plaisirs. A peine eus-je atteint le but que je fournis une nouvelle carrière, et avant de nous séparer je l'avais rendue six fois heureuse, et je l'avais été cinq. J'obtins le nom de son aimable dragon, et elle me remit une clef de son appartement dont je faisais usage toutes les nuits jusqu'à ce que de nouveaux ordres nous fissent quitter ces délicieuses contrées. »

Nous applaudîmes au récit de Valbouillant, et les dames exaltèrent sa valeur ; la signora Magdalani lui demanda quelles limites il croyait qu'on devait fixer aux exploits amoureux.

— Je ne puis les assigner avec précision, et des traits comme les vôtres sont bien faits pour les reculer.

— Cela est bien honnête, mais quel est le plus grand effort que vous avez fait ?

— C'est à Bruxelles, dit-il, je revenais de l'armée, j'avais fait une longue abstinence et je m'adressai à un honnête domestique de louage, qui m'avait servi de Bonneau (1) lors de mon dernier voyage. Il me fit connaître une danseuse nommée Aurore, qui ne pouvait pas me recevoir chez elle,

(1) Entremetteur, maquereau, personnage créé par Voltaire.

étant entretenue par un vieil officier autrichien fort jaloux, mais qui vint souper avec moi chez un traiteur. Nous n'avions pour meuble qu'un grand fauteuil à crémaillère, comme il s'en trouve quelquefois dans les corps de garde d'officiers ; je convins de deux louis pour la soirée. Nous fîmes un assez bon repas, on nous servit plat à plat, et nous faisions un entracte sur le fauteuil à chaque mets qu'on nous enlevait, et en quatre heures et demie nous avions mangé neuf plats, et aucun entracte n'avait manqué. Aussi la généreuse fille voulait-elle me rendre mon argent.

L'évêque s'écria :

— Voilà le désintéressement le plus marqué, ou le triomphe du tempérament sur l'avarice, il contraste merveilleusement avec le désespoir de la vieille Sara.

— La grosse marchande de plaisir, dit de Valbouillant.

— Précisément.

L'approche d'une main allait me rendre ma gloire, quand la cloche du dîner me rappela dans la salle à manger. Le repas fut gai, l'évêque y avait établi une table mécanique comme celle que Louis XV, de lubrique mémoire, avait fait faire à Choisy pour éloigner des yeux des domestiques le cynisme de ses orgies ; au dessert, sur l'avis de l'évêque, renonçant aux pompes humaines, nous quittâmes tous les ornements du luxe, et nous achevâmes le repas en peau, de la manière que Ravannes nous dit qu'il s'en faisait chez le Régent...

Ici se trouve une lacune très longue dans le manuscrit de cette édifiante et véritable histoire. Si nous pouvons la recouvrer, nous nous hâterons d'en faire part au public.

HIC-ET-HEC

Gravures de l'édition de 1815

LONDRES

Chez tous les marchands
de nouveautés

IMPR.

P. 26. T. 1

P. 21. T. 1.

P. 29. T. 1.

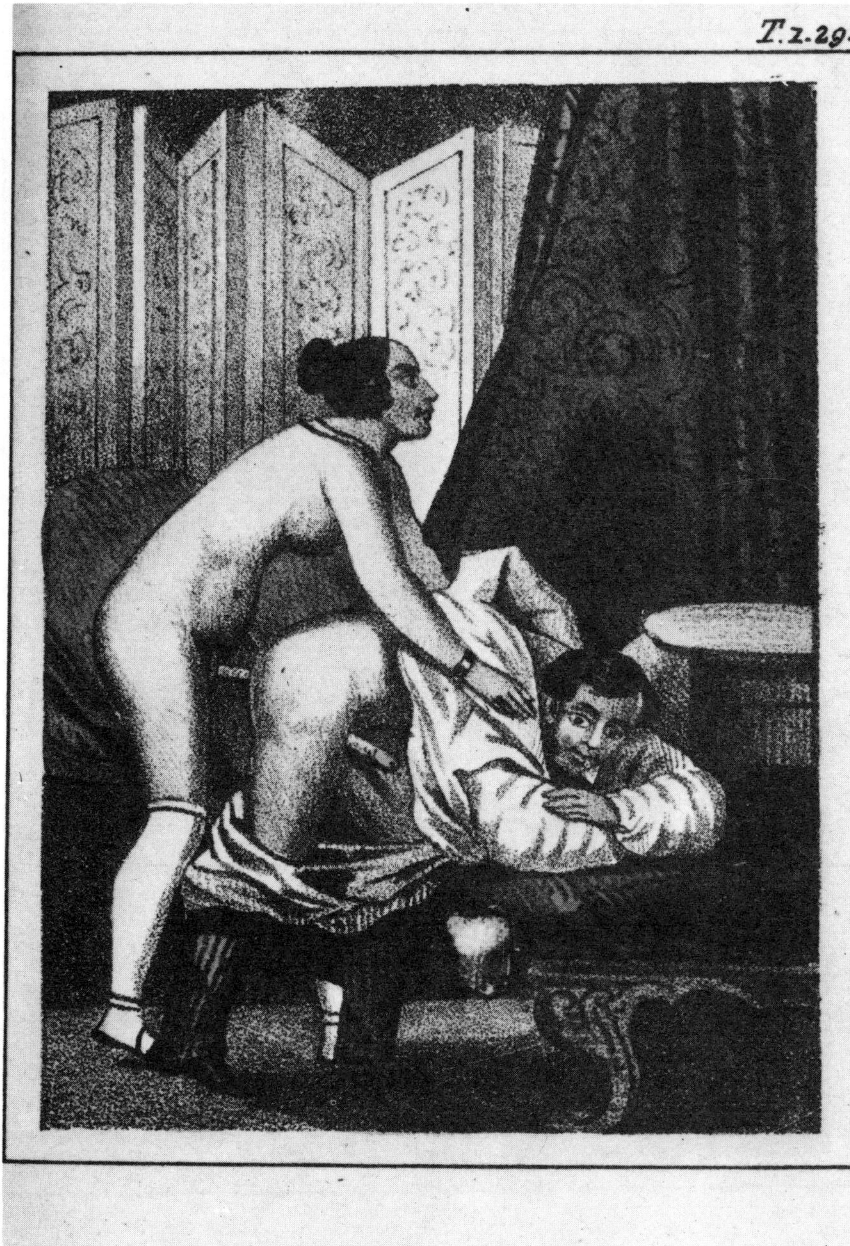
T.2.29.

P.48.T.1.

P.81.T.1.

T.2.F.

P.17.T.2.

P. 42. T. 2.

P.60.T.

LE RIDEAU LEVÉ
ou
l'éducation de Laure

Retirez-vous, censeurs atrabilaires;
Fuyez, dévots, hypocrites ou fous;
Prudes, guenons, et vous, vieilles mégères :
Nos doux transports ne sont pas faits pour vous.

LE RIDEAU *LEVÉ*, OU *L'ÉDUCATION* DE LAURE.

Retirez-vous, Censeurs atrabilaires ;
Fuyez ; Dévots, Hypocrites ou Fous ;
Prudes, Guenons, & vous, vieilles Mégères :
Nos doux transports ne sont pas faits pour vous.

TOME PREMIER.

A CYTHÈRE.

M. DCC. LXXXVIII.

AVERTISSEMENT

Dans leur bibliographie des ouvrages de l'Enfer de la Bibliothèque Nationale de 1919, Apollinaire, Fleuret et Perceau ne font état que de deux éditions du *Rideau levé, ou l'Éducation de Laure:* celle de 1788 (Enfer 399-400) et une réédition du XIXe (exemplaire coté Enfer 142 avant sa disparition en 1927).

En 1919, Apollinaire avait déjà publié des extraits du *Rideau levé* dans *l'Œuvre du Comte de Mirabeau* (Bibliothèque des Curieux, 1910). Dès lors, on comprend mal comment il a pu soutenir avec Fleuret et Perceau que le *Rideau levé* était attribué à tort à Mirabeau. L'auteur, selon eux, aurait été le marquis de Sentilly. Ni Helpey alias Louis Perceau ni Pascal Pia n'accordèrent le moindre crédit à cette hypothèse fumeuse.

D'autres éditions sont mentionnées par Pascal Pia dans sa bibliographie de 1978. Au XVIIIe, l'édition de 1790 avec six gravures libres. Au XIXe : trois éditions, la première vers 1830, ensuite en 1864, enfin en 1882.

Au XXe : en 1925 (avec une notice de Helpey), en 1933 (rare, car 359 ex. sur 400 furent saisis par la police), en 1939 (à 200 ex.), en 1953 (à 258 ex.), en 1957 (à 1 000 ex. réservés aux souscripteurs), en 1962 (à 2 500 ex. réservés aux sociétaires du Cercle du Livre Précieux).

La présente édition a été établie par Charles Hirsch à partir de l'édition de 1788 qui ne comprend pas de gravures. Nous avons ajouté in-texte les six gravures de l'édition de 1790 (Enfer 891).

Quelques notes d'éclaircissements ont été ajoutées en bas de page.

L'orthographie du XVIIIe a été réactualisée.

M. C.

PRÉFACE

L'ÉDUCATION DE LAURE, ou des moyens d'être heureux en suivant les préceptes philosophiques et en se retirant du monde

L'auteur présumé du Rideau levé *est une femme, et de plus une femme inconnue, qui fait parvenir à une sœur converse cloîtrée au couvent un manuscrit scandaleux dissimulé dans le double fond d'un coffret. Jeté au cachot par les soins diligents d'un ministre de Louis XVI, empressé à satisfaire les vues paternelles de l'Ami des hommes, ce despote domestique, Mirabeau se soumet d'emblée à la convention tacite de la confession libertine. Quatre personnages disposés, comme au jeu de la main chaude, font la chaîne, la jeune femme et son amant à qui elle adresse le récit anonyme qui aurait dû, à jamais, rester enfoui au plus profond d'un cloître, la sœur voilée destinataire de la confidence impudique, enfin, l'auteur féminin dont Mirabeau a tenu la plume. Le lecteur indiscret, mis dans la confidence et placé dans la position de l'amant à qui est confié, subrepticement, copie du récit volé, est en tiers, témoin involontaire d'une histoire qui lui est livrée en gage de tendresse, pour l'inciter à réchauffer sa flamme au spectacle des débordements qui, par le plus singulier détour, mènent à Dieu.*

*On voit toute l'ironie de Mirabeau, mais surtout le propos subversif qui, à travers le dédale de l'enfermement, prend le lecteur à témoin de la licence obligée des mœurs de ceux que le pouvoir condamne au silence, à l'autisme, au détour tortueux. Ce récit de Mirabeau, souvent comparé à l'*Émile *de Rousseau, le traité d'éducation préparant les voies de l'utopie, s'inscrit, parmi tant d'autres ouvrages du siècle des Lumières, au croisement de la méditation philosophique, de la vocation encyclopédique, de l'apologétique profane* *et de la fiction picaresque. L'intrigue est cousue de fil blanc, et ménage, à dessein, les circonstances propices au développement d'un cours d'histoire naturelle destiné à démontrer que le progrès des connaissances va de pair avec l'épanouissement des sens. On y retrouve, notamment, la thèse que Diderot avait contribué à vulgariser, selon laquelle les fonctions sexuelles de l'homme sont à l'image de l'environnement naturel, c'est-à-dire polymorphes; la perversion n'existant plus dans l'état de nature, mais, seulement, la sauvagerie luxuriante d'un hédonisme qui plie ses désirs à la profuse abondance des objets qui s'offrent à lui, et, de ce fait, doivent échapper à la norme contraignante, contre-nature du mariage. D'où un ardent plaidoyer en faveur du divorce, seule issue raisonnable des unions contractées par convention ou intérêt, le plus souvent contre le gré des intéressés.*

La confession de Laure est faite pour l'édification d'Eugénie et confond implicitement les vœux d'une novice, l'amour profane et l'amour de Dieu, la leçon de catéchisme et le traité d'éducation sexuelle. Le bonheur n'est pas sacrilège, puisqu'il passe par l'éloge des facultés naturelles et l'harmonie des corps... Le roman d'éducation ou d'apprentissage, dont la formule se précisera tout au long du XIXe siècle avec le culte de l'énergie et le viatique de l'ambition, rapproche encore, de manière intuitive, l'accomplissement moral, les péripéties romanesques et les circonstances de la scène primitive. Mais, la scène primitive que l'enfant est censé découvrir par effraction, apparaît dans le roman de Mirabeau (l'œdipe paternel se dénouant par miracle avec l'aveu du père que Laure n'est pas, contrairement aux apparences, sa fille naturelle) comme les prémisses de l'âge d'or — l'interdit incestueux ne subsistant plus que comme la promesse d'un fruit défendu que les amants pourront savourer comme l'accès à un univers purifié du péché.

Ce roman scandaleux est donc un roman de l'innocence, le rêve caressé derrière les murs du cachot d'un retour au premier matin du monde.

Embastillé au donjon de Vincennes grâce aux bons offices de son père acharné à faire plier une nature rebelle à l'ordre philosophique, Mirabeau, l'infatigable épistolier des lettres à Sophie de Monnier, délire. A l'inverse de Sade que l'univers carcéral ne dépayse guère, tant la sombre eschatologie qui l'habite, tant la noirceur de l'uni-

vers qu'il porte en lui appelle le cachot, Mirabeau ne déteste pas la nature, n'exècre pas la sensibilité. Au contraire, il n'a rien de la frénésie ratiocinatrice de l'auteur des Cent vingt journées de Sodome. *Soucieux, surtout, de ruiner la prétention de toutes les institutions sociales ou religieuses à transcender la matière, il pense que la volupté (dont les ressources inépuisables, lorsqu'il s'agit de connaître le plaisir, s'opposent aux contraintes et à la loi morale) fait appel de l'injustice et de l'inhumanité d'un système imbécile à une bonne nature inventive et compatissante.*

En se complaisant dans l'analyse descriptive de la mécanique sexuelle, Mirabeau a le même comportement philosophique que Fontenelle fasciné par la pluralité des mondes, occupé à placer la rationalité intellectuelle et l'intelligence discursive au service de la connaissance, et, de ce fait, aider à affranchir l'homme des fers qui l'entravent.

L'Éducation de Laure *fait partie des écrits que Mirabeau, obsédé par l'idée de bonheur et le parfum de la liberté, a accumulés pendant son incarcération de quatre ans au donjon de Vincennes. Alors qu'il s'était réfugié avec Sophie de Monnier en Hollande pour échapper aux limiers que lançaient à ses trousses des créanciers secondés par son père et par l'époux berné, premier président à la Chambre des comptes de Dôle, qui ont obtenu une demande d'extradition, les deux amants, qui connaissent un bonheur besogneux en faisant des travaux de librairie, sont, le 17 mai 1777, brutalement arrêtés, séparés, ramenés en France. Mirabeau est incarcéré à Vincennes, Sophie internée dans une maison pour filles publiques. Comme le proclamait tout le comportement atrabilaire et jaloux de Victor de Mirabeau, qui ne cessa pas, en contradiction absolue avec les principes philosophiques et religieux développés dans son œuvre, de poursuivre son fils d'une haine tenace, il semblait que pour cet homme la gloire du genre humain dût passer par le malheur de sa famille et la défaite de son fils honni, parce que laid et monstrueux. Chaussinand-Nogaret, le dernier biographe de Mirabeau, écrit justement : « Cet homme si libéral dans sa doctrine était un inquisiteur pour les siens. »*

C'est pendant son incarcération que Mirabeau écrit la quasi-totalité de son œuvre politique et littéraire. Des milliers de pages qui sont alors sorties de sa plume, deux catégories d'ouvrages émergent.

Les uns sont d'inspiration politique et pamphlétaire, les autres relèvent de la littérature érotique. Mais, que la démarche de Mirabeau emprunte la forme du traité philosophique et politique, et c'est la plus violente dénonciation de l'arbitraire et de la tyrannie qu'on eût jusqu'alors produite (Des lettres de cachet et des prisons d'État) *ou qu'elle emprunte la forme du libertinage, de l'intrigue romanesque, du roman par lettres, voilà qui lui permet de stigmatiser l'hypocrisie et les tabous archaïques d'une société corrompue. Au fond il s'agit toujours des aspects complémentaires d'un même combat en faveur de l'émancipation des hommes par rapport au pouvoir et, surtout, à l'ordre moral, vertueux et répressif qui embastille les esprits avant d'incarcérer les corps.*

*Depuis Baudelaire, qui a su si parfaitement définir la virulence corrosive de la littérature libertine au XVIII*e *siècle, nous savons que l'abondance de la production romanesque du second rayon, où aimait à la ranger Émile Henriot, était destinée, moins à divertir cette transgression rejaillit sur l'ensemble du corps social et ébranle par ricochet l'ordre, la morale, les institutions du royaume. En vérité, on peut discerner, parmi les mesures désordonnées appliquées par la justice pénale contre le dévergondage des écrits jugés licencieux, les prémisses de l'offensive organisée par la bourgeoisie du XIX*e *contre « l'atteinte aux bonnes mœurs ».*

La littérature d'alcôve, érotique ou libertine (érotique lorsqu'elle s'attache à illustrer les écarts sexuels de personnages saisis dans l'exercice d'un dévergondage effréné; libertine comme dans les récits de Nerciat ou Crébillon lorsque la visée stratégique, le Kriegspiel amoureux de séducteurs de sexe féminin ou masculin mettant les lois de la psychologie au service d'une maîtrise intellectuelle sont orientés, en attendant d'autres enjeux, vers la conquête et la séduction amoureuse), cette littérature était familière à Mirabeau qui pratiquait Nerciat, Fougeret de Montbron, le marquis d'Argens, un ami de son père, auteur de Thérèse Philosophe. *En effet, le libertinage qui dérive, au XVII*e *siècle, d'un combat spirituel contre le dogme théologique de l'infaillibilité pontificale et qui féconde la pensée épicurienne, Gassendi, La Mothe le Vayer, abandonne au XVIII*e *la sphère biblique ou religieuse pour se tourner vers des objets profanes et exalter le libre arbitre, la souveraineté individuelle dont l'un des terrains d'action privilégiés devient le salon ou la ruelle pro-*

pice au déploiement d'une rhétorique amoureuse très sophistiquée. Mirabeau s'inscrit dans cette tradition; il exploite une veine romanesque dont la légèreté apparente est faite pour rendre attrayantes les leçons de la philosophie sur Dieu, la nature, le pouvoir, la morale, la liberté. En faisant l'éloge d'une morale naturelle qu'une liberté sexuelle affranchie des préjugés et des interdits fait apparaître dans tout l'éclat édénique d'un hédonisme, d'un priapisme dyonisiaque conquis sur les ténèbres de l'obscurantisme, de la peur, de la bigoterie et de l'intérêt des familles liguées contre le bonheur des amants, Mirabeau est un idéologue optimiste de son siècle; il ne met jamais en doute le mythe de la bonté originelle et l'irénisme d'un monde évacué du mal et de la souffrance.

Comme l'a écrit fort justement l'un des plus récents biographes de Mirabeau: « Mirabeau pornographe ne se veut pas simple libertin; ce sont ses idées sur l'homme, sur les méfaits de la superstition, sur les responsabilités et les abus du pouvoir, qu'il glisse en sourdine, et parfois avec éclat, dans ses œuvres licencieuses, œuvres maudites pour la postérité bourgeoise, et que ses biographes ont voulu ignorer, ont voué au mépris comme le fruit vénéneux de ses fantasmes de prisonnier, ou comme la production inavouable d'un homme financièrement aux abois. »

Son œuvre érotique ne fut jamais pour Mirabeau une activité de divertissement ou de circonstance, la rêverie lucrative d'un voluptueux; elle ouvre la voie, avant Sade, à une perception nouvelle de la sexualité, en ne séparant pas cette dernière des aspirations les plus nobles de l'homme, et méritant, au même titre que la création artistique, de figurer dans les rubriques du savoir et de la poésie. Précurseur heureux de Sade, tant le pessimisme absolu de ce dernier s'oppose à l'idéologie euphorique de la peinture des vices selon Mirabeau, l'auteur de l'Éducation de Laure *ne voit pas dans l'activité sexuelle une pure négativité ou la dépense maudite d'une espèce humaine voulant bafouer Dieu à travers la créature, mais l'effusion sensuelle et généreuse d'une nature bonne par essence. Le progrès du genre humain doit passer par la libre disposition des instincts, et l'aspiration de l'individu au bonheur se confond avec la revendication d'une liberté érotique sans entrave ni fausse pudeur. D'où la hardiesse, tout à fait neuve pour son époque, avec laquelle il aborde le domaine sexuel en « levant le rideau » et, en projetant sur les secrets de l'alcôve la lumière crue du grand jour. Il veut frapper d'interdit la censure, déjouer ses pièges misérables, narguer ses terreurs et ses mutilations d'un autre âge, et la forcer à regarder en face le fonctionnement des corps, décrits avec la même précision anatomique que les écorchés ou les automates des planches de l'Encyclopédie. A cet égard, il prolonge les thèses des mécanistes, tels Vaucanson, Helvétius ou La Mettrie, en faisant entrer l'activité érotique dans l'économie générale des sciences humaines et en la rattachant à une cosmogonie qui porte en germe le phalanstère familial de Fourier.*

L'intrigue du récit de Mirabeau, dans sa conformité aux rebondissements et aux ressorts compliqués de nombreux romans « à tiroir » du XVIIIe, est proche du modèle cultivé par le roman noir. Par le biais de péripéties, le plus souvent invraisemblables, qui tendent à prouver que les voies de la providence sont impénétrables, le roman de Mirabeau veut montrer que les Lumières sont le meilleur auxiliaire du bonheur. Si, dans la première partie du roman, l'inceste du père de Laure et de sa fille demeure virtuel, parce qu'il est opportunément conjuré grâce à la révélation de leur filiation adoptive, l'ambiguïté, qui ne cessera de peser tout au long de leur histoire sur les rapports des amants, donne à tous les ébats sexuels le parfum d'un plaisir inavouable. Le frôlement illicite et la transgression évitée de justesse, dont le jeu érotique tire une saveur supplémentaire, suffisent à rapprocher Mirabeau et Sade, mais, énorme différence, ce dernier ne croit pas au plaisir puisqu'il ne cesse de mettre en scène la sérialité infernale, vertigineuse des corps. Singulier livre, tout de même, que cette Éducation où l'interdit se dissipe chaque fois par enchantement, dès lors que la situation des personnages risquerait de paraître incompatible avec la thèse implicite de Mirabeau, selon laquelle les plaisirs sont le plus bel hommage rendu à la perfectibilité de la nature humaine, à la volonté de Dieu etbienfaits de la philosophie.

Ainsi le ménage à trois que forment Laure, son père adoptif et Lucette, sa gouvernante, devenue bientôt la maîtresse de celui-ci, apparaît comme une monade idéale, l'intelligence des parties entre elles propageant l'harmonie dans toutes leurs entreprises érotiques et faisant rayonner, tout autour, l'éclat de l'utopie.

Le Rideau levé *ne sépare pas l'éducation sexuelle de l'utopie, car* *il cherche, comme dans l'*Émile *de Rousseau, à créer les conditions idéales d'un bonheur à venir qui ne peut s'épanouir que dans un espace irréel, fermé au monde extérieur, cachot, couvent, château, immanent à lui-même.*

En germe dans l'utopie est donc toujours lovée la menace d'une autre tyrannie.

Alain CLERVAL

A CYTHÈRE

MDCC LXXXVIII

LETTRE DE SOPHIE AU CHEVALIER D'OLZAN

Je t'envoie, cher Chevalier, un petit manuscrit gaillard. Tu aurais de la peine à t'imaginer où je l'ai pris. C'est une bagatelle sortie d'une jolie main de mon sexe ; et c'est un délassement badin adressé dans un cloître. Comment un tel bréviaire se put-il introduire parmi les guimpes d'une religieuse ? C'est ce que mes yeux eurent de la peine à me persuader ; rien n'est cependant plus vrai, cher Chevalier, et c'était un présent digne de sa destination. L'amour n'est point étranger dans ces lieux ; le sentiment constitue le naturel du beau sexe ; la sensibilité forme la principale partie de son essence ; la volupté exerce un empire vainqueur sur ces êtres délicats. A ces dispositions originaires, qu'on joigne les effets échauffants d'une imagination exaltée dans la retraite et l'oisiveté, on trouvera la raison de cette fureur intestine qui nous maîtrise dans les couvents. C'est ainsi que les femmes de ces pays, où les hommes jaloux les tiennent prisonnières, trouvent si précieuses des jouissances dont l'idée habituelle qu'elles en ont n'est point contrebalancée par d'autres objets de dissipation. Dans la société, un tumulte de soins et de plaisirs énerve les passions au lieu de les concentrer ; l'éclat séduisant d'une vaine coquetterie entraîne les femmes les plus sensuelles ; l'amour impétueux reste en partage à la solitude obscure et mélancolique : il n'est donc pas étonnant que les mystères consignés ici se soient glissés dans une cellule pour en occuper tendrement les loisirs.

Ton absence me rendait tout le monde à charge, et ma sœur, la religieuse, me sollicitait d'aller passer quelques jours avec elle : je me suis rendue à son envie. Ah ! cher ami, que je suis pénétrée, quoique sa sœur, des tourments qu'elle doit endurer. Elle a le cœur tendre, l'esprit vif, le goût délicat ; elle possède les grâces et la beauté ; elle s'est trouvée cloîtrée avant de se connaître. A sa place, que je serais malheureuse, moi qui ai moins qu'elle de droit au bonheur ! Elle attendait avec impatience une amie qui devait bientôt la rejoindre. Dès le premier jour, elle m'en parla avec des transports d'une tendresse inouïe ; elle me la dépeignait avec des couleurs tout à fait animées : elle tournait sans cesse la conversation sur cet objet intéressant. Elle reçut de sa part un coffre très joli ; il était plein de petits ustensiles et de chiffons propres à une religieuse. Il attira les regards, selon l'usage, des bonnes Mères tourières [1] et supérieures, toutes plus curieuses ordinairement que rusées. Une découverte précieuse leur échappa. Ma sœur m'ayant laissée seule, la curiosité me prit à mon tour. Je m'aperçus que le fond était bien épais pour une si petite boîte ; en effet, il se trouva double, et il renfermait le petit détail que je t'envoie. J'en ai secrètement tiré copie dans les heures de prière de ma recluse. Puisse la lecture que te procure la main de ton amante te dérober des moments aux belles de Paris ! Ton absence me tue. Rapporte-moi, cher Chevalier, ton cœur et ma vie, ainsi que ce joli manuscrit : nous le relirons ensemble.

---

(1) Le tour est un contenant cylindrique tournant sur deux pivots et dont on se sert dans les couvents des religieuses pour faire entrer ou sortir des vivres ou des petits objets. La Mère tournière a soin du tour en dedans.

Le chevalier d'Olzan y a substitué d'autres noms, et l'a fait imprimer, sans toucher au style; il a pensé que la plume d'une femme ne pouvait être que mal taillée par la main d'un homme.

LAURE A EUGÉNIE

Loin de moi, imbéciles préjugés, il n'y a que les âmes craintives qui vous soient asservies : Eugénie, accablée d'ennui dans sa solitude, exige de sa chère Laure ce petit amusement tendre. Il n'y a plus rien qui puisse me retenir.

Oui, ma chère Eugénie, ces moments délicieux, dont je t'ai quelquefois entretenue dans ton lit ; ces transports des sens, dont nous avons cherché à répéter les plaisirs dans les bras l'une de l'autre ; ces tableaux de ma jeunesse, dont nous avons voulu réaliser la volupté : eh bien ! pour te satisfaire, je vais, sous des traits ressemblants, les retracer ici.

Tout ce que j'ai fait et pensé dès ma plus tendre enfance, tout ce que j'ai vu et ressenti va reparaître sous tes yeux. Je ferai renaître dans toi ces sensations vives, ces mouvements précieux, dont l'ivresse a tant de charmes. Mes expressions seront vraies, naturelles et hardies ; j'oserai même dessiner de ma main des figures dignes du sujet et de tes désirs enflammés ; je ne crains pas de manquer d'énergie. Eugénie, c'est toi qui m'inspires et qui m'échauffes. Tu es ma Vénus et mon Apollon ; mais garde-toi, chère amie, que ma confidence échappe de tes mains ; souviens-toi que tu es dans le sanctuaire de l'imbécillité ou de la dissimulation : celles même des religieuses qui sont dans la bonne foi ont un zèle mille fois moins à craindre que celles qui goûtent, sous un voile hypocrite, la volupté la plus exquise et la plus raffinée. Tu ne serais que criminelle aux yeux des unes, et les autres crieraient hautement à l'infamie.

Le bonheur des femmes aime partout l'ombre et le mystère ; mais la crainte et la décence donnent du prix à leurs plaisirs. Cet ouvrage-ci ne doit jamais voir le jour : il n'est point fait pour les yeux du vulgaire ; il serait indigné de la franchise d'une femme, et son impertinente crédulité lui donne de l'horreur pour la nudité des productions de la nature.

Tu ne le croirais pas, ma chère Eugénie, c'est que les hommes, même les plus libres, nous envient jusqu'aux privautés de l'imagination. Ils ne veulent nous permettre que les plaisirs qu'ils nous départissent. Nous ne sommes, à leurs yeux, que des esclaves qui ne devons rien tenir que de la main du maître impérieux qui nous a subjuguées. Tout est pour eux, ou doit se rapporter à eux ; ils deviennent des tyrans dès qu'on ose diviser leurs plaisirs ; ils sont jaloux, si l'on ose s'envisager à son tour. Égoïstes, ils prétendent l'être seuls, et que personne ne le soit.

Dans les plaisirs qu'ils prennent avec nous, il en est peu qui pensent à nous les faire partager. Il y en a même qui cherchent à s'en procurer en nous tourmentant et en nous faisant éprouver des traitements douloureux. A quelles bizarreries leur extravagance ne les porte-t-elle pas ? Leur imagination ardente, fougueuse et remplie d'écarts s'éteint avec la même facilité qu'elle s'allume ; leurs désirs licencieux, sans frein, inconstants et perfides errent d'un objet vers l'autre. Par une contradiction perpétuelle avec leurs sentiments, ils exigent que nous ne jouissions pas des privilèges qu'ils se sont arrogés ; nous, dont la sensibilité est plus grande, dont l'imagination est encore plus vive et plus inflammable par la nature de notre constitution.

Ah ! les cruels qu'ils sont ! Ils veulent anéantir nos facultés, tandis que notre froideur insipide ferait leur tourment et leur malheur. Quelques-uns, à la vérité, suivent une ligne écartée du tourbillon ordinaire; mais il serait toujours imprudent de nous dévoiler à leurs yeux.

Cet ouvrage ne serait pas moins déplacé devant ces êtres engourdis que l'amour ne peut émouvoir : je parle de ces femmes flegmatiques que les empressements des hommes aimables ne peuvent exciter, et de ces graves personnages que la beauté ne peut réveiller. Il en existe, Eugénie, de ces animaux indéfinis, parés du titre fastueux de virtuoses et de philosophes, livrés à l'effervescence d'une bile noire, aux vapeurs sombres et malfaisantes de la mélancolie, qui fuient le monde dont ils sont méprisés : ces gens-là, comme la vieillesse inutile, blâment amèrement tous les plaisirs dont ils sont déchus.

Il en est d'autres, au contraire, d'un tempérament fougueux, mais que les préjugés de l'éducation et la timidité ont enthousiasmés pour le nom d'une vertu dont ils ne connurent jamais l'essence; ils détournent les éjaculations naturelles de leur cœur pour en diriger les élans vers des êtres fantastiques. L'amour est un dieu profane qui ne mérite pas leur encens; et si, sous le nom d'hymen, ils lui sacrifient quelquefois, ils deviennent des fanatiques qui, sous le titre d'honneur, déguisent leur dure jalousie. C'est pour nous un blasphème que d'exprimer l'amour.

Ainsi, ma chère Eugénie, il ne faut choquer pesonne; gardons nos confidences libertines pour nous égayer dans le particulier; c'est à toi seule que je veux ouvrir mon cœur; c'est uniquement pour toi que je ne couvrirai d'aucune gaze les tableaux que je mettrai sous tes yeux. Ils seront cachés pour les autres, ainsi que les libertés que nous avons prises ensemble.

Il n'y a que l'amitié ou l'amour qui puissent arrêter des regards de complaisance sur les objets licencieux que ma plume et mes crayons vont tâcher d'exprimer.

ÉDUCATION DE LAURE

Je sortais de ma dixième année ; ma mère tomba dans un état de langueur qui, après huit mois, la conduisit au tombeau. Mon père, sur la perte duquel je verse tous les jours les larmes les plus amères, me chérissait ; son affection, ses sentiments si doux pour moi se trouvaient payés, de ma part, du retour le plus vif.

J'étais continuellement l'objet de ses caresses les plus tendres ; il ne se passait point de jour qu'il ne me prît dans ses bras et que je ne fusse en proie à des baisers pleins de feu.

Je me souviens que ma mère, lui reprochant un jour la chaleur qu'il paraissait y mettre, il lui fit une réponse dont je ne sentis pas alors l'énergie. Mais cette énigme me fut développée quelque temps après :

— De quoi vous plaignez-vous, madame ? Je n'ai point à en rougir : si c'était ma fille, le reproche serait fondé, je ne m'autoriserais pas même de l'exemple de Loth ; mais il est heureux que j'aie pour elle la tendresse que vous me voyez : ce que les conventions et les lois ont établi, la nature ne l'a pas fait ; ainsi brisons là-dessus.

Cette réponse n'est jamais sortie de ma mémoire. Le silence de ma mère me donna dès cet instant beaucoup à penser, sans parvenir au but ; mais il résulta de cette discussion et de mes petites idées que je sentis la nécessité de m'attacher uniquement à lui, et je compris que je devais tout à son amitié. Cet homme, rempli de douceur, d'esprit, de connaissance et de talents, était formé pour inspirer le sentiment le plus tendre.

J'avais été favorisée de la nature ; j'étais sortie des mains de l'amour. Le portrait que je vais faire de moi, chère Eugénie, c'est d'après lui que je le trace. Combien de fois m'as-tu redit qu'il ne m'avait point flattée : douce illusion dans laquelle tu m'entraînes, et qui m'engage à répéter ce que je lui ai entendu dire souvent ! Dès mon enfance, je promettais une figure régulière et prévenante ; j'annonçais des grâces, des formes bien prises et dégagées, la taille noble et svelte ; j'avais beaucoup d'éclat et de blancheur. L'inoculation avait sauvé mes traits des accidents qu'elle prévient ordinairement ; mes yeux bruns, dont la vivacité était tempérée par un regard doux et tendre, et mes cheveux d'un châtain cendré, se mariaient avantageusement. Mon humeur était gaie ; mais mon caractère était porté, par une pente naturelle, à la réflexion.

Mon père étudiait mes goûts et mes inclinations ; il me jugea : aussi cultivait-il mes dispositions avec le plus grand soin. Son désir particulier était de me rendre vraie avec discrétion. Il souhaitait que je n'eusse rien de caché pour lui : il y réussit aisément. Ce tendre père mettait tant de douceur dans ses manières affectueuses qu'il n'était pas possible de s'en défendre. Ses punitions les plus sévères se réduisaient à ne me point faire de caresses, et je n'en trouvais point de plus mortifiantes.

Quelque temps après la perte de ma mère, il me prit dans ses bras :

— Laurette, ma chère enfant, votre onzième année est révolue, vos larmes doivent avoir diminué, je leur ai laissé un terme suffisant ; vos occupations feront diversion à vos regrets, il est temps de les reprendre...

Tout ce qui pouvait former une éducation brillante et

recherchée partageait les instants de mes jours. Je n'avais qu'un seul maître, et ce maître c'était mon père : dessin, danse, musique, sciences, tout lui était familier.

Il m'avait paru facilement se consoler de la mort de ma mère ; j'en étais surprise, et je ne pus enfin me refuser de lui en parler.

— Ma fille, ton imagination se développe de bonne heure, je puis donc à présent te parler avec cette vérité et cette raison que tu es capable d'entendre. Apprends donc, ma chère Laure, que, dans une société dont les caractères et les humeurs sont analogues, le moment qui la divise pour toujours est celui qui déchire le cœur des individus qui la composent, et qui répand la douleur sur leur existence. Il n'y a point de fermeté ni de philosophie pour une âme sensible, qui puisse faire soutenir ce malheur sans chagrin, ni de temps qui en efface le regret. Mais quand on n'a pas l'avantage de sympathiser les uns avec les autres, on ne voit plus la séparation que comme une loi despotique de la nature, à laquelle tout être vivant est soumis. Il est d'un homme sensé, dans une circonstance pareille, de supporter comme il convient cet arrêt du sort auquel rien ne peut se soustraire, et de recevoir avec sang-froid et une tranquillité modeste, absolument dégagée d'affectation et de grimaces, tout ce qui le soustrait aux chaînes pesantes qu'il portait.

« N'irai-je pas trop loin, ma chère fille, si, dans l'âge où tu es, je t'en dis davantage ? Non, non, apprends de bonne heure à réfléchir et à former ton jugement, en le dégageant des entraves du préjugé, dont le retour journalier t'obligera sans cesse d'aplanir le sillon qu'il tâchera de se tracer dans ton imagination. Représente-toi deux êtres opposés par leur humeur, mais unis intimement par un pouvoir ridicule, que des convenances d'état ou de fortune, que des circonstances qui promettaient en apparence le bonheur, ont déterminés ou subjugués par un enchantement momentané dont l'illusion se dissipe à mesure que l'un des deux laisse tomber le masque dont il couvrait son caractère naturel : conçois combien ils seraient heureux d'être séparés. Quel avantage pour eux, s'il était possible, de rompre une chaîne qui fait leur tourment et imprime sur leurs jours les chagrins les plus cuisants, pour se réunir à des caractères qui sympathisent avec eux ! Car ne t'y trompe pas, ma Laurette, telle humeur qui ne convient pas à tel individu s'allie très bien avec un autre, et l'on voit régner entre eux la meilleure intelligence, par l'analogie de leurs goûts et de leur génie. En un mot, c'est un certain rapport d'idées, de sentiments, d'humeur et de caractère qui fait l'aménité et la douceur des unions ; tandis que l'opposition qui se trouve entre deux personnes, augmentée par l'impossibilité de les séparer, fait le malheur et aggrave le supplice de ces êtres enchaînés contre leur gré !

— Quel tableau ! quelles images ! Cher papa, tu me dégoûtes d'avantage du mariage. Est-ce là ton but ?

— Non, ma chère fille ; mais j'ai tant d'exemples à ajouter au mien que j'en parle en connaissance de cause ; et pour appuyer ce sentiment si raisonnable, et même si naturel, lis ce que le président de Montesquieu en dit dans ses *Lettres persanes*, à la cent-douzième. Si l'âge et des lumières acquises te mettaient dans le cas de le combattre par les prétendus inconvénients qu'on voudrait y trouver, il me serait facile de les lever et de donner les moyens de les parer ; je pourrais donc te rendre compte de toutes les réflexions que j'ai faites à ce sujet ; mais ta jeunesse ne me met pas à même de m'étendre sur un objet de cette nature.

Mon père termina là.

C'est à présent, tendre amie, que tu vas voir changer la scène. Eugénie ! chère Eugénie ! Passerai-je outre ? Les cris que je crois entendre autour de moi soulèvent ma plume, mais l'amour et l'amitié l'appuient : je poursuis.

Quoique mon père fût entièrement occupé de mon éducation, après deux ou trois mois, je le trouvai rêveur, inquiet ; il semblait qu'il manquait quelque chose à sa tranquillité. Il avait quitté, depuis la mort de ma mère, le séjour où nous demeurions pour me conduire dans une grande ville, et se livrer entièrement aux soins qu'il prenait de moi ; peu dissipé, j'étais le centre où il réunissait toutes ses idées, son application et toute sa tendresse. Les caresses qu'il me faisait, et qu'il ne ménageait pas, paraissaient l'animer ; ses yeux étaient plus vifs, son teint plus coloré, ses lèvres plus brûlantes. Il prenait mes petites fesses, il les maniait, il passait un doigt entre mes cuisses, il baisait ma bouche et ma poitrine. Souvent il me mettait totalement nue, et me plongeait dans un bain. Après m'avoit essuyée, après m'avoir frottée d'essences, il portait ses lèvres sur toutes les parties de mon corps, sans en excepter une seule ; il me contemplait, son sein paraissait palpiter, et ses mains animées se reposaient partout : rien n'était oublié. Que j'aimais ce charmant badinage, et le désordre où je le voyais ! Mais au milieu de ses plus vives caresses il me quittait, et courait s'enfoncer dans sa chambre.

Un jour, entre autres, qu'il m'avait accablée des plus ardents baisers, que je lui avais rendus par mille et mille aussi tendres, où nos bouches s'étaient collées plusieurs fois, où sa langue même avait mouillé mes lèvres, je me sentis tout autre. Le feu de ses baisers s'était glissé dans mes veines ; il m'échappa dans l'instant où je m'y attendais le moins ; j'en ressentis du chagrin. Je voulus découvrir ce qui l'entraînait dans cette chambre dont il avait poussé la porte vitrée, qui formait la seule séparation qu'il y avait entre elle et la mienne ; je m'en approchai, je portai les yeux sur tous les carreaux dont elle était garnie ; mais le rideau qui était de son côté, développé dans toute son étendue, ne me laissa rien apercevoir, et ma curiosité ne fit que s'en accroître.

Le surlendemain de ce jour, on lui remit une lettre qui parut lui faire plaisir. Quand il en eut fait la lecture :

— Ma chère Laure, vous ne pouvez rester sans gouvernante ; on m'en envoie une qui arrivera demain : on m'en a fait beaucoup d'éloges, mais il est nécessaire de la connaître pour juger s'ils ne sont point outrés...

Je ne m'attendais nullement à cette nouvelle ; je t'avoue, chère Eugénie, qu'elle m'attrista : sa présence me gênait déjà, sans savoir pourquoi, et sa personne me déplaisait, même avant de l'avoir vue..

En effet, Lucette arriva le jour qu'elle était annoncée. C'était une grande fille très bien faite, entre dix-neuf et vingt ans : belle gorge, fort blanche, d'une figure revenante sans sans être jolie ; elle n'avait de régulier qu'une bouche très bien dessinée, des lèvres vermeilles, les dents petites, d'un bel émail et parfaitement rangées. J'en fus frappée d'abord. Mon père m'avait appris à connaître une belle bouche en me félicitant cent fois sur cet avantage. Lucette unissait à cela un excellent caractère, beaucoup de douceur, de bonté, et une humeur charmante. Mon amitié, malgré ma petite prévention, se porta bientôt vers elle, et j'ai eu lieu de m'y attacher fortement. Je m'aperçus que mon père la reçut avec une satisfaction qui répandit la sérénité dans ses yeux.

L'envie et la jalousie, ma chère, sont étrangères à mon cœur, rien ne me paraît plus mal fondé. D'ailleurs, ce qui fait naître les désirs des hommes ne tient souvent pas à notre beauté, ni à notre mérite : ainsi, pour notre propre bonheur, laissons-les libres, sans inquiétude. Il y en a dont l'infidélité est souvent un feu léger, qu'un instant voit disparaître aussitôt qu'il a brillé. S'ils pensent, s'ils réfléchissent, bientôt on les voit revenir auprès d'une femme dont l'humeur douce et agréable les met dans l'impossibilité de vivre sans elle. S'ils ne pensent pas, la perte est bien faible. Eh ! quelle folie de s'en tourmenter !

Je ne raisonnais pas encore avec autant de sagacité ; cependant, je ne sentais point de jalousie contre Lucette : il est vrai que ses amitiés, ses caresses et celles que mon père continuait de me faire, la bannissaient loin de moi. Je n'apercevais de différence que dans la réserve qu'il observait lorsque Lucette était présente, mais je donnais cette conduite à la prudence. Un temps se passa de cette manière, pendant lequel je m'aperçus enfin de ses attentions pour elle. Toutes les occasions qui pouvaient s'en présenter, il ne les laissait point échapper. Cependant, mon affection pour Lucette fut bientôt d'accord avec celle de mon père.

Lucette avait désiré coucher dans ma chambre, et mon père s'y était prêté. Le matin, à son réveil, il venait nous embrasser ; j'étais dans un lit à côté d'elle. Cet arrangement, et le prétexte de venir me voir, lui donnait la facilité de s'amuser avec nous, et de faire à Lucette toutes les avances qu'il pouvait hasarder devant moi. Je voyais bien qu'elle ne le rebutait pas, mais je ne trouvais pas qu'elle répondît à ses empressements comme je l'aurais fait et le désirais d'elle ; je ne pouvais en concevoir la raison. Je jugeais par moi-même, et je croyais qu'en aimant avec tant de tendresse ce cher papa, tout le monde devait avoir mon cœur, penser et sentir comme moi. Je ne pus me refuser de lui en faire des reproches :

— Pourquoi, ma bonne, n'aimez-vous pas mon papa, lui qui paraît avoir tant d'amitié pour vous ? Vous êtes bien ingrate...

Elle souriait à ces reproches, en m'assurant que je les lui faisais injustement. En effet, cet éloignement apparent ne tarda pas à se dissiper.

Un soir, après le repas, nous rentrâmes dans la pièce que j'occupais ; il nous présenta de la liqueur. Une demi-heure était à peine écoulée que Lucette s'endormit profondément ; il me prit alors entre ses bras et, m'emportant dans sa chambre, il me fit mettre dans son lit. Surprise de cet arrangement nouveau, ma curiosité fut à l'instant réveillée. Je me relevai un moment après et courus d'un pas léger à la porte vitrée où j'écartai le bord du rideau. Je fus bien étonné de voir toute la gorge de Lucette entièrement découverte. Quel sein charmant ! deux demi-globes d'une blancheur de neige, du milieu desquels sortaient deux fraises naissantes d'une couleur de chair plus animée, reposaient sur sa poitrine ; fermes comme l'ivoire, ils n'avaient de mouvement que celui de sa respiration. Mon père les regardait, les maniait, les baisait et les suçait : rien ne la réveillait. Bientôt, il lui ôta tous ses habits, et la porta sur le bord du lit qui était en face de la porte où j'étais. Il releva sa chemise ; je vis deux cuisses d'albâtre, rondes et potelées, qu'il écarta, j'aperçus alors une petite fente vermeille, garnie d'un poil fort brun ; il l'entrouvrit ; il y posa les doigts en remuant la main avec activité : rien ne la retirait de sa léthargie. Animée par cette vue, instruite par l'exemple, j'imitai sur la mienne les mouvements que je voyais. J'éprouvais une sensation qui m'était inconnue. Mon père la coucha dans le lit, et vint à la porte vitrée pour la fermer. Je me sauvai, et courus m'enfoncer dans celui où il m'avait mise. Aussitôt que j'y fus étendue, profitant des lumières que je venais d'acquérir, et réfléchissant sur ce que j'avais vu, je recommençai mes frottements. J'étais toute en feu ; cette sensation que j'avais éprouvée s'augmenta par degrés, et parvint à une telle énergie que mon âme, concentrée dans le milieu de moi-même, avait quitté toutes les autres parties de mon corps pour ne s'arrêter que dans cet endroit : je tombai pour la première fois dans un état inconnu dont j'étais enchantée.

Revenue à moi, quelle fut ma surprise, en me tâtant au même endroit, de me trouver toute mouillée. J'eus dans le premier instant une vive inquiétude, qui se dissipa par le souvenir du plaisir que j'avais ressenti, et par un doux sommeil qui me retraça pendant la nuit, dans des songes flatteurs, les agréables images de mon père caressant Lucette. J'étais même encore endormie quand il vint, le lendemain, me réveiller par ses embrassements, que je lui rendis avec usure.

Depuis ce jour, ma bonne et lui me parurent de la meilleure intelligence, quoiqu'il ne restât plus, le matin, si longtemps près de nous. Ils n'imaginaient pas que je fusse au fait de rien et, dans leur sécurité, ils se faisaient dans la journée mille agaceries, qui étaient ordinairement le prélude des retraites qu'ils allaient souvent faire ensemble dans sa chambre, où ils restaient assez longtemps. J'imaginais bien qu'ils allaient répéter ce que j'avais déjà vu ; je ne poussais pas alors mes idées plus loin ; cependant, je mourais d'envie de jouir encore du même spectacle. Tu vas juger, ma chère, du violent désir qui me tourmentait : il était enfin arrivé, cet instant où je devais tout apprendre.

Trois jours après celui dont je viens de te rendre compte, voulant, à quelque prix que ce fût, satisfaire mon désir curieux, lorsque mon père fut sorti et ma bonne occupée, j'imaginai de mettre une soie au coin du rideau et de la faire passer par le coin opposé d'un des carreaux. Cet arrangements préparé, je ne tardai pas à en profiter. Le lendemain, mon père, qui n'avait sur lui qu'une robe de taffetas, entraîna Lucette qui était aussi légèrement vêtue : ils prirent le soin de fermer exactement la porte et d'arranger le rideau ; mais j'avais vaincu tous les obstacles et mon expédient me réussit, au moins en partie. Ils n'y eurent pas été deux minutes qu'impatiente je fus à la porte, et je soulevai faiblement le rideau. J'aperçus Lucette. Ses tétons étaient entièrement découverts ; mon père la tenait dans ses bras et la couvrait de ses baisers. Mais, tourmenté de désirs, bientôt jupes, corset, chemise, tout fut à bas. Qu'elle me parut bien dans cet état ! et que j'aimais à la voir ainsi ! la fraîcheur et les grâces de la jeunesse étaient répandues sur elle. Chère Eugénie, la beauté des femmes a donc un pouvoir bien singulier, un attrait bien puissant, puisqu'elle nous intéresse aussi ! Oui, ma chère, elle est touchante, même pour notre sexe, par ses belles formes arrondies, le satiné et le coloris brillant d'une belle peau ! Tu me l'as fait ressentir dans tes bras, et tu l'as éprouvé comme moi.

Mon père fut bientôt dans un état pareil à celui où il avait mis Lucette. Cette vue m'attacha par sa nouveauté. Il l'emporta sur un lit de repos que je ne pouvais découvrir. Dévorée par ma curiosité, je ne ménageai plus rien, je levai le rideau jusqu'à ce que je puisse les voir entièrement. Rien ne fut soustrait à mes regards puisque rien ne gênait leurs plaisirs. Lucette, couchée sur lui, les fesses en l'air, les jambes écartées, me laissait apercevoir toute l'ouverture de sa fente, entre deux petites éminences grasses et rebondies. Cette situation, que je devais au hasard, semblait prise pour satisfaire entièrement ma curieuse impatience. Mon père, les genoux élevés, présentait plus distinctement à mes yeux un vrai bijou, un membre gros, entouré de poils à la racine, où pendait une boule au-dessous ; le bout en était rouge, et demi-couvert d'une peau qui paraissait pouvoir se baisser davantage. Je le vis entrer dans la fente de Lucette, s'y perdre et reparaître tour à tour. Ils se baisaient avec des transports qui me firent juger des plaisirs qu'ils ressentaient. Enfin, je vis cet instrument ressortir tout à fait, le bout totalement découvert, rouge comme le carmin et tout mouillé, jetant une liqueur blanche qui, s'élançant avec impétuosité, se répandit sur les fesses de Lucette. Conçois, chère Eugénie, dans quelle situation je me trouvais moi-même, ayant sous mes yeux un pareil tableau ! Vivement émue, emportée par des désirs que je n'avais pas encore connus, je tâchais au moins de participer à leur ivresse. Chère amie, que ce retour sur mes jeunes années est encore agréable pour moi !

Enfin, l'attrait du plaisir me retint trop longtemps dans mon embuscade, et mon imprudence me trahit. Mon père, qui jusque-là avait été trop hors de lui pour penser à ce qui l'entourait, vit, en se dégageant des bras de Lucette, le coin

du rideau levé ; il m'aperçut ; il s'enveloppa dans sa robe en s'approchant de la porte ; je me retirai avec précipitation ; il vint examiner le rideau et y découvrit ma manœuvre ; il se fixa près de la porte pendant que Lucette se rhabillait. Voyant qu'il restait, je m'imaginai qu'il n'avait rien aperçu. Curieuse de ce qu'ils faisaient encore dans cette chambre, je retournai au carreau. Quelle fut ma surprise quand j'y vis le visage de mon père ! La foudre tombée sur moi ne m'eût pas causé plus de frayeur. Mon stratagème n'avait pas entièrement réussi ; le rideau n'avait pu redescendre de lui-même comme je m'en était flattée ; cependant, il ne fit semblant de rien dans cet instant. J'avais aperçu que Lucette était déjà rhabillée ; il revint avec elle et l'envoya veiller à l'ordre de la maison. Je me trouvai seule avec lui. Il s'approcha pour examiner l'ouvrage que j'avais eu à faire : juge, ma chère, à quel point il en était ! J'étais pâle et tremblante. Quel fut mon étonnement quand ce chère et tendre papa me prit dans ses bras et me donna cent baisers !

— Rassure-toi, ma chère Laurette ; qui peut t'inspirer la terreur que je te vois ! Ne crains rien, ma chère fille, tu sais la manière dont j'ai toujours agi vis-à-vis de toi ; je ne te demande rien que la vérité ; je désire que tu me regardes plutôt comme ton ami que comme ton père. Laure, je ne suis que ton ami, je veux qu'en cette qualité tu sois sincère avec moi. Ma Laure, je l'exige aujourd'hui : ne me déguise rien et dis-moi ce que tu faisais pendant que j'étais avec Lucette, et pourquoi l'arrangement singulier de ce rideau. Sois vraie, je t'en conjure, et sans détours, tu n'auras pas lieu de t'en repentir. Mais si tu ne l'es pas, tu me refroidiras pour toi et tu peux compter sur un couvent.

Le nom de cette retraite m'avait toujours effrayée. Que je la connaissais peu ! Je mettais alors une différence totale à être renfermée dans ce séjour ou d'être chez mon père. D'ailleurs, je ne pouvais pas douter qu'il ne fût assuré que j'avais tout vu ; et je m'étais enfin toujours si bien trouvée de ne lui avoir jamais caché la vérité que je ne balançai point à lui rendre compte de tout ce qui m'était connu depuis l'instant où il m'avait emportée, lorsque ma bonne s'était endormie, jusqu'à celui auquel il venait de me rejoindre.

Chaque détail que je lui faisais, chaque tableau que je retraçais, loin d'allumer sa colère, était payé par des baisers et des caresses. Je balançais néanmoins à lui dire que je m'étais procuré des sensations aussi nouvelles pour moi, qu'elles m'avaient paru délicieuses. Mais il en eut le soupçon :

— Ma chère Laurette, tu ne me dis pas tout encore...

Et, passant sa main sur mes fesses en me baisant :

— Achève. Tu ne dois ni ne peux rien me cacher, rends-moi compte de tout...

Je lui avouai que je m'étais procuré, par un frottement semblable à celui que je lui avais vu faire à Lucette, un plaisir des plus vifs, dont j'avais été toute mouillée, et que j'avais répété trois ou quatre fois depuis ce jour-là.

— Mais, ma chère Laure, voyant ce que j'enfonçais à Lucette, cela ne t'a-t-il pas donné l'idée de t'enfoncer le doigt ?

— Non, cher papa, je n'en ai pas seulement eu la pensée.

— Prends garde, Laurette de m'en imposer. Tu ne peux me cacher ce qui en est ; viens me faire voir si tu as été sincère...

— De tout mon cœur, cher papa... Je ne t'ai rien déguisé.

Il me donna pour lors les noms les plus tendres. Nous passâmes dans sa chambre et, m'étendant sur le lit de repos, il me troussa et m'examina avec beaucoup d'attention ; puis, entrouvrant un peu les bords de ma fente, il voulut y mettre le petit doigt. La douleur qu'il me faisait, annoncée par mes plaintes, l'arrêta.

— Elle est tout enflammée, ma chère enfant; je vois cependant que tu ne m'as pas trompé : sa rougeur vient sans doute du frottement auquel tu t'es amusée pendant que j'étais avec Lucette...

J'en convins, et je lui avouai même que je n'avais pu me procurer le plaisir que je cherchais. La sincérité de ma bouche fut récompensée d'un baiser de la sienne. Il la porta même, et fit frétiller sa langue, sous un endroit qui en éprouvait une sensation délicieuse. Ce genre de caresse me parut neuf et divin, et, pour porter l'enchantement à son comble, ce membre que j'avais vu parut à mes yeux; je le pris involontairement d'une main, et, de l'autre, j'écartai tout à fait la robe de mon père : il me laissa faire. Je tenais et voyais enfin de près ce bijou charmant que j'avais déjà si bien distingué entre les cuisses de Lucette. Que je le trouvais aimable et singulier ! Je sentis dès ce moment qu'il était le véritable mobile des plaisirs. Cette peau, qui haussait et baissait par les mouvements de ma main, en couvrait et découvrait le bout; mais quelle ne fut pas ma surprise lorsque, après quelques moments de ce badinage, je le vis répandre la liqueur dont les fesses de ma bonne avaient été inondées. Il y mêlait des transports et des redoublements de caresses que je partageais. Le plaisir produisait en moi l'effet le plus vif. Bientôt, il passa dans mes sens et y mit une émotion indicible. Sa langue continuait son exercice, j'était suffoquée...

— Ah ! cher papa, achève !... holà ! je me meurs !...

Je me pâmai dans ses bras.

Depuis ce temps, tout fut pour moi une source de lumières; ce que je n'avais pas conçu jusqu'alors se développa dans l'instant. Mon imagination s'ouvrit entièrement; elle saisissait tout; il semblait que l'instrument que je touchais fût la clef merveilleuse qui ouvrit tout à coup mon entendement. Je sentis alors cet aimable papa me devenir plus cher, et ma tendresse pour lui prendre un accroissement incroyable : tout son corps fut livré au plaisir dans mes mains ; mes baisers et mes caresses sans nombre se succédaient sans interruption, et le feu qu'elles excitaient en lui m'animait à les multiplier.

Il me ramena dans ma chambre, où ma bonne revint quelques instants après. Je ne prévoyais pas ce qu'il allait lui dire :

— Lucette, il est désormais inutile que nous nous gênions pour Laure, elle en sait autant que nous.

Et il lui répéta tout ce que je lui avais détaillé, en lui montrant le jeu du rideau. Elle en parut affectée ; mais je me jetai à son cou et mes caresses, unies aux raisons dont il la tranquillisa, dissipèrent le petit chagrin qu'elle avait témoigné. Il nous embrassa en recommandant à ma bonne de ne point me quitter. Il sortit, et revint une heure après avec une femme qui, dès qu'elle fut entrée, me fit déshabiller et prit sur moi la mesure d'une sorte d'ajustement dont je ne pouvais concevoir ni la forme ni l'usage.

Quand l'heure de se coucher fut venue, il me mit dans le lit de Lucette en la priant de veiller sur moi. Il nous laissa. Mais l'inquiétude le ramenant bientôt près de nous, il se mit dans le même lit. J'étais entre elle et lui ; il me tenait embrassée et, couvrant de sa main l'entre-deux de mes cuisses, il ne me laissait pas y porter la mienne. Je pris alors son instrument, qui me causa beaucoup de surprise en le trouvant mou et pendant. Je ne l'avais point encore vu dans cet état, m'imaginant au contraire qu'il était toujours gros, raide et relevé : il ne tarda pas à reprendre, dans ma main, la fermeté et la grosseur que je lui connaissais. Lucette, qui s'aperçut de nos actions, étonnée de sa conduite ne pouvait la concevoir, et me fit beaucoup de peine par son propos :

— La manière, monsieur ! dont vous agissez avec Laurette a lieu de me surprendre. Vous, monsieur, vous, son père !...

— Oui et non, Lucette. C'est un secret que je veux bien

confier à votre discrétion et à celle de Laure, qui y est assez intéressée pour le garder. Il est même nécessaire, par les circonstances, de vous en faire part à l'une et l'autre.

« Il y avait quinze jours que je connaissais sa mère, quand je l'épousai. Je découvris dès le premier jour l'état où elle était ; je trouvai qu'il était de la prudence de n'en rien faire paraître. Je la menai dans une province éloignée, sous un nom de terre (1), afin qu'on ne pût rassembler les dates. Au bout de quatre mois, Laure vint au monde, jouissant de la force et de la santé d'un enfant de neuf mois bien accomplis. Je restai six mois encore dans la même province et je les ramenai toutes deux au bout de ce terme. Vous voyez à présent l'une et l'autre que cette enfant, qui m'est devenue si chère, n'est point ma fille suivant la nature : absolument étrangère pour moi, elle n'est ma fille que par affection. Le scrupule intérieur ne peut donc exister, et toute autre considération m'est indifférente, avec de la prudence.

Je me souvins aussitôt de la réponse qu'il avait faite à ma mère : le silence qu'elle observa dans ce moment ne me parut plus extraordinaire. Je le dis à Laurette dont l'étonnement cessa d'abord.

— Mais comment donc en avez-vous agi vis-à-vis de votre épouse lorsque cet événement fut à votre connaissance ?

— Tout simplement ; j'ai vécu toujours avec elle d'une manière indifférente, et je ne lui en ai jamais parlé que la seule fois dont Laure vient de vous rendre compte ; encore y avait-elle donné lieu. Le comte de Norval, à qui elle doit le jour, est un cavalier aimable, bien fait et d'une figure intéressante, doué des qualités qui plaisent aux femmes. Je ne fus point étonné qu'elle se fût livrée à son penchant. Cependant, elle ne put l'épouser, ses parents ne le trouvant

(1) Nom d'emprunt.

pas assez riche pour elle. Mais si Laure ne m'est rien par le sang et la nature, la tendre affection que j'ai conçue pour cette aimable enfant me la fait regarder comme ma fille et me la rend peut-être plus chère. Néanmoins, cet événement fut cause que je n'approchai jamais de sa mère, me sentant pour elle une opposition que sa fausseté fit naître et que je n'ai pu vaincre, d'autant plus que son caractère et son humeur ne faisaient que l'augmenter. Ainsi, je ne tiens à ma chère Laurette que par les liens du cœur, ayant trouvé en elle tout ce qui pouvait produire et m'inspirer l'attachement et l'amitié la plus tendre.

Ma bonne m'embrassa et me fit cent caresses qui dénotaient que le scrupule et ses préjugés étaient enfin totalement effacés. Je les lui rendis avec chaleur : je pris ses tétons, que je trouvais si jolis ; je les baisais, j'en suçais le bout. Mon père passa la main sur elle ; il rencontra la mienne qu'il prit ; il me la promena sur le ventre de Lucette, sur ses cuisses. Sa peau était d'un velouté charmant ; il me la porta sur son poil, sur sa mottc, sur sa fente : j'appris bientôt le nom de toutes ces parties. Je mis mon doigt où je jugeai bien que je lui ferais plaisir. Je sentis dans cet endroit quelque chose d'un peu dur et gonflé.

— Bon ! Ma Laure, tu tiens l'endroit sensible, remue la main et ne quitte pas son clitoris tandis que je mettrai mon doigt dans son petit conin...

Lucette me serrait entre ses bras, me caressait les fesses ; elle prit le vit de mon papa, le mit entre mes cuisses, mais il n'enfonçait ni ne s'agitait. Bientôt ma bonne ressentit l'excès du plaisir ; ses baisers multipliés, ses soupirs nous l'annoncèrent :

— Holà ! holà ! vite, Laurette !... chère amie, enfonce... Ah ! je décharge !... je me meurs !...

Que ces expressions de volupté avaient de charmes pour moi ! Je sentis son petit conin tout mouillé ; le doigt de mon papa en sortit tout couvert de ce qu'elle avait répandu. Ah !

chère Eugénie, que j'étais animée ! Je pris la main de Lucette, je la portai entre mes cuisses ; je désirais qu'elle fît pour moi ce que je venais de faire pour elle ; mais mon papa, couvrant de sa main ma petite motte, arrêta ses mouvements, suspendit mes desseins. Il était trop voluptueux pour n'être pas ménager des plaisirs. Il modérait ses désirs ; il suspendit mon impatience et nous recommanda d'être tranquilles. Nous nous endormîmes entre les bras les uns des autres, plongés dans la plus agréable ivresse. Je n'avais pas encore passé de nuit qui me plût autant.

Nous étions au milieu des caresses du réveil, lorsque mon père fit ouvrir à cette femme qu'il avait fait venir la veille. Quels furent ma surprise et mon chagrin lorsqu'elle mit sur moi un caleçon de maroquin doublé de velours qui, me prenant au-dessous des hanches, ne descendait qu'au milieu des cuisses ! Tout était assez lâche, et ne me gênait point ; la ceinture, seulement, me prenait juste la taille, et avait des courroies semblables au caleçon, qui passaient par-dessus mes épaules et qui étaient assemblées en haut par une traverse pareille, qui tenait de l'une à l'autre. On pouvait élargir tout cet assemblage autant qu'on le jugeait à propos. La ceinture était ouverte par-devant, en prolongeant plus de quatre doigts au-dessous. Le long de cette ouverture, il y avait des œillets des deux côtés, dans lesquels mon père passa une petite chaîne de vermeil délicatement travaillée, qu'il ferma d'une serrure à secret :

— Ma chère Laure, aimable enfant, ta santé et ta conservation m'intéressent : le hasard t'a instruite sur ce que tu ne devais savoir qu'à dix-huit ans. Il est nécessaire que je prenne des précautions contre tes connaissances et contre un penchant que tu tiens de la nature et de l'amour. Tu apprendras du temps à m'en savoir gré, et tout autre moyen n'irait point à ma façon de penser, et à mes desseins.

Je fus d'abord très fâchée, et je ne pouvais cacher l'humeur que j'en avais. Mais j'ai trop bien appris depuis combien je lui en devais de reconnaissance.

Il avait prévu à tout. Au bas de ce caleçon était une petite gondole d'argent, dorée en dedans, qui était de la largeur de l'entre-deux de mes cuisses ; toute ma petite motte y était renfermée. Elle se prolongeait, en s'élargissant, par une plaque qui s'étendait quatre doigts au-dessous de mon petit conin, et elle se terminait en pointe arrondie jusqu'au trou de mon cul, sans aucune incommodité. Elle était fendue en long, et cette fente s'ouvrait et se fermait, par des charnières à plat, en écartant ou resserrant les cuisses. Un canal d'anneaux à charnières plates, de même métal, y était attaché et me servait de conduit. Ce caleçon avait un trou rond, assez grand, vis-à-vis celui de mon cul, qui me laissait la liberté de faire toutes les fonctions nécessaires sans l'ôter. Mais il m'était impossible d'introduire le doigt dans mon petit conin, et encore moins de le branler, point essentiel que mon père voulait éviter, et dont la privation me faisait le plus de peine.

J'ai pensé bien des fois depuis, ma chère, qu'on ferait bien d'employer quelque chose de semblable pour les garçons, afin d'éviter les épuisements où ils se plongent avant l'âge. Car, de quelque façon qu'on veille sur eux, la société qu'ils ont ensemble ne leur apprend que trop, et trop tôt, la manière de s'y livrer.

Pendant quatre ou cinq années qui se sont écoulées depuis ce jour-là, tous les soirs mon père ôtait lui-même ce caleçon ; Lucette le nettoyait avec soin et me lavait. Il examinait s'il me blessait, et il me le remettait. Depuis ce moment, jusqu'à l'âge de seize ans, je ne le quittai pas. Durant tout ce temps, mes talents s'accrurent, et j'acquis des lumières dans tous les genres. Une curiorité naturelle me faisait désirer d'apprendre les raisons de tout ; chaque année voyait augmenter mes connaissances, et je ne cessais de chercher à en acquérir. Je m'étais accoutumée à l'emprisonnement où j'étais, et la perspective de la fin m'avait rendu supportable le temps où j'y étais condamnée. Je m'étais fait une raison de cette nécessité d'autant plus aisément qu'elle ne m'empêchait pas de jouir des caresses que je faisais ou de celles dont j'étais témoin, puisque j'avais mis ma bonne et mon papa dans le cas de n'être pas gênés par ma présence.

Parmi toutes les questions que je lui faisais, je n'oubliais guère celle où je trouvais le plus d'intérêt. Plus j'avançais en âge, plus la nature parlait en moi, avec d'autant plus de force que leurs plaisirs l'animaient vivement. Aussi lui demandais-je souvent sur quelles raisons était fondée la nécessité de la contrainte où il me tenait, et quel était le sujet des précautions qu'il avait prises vis-à-vis de moi. Il m'avait toujours renvoyée à un âge plus avancé. J'étais enfin dans ma seizième année lorsqu'il me donna la solution de cette demande :

— Puis-je donc à la fin, cher papa, savoir quelles sont les causes qui vous ont engagé de me faire porter ce fâcheux caleçon, puisque vous m'assurez avoir tant de tendresse pour votre Laurette ? Ma bonne est plus heureuse que moi, ou vous m'aimez moins qu'elle. Expliquez-moi donc aujourd'hui les vues qui vous y ont déterminé.

— Cette même tendresse, cette même affection que j'ai pour toi, ma chère fille, ne te fait plus regarder comme une enfant. Tu es à présent dans l'âge où l'on peut t'instruire à peu près de tout, et peut-être le dois-je encore plus avec toi.

« Apprends donc, ma Laurette, que la nature, chez l'homme, travaille à l'accroissement des individus jusqu'à quinze ou seize ans. Ce terme est plus ou moins éloigné suivant les sujets, mais il est assez général pour ton sexe. Cependant, il n'est dans le complément de sa force qu'à dix-sept ou dix-huit ans. Dans les hommes, la nature met plus de temps à acquérir sa perfection. Lorsqu'on détourne ses opérations par des épanchements prématurés et multipliés d'une matière qui aurait dû servir à cet accroissement, on s'en ressent toute la vie et les accidents qui en résultent sont des plus fâcheux. Les femmes, par exemple, ou meurent de bonne heure, ou restent petites, faibles et languissantes, ou tombent dans un marasme, un amaigrissement qui dégénère en maux de poitrine dont elles sont bientôt les victimes, ou elles privent leur sang d'un véhicule propre à produire leurs règles dans l'âge ordinaire, et d'une manière avantageuse, ou elles sont enfin sujettes à des vapeurs, à des crispations de nerfs, à des vertiges, ou à des fureurs utérines, à l'affaiblissement de la vue et au dépérissement ; elles terminent leurs jours dans un état quelquefois fort triste. Les jeunes gens essuient des accidents à peu près semblables ; ils traînent des jours malheureux, s'ils ne meurent pas prématurément.

Cet affreux tableau, chère Eugénie, m'effraya et m'engagea de lui témoigner ma reconnaissance de son amitié et de ses soins en mettant de bonne heure obstacle au penchant que je me sentais pour le plaisir et la volupté. Le vie me paraissait agréable, et, quelque goût que j'eusse pour le plaisir, je ne voulais point l'acheter, lui disais-je, aux dépens de mes jours et de ma santé.

— Je l'ai reconnu d'abord en toi, ma chère Laurette, ce penchant ; je savais que, dans l'âge où tu étais, toutes les raisons du monde ne pouvaient en détourner ; c'est ce qui m'a fait prendre des précautions que tu n'as pu vaincre, et que je n'ai pas dessein de lever encore. Il serait même avantageux qu'elles pussent être mises en usage pour toutes sortes de jeunes gens que des circonstances imprévues, ou des personnes imprudentes, ont malheureusement instruits beaucoup trop tôt.

La frayeur d'une santé délabrée, la crainte d'une mort prématurée, se présentaient vivement à mon imagination ; cependant, ce que je lui avais vu faire à Lucette, et la manière dont il vivait avec elle, suspendaient en quelque sorte l'énergie de ses images, la force et l'effet de ses raisons : je ne pus me refuser de lui faire part de mes doutes :

— Pourquoi donc, cher papa, ne prenez-vous pas avec ma bonne les mêmes précautions qu'avec moi ? Pourquoi lui procurez-vous souvent, au contraire, ce que vous me refusez entièrement ?

— Mais, ma fille, fais donc attention que Lucette est dans un âge absolument formé, qu'elle n'abandonne que le superflu de son existence, que c'est le temps où elle peut nourrir dans son sein d'autres êtres et que, dès cet instant, elle a plus qu'il ne faut pour la conservation du sien, ce qui s'annonce si bien par l'exactitude de ses règles. Il ne faut pas te cacher non plus, ma chère Laurette, que, chez elle, une trop grande quantité de semence retenue, en refluant dans son sang, y porterait le feu et le ravage, ou, en stagnant dans les parties qui la séparent du reste des humeurs, pourrait se corrompre ou embarrasser la circulation ; elle serait exposée, peut-être, à des accidents aussi dangereux que ceux de l'épuisement : tels sont les vapeurs, les vertiges, la démence, les accès frénétiques et autres. N'en voit-on pas des exemples fâcheux dans certains monastères où le cagotisme règne en despote, et où rien ne soulage de malheureuses recluses qui n'ont pas l'esprit de se retourner ?

« L'extravagance monacale a inventé de mêler dans leurs boissons des décoctions de nénuphar ou des infusions de nitre en vue de détourner les dispositions d'une nature trop active ; mais, pris un certain temps, ces palliatifs deviennent sans effet, ou détruisent tellement l'organisation de l'estomac et la santé de ces prisonnières qu'il leur en survient des fleurs blanches (1), des défaillances, des oppressions et des douleurs internes pendant le peu de temps qu'il leur reste à vivre. Il y a même de ces endroits où la sottise est portée au point de traiter de même leurs pensionnaires, et souvent elles sortent de ces maisons, ou cacochymes, ou avec le

(1) Pertes blanches ou leucorrhée.

genre nerveux attaqué, ou hors d'état de produire leur espèce, soit par la destruction des germes, soit par l'inertie où cet usage a plongé les forces de la nature et l'esprit vital ; et c'est à quoi les parents qui chérissent leurs enfants ne font pas assez d'attention.

« Apprends encore, ma chère Laure, qu'à un certain âge la fougue du tempérament commence à s'éteindre, ce qui arrive plus tôt chez les uns que chez les autres par une disposition et qualité différentes des liqueurs qui sont en nous, ou par une diminution de sensibilité dans les organes. Cette semence, alors refluée dans le sang, se tourne en embonpoint, qui quelquefois devient monstrueux par la suppression totale des épanchements, et ces individus, loin d'être propres à l'union des sexes, y sont même indifférents et ne conçoivent presque plus comment on peut y être sensible.

« Mais, ma chère enfant, dans l'âge où le superflu commence à s'annoncer, où le feu du tempérament est un ardent brasier, si l'on s'en dégage avec la prudence qu'il est nécessaire de conserver, loin de nuire à sa santé, loin de faire tort à sa beauté, on entretient l'une et l'autre dans toute la vigueur et dans toute la fraîcheur qu'elles peuvent avoir. Cependant, ma Laurette, il y a bien de la différence dans les moyens. Un femme, entre les bras d'un homme, est bien plus animée par la différence du sexe : combien l'est-elle plus à porportion du goût qu'elle a pour lui ? Elle l'est même par l'approche et l'attouchement d'une personne du sien qui lui plaît. L'imagination et la nature se prêtent avec bien plus de facilité et beaucoup moins d'efforts que si elle se procurait d'elle-même et seule ces sensations voluptueuses. Apprécie donc mieux à présent la conduite que je tiens entre Lucette et toi. »

— Hé bien ! cher papa, car je vous donnerai toujours ce nom, je me rends à des raisons si solides et je conçois votre prudence ; mais à quel âge ferez-vous donc avec moi ce que vous faites avec elle ? Cet instant manque à ma félicité puisque je ne puis remplir tous vos désirs et les satisfaire dans toute leur étendue.

— Attends, fille charmante, que la nature parle en notre faveur d'une manière intelligible. Tes tétons n'ont point encore acquis leur forme ; le duvet qui couvre les lèvres de ton petit conin est encore trop faible, à peine a-t-il porté les premières fleurs ; attends un peu plus de force : alors, chère Laurette, enfant de mon cœur, c'est de ta tendresse que je recevrai ce présent ; tu me laisseras cueillir cette fleur que je cultive ; mais attendons cet heureux instant. Ne crois pas cependant, ma chère fille, qu'à cette époque je te laisse livrée tout à fait à toi-même : dans une constitution robuste, cet instant arrivé suffit souvent, encore est-il nécessaire de se ménager ; mais dans un tempérament délicat, il faut pousser l'attention bien plus loin et contraindre jusqu'à dix-sept ou dix-huit ans, où les femmes sont dans toute leur force, les penchants qu'elles peuvent avoir à se laisser aller aux attraits de la volupté.

Tout ce qu'il me disait, Eugénie, s'imprimait fortement dans ma mémoire ; ses raisonnements me paraissaient appuyés sur des fondements des plus solides, et sa complaisance à répondre sans déguisement à mes questions m'engageait à lui en faire de nouvelles. Lucette, si profondément endormie la première fois que je les découvris ensemble, formait un mystère pour moi que je désirais d'éclaircir. Un jour, enfin, je lui en demandai la raison :

— Pourquoi, cher papa, Lucette dormait-elle si fort le premier jour que vous lui découvrîtes les tétons et que vous fîtes avec elle tout ce que vous désiriez sans qu'elle s'éveillât ? Ce sommeil était-il réel ou feint ?

— Très réel, ma chère Laure, mais c'est mon secret. Dois-je t'en instruire ? Oui, cet exemple pourra te devenir utile pour t'en garantir. Je t'avoue que depuis longtemps le besoin me tourmentait ; j'étais souvent très animé avec toi, je ne pouvais me satisfaire. Je vis Lucette, elle me plut et parut me convenir de toutes manières. Mais, voyant qu'elle reculait et balançait à se rendre à mes désirs, je pris mon parti : je lui fis avaler quinze ou vingt gouttes d'une potion dormitive dans le verre de liqueur que je lui donnai ; tu en as vu l'effet. Mais je ne me contentai pas de cela : je redoutais le moment de son réveil et je craignais que la surprise et la colère ne l'emportassent trop loin. Pour l'éviter, j'avais préparé d'avance une composition capable d'exciter la nature à la concupiscence : c'est ce qu'on appelle un philtre. Quand je t'eus portée dans mon lit, je revins en prendre trois ou quatre gouttes dans ma main, dont je frottai toute sa motte, son clitoris et l'entre-deux des lèvres. Cette liqueur a même la propriété d'exciter un homme affaibli, et de le faire bander s'il s'en frotte à la même dose le périnée et toutes les parties quelque temps avant d'entrer en lice. Lucette ne fut pas une heure couchée qu'elle s'éveilla ; elle ressentait une démangeaison, une ardeur, une passion que rien ne pouvait éteindre. Elle ne parut point étonnée de me voir dans ses bras ; elle les passa autour de moi, et loin d'opposer de la résistance à mes caresses et à mes désirs, tout émue par les siens elle écarta d'elle-même les genoux, et bientôt je goûtai les plaisirs les plus vifs, que je lui fis partager. Mais attentif aux suites qui pouvaient en arriver, au moment où je sentis la volupté prête à s'élancer comme une flamme, je me retirai et j'inondai sa motte et son ventre d'une copieuse libation que je répandis sur l'autel où je portais alors tous mes vœux.

« Depuis ce moment, Lucette s'est toujours prêtée à mes volontés, et c'est par sa complaisance, mon inattention et la curiosité que je ne soupçonnais pas de ton âge que tu as découvert ce mystère. Elle ignore ce que je viens de t'apprendre, et tu dois garder ma confidence.

— Soyez-en assuré, cher papa, mais achevez-la, je vous pris, tout entière. Ne craignez-vous pas de lui faire un enfant si vous ne vous retirez pas toujours à temps ? En est-on absolument le maître ? N'est-on pas quelquefois emporté par le plaisir, et la crainte qu'on peut avoir de ses suites n'en diminue-t-elle pas l'étendue et l'excès ?

— Ah ! ma fille, jusqu'où ton imagination curieuse ne va-t-elle pas ? Je vois bien que je ne dois rien te cacher. Si je ne te garantissais pas de tout événement, je ferais sans doute une folie de t'éclairer ; mais je ne risque rien avec toi, et ta raison est au-delà de ton âge.

« Apprends donc que la semence qui n'est point dardée dans la matrice ne peut rien produire ; qu'elle ne peut s'y rendre lorsqu'on intercepte le sucement qui lui est ordinaire. Cela reconnu, plusieurs femmes ont imaginé de repousser, par un mouvement interne, la semence, au moment où elles croyaient leur amant dans les délices du plaisir ; mais pour qu'elles aient cette liberté d'esprit, il ne faut pas qu'elles le partagent, privation bien dure ; encore rien n'est-il moins assuré. Des hommes ont pensé qu'en se retirant presque à l'entrée il n'y avait rien à craindre. Mais ils se trompent, la matrice étant une pompe avide. D'ailleurs, il y a des hommes qui, emportés par les délicieuses sensations qu'ils éprouvent, ne sont pas maîtres de se retirer à temps. L'inquiétude, la crainte des suites diminuent ordinairement l'excès du plaisir. Mais un moyen auquel on peut avoir la plus grande confiance est celui que j'emploie avec Lucette ; il donne la liberté de se livrer sans inquiétude à tous les transports, et le feu du plaisir. J'engageai donc ta bonne, depuis le jour où tu nous as découverts, à se munir avant nos embrassements d'une éponge fine avec un cordon de soie délicat qui la traverse en entier, et qui sert à la retirer. On imbibe cette éponge dans l'eau mélangée de quelques gouttes d'eau-de-vie ; on l'introduit exactement à l'entrée de la matrice, afin de la boucher ; et quand bien même les esprits subtils de la semence passeraient par les pores de l'éponge, la liqueur étrangère qui s'y trouve, mêlée avec eux, en détruit la puissance et la nature. On sait que l'air même suffit pour la rendre sans vertu. Dès lors, il est impossible que Lucette fasse des enfants.

— J'avais déjà pressenti, cher papa, l'utilité de cette éponge, mais j'en désirais l'explication, et celle que tu m'en donnes satisfait toutes mes idées.

— Je t'avoue, ma Laurette, qu'elle est un effet de ma tendresse pour toi, et c'est un aveu que je ne m'attendais pas à te faire, surtout dans un âge aussi tendre ; de pareils secrets sont propres à chasser bien loin la timidité de beaucoup de filles que la crainte des suites retient le plus souvent.

Je n'ai pas oublié cette découverte dans le besoin. Je t'en ai déjà fait part, chère Eugénie, de cette ressource favorable et salutaire à laquelle tu as eu assez de foi, sur ma propre expérience, pour te livrer à ta tendresse et aux sollicitations de ton amant.

Telle était une partie des conversations que nous mêlions à nos plaisirs, à nos caresses et aux autres instructions qu'il me donnait, dont il avait l'art de me faire profiter sans peine. Les livres de toutes espèces étaient entre mes mains ; il n'y en avait aucun d'excepté : mais il dirigeait mon goût sur ceux qui traitaient des sciences, aussi loin qu'ils pouvaient convenir à mon sexe. Je veux t'en donner un échantillon, et un léger précis dans une matière où je l'avais souvent questionné :

— Peux-tu concevoir, ma Laure, et fixer un point d'arrêt sur l'immensité dont notre globe est environné ? Pousse-la aussi loin que ton imagination puisse l'étendre, à quelle distance inconcevable seras-tu encore du but ? Que penses-tu qui remplisse cet espace immense ? Des éléments dont la nature et le nombre sont et seront toujours inconnus ; il est impossible de savoir s'il n'y en a qu'un seul dont les modifications présentent à nos yeux et à notre pensée ceux que nous apercevons, ou si chacun de ces éléments a une racine absolument propre qui ne puisse être convertie en une autre. Dans une ignorance si parfaite de la nature des choses dont nous faisons tous les jours usage, il paraît ridicule que les hommes aient fixé le nombre de ces éléments : rien n'est plus digne de la sphère étroite de leurs idées, et néanmoins, à les entendre, il semble qu'ils aient assisté aux dispositions de l'Ordonnateur éternel. Mais enfin, qu'ils soient un ou plusieurs, l'assemblage de leurs parties forme les corps et se trouve uni dans un nombre très multiplié de globules de feu et de matière qui paraît inerte aux yeux préoccupés. Que penses-tu donc de ces points de feu brillants connus parmi nous sous le nom d'étoiles ? Eh bien ! ma fille, ce sont de vastes globes enflammés semblables à notre soleil, établis pour éclairer, échauffer et donner la vie à une multitude de globes terrestres, peut-être chacun aussi peuplé que le nôtre. Quelques-uns ont cru qu'ils étaient placés là pour nous éclairer pendant la nuit ; l'amour-propre leur fait rapporter tout à nous, afin que tout aille à eux. Et de quoi nous servent-ils, ces globes, quand l'air est obscurci par les nuages ou les vapeurs ? La lune paraîtrait plutôt être destinée à cet office ; elle nous éclaire dans l'absence du soleil, même à travers les parties nébuleuses qui couvrent souvent notre horizon ; et cependant ce n'est pas là son unique destination : on ne peut même affirmer qu'elle n'est pas un monde, dont les habitants doutent si nous existons et sont peut-être assez stupides pour se flatter de jouir seuls de la magnificence des cieux ; peut-être aussi sont-ils plus pénétrants, plus ingénieux que nous, ou pourvus de meilleurs organes, et qu'ils savent juger plus sainement des choses. Les planètes sont des terres comme la nôtre, peuplées sans doute de végétaux et d'animaux différents de ceux que nous connaissons, car rien dans la nature n'est semblable.

« Dans ce point de vue, et parmi cette infinité de boules de matière, que devient notre terre ? Un point qui fait nombre parmi les autres. Et nous ! fourmis répandues sur cette boule, que sommes-nous donc pour être le type, le point central et le but où se rendent les prétendues vérités dont on berce l'enfance ?

C'est à peu près ainsi que mon père tâchait chaque jour de tracer dans mon esprit des impressions de philosophie. Je lui demandai un jour :

— Quel est cet Être créateur de tout, que je sentais mal défini dans les notions qu'on m'en avait données ?

Il me dit :

— Cet Être magnifique est incompréhensible ; il est senti sans être connu ; c'est nos respects qu'il exige ; il méprise nos spéculations. S'il existe plusieurs éléments, c'est de ses mains qu'ils sortent ; il les a créés par la puissance de sa volonté : il est donc l'âme de l'univers. S'il n'existe qu'un élément, il ne peut être que lui-même : connaissons-nous les bornes de son pouvoir ? N'a-t-il pas pu dépendre de lui de se transformer dans la matière que nous voyons, dont nous ne connaissons ni la nature ni l'essence ? Et ce qu'il a pu faire dans un temps, ne l'a-t-il pas pu de toute éternité ? C'en est assez, ma chère enfant, pour le présent ; quand tu seras dans un âge plus avancé, j'écarterai de tout mon pouvoir les voiles qui couvrent la vérité.

Mon père se plaisait à me faire lire des livres de morale dont nous examinions les principes, non sous la perspective vulgaire, mais sous celle de la nature. En effet, c'est sur les lois dictées par elle et imprimées dans nos cœurs qu'il faut la considérer. Il la réduisait à ce seul principe, auquel tout le reste est étranger mais qui renferme une étendue considérable : *faire pour les autres ce que nous voudrions qu'on fît pour nous,* lorsque la possibilité s'y trouve ; et *ne point faire aux autres ce que nous ne voudrions pas qu'on nous fît.* Tu vois, ma chère, que cette science dont on parle tant n'est jamais relative qu'à l'espèce humaine ; et si elle n'est rien en elle-même, au moins est-elle utile à son bonheur.

Les romans étaient presque bannis de mes yeux, et il me

faisait voir, dans presque tous, une ressemblance assez générale dans le tissu, les vues et le but, à la différence près du style, des événements et de certains caractères. Il y en avait cependant plusieurs qui étaient exceptés de cette règle ; il me donnait volontiers ceux dont le sujet était moral. Peu des autres peignent les hommes et les femmes de leurs véritables couleurs : ils y sont présentés sous le plus bel aspect. Ah ! ma chère, combien cette apparence est en général loin de la réalité : les uns et les autres vus de près, quelle différence n'y trouve-t-on pas ? Je puisais dans les voyageurs et dans les coutumes des nations un genre d'instruction qui me faisait mieux apprécier l'humanité en général, comme la société fait apercevoir les nuances des caractères.

Les livres d'histoire, qui me rendaient compte des mœurs antiques et des préjugés différents qui, tour à tour, ont couvert la surface de la terre, étaient ma balance. Les ouvrages de nos meilleurs poètes formaient le genre amusant, pour lequel mon goût était le plus décidé et que j'inculquais avec empressement dans ma mémoire.

Il me remit un jour entre les mains un livre qui venait de paraître, en me recommandant d'y réfléchir :

— Lis, ma chère Laurette. Cet ouvrage est la production d'un génie dont tu as lu presque tout ce qu'il a mis au jour et dont ta mémoire possède plusieurs morceaux, qui unit un style élevé, élégant, agréable et facile, propre à lui seul à des idées profondes. *Zadig* (1), paré de ses mains, t'apprendra sous l'allégorie d'un conte qu'il n'arrive point d'événements dans la vie qui soient à notre disposition.

« De quelque aveuglement dont l'amour-propre et la vanité nous fascinent, sois assurée que, pour un esprit attentif et réfléchi, il est d'une vérité palpable et constante que

(1) Roman philosophique de Voltaire.

tout s'enchaîne afin de suivre un ordre fixé pour l'ensemble et pour chacun en particulier ; des circonstances imprévues forcent les idées et les actions des humains ; des raisons éloignées, et souvent imperceptibles, les entraînent dans une détermination qui, presque toujours, leur paraît volontaire : elle semble venir d'eux et de leur choix, tandis que tout les y porte sans qu'ils s'en aperçoivent. Ils tiennent même de la nature les formes, le caractère et le tempérament qui concourent à leur faire remplir le rôle qu'ils ont à jouer, et dont toute la marche est dessinée d'avance dans les décrets du moteur éternel.

« Si l'on peut prévoir quelques événements, ce n'est que par une perspicacité, une sagacité de vue sur la chaîne de ces circonstances qu'on ne peut cependant changer, et qui est d'une force irrésistible, même pour ce qui constitue le malheur. Le plus sage est celui qui sait se prêter au cours naturel des choses.

Pour toi, ma chère Eugénie, ton esprit facile sait se plier à tout ; ta docilité te rend heureuse et tu sais l'être malgré les entraves mises à ta liberté ; tu savoures les plaisirs que tu inventes sans t'inquiéter de ceux qui te manquent.

J'avançais en âge et j'atteignais la fin de ma seizième année lorsque ma situation prit une face nouvelle : les formes commençaient à se décider ; mes tétons avaient acquis du volume, j'en admirais l'arrondissement journalier, j'en faisais voir tous les jours les progrès à Lucette et à mon papa, je les leur faisais baiser, je mettais leurs mains dessus et je leur faisais faire attention qu'ils les remplissaient déjà ; enfin, je leur donnais mille marques de mon impatience. Élevée sans préjugés, je n'écoutais, je ne suivais que la voix de la nature : ce badinage l'animait et l'excitait vivement, je m'en apercevais :

— Tu bandes, cher papa, viens...

Et je le mettais entre les bras de Lucette. Je n'étais pas moins émue, mais je jouissais de leurs plaisirs. Nous vivions, elle et moi, dans l'union la plus intime ; elle me chérissait autant que je l'aimais ; je couchais ordinairement avec elle, et je n'y manquais pas, lorsque mon papa était absent. Je remplissais son rôle du mieux que je le pouvais : je l'embrassais, je suçais sa langue, ses tétons ; je baisais ses fesses, son ventre, je caressais sa jolie motte, je la branlais ; mes doigts prenaient souvent la place du vit que je ne pouvais lui fournir, et je la plongeais à mon tour dans ces agonies voluptueuses où j'étais enchantée de la voir. Mon humeur et mes manières lui avaient fait prendre pour moi une affection dont je ne puis, ma chère, te donner l'idée que d'après la tienne. Elle m'avait vu bien des fois, au milieu de nos caresses, violemment animée et, dans ces moments, elle m'assurait qu'elle désirait que je fusse au terme où elle pût aussi me procurer, sans danger, les mêmes plaisirs que je lui donnais. Elle souhaitait que mon papa me l'eût mis et eût ouvert la route sur laquelle ils sont semés :

— Oui, ma chère Laure, disait-elle, quand cet instant arrivera, je projette d'en faire une fête ; je l'attends avec empressement. Mais, ma chère amie, je crois apercevoir qu'il ne tardera pas : tes tétons naissants sont presque formés, tes membres s'arrondissent, ta motte se rebondit, elle est déjà toute couverte d'un tendre gazon, ton petit conin est d'un incarnat admirable, et j'ai cru découvrir dans tes yeux que la nature veut qu'on te mette bientôt au rang des femmes. L'année dernière, au printemps, tu vis les préludes d'une éruption qui va s'établir tout à fait.

En effet, je ne tardai pas à me sentir plus pesante, la tête chargée, les yeux moins vifs, les douleurs de reins et des sensations d'une colique extraordinaire pour moi ; enfin, huit ou dix jours après, Lucette trouva la gondole ensanglantée. Mon père ne me la remit pas. Ils avaient pressenti l'effet de ma situation ; j'en étais prévenue ; je restai près de neuf jours dans cet état, après lesquels je redevins aussi gaie et je jouis d'une santé aussi brillante qu'auparavant.

Que j'eus de joie de cet événement ! J'en étais folle, j'embrassai Lucette :

— Ma chère bonne, que je vais être heureuse !

Je volai au cou de mon papa, je le couvris de mes baisers :

— Me voilà donc enfin à l'époque où tu me désirais !... Que je serai contente si je puis faire naître tes désirs et les satisfaire !... Mon bonheur est d'être tout entière à toi : mon amour et ma tendresse en font l'objet de ma félicité...

Il me prit dans ses bras, me mit sur ses genoux. Ah ! qu'il me rendait bien les caresses que je lui faisais ! Il pressait mes tétons, il les baisait, il suçait mes lèvres, sa langue venait caresser la mienne ; mes fesses, mon petit conin, tout était livré à ses mains brûlantes.

— Il est enfin arrivé, charmante et chère Laure, cet heureux instant où ta tendresse et la mienne vont s'unir dans le sein de la volupté ; aujourd'hui même je veux avoir ton pucelage et cueillir la fleur qui vient d'éclore ; je vais la devoir à ton amour, et ce sentiment de ton cœur y met un prix infini ; mais tu dois être prévenue que, si le plaisir doit suivre nos embrassements et nos transports, le moment qui va me rendre maître de cette charmante rose te fera sentir quelques épines qui te causeront de la douleur.

— Qu'importe, fais-moi souffrir, mets-moi toute en sang si tu veux, je ne puis te faire trop de sacrifices, ton plaisir et ta satisfaction sont l'objet de mes désirs.

Le feu brillait dans nos yeux. L'aimable Lucette, voulant coopérer à l'effusion du sang de la victime, ne montrait pas moins d'empressement que si elle-même eût été le sacrificateur. Ils m'enlevèrent et me portèrent dans un cabinet qu'ils avaient fait préparer pendant le temps de mon état. La lumière du jour en était absolument bannie ; un lit de satin gros bleu était placé dans un enfoncement entouré de glaces. Les foyers de quatre réverbères placés dans les encoignures, adoucis par des gazes bleues, venaient se réunir sur un petit coussin de satin couleur de feu, mis au milieu, qui formait la pierre sur laquelle devait se consommer le sacrifice. Lucette exposa bientôt à découvert tous les appas que j'avais reçus de la nature ; elle ne para cette victime volontaire qu'avec des rubans couleur de feu qu'elle noua au-dessus de mes coudes et à la ceinture dont, comme une autre Vénus, elle marqua ma taille. Ma tête, couronnée simplement de sa longue chevelure, n'avait d'autre ornement qu'un ruban de la même couleur qui la retenait. Je me jetai de moi-même sur l'autel.

Quelques parures que j'eusse auparavant portées, je me trouvais alors bien plus belle de ma seule beauté ; je me regardais dans les glaces avec une complaisance satisfaite, un contentement singulier. Je paraissais d'une blancheur éblouissante, mes petits tétons, si jeunes encore, s'élevaient sur mon sein comme deux demi-boules parfaitement rondes, relevées de deux petits boutons d'une couleur de chair rose ; un duvet clair ombrageait une jolie motte grasse et rebondie qui, faiblement entrouverte, laissait apercevoir un bout de clitoris semblable à celui d'une langue entre deux lèvres ; il appelait le plaisir et la volupté. Une taille fine et bien prise, un pied mignon surmonté d'une jambe déliée et d'une cuisse arrondie, des fesses dont les pommettes étaient légèrement colorées, des épaules, un cou, une chute de reins charmante et la fraîcheur d'Hébé. Non, l'Amour ne m'eût rien disputé s'il eût été de mon sexe. Tels étaient les éloges que Lucette et mon papa faisaient à l'envi de ma personne. Je nageais dans la joie et l'ivresse de l'amour-propre. Plus je me croyais bien, plus ils me trouvaient telle, et plus j'étais enchantée que ce papa si cher à mon cœur eût une entière jouissance de tout ce que je possédais. Il m'examinait, il m'admirait ; ses mains, ses lèvres ardentes se portaient sur toutes les parties de mon corps. Nous avions, l'un et l'autre, l'ardeur de deux jeunes amants qui n'ont rencontré que des obstacles, et qui vont enfin jouir du prix de leur attente et de leur amour.

Je souhaitais vivement le voir dans l'état où j'étais ; je l'en pressai avec instance ; il y fut bientôt. Lucette le dégagea de tous ses vêtements ; il me coucha sur le lit, mes fesses posées sur le coussin. Je tenais en main le couteau sacré qui devait à l'instant immoler mon pucelage. Ce vit que je caressais avec passion, semblable à l'aiguillon de l'abeille, était d'une raideur à me prouver qu'il percerait rigoureusement la rose qu'il avait soignée et conservée avec tant d'attention. Mon imagination brûlait de désir ; mon petit conin tout en feu appétait ce cher vit, que je mis aussitôt dans la route. Nous nous tenions embrassés, serrés, collés l'un sur l'autre ; nos bouches, nos langues se dévoraient. Je m'apercevais qu'il me ménageait ; mais passant mes jambes sur ses fesses et le pressant bien fort, je donnai un coup de cul qui le fit enfoncer jusqu'où il pouvait aller. La douleur qu'il sentit et le cri qui m'échappa furent ceux de sa victoire. Lucette, passant alors sa main entre nous, me branlait, tandis que, de l'autre, elle chatouillait le trou de mon cul. La douleur, le plaisir mélangés, le foutre et le sang qui coulaient, me firent ressentir une sublimité de plaisir et de volupté inexprimables. J'étouffais, je mourais ; mes bras, mes jambes, ma tête tombèrent de toutes parts ; je n'étais plus à force d'être. Je me délectais dans ces sensations excessives, auxquelles on peut à peine suffire. Quel état délicieux ! Bientôt, j'en fus retirée par de nouvelles caresses ; il me baisait, me suçait, me maniait les tétons, les fesses, la motte ; il relevait mes jambes en l'air pour avoir le plaisir d'examiner, sous un autre point de vue, mon cul, mon con, et le ravage qu'il y avait fait. Son vit que je tenais, ses couilles que Lucette caressait, reprirent bientôt leur fermeté. Il me le remit. Le passage facilité ne nous fit plus sentir, dès qu'il fut entré, que des ravissements. Lucette, toujours complaisante, renouvela ses chatouillements, et je retombai dans l'apathie voluptueuse que je venais d'éprouver.

Mon papa, fier de sa victoire et charmé du sacrifice que mon cœur lui avait fait, prit le coussin qui était sous moi, teint du sang qu'il avait fait couler, et le serra avec le soin et l'empressement de l'amant le plus tendre, comme un trophée de sa conquête. Il revint bientôt à nous :

— Ma Laure, chère et aimable fille, Lucette a multiplié tes plaisirs : n'est-il pas juste de les lui faire partager ?

Je me jetai à son cou, je l'attirai sur le lit ; il la prit dans ses bras et la mit à côté de moi ; je la troussai d'abord et je la trouvai toute mouillée.

— Que tu es émue, ma chère bonne, je veux te rendre une partie du plaisir que j'ai eu.

Je pris la main de mon papa, je lui introduisis un de ses doigts qu'il faisait entrer et reparaître, et je la branlai. Elle ne tarda pas à tomber dans l'extase d'où je venais de sortir.

Ah ! chère Eugénie, que ce jour eut de charmes pour moi ! Je te l'avoue, tendre amie, il a été le plus beau de ma vie et le premier où j'ai connu les délices de la volupté dans leur plus haut degré. Je le rappelle encore à ma mémoire avec un saisissement de satisfaction que je ne peux te rendre ; mais, en même temps, avec un cruel serrement de cœur. Faut-il que ce souvenir, qui me cause tant de plaisir et de joie, fasse naître en même temps les regrets les plus amers ? Écartons pour un moment cette image si triste pour mon âme.

Il régnait dans ce cabinet une douce chaleur ; je me sentais si bien dans l'état où j'étais que je ne voulus rien mettre sur moi ; j'étais d'une gaieté folle : je prétendis souper parée de mes seuls appas. Lucette, attentive, avait eu le soin d'écarter tous les domestiques et de jeter un voile épais sur la malignité de leurs regards ; elle eut la complaisance d'apporter seule et de préparer tout ce qu'il fallait, et ferma les portes avec soin. Je ne fus pas contente que je ne l'eusse mise dans la situation où nous étions : je fis voler loin d'elle tout ce qui la couvrait ; elle était charmante à mes yeux.

Nous nous mîmes à table. Mon papa était, entre nous deux, l'objet de nos caresses, qu'il nous rendait tour à tour. Les glaces répétaient cette charmante scène ; nos grâces et nos attitudes étaient variées par les saillies qu'inspirait un vin délicat ; son coloris brillant y répandait même des nuances différentes : nous ressentîmes bientôt les effets de sa vertu et de nos attouchements. Nos cons étaient enflammés ; son vit avait repris toute sa raideur et sa dureté. Dans un état aussi animé, aussi pressant, la table nous déplut ; nous courûmes, nous volâmes sur le lit. Dans ce jour, qui m'était uniquement consacré, je fus encore plongée dans les délices d'une volupté suprême ; il se coucha sur ma gauche, ses cuisses passées sous les miennes qui étaient relevées ; son vit se présentait fièrement à l'entrée. Lucette se mit sur moi, ma tête entre ses genoux ; son joli con était sous mes yeux ; je l'entrouvrais, je le chatouillais, je caressais ses fesses qui étaient en l'air ; son ventre rasait mes tétons ; ses cuisses étaient entre mes bras ; tout excitait, tout animait la flamme du désir. Elle écarta les lèvres de mon petit conin, qui était d'un rouge vif ; je l'engageai d'y mettre l'éponge pour que mon papa jouît de moi sans inquiétude et pût décharger dedans. Il était sensible et douloureux : dès qu'on y touchait, je souffrais ; cependant, malgré cette sensation douloureuse, je l'endurai dans l'espérance que j'en aurais bientôt de plus agréable. Lucette conduisit le vit de mon papa dans le chemin dont elle avait écarté tous les dangers, et qui n'était plus semé que de fleurs : il s'y précipita ; il enfonça ; elle me branlait en même temps, et je lui rendais un pareil service, tandis qu'il faisait avec son doigt, dans le con de ma bonne, le même mouvement que son vit faisait dans le mien. Ces variétés, ces attitudes, cette multiplicité d'objets et de sensations dans les approches du plaisir en augmentaient infiniment les délices. Nous le sentîmes venir à nous ; mais prêts à nous échapper comme l'éclair étincelant fuit à nos regards, nous en savourâmes au moins toute

l'étendue dans un délectable anéantissement, dont la douceur et les charmes ne peuvent qu'être sentis. Nous commencions à être fatigués. Lucette se releva, fut mettre ordre à tout et, dès qu'elle fut de retour, nous nous mîmes dans un lit, entre les bras les uns des autres, où nous passâmes une nuit préférable pour nous au jour le plus pompeux.

Hélas ! chère Eugénie, pourquoi l'imagination va-t-elle toujours au-delà de la réalité qui suffit seule à notre bonheur ? Je croyais que tous les jours allaient le disputer à celui qui m'avait procuré tant de plaisirs ; mais mon père, plus soigneux, plus délicat peut-être, et veillant sans interruption à ma santé, m'engagea le lendemain à reprendre ce fatal caleçon :

— Ma chère Laurette, je ne te le cache pas, je me défie de toi, de nous tous ; ton tempérament n'est pas encore assez formé pour que je t'abandonne à toi-même, et tu m'es trop chère pour que je ne cherche pas à te ménager avec toute l'attention qui peut dépendre de moi. Cependant, tu jouiras de nos caresses, tu nous en feras ; sans gêne avec toi, tu partageras en quelque façon nos plaisirs ; et de temps en temps nous te réserverons une nuit pareille, que tu trouveras d'autant plus agréable que tu l'attendras avec impatience. Enfin si tu veux me plaire, tu te prêteras à ce que je désire de toi et tu y consentiras avec complaisance.

C'était un moyen assuré de ne pas me faire regarder cet emprisonnement comme insupportable. Ne crois pas non plus, ma chère, que ce soit par un trait de jalousie : tu verras bientôt le contraire. Je te laisse donc faire. Ah ! chère Eugénie, que je m'en suis bien trouvée.

Il y avait déjà près de dix-neuf mois que j'avais passé l'heureuse soirée dont je viens de te retracer le tableau, lorsque j'eus le chagrin de voir l'éloignement de Lucette. Son père, qui demeurait en province, la rappela près de lui : une maladie dangereuse lui fit désirer absolument son retour avant de mourir. Son départ nous causa la peine la plus sensible ; nos larmes sincères furent confondues avec les siennes ; pour moi, je ne pouvais retenir mes sanglots, qui ne furent enfin suspendus que par l'espérance et le désir qu'elle nous témoignait de revenir au plus tôt. Mais, peu de temps après la mort de son père, elle tomba dans une maladie de langueur dont elle eut beaucoup de peine à se rétablir pendant plus de deux ans. Son père lui avait laissé un bien-être qui la fit rechercher dans son canton ; elle ne voulait entendre parler de qui que ce soit ; elle trouvait, suivant ses lettres, une si grande différence entre mon papa et tous ceux qui se présentaient pour elle qu'elle en était révoltée. Enfin, elle ne voulait écouter aucune proposition de mariage et ne soupirait qu'après son retour avec nous. Néanmoins, sollicitée par sa mère et ses autres parents, qui lui représentaient les avantages qu'elle y trouvait et le besoin que sa mère, infirme, avait d'elle, la complaisance arracha son consentement contre son gré, après avoir cependant consulté mon papa en qui elle avait la plus entière confiance. Comme le parti qui s'offrait était effectivement très avantageux, il se crut obligé par ses principes de lui conseiller de l'accepter, ce qu'il fit avec une véritable répugnance, m'ayant assuré plusieurs fois qu'il avait un pressentiment de son malheur, auquel il ne voulait pourtant pas ajouter foi, le regardant comme une faiblesse. Cependant, elle mourut des suites de sa première couche.

Je regrettais souvent l'éloignement de Lucette, que je regardais perdue pour moi, mais je me consolais dans les bras de ce cher et tendre papa. J'avais enfin totalement quitté cet habillement secret que j'avais si souvent maudit ; mais la langueur de Lucette, de quelque cause qu'elle pût venir, ajoutant du poids aux réflexions qu'il avait déjà faites et aux nouvelles dont il me faisait part, le détermina à me ménager avec plus d'attention qu'il n'en avait mis à son égard, en me faisant sentir combien cela était nécessaire à ma constitution délicate. Je me rendais à ses raisons, avec d'autant plus de facilité que j'avais en lui la foi la plus complète. Comme il s'éloignait peu de moi et que je couchais toujours avec lui, il me veillait et m'arrêtait souvent lorsque je cédais à mes désirs avec trop d'ardeur.

Depuis le départ de Lucette, il avait fait plusieurs changements dans son appartement ; on ne pouvait plus entrer dans ma chambre qu'en passant par la sienne. Il avait répandu dans son domestique un air de sévérité sur ce sujet, qui nous faisait quelquefois rire ensemble. Nos lits étaient appuyés contre le même mur qu'il avait fait percer ; et dans les doubles cloisons qui couvraient le fond de nos alcôves il avait fait pratiquer des panneaux à coulisses, qui s'ouvraient par un ressort que nous seuls connaissions. Il faisait emporter tous les soirs la clef de ma chambre par une femme qu'il avait prise à la place de Lucette, et que nous tenions tout à fait dans le rang de domestique ; mais, quand nous étions dégagés de tout incommode, je passais par les coulisses et je venais, dans ses bras, jouir d'un sommeil doux et tranquille que me procuraient ces nuits heureuses, suivies des jours les plus agréables.

Ce fut dans une de ces charmantes nuits qu'il me fit goûter une nouvelle sorte de plaisir, dont je n'avais pas d'idée ; que non seulement je ne trouvai pas moins délicieux, mais encore qui me parut des plus vifs :

— Ma chère Laure, aimable enfant, tu m'as donné ta première fleur ; mais tu possèdes un autre pucelage que tu ne dois ni ne peux me refuser si je te suis toujours cher.

— Ah ! si tu me l'es ! Qu'ai-je donc en moi, cher papa, dont tu ne puisses disposer à ton gré et qui ne soit pas à toi ? Heureuse quand je puis faire tout ce qui peut contribuer à ta satisfaction, mon bonheur est établi sur elle !

— Fille divine, tu m'enchantes, la nature et l'amour ont pris plaisir à former tes grâces ; partout en toi séjourne la volupté, elle se présente avec mille attraits différents dans toutes les parties de ton corps ; dans une belle femme qu'on adore, et qui paie d'un semblable amour, mains, bouche, aisselles, tétons, cul, tout est con.

— Eh bien ! choisis, tu es le maître et je suis toute à tes désirs.

Il me fit mettre sur le côté gauche, mes fesses tournées vers lui. Et, mouillant le trou de mon cul et la tête de son vit, il l'y fit entrer doucement. La difficulté du passage levée ne nous présenta plus qu'un nouveau chemin semé de plaisirs accumulés ; et, soutenant ma jambe de son genou relevé, il me branlait, en enfonçant de temps en temps le doigt dans mon con. Ce chatouillement réuni de toutes parts avait bien plus d'énergie et d'effet ; quand il reconnut que j'étais au moment de ressentir les derniers transports, il hâta ses mouvements, que je secondais des miens. Je sentis le fond de mon cul inondé d'un foutre brûlant, qui produisit de ma part une décharge abondante. Je goûtais une volupté inexprimable, toutes les parties sensibles y concouraient, mes transports et mes élans en faisaient une démonstration convaincante ; mais je ne les devais qu'à ce vit charmant, pointu, retroussé et peu puissant (1), porté par un homme que j'adorais.

— Quel séduisant plaisir, chère Laurette ! et toi, belle amie, qu'en dis-tu ? Si j'en juge par celui que tu as montré, tu dois en avoir eu beaucoup !

— Ah ! cher papa, infini, nouveau, inconnu, dont je ne peux exprimer les délices, et dont les sensations voluptueuses sont multipliées au-delà de tout ce que j'ai éprouvé jusqu'à présent.

— En ce cas, ma chère enfant, je veux une autre fois y répandre plus de charmes encore, en me servant en même temps d'un godemiché, et je réaliserai par ce moyen l'Y grec du Saint-Père.

---

(1) Synonyme de *gros* au XVIIIe.

— Papa, qu'est-ce donc qu'un godemiché ?

— Tu le verras, ma Laure, mais il faut attendre un autre jour.

Le lendemain je ne lui parlai que de cela ; je voulais le voir absolument ; je le pressai tant qu'il fallût enfin qu'il me le montrât. J'en fus surprise ; je désirais qu'il m'en fît faire l'essai le soir même, mais il me remit au surlendemain. Je veux, ma chère, faire avec toi, comme papa me fit alors ; je ne t'en ferai la description que dans une autre scène où nous le mîmes en usage. Je t'en ai déjà parlé de vive voix, et je regrettais de ne pas l'avoir dans nos caresses où j'aurais avec tant de plaisir joué le rôle d'un amant tendre avec toi ; mais je ne l'oublierai sûrement pas quand j'irai retrouver ma consolation dans tes bras.

Malgré la distance qu'il mettait dans les plaisirs qu'il me procurait, il n'y avait aucune sorte de variété qu'il n'y répandît pour y ajouter de nouveaux attraits ; il m'était d'autant plus facile de les y trouver que je l'aimais avec toute la passion dont j'étais capable. Quelquefois il se mettait sur moi, sa tête entre mes cuisses et la mienne entre ses genoux ; il couvrait de sa bouche ouverte et brûlante toutes les lèvres de mon con ; il les suçait, il enfonçait sa langue entre deux, du bout il branlait mon clitoris, tandis qu'avec son doigt ou le godemiché il animait, il inondait l'intérieur. Je suçais moi-même la tête de son vit ; je la pressais de mes lèvres ; je la chatouillais de ma langue ; je l'enfonçais tout entier, je l'aurais avalé. Je caressais ses couilles, son ventre, ses cuisses et ses fesses. Tout est plaisir, charmes, délices, chère amie, quand on s'aime aussi tendrement et avec autant de passion.

Telle était la vie délicieuse et enchantée dont je jouissais depuis le départ de ma chère bonne. Déjà huit ou neuf mois s'étaient écoulés, qui m'avaient paru fuir bien rapidement. Le souvenir et l'état de Lucette étaient les seuls nuages qui se montraient dans les beaux jours que je passais alors ; variés par mille plaisirs, suivis de nuits qui m'intéressaient encore davantage, je faisais consister toute ma satisfaction et ma félicité à les voir disparaître pour employer tous les moments qu'ils me laissaient entre les bras de ce tendre et aimable papa, que j'accablais de mes baisers et de mes caresses. Il me chérissait uniquement, mon âme était unie à la sienne, je l'aimais à un degré que je ne puis te peindre.

Mais, chère Eugénie, que vas-tu penser de ton amie sur une confession que je ne t'ai pas encore faite ? Quelle scène nouvelle tu vas voir paraître, et quel fondement peut-on faire sur soi-même ? A quel degré d'extravagance l'imagination exaltée n'entraîne-t-elle pas ? Qui peut donc répondre de ses caprices et de son tempérament ? Si le cœur est toujours le même, s'il est plein des mêmes sentiments, faut-il que des désirs violents, souvent pour un vain fantôme qu'on se crée, nous poussent au-delà du but où nous devrions nous arrêter et nous mènent bien plus loin que nous ne devrions aller ? J'en suis un exemple frappant. Dois-je te faire cet aveu ? Oui, ne cachons rien à l'amie de mon cœur ; je rougis moins de te le dire que d'en avoir eu la folie. Une circonstance va te la développer tout entière, et te fera voir en même temps la bonté, la douceur et le vif intérêt de mon père pour moi, la justesse de son esprit, la force de son âme, de son attachement et de sa complaisance. Elle me fit connaître plus que jamais à quel point il méritait tout mon cœur et mon amour ; aussi son image le remplira-t-elle toujours, et ne s'en effacera qu'avec ma vie.

Dans la même maison que nous occupions végétait une vieille dévote, veuve et âgée, qui ne croyait son temps bien employé qu'en passant la plus grande partie du jour à courir les églises. Elle avait trois enfants. L'aîné, débauché dans toute l'étendue de l'expression, ne fréquentait que la plus mauvaise compagnie ; à peine le connaissions-nous de vue. Jouissant du bien qui lui revenait de son père, il le dissipait avec profusion. Son frère, de beaucoup plus jeune, avait quelques mois au-dessus de seize ans lorsqu'il quitta le collège pour revenir chez sa mère. C'était un garçon beau comme on peint l'Amour, d'une humeur égale et d'un caractère fort doux. Ils avaient une sœur fort gentille, qui atteignait ses quinze ans et demi.

Représente-toi, chère Eugénie, une petite brune claire, teint animé, œil vif, nez troussé, bouche agréable et vermeille, taille découplée, toute mignonne, d'une vivacité pétulante, folle autant qu'il se puisse, et outre cela très amoureuse ; mais fine, et en même temps discrète sur ce qui pouvait avoir trait à ses plaisirs. Tous les jours elle plaisantait sur les sermons que lui faisait de temps en temps sa bonne dévote de mère. J'avais lié connaissance avec elle plus particulièrement huit ou neuf mois après le départ de Lucette et, par cette occasion, j'avais fait celle de son jeune frère lorsqu'il revint avec elle. Souvent ils venaient me voir et il ne se passait guère de jours que nous ne fussions ensemble. Sa mère en était d'autant plus satisfaite qu'elle me donnait journellement pour exemple à sa fille. Il est vrai que je tenais de la nature et de l'éducation que je recevais de mon papa un air plus réservé. Ne penses-tu pas, Eugénie, avec moi que si, dans nos usages, l'amour dégrade nos réputations, l'imprudence dans le choix et dans la conduite y contribue totalement, et surtout ces airs de coquetterie, ces façons libres et qui ne tiennent à rien, quoique souvent elles ne vont pas plus loin ; tandis qu'une hypocrite, une dévote, une femme attentive aux dehors les sauvent en jouissant sous le voile du mystère ; mais elles conservent leur réputation sous ces apparences ; elles font bien, et mieux encore si elles ont la prudence de mettre un frein à leur langue sur la conduite des autres ; modération qui détourne les curieux ou les intéressés de l'examen recherché qu'ils pourraient faire. Encore une fois, ce n'est pas dans le fait, c'est dans les manières et par un mauvais choix qu'on se perd.

Je m'aperçus bientôt que mon père les étudiait avec attention ; il jugea Vernol et sa sœur. Il me dit que Rose en savait plus que sa nourrice ne lui en avait enseigné, et que si, sur le plaisir et la jouissance, elle était plus ignorante que moi, ce dont il doutait, elle avait grande disposition à en apprendre davantage, et que si j'étais curieuse de juger de ses connaissances, je pouvais l'éprouver. Les différents badinages où je l'engageai depuis me mirent à même d'en porter le même jugement. Mais il s'expliqua peu sur Vernol.

Mes talents s'étaient perfectionnés. Musicienne, pinçant la harpe avec délicatesse, chantant avec goût, déclamant avec intelligence, j'avais formé une société où j'admis Rose et Vernol. Bientôt il eut par là le moyen de me faire apercevoir la passion qu'il avait prise pour moi. Il me cherchait, il me suivait sans cesse, les prétextes ne lui manquaient pas. Ses rôles étaient animés, remplis d'attention, de soins, de complaisance : tout me disait ce qu'il n'osait prononcer. Je m'en aperçus, et, lorsque j'en fus persuadée, j'en fis part à mon papa avec ce ton et ce sourire qui annoncent la plaisanterie :

— Laure, je l'ai soupçonné dès les premiers instants ; ses yeux, son teint deviennent plus animés quand il est près de toi ; son air quelquefois embarrassé et toutes ses démarches le décèlent. Eh bien ! ma fille, avec cette connaissance de son amour pour toi, que ressens-tu pour lui ?

Je ne m'étais pas encore consultée, ma chère Eugénie, je n'avais pas fouillé dans les replis de mon âme et, croyant n'avoir pour Vernol que ce sentiment qu'on nomme amitié, je lui en parlai sur ce ton. Mais un service de mon père, en me demandant si c'était là tout, suffit pour me faire rentrer en moi, et je reconnus bientôt, en y réfléchissant, que la présence de Vernol m'animait, et que lorsqu'il n'était pas avec sa sœur il me manquait quelque chose ; car, sans y faire attention, je demandais à Rose avec une sorte d'empressement ce que son frère était devenu. Je ne pouvais concevoir comment je m'étais éprise d'un tel caprice avec lequel mon cœur était si peu d'accord. Sa figure, il est vrai, me charmait; sa douceur et ses soins en augmentaient les attraits.

A l'air de mon père, il était aisé de juger qu'il avait découvert en moi ce que je n'osais presque encore m'avouer à moi-même; il fut quelque temps sans m'en parler. Je l'aimais toujours autant, et plus, s'il était possible, que je n'avais jamais fait; mon empressement et mon goût pour lui ne diminuaient point; enfant de la nature et de la vérité, je n'y mettais ni politique ni dissimulation. On prétend que nous sommes naturellement fausses; je crois que cette fausseté est d'acquisition, et selon l'éducation reçue. Enfin, je me sentais capable de tout sacrifier pour ce cher et tendre père, et je pris une résolution intérieure d'éviter les poursuites et les soins de ce beau garçon. Je n'avais pu concevoir l'accord des sensations et de la fantaisie que j'éprouvais pour Vernol avec les sentiments de mon cœur pour ce tendre papa; mais la disposition où je me trouvais me fit connaître par la suite la différence des mouvements qui m'agitaient. Tu concevras difficilement, chère Eugénie, cette différence; il faut l'avoir sentie pour la connaître : bien des hommes pourraient t'apprendre à faire la distinction qui s'y trouve. Mon père voulut la juger en moi, et s'en assura en me mettant à une épreuve à laquelle je ne m'attendais nullement :

— Laure, quelques-uns de vos amis actuels me font de la peine; je désirerais que vous ne voyiez plus Rose ni son frère.

Je ne balançai pas un instant, et, me jetant à son cou, le serrant, le pressant contre mon sein :

— J'y consens bien volontiers, cher papa, je te conjure même de quitter cette demeure, ou que tu me mènes à la campagne : je ne serai plus dans le cas de me trouver avec eux. Partons dès demain, je serai bientôt prête.

En effet, je courus préparer mon trousseau. J'y étais occupée lorsqu'il me rappela. Il me prit sur ses genoux et me dit en m'embrassant :

— Chère Laurette, je suis content de ta tendresse et de ton affection ; tes yeux secs me disent que c'est sans peine que tu veux me faire un sacrifice. Avoue-le-moi, je t'y engage ; ouvre-moi ton cœur car, sans doute, ce n'est pas la crainte qui est le principe de ta résolution ; tu n'as pas lieu d'en avoir avec moi.

Toujours vrai, toujours sincère, je ne cherchai point à déguiser :

— Non, très assurément, cher papa, depuis longtemps la crainte vis-à-vis de toi n'est plus entrée dans mon âme ; le sentiment seul me guide. Je conviens que Vernol a fait naître dans mon imagination une illusion, un caprice dont je ne puis me rendre compte ; mais mon cœur, qui est plein de toi, n'est pas un moment indécis entre vous deux ; je ne veux plus le voir.

— Non, ma chère enfant, non, j'ai désiré connaître la nature de tes sentiments pour moi, j'en suis satisfait. Vernol excite en toi des sensations que ton imagination augmente : tu en jouiras ; tu connaîtras aussi toute ma tendresse pour toi ; tu sentiras que tu ne peux cesser de m'aimer, et c'est tout ce que je désire. Va, je ne suis jaloux que de ton cœur dont la possession m'est si chère.

Ce trait me confondit ; une lumière vint dissiper le trouble de cette imagination fascinée, je tombai à ses genoux, toute en larmes, et mon sein palpitait ; je baisais ses mains que j'arrosais de mes pleurs ; mes sanglots me laissaient à peine la liberté de m'exprimer :

— Tendre papa, je t'aime, je t'adore, je ne chéris que toi ; mon âme, mon cœur, tout est plein de toi.

Il fut touché de ma douleur ; il me releva et, me pressant à son tour en me couvrant de baisers :

— Console-toi, trop aimable et chère enfant, crois-tu

que je ne connaisse pas la nature et ses lois invincibles ? Va, je ne suis point injuste. C'est par expérience, par comparaison et par la complaisance la plus étendue de ma part, que produisent seules l'affection et l'amitié la plus tendre, que je désire être aimé de toi : il est temps que tu apprennes à juger des différences. Je t'ai promis que tu jouirais de Vernol : ferme dans mes principes, constant dans mes idées je tiendrai ma parole ; d'ailleurs, il est aimable, bien fait, beau garçon, je lui dois cette justice ; et si ce n'était pas pour lui que tu eusses senti ce désir, tu pourrais l'avoir éprouvé pour quelqu'un d'autre qui vaudrait encore moins ; ainsi, j'ai pris mon parti.

Depuis ce jour je me trouvai bien moins affectée pour Vernol ; et si je me suis prêtée, ma chère, à tout ce que tu vas voir, ce fut par une réunion de condescendance pour ce cher papa, de curiosité et de tempérament excité, premier principe de mon désir fantastique, que je me laissai aller. Je passai la nuit entre ses bras. Le matin, au milieu des baisers que je lui donnais à mon réveil, il me dit :

— Laurette, il faut que tu voies aujourd'hui la mère de Rose : engage-la de laisser venir sa fille passer la journée à la campagne avec toi ; en même temps préviens-la qu'elle ne soit point inquiète si elle ne revenait pas le soir, que tu pourrais, peut-être, ne la ramener que demain. Nous prétexterons que la voiture nous a manqué, et tu la garderas ici jusqu'à demain. Quand tu seras avec elle en liberté, tu pourras juger de sa façon de penser et de tout ce qu'elle fait : elle paraît avoir de la confiance et de l'amitié pour toi ; aussitôt que tu sauras à quoi t'en tenir, tu m'en instruiras.

Je crus de ce moment qu'il avait formé des desseins sur elle ; il ne m'en fallut pas davantage pour m'empresser, sans autre réflexion, à entrer dans ses idées et à me prêter à tout ce qu'il avait projeté. Je soupçonnais déjà Rose aussi savante que je l'étais, ou à peu près. Tout fut conduit comme il l'avait arrangé. Elle vint ; la porte fut close à tout le monde :

nous passâmes la journée seuls dans toutes les folies que nous pûmes imaginer. Je lui faisais cent agaceries ; elle me les rendait avec usure. Je découvrais sa gorge, je faisais baiser ses tétons à mon papa ; ses fesses, sa motte, son con, essuyèrent mes lutineries ; je la tenais entre mes bras pour qu'il lui en fît autant ; elle riait, folâtrait ; et, quoique à chaque espièglerie nouvelle elle fît des demi-façons, elle se prêtait à tout ; aussi son teint etait-il très animé et ses yeux étincelants. Le souper vint, où je ne la ménageai pas ; je lui versais à plein verre ; je soufflais le feu qui la brûlait déjà. Levés de table, nous recommençâmes nos folies ; elle ne fit plus aucune résistance ; je la renversai, le visage sur un canapé ; je troussai ses jupes, et son cul découvert nous présenta une perspective que mon papa, par un dernier coup de pinceau, aurait rendu parfaite : il m'aidait à me venger de toutes les lutineries qu'à son tour elle m'avait fait éprouver. Je voulus juger de l'effet que produisaient ces jeux sur elle ; je la trouvai toute mouillée, et je conjecturai qu'elle avait eu bien du plaisir pendant ce folâtre badinage. Nous passâmes enfin, Rose et moi, dans ma chambre, et nous nous préparâmes à nous mettre au lit. Dès qu'elle me vit en chemise, elle me l'arracha ; je lui rendis le change et je mis la sienne à bas. Elle m'entraîna dans le lit. Elle me baisait, prenait mes tétons, ma motte ; je mis aussitôt le doigt où je voyais bien qu'elle le désirait ; je ne me trompais pas ; elle écarta les cuisses et se prêta à mes mouvements. Je voulus en savoir davantage : je glissai mon doigt dans son con, et la facilité avec laquelle il entra me donna des lumières sur l'usage qu'elle en avait fait. Je désirais apprendre d'elle par quelle aventure elle avait perdu son pucelage. Je me préparais à la questionner lorsque mon père entra dans ma chambre et vint nous embrasser avant de se coucher. D'un seul coup, Rose rejeta la couverture : il ne s'attendait pas à nous voir totalement nues et nos mains placées au centre de la volupté. Elle passa le bras autour de son cou, l'attira, et lui fit baiser mes tétons. Je ne fus pas en reste ; je lui fis prendre et baiser les siens, je promenai sa main sur tout son corps, et je l'arrêtai sur sa motte. Il s'animait, mais il nous quitta brusquement en nous souhaitant beaucoup de plaisir.

Déjà la pendule marquait dix heures lorsque, le lendemain, il rentra dans ma chambre ; il nous éveilla par ses caresses et ses baisers réitérés, en nous demandant si nous avions passé une nuit agréable.

— Nous avons veillé, cher papa, longtemps après que tu nous as quittées ; tu as bien vu dans quelle humeur nous étions.

Rose, que nos jeux avaient apaisée et le sommeil rafraîchie, rougit et mit aussitôt sa main sur ma bouche. Je la détournai :

— Non, Rose. Non, tu ne me retiendras jamais de raconter à mon papa tout ce que nous avons fait et tout ce que tu m'as dit : je ne lui cache rien, ma confiance est entière pour lui, et la tienne ne doit pas être moindre.

Alors passant ses bras et ses jambes autour de moi, elle me laissa continuer :

— Quand tu nous eus abandonnées, Rose, déjà vivement émue, vint baiser ma bouche, sucer mon sein ; elle m'attira sur elle, nous entrelaçâmes nos cuisses, nos cons s'y frottaient ; mes tétons étaient appuyés sur les siens, mon ventre sur son ventre ; elle me demanda ma langue, et d'une main caressant mes fesses, de l'autre elle chatouillait mon clitoris et m'invitait, par le jeu de son doigt, à l'imiter ; je mis le mien où elle l'attendait avec impatience et bientôt nous ressentîmes les délices de ces amusements. Mais elle ne voulut pas que mon doigt la quittât sans les avoir goûtées quatre fois avec des transports incroyables.

Dans le temps même que je rendais compte de nos ébats, Rose, réchauffée par ce tableau, avait remis sa main entre mes cuisses et répétait ce que je racontais. Je conçus aussitôt ce qu'elle désirait : nous étions restées nues ; je la découvris à mon tour, je pris la main de mon papa qui s'empara de tout ce qu'elle avait. Il n'avait sur lui que sa robe, qui s'était entrouverte par ses mouvements : j'aperçus par une avance distincte et par le pavillon que faisait sa chemise de l'effet que ces caresses produisaient sur lui. Je le fis remarquer à Rose, et je lui dis de lui ôter cette robe et de le faire mettre près de nous. Elle se leva sans balancer, se jeta à son cou, le dépouilla dans l'instant et, l'enveloppant de ses bras, elle l'attira dans le lit. Rose, retombée sur le dos, écartait les cuisses ; j'élevai une de ses jambes sur lui, et il passa l'autre entre les siennes ; par cette attitude, son vit se trouvait naturellement vis-à-vis de son con ; je le conduisis moi-même dans la route ; elle courut au-devant du charme qui l'entraînait et, par un coup de cul, elle hâta l'entrée du temple au dieu qu'elle adorait. Je la branlais, elle précipitait la marche par les mouvements qu'elle y ajoutait, et ses transports emportés, dont elle seule me donnait le modèle, nous firent connaître le plaisir excessif qu'elle ressentait. Mon père, qui éprouvait avec quelle âpreté elle suçait son vit, n'y tenait plus ; il se hâta de se retirer et j'achevai de faire, avec ma main, couler la libation qu'il craignait de verser dans le con de Rose, qui, pendant le temps qu'il y fut, éprouva cinq fois, de son aveu, les délices de la décharge. Son ventre fut inondé du foutre qu'il répandit sur elle et qu'il lança jusque sur ses tétons. Tandis que je rendais ces divers offices, elle s'était emparée de mon con ; elle le chatouillait ; ce petit jeu, joint à l'émotion que me causait le plaisir que je leur voyais ressentir et aux caresses que je leur faisais, me mettait dans une agitation violente. A mon tour, je désirais d'apaiser le feu qui me dévorait ; elle s'en aperçut et, passant sur ma gauche, elle prit la main de mon papa dont elle m'introduisit un des doigts qu'il agitait et, par un jeu pareil à celui que j'avais enployé pour elle, Rose acheva de me faire partager les doux plaisirs que nous lui avions procurés, dont elle ressentit encore les effets pendant le service qu'elle me rendait.

Quand nous fûmes revenus dans un état plus tranquille :

— Écoute, cher papa, tu es peut-être étonné de l'habileté de Rose ; je n'en étais pas moins surprise ; je l'ai engagée de m'apprendre d'où venaient ces connaissances. Je vais te répéter tout son récit. Mais non, c'est de sa bouche que tu dois l'entendre, et je désire qu'elle s'y prête. Ce que tu viens de faire avec elle la met à même de ne te rien cacher et de te confier tout ce qu'elle m'a dit.

Les baisers, les caresses furent employés pour l'y déterminer.

Elle se rendit aisément :

— Eh bien ! j'y consens, et, puisque j'en ai fait part à Laurette, je ne risque plus rien. Les plaisirs dont nous venons de jouir ensemble me donnent lieu d'être persuadée que vous le sauriez d'elle ; ma confiance s'établit sur celle que vous me montrez et se rapporte à mes désirs. Il vaut donc mieux que je vous le répète moi-même.

Fin du Tome I.

HISTOIRE DE ROSE

J'avais dix ans quand ma mère m'envoya chez une sœur qu'elle avait en province, où je passai plus de six mois. Elle n'avait qu'une fille qui avait au moins six ans au-dessus de moi. Jusqu'à ce moment, toujours retirée chez ma mère dont la dévotion ne permettait à personne d'approcher de nous, mes frères au collège, j'étais toujours seule, ou à l'église avec ma mère ; je ne me connaissais pas encore, mais je m'ennuyais beaucoup. J'aimais bien mieux être aux églises que rester au logis car, quoiqu'elle se mît très souvent dans les coins les plus retirés, j'apercevais au moins, à la dérobée, quelque figure humaine qui attachait mes regards. Il y avait longtemps que ma mère promettait à ma tante, qui me demandait, de m'envoyer chez elle : je le désirais avec d'autant plus d'impatience que je savais qu'elle ne ressemblait pas à ma mère. Une occasion survint qui l'y détermina. Mon frère aîné était menacé de la petite vérole, elle me fit partir au plus tôt. Ma tante et ma cousine me reçurent avec mille démonstrations d'amitié. Dans les premières caresses, Isabelle demanda que je couchasse avec elle. Je ne sais si elle ne s'en repentit pas bientôt par la contrainte que cet arrangement lui donna dans les premiers temps. Cependant, le soir avant de nous endormir, elle m'embrassait, et le matin je lui rendais ses caresses. Les quinze premiers jours passés, sa contrainte me parut diminuer, et le soir elle retroussait nos chemises pour appuyer ses fesses contre les miennes et me donner le baiser des quatre sœurs.

Une nuit, entre autres, que je ne pus pas m'endormir aussitôt qu'à l'ordinaire et qu'elle me croyait très enfoncée dans le sommeil, je sentis qu'elle remuait le bras avec un petit mouvement ; sa main gauche était sur le haut de ma cuisse ; je l'entendis qui haletait et poussait une respiration entrecoupée ; elle remuait doucement le derrière ; enfin, elle fit un grand soupir, se tint tranquille et s'endormit. Surprise de tout cela et n'y pouvant rien comprendre, je craignais qu'il ne lui fût arrivé quelque chose d'extraordinaire ; cependant, comme je la trouvai fraîche et gaie le lendemain, mon inquiétude cessa. Depuis ce jour, je m'aperçus qu'elle répétait tous les soirs ce même manège, auquel je ne concevais rien pour lors ; mais je ne tardai pas à en être instruite.

Ma tante avait une femme de chambre âgée tout au plus d'une vingtaine d'années : Isabelle était souvent enfermée dans sa chambre avec elle. Justine brodait parfaitement en tout genre, et ma cousine allait recevoir ses leçons ; elle ne voulait point, disait-elle, que je l'interrompisse, parce que je l'empêcherais de faire les progrès qu'elle désirait. Je donnai d'abord dans ce panneau qui, cependant n'en était pas tout à fait un puisque, en effet, elle apprenait à manier parfaitement l'aiguille. Enfin, piquée de n'être point admise en trio et remarquant entre elles une certaine intelligence, ma curiosité fut vivement excitée. Curiosité de fille est un démon qui la tourmente, il faut qu'elle lui cède, qu'elle y succombe.

Un jour que j'étais restée seule, ma tante étant sortie avec Isabelle et Justine, ayant profité de ce moment pour en faire autant, je le mis en usage pour aller dans sa chambre examiner si je ne trouverais pas quelque moyen, ou quelque ouverture de laquelle je pourrais découvrir ce qu'on pouvait y faire. J'aperçus, au coin du lit où couchait Justine, une porte dans la ruelle, que je parvins à ouvrir à force de la secouer, et qui conduisait dans une chambre sombre toute remplie de vieux meubles presque jusqu'au plancher. Il n'y avait de libre qu'un passage qui conduisait à une autre porte qui donnait sur un escalier dérobé, duquel on descendait dans une petite cour d'où l'on sortait dans une ruelle déserte et écartée.

Ma tante croyait ce quartier bien fermé ; mais si elle en avait les clefs, Justine avait trouvé le moyen d'en avoir le passage libre. Dans cette espèce de garde-meubles il y avait à quelque hauteur, à l'égalité du pied du lit, une ouverture qui avait été ménagée dans la muraille pour y mettre une croisée qui aurait donné du jour dans cette chambre, étant vis-à-vis les fenêtres de celle de Justine. Mais l'usage qu'on faisait de cette pièce rendant cette précaution inutile, cette ouverture était couverte par la tapisserie qui entourait la chambre de Justine. Je m'aperçus de cette ouverture ; je grimpai sur les meubles pour chercher s'il n'y aurait pas quelque trou ; n'en trouvant pas d'assez grand, je pris mes ciseaux et je fis une ouverture suffisante pour découvrir partout dans la chambre, et particulièrement sur le lit, auquel je ne pensais guère alors. Charmée d'avoir trouvé ces moyens, et dans le dessein d'en profiter, je me retirai au plus vite en refermant la porte. J'avais remarqué que lorsque Isabelle allait dans la chambre de Justine, c'était presque aussitôt après le dîner.

Un jour, ma tante devait aller passer l'après-midi chez une de ses amies, où quelque affaire devait la retenir et où elle ne comptait nous mener ni l'une ni l'autre. Ma cousine me dit en particulier qu'elle devait apprendre ce jour-là quelques points nouveaux, et que je pouvais aller chez des voisines ou m'occuper de mon côté afin qu'elle ne fût point troublée. Il ne m'en fallut pas davantage. Dès qu'on fut hors de table, je fis semblant de sortir de la maison et d'aller dans le voisinage. Mais je remontai doucement dans la chambre de Justine, qui habillait ma tante, et je les prévins. Je fus me renfermer dans la chambre noire, cachée parmi les meubles, l'œil attaché sur l'ouverture que j'avais agrandie. Je ne fus pas longtemps sans voir arriver ma cousine qui prit à la main un ouvrage de broderie ; je crus alors que j'allais passer une après-midi bien ennuyeuse ; je me repentis de ma curiosité, que je maudissais de tout mon cœur. Justine y vint peu de temps après avec ma tante, qui demanda où j'étais. Le cœur me palpitait. Elles lui répondirent qu'apparemment j'étais allée chez de petites amies de mon âge où je me rendais quelquefois ; elle ne fit pas d'autres informations et, voyant sa fille occupée, elle s'en fut, et je les vis toutes deux examiner par la fenêtre si ma tante sortait. Aussitôt qu'elle fut dehors, ce que j'entendis à leurs discours, Justine ferma les verrous ; elle vint ouvrir la porte de la chambre où j'étais et fut à celle de l'escalier dérobé. La frayeur d'être découverte me saisit ; j'étais accroupie pour me cacher parmi les meubles ; elle ne s'aperçut de rien et retourna dans sa chambre. Dès qu'elle y fut rentrée, Isabelle mit de côté son ouvrage et s'avança près d'un miroir pour raccommoder sa coiffure et rajuster son mouchoir de cou, que Justine lui arracha, et qui lui prenait les tétons, lui faisait compliment sur leur rondeur et sur leur fermeté ; puis, découvrant les siens, elle en faisait la comparaison entre eux. Au milieu de leurs amusements, j'entendis, sur l'escalier de la petite cour, quelqu'un qui montait et qui, trouvant libre l'entrée de la première porte qu'apparemment Justine avait été ouvrir, vint gratter à celle de la chambre. Je ne pus le voir passer, étant enfoncée et cachée pour n'être pas vue moi-même. Justine le fit entrer et fut refermer les portes avec soin. Quand il fut dans la chambre, je le reconnus aussitôt : c'était un grand jeune homme, un peu parent de la maison, qui venait quelquefois voir ma tante. Isabelle avait la gorge découverte. Courbelon fut sans façon la lui baiser et y fourra sa main tandis que l'autre fut se perdre sous sa jupe. Justine, à son tour, fut traitée de même. Le temps ne me paraissait plus long. Il prit Isabelle dans ses bras, la jeta sur le pied du lit et la troussa tout à découvert ; je vis alors son ventre , ses cuisses et sa fente ; elle était peu garnie de poil, mais il était fort noir ; il la baisait et remuait le doigt de la main droite au haut de cette fente, tandis que le doigt de la main gauche y était tout enfoncé. Justine, déboutonnant sa culotte, en tira une machine fort longue, raide et très grosse. Ma cousine la prit ; il voulait la mettre à la place de son doigt, mais j'entendis Justine lui dire :

— Non, Courbelon, je ne le souffrirai pas ; si je deviens grosse, je saurai m'en tirer ; mais si jamais Isabelle était dans ce cas-là, où pourrions-nous toutes deux nous cacher ? Caressez-la, donnez-lui du plaisir ; mais ne lui mettez pas.

Tous ces discours, que j'entendais parfaitement, étaient autant d'énigmes dont je cherchais le mot. Je vis cependant Courbelon se retirer à contrecœur et, tout en pestant, il continua de caresser Isabelle en la chatouillant comme il avait commencé, tandis que ma cousine tenait à pleine main ce gros instrument que Justine avait mis en liberté. Quelques moments après qu'il eut recommencé les mouvements de ses doigts, j'entendis et vis faire à Isabelle le même jeu et les mêmes soupirs qu'elle faisait quand nous étions couchées. Je fus alors au fait, et je jugeai qu'elle répétait, seule dans son lit, ce que Courbelon venait de faire. Isabelle se releva bientôt, et Justine, qui était en arrêt comme un chien sur sa proie, se jetant à son tour sur le pied du lit, tenant d'un bras Courbelon par les reins et, de l'autre main, tenant ce pieu qui conservait sa grosseur, l'entraîna sur elle. Elle fut bientôt troussée ; il se coucha sur son ventre et, de ses deux mains, il tenait ses tétons qu'il baisait, et les mouvements de reins et de cul que je lui voyais faire me firent juger qu'il enfonçait ce membre que j'aurais voulu voir entrer. Ma cousine passa sa main par-derrière entre les cuisses de Courbelon, ou pour le caresser, ou pour juger de l'enfoncement. Je les vis alors s'agiter, se remuer avec fureur : bientôt Courbelon, après des transports et des mouvements qui m'étonnaient, se laissa aller, et je le vis retirer cet instrument humble et bien diminué de longueur et de grosseur. Ils se reposèrent quelques moments sur le lit ; mais les baisers et les caresses allaient leur train. Cette première scène, qui m'avait vivement émue, ne tarda pas à être suivie d'une autre qui me plut encore davantage.

Courbelon, impatienté de leurs habillements qui le gênaient, et sachant que ma tante ne reviendrait pas si tôt, les mit bientôt dans l'état où il désirait les voir : en peu d'instants elles furent toutes deux nues. Justine n'était pas d'une figure aussi jolie qu'Isabelle ; mais elle gagnait dans la situation où il les avait mises : son corps était plus blanc, elle était plus grasse et potelée. Il leur imprima plus de cent baisers à l'une et à l'autre ; il prenait leurs culs, leurs tétons, leurs fentes, tout était à sa disposition. Ce que je voyais depuis une demi-heure excitait en moi un feu, une émotion que je n'avais jamais sentis. Leurs caresses recommencèrent avec plus de vivacité. Il les fit mette toutes deux couchées sur le ventre au pied du lit en leur faisant écarter les cuisses. Je découvrais parfaitement tout ce que Courbelon voyait : il les examinait, baisait leurs fesses, enfonçait un doigt de chaque main entre leurs cuisses. Son instrument était revenu dans le premier état où je l'avais vu ; et comme Justine, le visage appuyé dans ses mains contre la couverture, ne pouvait le voir, il avait commencé de l'introduire à Isabelle quand, tout à coup, Justine en défiance se leva furieuse, et prenant ma cousine par les jambes elle la retira et démonta Courbelon. J'en fus très fâchée car je voyais cet outil prendre sa route à grands pas.

— Non, lui répéta-t-elle, cela ne sera pas ; je vous en ai

dit cent fois les raisons, c'est une nécessité de s'y conformer.

Comme je pouvais entendre aussi facilement que je voyais, aucun des mots, aucune des expressions ne furent perdus :

— Viens, mon cher, dit Justine en le prenant par son instrument, viens mettre ton vit dans mon con, ils se connaissent et tu ne risques rien avec moi.

Mais elle manqua son coup car, le tenant toujours par là, elle lui donna deux ou trois secousses : aussitôt je vis Courbelon se pencher sur son épaule, tenant un téton, la baiser et répandre une liqueur blanche que je n'avais pas encore vue, avec des convulsions qui marquaient un vif sentiment de plaisir. J'étais dans un état que je ne concevais pas moi-même. Depuis quelque temps je chatouillais le haut de ma petite fente de la même manière que j'avais vu Courbelon le faire à Isabelle et à Justine. J'étais dans cette agréable occupation, qui ne me procurait encore qu'un doux plaisir, quand l'une et l'autre, sans doute vivement animées par les caresses que Courbelon leur avait faites, le mirent dans la même position où elles étaient elles-mêmes : pas le moindre vêtement depuis la tête jusqu'aux genoux. Cette perspective nouvelle m'attacha avec une curiosité délicieuse, et d'autant plus particulièrement que j'avais fort désiré le voir ainsi : il semblait que leurs plaisirs fussent d'accord avec mes souhaits. Chacune le baisait, le caressait, lui prenait le vit qui s'était ramolli, chatouillait ses couilles et ses fesses ; il les baisait à son tour, maniait, suçait leurs tétons, les renversait, les examinait, les branlottait et leur enfonçait le doigt. Je vis enfin cet instrument reprendre toute sa vigueur et les menacer toutes deux ; il ressemblait à un épieu qu'on va plonger dans le corps d'une bête féroce. J'apercevais bien que Courbelon en voulait à ma cousine ; mais Justine le saisissant, ils tombèrent l'un sur l'autre sur le pied du lit ; je crus qu'il lui enfoncerait l'estomac ; rien ne la fit reculer.

— Attends au moins, lui dit-il, que nous augmentions nos plaisirs et que nous en jouissions tous ensemble.

Il fit mettre Isabelle sur le lit, les genoux et les cuisses écartés, entre lesquels Justine plaça ses jambes à terre et fort ouvertes. Comme rien ne gênait plus mes regards, j'aperçus le vit de Courbelon entrer dans son con, qui, par ses mouvements, paraissait, s'y renfonçait et faisait un écart qui me surprenait. Il me semblait inconcevable qu'un membre aussi gros pût y entrer, à moi qui avais essayé d'introduire mon doigt dans le mien et qui n'avais pas osé l'y pousser à cause de la douleur. Mais cet exemple me fit passer outre, et je l'enfonçai avec tout le courage dont j'avais le modèle devant les yeux ; je m'y déterminai d'autant plus facilement que, tandis que Courbelon avait son vit dans le con de Justine, il avait mis son doigt dans celui d'Isabelle en lui disant qu'elle avait la plus charmante motte et le plus joli conin du monde, et en lui recommandant de branler son clitoris ; ce que fit ma cousine pendant qu'il faisait aller et venir le doigt dans son con, comme son vit allait et venait dans celui de Justine. Fidèle à les imiter en partie, je m'armai de ma fermeté et je poussai dans le mien le doigt de la main gauche que j'y enfonçai tant que je pus, et que j'agitais de la même manière tandis que de la droite je me branlais comme faisait Isabelle. Une sensation délicieuse s'accroissait par degrés ; je ne fus plus surprise que ma cousine se plaisait à la répéter. Je ne tardai pas à les voir tous trois dans les plus vifs transports. Isabelle se laissa aller sur le dos, donnant de temps en temps des coups de cul. Courbelon, témoin de son plaisir, lui criait :

— Ah ! ma chère, tu décharges !

Il achevait à peine ces mots qu'il tomba lui-même presque sans mouvement sur Justine en faisant de grands soupirs et prononçant avec énergie des foutre et des sacre qui peignaient ses sensations. Justine elle-même, après des élancements vifs et réitérés et des serrements de cul précipités, resta comme anéantie, la tête et les bras penchés, en faisant chorus avec Courbelon.

Ces témoignages d'un plaisir si violent m'animèrent à un tel point et portèrent le mien à un si prodigieux degré qu'à mon tour je me laissai tomber sur les meubles en ressentant un plaisir incroyable. Quel excès de délices quand on éprouve pour la première fois une volupté si grande, qu'on n'a jamais connue et dont on n'a pas d'idée ! On n'est plus rien, on est tout à cette suprême félicité, on ne sent qu'elle.

Le temps que j'avais employé à la savourer leur en avait assez donné pour se mettre en train de se rhabiller. Dès qu'ils le furent, Courbelon, après les avoir embrassées, reprit la route par laquelle il était venu, et quelques instants après Isabelle et Justine sortirent de la chambre. J'attendis encore un peu ; je parvins enfin à me dégager, et, prenant le même chemin que Courbelon, je revins au logis dans l'appartement de ma tante, qui rentra peu de temps après avec ma cousine qui était allée la rejoindre.

Depuis ce moment, je ne pensais, je ne rêvais plus qu'à ce que j'avais vu ; toutes leurs paroles étaient parvenues à mes oreilles ; aucune de leurs actions ne m'avait échappé ; j'y réfléchissais sans cesse. Le même soir, quand je fus au lit avec Isabelle, je fis semblant de me livrer au sommeil ; elle ne tarda pas à tomber dans un profond assoupissement ; j'en fis bientôt autant; mais le lendemain il n'en fut pas de même. Dès que nous fûmes couchées, je fis comme la veille ; ma cousine me croyant endormie, je sentis qu'elle recommençait son petit manège. J'étais au fait, je me retournai et, passant ma cuisse sur la sienne, je mis ma main où je savais bien qu'était son doigt ; je la glissai par-dessous et, le soulevant, je pris toute sa motte. Je l'embrassai, je baisai ses tétons et j'enfonçai mon doigt dans son con. Je l'en retirai pour chatouiller l'endroit où j'avais trouvé le sien ; elle écartait les cuisses et me laissait faire, lorsque je l'entendis pousser les derniers soupirs ; je la trouvai toute mouillée. Le même désir me tourmentait, je pris la sienne dont je couvris ma motte, j'employai son doigt à faire son office et je me trouvai peu de moments après au point de lui rendre soupirs pour soupirs. Elle ne fut pas peu surprise de tout ce que j'avais fait ; elle me croyait dans l'ignorance la plus profonde : elle n'avait eu garde de m'instruire, croyant qu'ayant été élevée par une mère dévote je ne fusse assez enfant pour en parler à ma tante, ou à ma mère à mon retour chez elle :

— Comment, Rose, comment sais-tu tout cela ? Je suis bien étonnée de tes connaissances ; à ton âge je n'en savais pas tant.

— Je le crois, ma chère cousine ; je te le dirai, à condition que tu ne seras point fâchée contre moi et que tu m'aimeras toujours.

Je me repentis au moment même de ce que j'avais dit, et je ne voulais plus continuer lorsque Isabelle, me prenant dans ses bras et me caressant, me pressa de lui tout avouer.

— Tu ne m'en voudras donc pas ? Tiens, ma chère cousine, sois assurée de ma discrétion. Je te promets de n'ouvrir jamais la bouche à personne de ce que je sais, et surtout à ma tante ni à ma mère. Mets ta confiance en moi comme en toi-même.

Je lui redis alors tout ce dont j'avais été témoin, et de quelle manière je l'avais été... L'effroi la saisit :

— Ah ! ma bonne amie, ma chère Rose, gardes-en, je te conjure, le secret ; ne me trahis pas, tu me perdrais.

Je le lui jurai de nouveau. Nous convînmes qu'il ne fallait pas même en parler à Justine. Elle me donna cent baisers en me faisant autant de questions sur ce que j'avais vu, entendu, et sur l'effet que j'en avais éprouvé. Je lui rendis compte de tout. Je la tranquillisai pour lors en lui disant que tout ce que je lui avais appris de moi-même m'engageait à garder un secret qui était devenu le mien.

— Mais raconte-moi donc, Isabelle, par quelles circonstances tu en es venue là avec Courbelon et Justine.

— Je le veux bien, ma petite cousine, après ce que tu sais, je n'ai rien à te refuser ni à te cacher, et je compte toujours sur tes promesses. Écoute-moi. Un mois ou cinq semaines avant ton arrivée ici, j'étais un jour sortie avec ma mère ; mais, ayant oublié quelque chose dans ma chambre et n'étant pas éloignée de la maison, j'y revins pour la chercher ; après l'avoir prise, je fus à la chambre de Justine, je ne puis te dire pourquoi ; la porte apparemment n'était pas bien fermée, ou elle n'y avait pas pensé ; je la poussai, elle s'ouvrit. Je ne fus jamais plus surprise, et je restai dans l'étonnement et comme pétrifiée de trouver Courbelon sur elle ; il en descendit aussitôt, et j'aperçus son outil qu'il tâchait de cacher, dans le même temps qu'il abattait les jupes de Justine qui étaient toutes levées. Elle était bien heureuse que ma mère ne fût pas à ma place. Je voulus à l'instant m'en aller ; mais cette fille, craignant que je ne dise à ma mère ce que j'avais vu, accourut après moi, se mit à mes genoux en me conjurant de n'en pas parler. Elle me pressa tant, en me baisant les mains, que je lui promis tout ce qu'elle voulut, et je lui tins parole. Je t'avoue, ma chère Rose, que cette aventure me donna matière à bien des pensées. Depuis ce jour-là, Justine m'amenait souvent dans sa chambre sous prétrexte de m'apprendre à broder ; mais elle m'entretenait toujours sur le sujet de ce que j'avais vu en m'apprenant des choses bien nouvelles pour moi ; elle découvrait ma gorge, elle prenait mes tétons, elle me peignait le plaisir sous les attraits les plus séduisants : je convins que j'en trouvais à l'entendre. Enfin, un jour que cette conversation m'avait fort animée, et ma curiosité fortement excitée, je sentis le feu sur mes joues, mon sein était agité ; les questions que je lui faisais firent connaître à Justine que le moment était favorable ; elle me prit entre ses bras, m'enleva et me porta sur son lit ; elle me troussa : je m'en défendais faiblement ; elle continuait toujours, en me disant qu'un jeune et aimable cavalier serait bien heureux à sa place s'il voyait et touchait les beautés, les grâces et la fraîcheur qu'elle venait de découvrir ; que sa machine s'enflerait et qu'il mourrait de plaisir en m'en faisant connaître et ressentir de bien vifs. Ses flatteries, ses peintures et ses caresses m'ayant subjuguée, je me laissai faire par elle tout ce qu'elle voulut. Elle posa le bout du doigt de la main gauche entre les lèvres de mon ouverture, qu'elle chatouillait tandis que, de la droite, elle en frottait le haut.

— Ma chère cousine, lui dis-je, pourquoi n'emploies-tu pas les termes et les noms que tu sais ? Je les ai tous entendus de Courbelon et de Justine.

— Tu as raison, Rose, je n'en ferai plus de difficulté. Enfin, après quelque temps de ce badinage, je ressentis cet extrême plaisir qu'elle m'avait si bien dépeint ; mais elle m'assura que j'en trouverais bien davantage avec un joli homme, jeune et galant. Depuis ce temps, elle répéta souvent, à ma satisfaction, ce jeu charmant ; elle enfonça même un jour son doigt ; j'éprouvai quelque douleur qui fut bientôt apaisée. Elle sut enfin m'engager de lui rendre le plaisir qu'elle me donnait. J'y trouvais beaucoup d'agrément et je m'en contentais. Mais, huit à dix jours avant ton arrivée, ma mère étant sortie seule, nous reprîmes nos jeux et nos plaisirs ; et sous divers moyens que Justine employa nous nous mîmes toutes deux totalement nues. Courbelon, caché derrière un rideau, avait été témoin de toutes nos folies : c'était une partie liée entre Justine et lui, mais je l'ignorais. Elle riait depuis le commencement, de tout son cœur. Surprise de ses ris qui me paraissaient quelquefois hors de propos je la pressai de m'en dire le sujet ; elle m'avoua que Courbelon nous voyait. Il sortit aussitôt de dessous le rideau, nu comme nous étions, et son vit était d'une grosseur et d'une raideur étonnantes. Effrayée, palpitante, honteuse, je ne pouvais plus fuir dans l'état où j'étais qu'en me cachant sous le même rideau ; j'y courus, mais ils m'arrêtèrent tous deux, et je n'osai lui rien dire après ce qu'il nous avait vu faire.

Courbelon me prit entre ses bras, se jeta à mon cou, m'embrassa, porta ses mains et ses lèvres partout où il put : tout était à sa disposition et Justine l'aidait. Enfin la surprise et la honte firent place au désir. Il mit son vit dans ma main ; je ne pouvais l'empoigner ; le feu de ses baisers, de ses attouchements, ce spectacle si nouveau pour moi et l'exemple de Justine qui le caressait sans scrupule firent couler le plaisir dans tous mes membres et m'avaient mise dans une situation à ne pouvoir rien lui refuser. Les plaisirs qu'il me donna avaient une pointe de vivacité que je n'avais point sentie par les mains de Justine, avec laquelle je désirai qu'il fît la même chose. Mais ils allèrent bien plus loin : elle l'attira sur elle au pied de son lit et, me tenant d'une main, elle me fit voir le vit de Courbelon qui se perdait dans son con, et la vivacité de leurs transports me fit juger de l'excès de leurs plaisirs. C'est hier la sixième fois que je me suis trouvée avec lui, cela n'arrivant pas souvent, crainte d'être découverte. Je fus enchantée de ton arrivée, chère Rose, dans l'espérance que j'en aurais plus de liberté, car je t'avoue que j'ai eu un violent désir que Courbelon m'en fît autant qu'à Justine. Je crains, il est vrai, les enfants, dont elle me fait peur, et le mal que la grosseur de son vit me pronostique ; mais puisqu'elle le reçoit avec empressement j'imagine que ma crainte n'est pas trop fondée et que la douleur doit être bien moindre que le plaisir, du moins Courbelon me le dit de même. Cependant, Justine s'oppose toujours au désir que nous en avons par diverses raisons dont elle ne peut me persuader puisqu'elle s'y expose.

(Fin du récit d'Isabelle)

Je la pressai autant qu'il fût en mon pouvoir de le satisfaire. Je combattais les raisons de cette fille par toutes celles qui me vinrent à l'idée, dans un âge où je n'avais pas d'expérience ni grandes ressources à donner ; mais soit que son imagination, sa curiosité et ses désirs fussent d'accord avec mes raisonnements, elle me parut facilement s'y rendre. Je lui fis promettre en même temps de me faire le détail du plaisir qu'elle aurait eu. Elle m'en donna sa parole, en me recommandant toujours ce que nous appelâmes dès lors notre secret. Depuis ce moment nous ne nous quittions presque plus.

Quelques jours après, nous fûmes invitées d'une noce des parents de Justine. Ces sortes d'invitations sont assez en usage dans les petites villes de province. Elle ne manqua pas de s'y rendre une des premières, avant que nous y allassions. Isabelle me dit en riant que cette occasion était bien favorable pour la tromper, car je l'entretenais tous les jours dans le projet d'en passer sa fantaisie. Je saisis d'abord cette idée et je lui dis qu'en effet ma tante, croyant que nous irions ensemble, ne manquerait pas, de son côté, d'aller chez quelques-unes de ses amies ; qu'il fallait qu'elle fût et se tînt dans la chambre de Justine ; que sans doute Courbelon ne manquerait pas de venir à la danse comme font ordinairement les jeunes gens, même sans être invités ; que l'espérance de la trouver l'y amènerait plus sûrement ; qu'aussitôt que je le verrais, je lui dirais qu'elle avait à lui parler et qu'il se rendît dans la chambre de cette fille, où elle serait à l'attendre.

— Non, non, je ne le veux pas, me dit-elle en rougissant.

Mais je la pressai, je mêlai mes caresses à mes engagements ; et soit qu'elle fût bien aise qu'ils voilassent ses désirs, ou soit que je la déterminai, elle y consentit. Je n'avais pas fini de m'habiller que ma tante était déjà partie. Je m'en fus donc seule. Effectivement, je trouvai Courbelon qui était arrivé ; je m'approchai de lui et je parvins à lui dire, sans affectation et sans qu'on s'en apercût, ce que j'avais projeté ; il ne tarda pas à disparaître. Quelques instants après je ne le vis plus. Je regrettais de n'être pas encore à mon poste. Mais comme je me flattais qu'Isabelle me rendrait compte de tout ce qui se serait passé, je me consolai et je participai de mon mieux aux plaisirs de la fête où j'étais puisque je ne pouvais être de celle de ma cousine.

Justine m'avait demandé, lorsque j'entrai, pour qu'elle raison Isabelle n'était pas avec moi. J'imaginai de lui dire que ma tante avait voulu sortir avec elle, mais qu'elle ne tarderait pas à venir prendre sa part du divertissement et me rejoindre. Elle prit d'abord mon conte le mieux du monde ; cependant, voyant que Courbelon n'y était plus depuis longtemps et que ma cousine n'arrivait point, elle prit de la défiance et, sans s'expliquer avec moi, elle ne put s'empêcher de me dire qu'elle avait lieu d'être surprise du départ de l'un et du retard de l'autre. A peine venait-elle de me tenir ce propos que Courbelon arriva, et ma cousine peu après. Justine disparut à son tour ; je le fis remarquer à Isabelle à qui j'avais répété ce qu'elle m'avait dit. Elle soupçonna dans l'instant que cette fille était retournée au logis, ce qui lui donna de l'inquiétude. Justine revint et ne fit rien paraître ; mais elle avait fait des recherches et pris des informations qui l'instruisirent autant qu'elle le désirait. Nous rentrâmes chez ma tante. Il me tardait que nous fussions couchées pour questionner en liberté ma cousine. Je lui dis que j'étais fatiguée de la danse ; Isabelle en dit autant, quoiqu'elle n'eût point pris part à cet exercice : elle l'avait toujours refusé sous quelque prétexte, qui n'était pas néanmoins le véritable. Nous fûmes donc nous mettre au lit. Quand je la tins dans mes bras, je voulus mettre ma main où elle avait reçu les plus grands coups ; mais elle la repoussa en me disant qu'elle y souffrait trop de douleur. Il ne m'en fallut pas davantage pour la sommer de sa parole et la presser de me la tenir :

— Ah ! ma chère Rose, ma curiosité a été bien mal satisfaite. Courbelon est venu comme les autres fois. J'avais l'oreille au guet, je fus lui ouvrir, il s'est jeté à mon cou. Après bien des baisers et des caresses, il m'a prise dans ses bras et m'a portée sur le pied du lit en promenant ses mains partout où il a voulu, d'autant que je m'y prêtais sans feindre aucune résistance. Enfin, m'ayant penchée sur le lit, il m'a enfoncé son vit qu'il avait mouillé de salive; mais quelle douleur ne m'a-t-il pas faite; ce vit, d'une grosseur énorme, me déchirait; je n'osai crier, j'en versais des larmes. Il tâchait de me consoler en m'embrassant et en m'assurant qu'une seconde fois je n'aurais plus que du plaisir. Il me trompait : il y revint et ma douleur fut aussi vive, je souffrais tout ce qu'on peut endurer. Il s'y présenta une troisième fois; je ne voulais plus y consentir; il me pressa si fort, en y joignant tant de baisers et de caresses, que je ne pus lui refuser. Il s'y prit si doucement et avec tant de précautions que je croyais ne plus endurer un tel tourment, mais il fut presque le même. Ces vives souffrances que j'ai ressenties, jointes à la crainte des enfants qui s'est retracée plus fortement à mon imagination, m'éloignent d'une pareille épreuve. Il m'en reste même une cuisson si grande que je ne puis encore y toucher sans renouveler mes douleurs, et c'est ce qui m'a fait refuser de participer à la danse.

— Sans doute, chère cousine, qu'étant bien plus jeune que Justine, tu es beaucoup plus étroite.

— C'est bien ce que me disait Courbelon, en m'assurant que le temps et l'usage m'élargiraient. Mais en attendant je n'en souffre pas moins.

Il fallut donc rester tranquilles et nous nous endormîmes.

Le lendemain, Justine fut attirer Isabelle dans sa chambre et lui dit qu'elle s'était aperçue que Courbelon y était venu la veille, qu'elle avait trouvé à la porte du petit escalier, qui n'était pas fermée comme elle le faisait ordinairement, un morceau du bouquet qu'il avait ce jour-là; qu'elle avait très bien distingué que son lit avait été foulé, et qu'enfin elle avait appris qu'au lieu d'être sortie avec sa mère, comme je lui avais dit, elle était restée et n'avait quitté la maison que deux heures après moi; qu'elle jugeait bien ce qui s'était passé, qu'elle l'engageait de le lui avouer; qu'elle ne devait pas avoir de crainte ni faire de mystère avec elle puisqu'elle n'avait rien à redouter de sa part, étant pour le moins aussi intéressée qu'elle à ce que personne n'en sût rien. Isabelle s'en défendit d'abord; mais les marques étaient si claires pour Justine qu'à la fin elle lui avoua que Courbelon était venu et lui avait fait les caresses dont il usait ordinairement. Justine lui soutint qu'assurément il lui avait mis; que tout lui démontrait qu'elle n'en devait pas douter. Ma cousine ne voulut point en convenir, mais cette fille lui dit qu'elle le connaîtrait bientôt. Comme elle était forte, elle la prit dans ses bras et la coucha sur le lit; Isabelle, ne pouvant lui résister et se persuadant qu'elle y connaîtrait quelque chose, craignant encore que, pour s'en assurer, elle ne renouvelât ses douleurs, lui fit l'aveu de tout ce qu'elle m'avait raconté.

Justine, qui redoutait infiniment les suites de cette aventure, ou vivement piquée contre Courbelon, apporta depuis tant de difficultés et d'obstacles à leurs entrevues que ma cousine et lui ne pouvaient plus se voir avec la facilité qu'elle leur avait procurée, et, peut-être alors jalouse de lui, elle ne lui permit plus de revenir; elle parvint, enfin, par toutes les voies et les moyens qu'elle put imaginer à rompre cette liaison, d'autant plus aisément qu'elle y employait la vigilance la plus grande. Courbelon, jugeant qu'il ne pourrait jamais surmonter les obstacles qu'opposait une surveillante aussi éclairée et au fait de cette allure, se brouilla avec elle; et comme, dans cette circonstance, il fut obligé quelque temps après de se rendre dans une autre province, il oublia bientôt Isabelle et Justine qui, elle-même, peu après son départ, se retira de chez ma tante et quitta la ville où nous étions. C'est ce qui m'a fait penser, depuis, qu'elle était allée dans le même lieu où s'était rendu Courbelon, pour qui elle aurait tout sacrifié.

Dans les premiers temps, Isabelle n'endura pas sans chagrin le déplaisir de ne le plus voir ; elle me faisait part de tout ce que son humeur lui inspirait. Je la consolais du mieux qu'il m'était possible ; j'y parvins à la longue, et les plaisirs que nous nous procurions ensemble lui firent supporter avec plus d'aisance, et même oublier à la fin, cette perte qui m'avait aussi fort déplu. Je désirais être quelque jour de leurs parties ; je projetais d'y engager ma cousine, et je m'en flattais d'autant mieux qu'elle avait pris pour moi une forte inclination qui ne servit pas peu, depuis, à dissiper son chagrin. Ces contretemps détruisirent mes desseins, et la nécessité fit que je n'y pensai bientôt plus. Nous passâmes encore quatre mois ensemble, pendant lesquels elle m'instruisit de tout ce qu'elle avait appris de Courbelon et de Justine, qui l'avaient rendue très habile.

Les réflexions que j'ai faites depuis sur cette aventure et sur les réponses d'Isabelle aux différentes questions que je lui faisais m'ont fait voir que Courbelon avait jeté ses desseins sur ma cousine ensuite du jour où elle l'avait trouvé sur Justine, et que, sous le prétexte de mieux engager Isabelle à garder le secret, il avait fait entendre à cette fille que le moyen le plus assuré était de l'admettre en tiers dans leurs plaisirs, autant que la petite oie pourrait s'étendre ; qu'enfin il avait su l'en convaincre et la faire donner dans le panneau qu'il leur tendait ; sans quoi la jalousie que nous soupçonnions à Justine s'y serait difficilement prêtée.

Le temps que je passai chez ma tante fut trop tôt écoulé ; je fus rappelée par ma mère : il fallut nous séparer. Nous ne nous quittâmes pas sans regret, et nous ne pûmes en venir à cette séparation sans verser bien des larmes. Ma tante en fut touchée et me promit qu'elle ferait tout ce qui dépendrait d'elle pour me ravoir encore. Elle et ma cousine, qui pouvaient jouir d'une agréable liberté, me plaignaient, n'envisageant pour moi que des jours bien tristes et remplis d'ennui avec une mère dévote qui ne voyait personne. Je le croyais comme elles; mais nous avions toutes tort.

Arrivée chez ma mère, je mis à profit tout ce que j'avais appris du hasard et d'Isabelle : comme elle, je me procurais tous les jours les sensations les plus délicieuses du plaisir; souvent même j'en redoublais la dose. Mon imagination échauffée n'était emplie que des idées qui y avaient rapport. Je ne pensais qu'aux hommes, je fixais mes regards et mes désirs sur tous ceux que je voyais : les yeux, attachés sur l'endroit où je savais que reposait l'idole que j'aurais encensée, animaient mes désirs dont le feu se répandait jusqu'aux extrémités de mon corps. Ce fut dans cet instant que Vernol revint passer ses vacances chez ma mère; il avait un an et demi de plus que moi. Ah! que je le trouvai beau; j'en fus surprise; jusque-là ses charmes m'avaient échappé. Il est vrai que l'âge à peu près égal de l'enfance nous avait toujours donné beaucoup d'amitié l'un pour l'autre; mais dans ce moment ce fut tout autre chose : il réunit tous mes désirs, une ardeurs dévorante s'empara de tous mes sens, je ne vis plus que lui, toutes mes idées s'y concentrèrent. Depuis longtemps je souhaitais d'examiner de près, et de toucher,ce que je n'avais fait qu'entrevoir à Courbelon. Je sentais que j'étais trop jeune pour me flatter de devenir l'objet des desseins d'un homme plus âgé, et, me persuadant que leur instrument grossissait à la mesure de leurs années, les douleurs d'Isabelle m'effrayaient. D'ailleurs je ne voyais personne qui pût jeter les yeux sur moi ni arrêter les miens; cependant, j'étais dans une vive impatience et je fis de Vernol le but où je désirais atteindre. Sa chambre était derrière celle de ma mère où je couchais. Quand cette bonne dévolte allait à l'église, où elle passait deux ou trois heures tous les matins, je fermais exactement la porte après elle. On croyait que nous dormions et l'on nous laissait en paix. Mais, continuellement éveillée par mes désirs, j'allais en chemise près de lui et je lui faisais mille agaceries pendant qu'il était dans son lit. Tantôt je l'embrassais, je le chatouillais, tantôt je tirais ses couvertures, ses draps ; je le mettais presque nu ; je lui donnais de petits coups sur ses fesses d'ivoire ; il sautait après moi, me poussait sur son lit, me baisait et rendait sur mon cul les coups légers que je lui avais donnés. Nous avions répété deux matinées ce badinage lorsque, la troisième, en me jetant à la renverse sur son lit, ma chemise, à qui j'avais prêté un peu de secours, se trouva toute relevée et mes jambes en l'air ; il aperçut aussitôt mon petit conin, il m'écarta les cuisses, il y porta la main, et ne pouvait se lasser de le regarder et d'y toucher ; je le laissais faire.

— Ah ! Rose, me dit-il, que nous sommes bien différents l'un de l'autre !

— Comment ! lui répondis-je, quelle différence y a-t-il donc ? Je lui fis cette question avec l'air de la plus innocente simplicité.

— Tiens, vois, me dit-il en troussant sa chemise et me montrant son petit outil qui était devenu gros et raide, et que je n'avais qu'entrevu jusque-là.

Je pris cette lance en main, je la considérai, je la caressai, j'en découvrais, j'en aiguisais la pointe, et j'eus enfin la satisfaction d'en faire l'examen le plus attentif. Vernol, impatient d'en faire un pareil, me dit :

— Rose, laisse-moi donc te regarder encore.

Je me rendis à sa demande et je me recouchai. Il releva mes jambes, les écarta et ne mit pas moins d'attention dans sa recherche et dans ses détails que j'en avais eu dans la mienne ; mais il ignorait l'usage de ce qu'il voyait. Il était à genoux sur le lit, penché sur moi ; je passai ma main entre ses cuisses et je repris son joli bijou ; je m'amusai à coiffer et décoiffer sa tête rouge comme le corail. Le plaisir que je lui faisais, dont je m'apercevais, augmentait le mien : j'étais dans l'impatience ; je me relevai et le renversai à son tour, je le découvris tout entier; je le baisais, je le mangeais, je caressais ses petites olives; enfin, à force de hausser et baisser ma main sur ce charmant bijou, il répandit cette liqueur que j'avais vu rendre à Courbelon par la main de Justine. Cette situation si nouvelle pour lui, l'étonnement joint au plaisir excessif dont il paraissait jouir, étaient un délicieux spectacle pour moi; sa main, placée entre mes cuisses, était restée sans mouvement. Je me recouchai sur le lit, je la pris et je lui fis faire un exercice qui lui était inconnu, et que je souhaitais vivement. Je tombai bientôt moi-même dans l'extase où je l'avais mis peu auparavant. Tout cela lui paraissait bien extraordinaire; je l'avais conduit de surprises en surprises; elles me réjouissaient et m'enchantaient. Je recommençai mes caresses, je repris son instrument, je le baisai, je le suçai, je le mis tout entier dans ma bouche, je l'aurais avalé : il ne tarda pas à reparaître dans l'état charmant où il avait été. Jusque-là, je n'avais pas osé lui apprendre à le mettre où je le souhaitais; mais de plus en plus animée, j'arrachai sa chemise, je quittai la mienne; rien ne me cachait ses charmes naturels; je les contemplais, je les couvrais de mes mains et de mes lèvres; il me rendait les mêmes caresses à son tour. Son petit vit était dans toute sa dureté; je me mis sur lui; je le conduisis moi-même dans mon petit conin. Ah! qu'il fut bientôt au fait : j'étais encore étroite, mais il n'était pas gros; nous poussions tous les deux; enfin, m'asseyant sur lui, je parvins aussitôt à me l'enfoncer tout entier, et j'eus l'agréable satisfaction de le sentir pour la première fois introduit où je le désirais avec tant de passion. C'est ainsi que nos pucelages, quoiqu'ils ne fussent pas bien intacts, furent enlevés l'un par l'autre. Quelle volupté nous ressentions! Vernol ne savait plus où il en était. Nous jouissions de cette félicité pure qui se sent sans pouvoir l'exprimer ni la concevoir. Nos plaisirs étaient à leur comble. Il en éprouva le premier l'excès : il déchargeait, ses bras qui m'entrelaçaient se relâchèrent, je précipitai mes mouvements, je l'atteignis, et, me laissant aller sur lui, il connut que je jouissais des mêmes délices. Serrés, collés l'un sur l'autre, nous savourions ce voluptueux anéantissement qui n'est pas moins enchanteur que le plaisir qui nous l'avait procuré. Mais, plus tôt rétablie que lui, je me vis forcée de l'engager à se servir encore de sa main et de son doigt.

Nous répétions tous les jours cet agréable exercice ; j'allais dans son lit ou il venait dans le mien ; partout où nous pouvions nous réunir en sûreté pendant le jour, nous le recommencions ou nous n'en prenions que l'ombre. La nuit que nous ne pouvions être ensemble, toute pleine de son image je lui consacrais les plaisirs qu'elle faisait naître ; il en faisait autant de son côté, nous nous en rendions compte le matin et nous réalisions les illusions nocturnes.

Étonné dès les premiers jours de tout ce que je lui avais appris, il avait désiré que je lui dise par quel moyen j'en avais eu connaissance ; mais ne croyant pas à propos de lui rendre compte d'abord de ce que j'avais vu chez ma cousine, je fixai ses idées sur des exemples généraux. Cependant, ayant ensuite reconnu sa discrétion, je lui racontai tout, et nous tâchions d'en réaliser le souvenir et d'en imiter l'exemple.

Hélas ! au milieu de nos plaisirs, notre séparation approchait ; nous l'envisagions avec douleur. Ce moment vint enfin ; il fallut nous quitter ; ma peine fut extrême, je ne puis vous la peindre. Depuis trois ans et demi d'absence nous ne nous sommes réunis que depuis quatre ou cinq mois qu'il est revenu tout à fait chez ma mère.

*(Fin de l'*Histoire de Rose*)*

Quand elle eut fini son récit où elle était entrée dans un détail plus étendu qu'avec moi, surtout en ce qui regardait Vernol, je repris la parole :

— Tu ne sais pas, cher papa, ce que Rose m'a dit encore, elle ne te rend pas compte de tout. Ma chère Laure, m'a-t-elle ajouté, je me suis aperçue que Vernol avait pris pour toi la plus forte passion, et même il m'en a fait l'aveu. Tiens, chère amie, je n'en suis point jalouse, je vous aime tendrement tous deux : tu es belle, il est charmant, je serais enchantée de le voir dans tes bras ; oui, ma chère, je l'y mettrais moi-même, je ferais mon bonheur de sa félicité. Ne la trouves-tu pas folle ?

— Pas tant, Laure, je n'en suis point surpris, dans sa façon d'être.

Nous jugeâmes aisément que Rose aimait le plaisir avec fureur ; nous le lui dîmes, elle en convint. Les tableaux qu'elle avait retracés avaient ranimé son tempérament ; ils avaient produit le même effet sur nous. Mon papa en présentait des preuves parlantes : elle s'en saisit, et, pour nous prouver le charme séducteur qu'elle y trouvait, elle conduisit elle-même le cher objet qu'elle tenait, et nous fit cent caresses dont nous la payâmes par cette sensation délicieuse après laquelle elle soupirait sans cesse. Comme elle était arrivée la première au but, elle arrêta mon papa et, nous adressant la parole :

— Achevez d'avoir en moi la même confiance que je vous ai montrée ; ce que nous avons fait tous les trois, depuis hier, m'a totalement ouvert les yeux et m'a donné la liberté de vous raconter ce que j'ai fait avec Vernol. Viens donc, papa, viens à côté de ta chère Laurette, à sa place j'en ferais autant avec toi. Mets-lui, et qu'elle partage les plaisirs que tu m'as donnés; sois assuré de la plus inviolable discrétion.

— Eh bien! Rose, pour te prouver que je n'en doute en aucune manière, tu vas jouer un nouveau rôle.

Il se leva et fut aussitôt chercher le godemiché; il l'attacha à la ceinture de Rose qui était extasiée de cet outil qu'elle ne connaissait pas; il me fit mettre sur elle et le conduisit dans mon con en lui recommandant de se remuer comme ferait un homme, et de me branler en même temps; il l'instruisit de l'effet de la détente lorsqu'elle me verrait prête à décharger. Il se mit ensuite sur moi et m'introduisit son vit dans le cul. Rose remuait la charnière supérieurement; je tenais ses tétons, elle caressait les miens, elle suçait ma langue, je me mourais. Au moment où j'allais perdre connaissance, elle fit décharger le godemiché; mon con en fut inondé, et le foutre que mon papa répandit en même temps dans mon cul excita en moi des transports qui se joignirent aux siens et à ceux de Rose qui, par le frottement du godemiché sur son clitoris, les lui fit partager; enfin je tombai sur elle, morte de plaisir. Mon papa se releva bientôt, et quand je fus revenue de cet évanouissement enchanteur nous sortîmes du lit qu'il était plus de midi.

Dès que nous fûmes debout, elle n'eut rien de plus pressé que de passer à l'examen de cet outil si nouveau pour elle. Je l'aidai à en désunir toutes les parties : il était parfaitement semblable à un vit; toute la différence consistait dans des ondes transversales depuis la tête jusqu'à la racine pour procurer un frottement plus actif. Il était d'argent, mais couvert des couleurs de la nature, et d'un vernis dur et poli. Il était vide, mince et léger. Dans le milieu de l'espace, il y avait un tuyau du même métal, rond et plus gros qu'une plume, dans lequel il y avait un piston. Ce tuyau se vissait à un autre bout percé et soudé au fond de la tête. Il se trouvait par ce moyen des espaces autour de cette petite seringue, dont elle avait l'effet, et les parois de celui qui imitait le vit. Un morceau de liège, taillé pour boucher exactement ce dernier, avait un trou qui laissait entrer très juste la naissance de la petite pompe, dans lequel on insérait un ressort d'acier en spirale qui repoussait le piston par le moyen d'une détente. Quand Rose l'eut bien tourné et retourné :

— Il faut encore, me dit-elle, que tu m'apprennes comment on lui fait faire son office.

— On emplit, lui dis-je, le godemiché d'eau suffisamment échauffée pour en supporter la chaleur sur les lèvres ; on le bouche bien avec le morceau de liège, auquel tu vois cet anneau pour le retirer ; on emplit ensuite la pompe, par le moyen du piston qu'on attire, de colle de poisson fondue et légèrement teinte de blanc qu'on tient toute préparée : la chaleur de l'eau se communique aussitôt à cette liqueur qui ressemble autant qu'il est possible à la semence.

La première action de Rose, après ce détail, fut de trousser sa chemise et de l'enfoncer dans son con. Cette folie dans ce moment me fit rire au point que mon papa rentra pour savoir le sujet qui m'y excitait si fort. Il la vit à cet ouvrage, il ne put s'empêcher de m'imiter, et s'adressa à elle :

— Laisse-le donc, Rose, sa vertu dans ce moment n'existe plus, et nous pouvons faire quelque chose de mieux.

Elle continua donc de s'habiller. Il me prit par la main et sortit :

— Ma chère Laure, Rose sera la victime de sa passion et de son tempérament ; rien ne la retient ; elle s'y livre avec fureur, sans mesure ni ménagement ; sois assurée qu'elle paiera de sa personne cette imprudence, ainsi que le pauvre Vernol qu'elle a jeté dans le même excès ; mais je veux en profiter pour remplir mes desseins.

En effet, inébranlable dans ses réflexions, il fut la retrouver dans ma chambre, et j'entendis :

— Rose, ce que vous avez dit à Laure, au sujet de votre frère sur la fin de votre histoire, annonce votre amitié pour l'un et pour l'autre ; mais peut-on compter sur la discrétion de Vernol comme sur la vôtre ? Il est nécessaire qu'elle soit des plus grandes, vous devez le concevoir, songez-y.

— Oh ! ne vous trompez pas sur la confidence que je vous ai faite ; elle n'est pas le fruit de l'indiscrétion ; mais la manière dont j'ai agi avec lui m'a fait sentir que si j'eusse été Laurette vous eussiez été pour moi ce qu'est Vernol. L'obscurité à travers laquelle j'entrevoyais la chose s'est totalement dissipée par la façon dont nous vivons depuis hier ; j'ai jugé que, dès lors, je pouvais parler sans déguisement et que vous seriez intéressés à garder, à notre sujet, le même secret qu'à votre égard je vous jure pour Vernol et pour moi, y trouvant le même intérêt. Mais, de grâce, qu'il participe à nos plaisirs ; il m'a fait l'aveu qu'il était fou de Laurette, et vous vous y trouvez engagé plus que vous ne pensez. Vous serait-il donc possible de nous refuser ? Je serai comblée de joie si vous ne vous y opposez pas et si, comme je le désire, la chère Laurette ne le hait pas.

— Tout me force aujourd'hui à y consentir ; ne lui dites cependant rien encore de ce qui s'est passé entre nous, je vous le conseille et vous y engage. Il me croirait dédommagé, et je veux qu'il me paie lui-même du sacrifice que je fais. Prévenez-le seulement de se prêter à tout ce que nous voudrons.

— Ah ! je vous réponds de lui comme de moi-même sur qui vous pouvez compter en tout.

— Il est cependant nécessaire que vous sachiez, vous et lui, que Laure n'est ma fille que pour le public ; car en réalité elle ne l'est pas. Vous voyez cependant qu'elle ne m'en est pas moins chère ; mais surtout, que personne ne soit instruit de ce secret que vous deux, je vous le recommande.

Allez à présent trouver votre mère avec elle, dites-lui que demain nous irons encore passer le jour à la campagne, et que si elle veut vous y laisser venir avec votre frère nous vous y mènerons. Cependant, promettez-moi d'être tranquilles l'un et l'autre jusqu'à ce que vous veniez, car vous en aurez sûrement besoin.

Je n'avais rien perdu de ce discours ; Rose vint, m'entraîna, courut chez sa mère et obtint facilement pour elle et pour Vernol ce qu'elle lui demandait. Je la quittai et fus passer le reste de la journée chez une parente. Pendant ce temps-là, mon père fut donner ses soins aux arrangements qu'il projetait.

La nuit, quand je fus dans ses bras, je présumai qu'il me rendrait compte de ce qu'il avait dit à Rose, et de ses desseins. Indécise avec moi-même, je ne voulus pas lui en parler la première, ni lui faire connaître que je l'avais entendu. Le cœur me battait ; mais il ne m'en ouvrit pas la bouche.

Le lendemain après-midi, une voiture se rendit à notre porte, nous prit et nous conduisit dans une maison charmante à quelque distance de la ville ; je ne la lui connaissais pas. Je jugeai qu'elle appartenait à quelqu'un de ses amis qui la lui prêtait. Vernol avait cherché à relever ses attraits naturels. Rose et moi, nous étions dans un déshabillé galant. Instruit par sa sœur, il avait une politesse plus aisée et quelque chose de plus assuré qui lui était avantageux. Nous arrivâmes sur les quatre heures, il faisait un temps admirable et très doux. Nous fîmes plusieurs tours dans les jardins, qui étaient vraiment dessinés par Vertumne [1], et non de ces assemblages fantasques où la bizarrerie semble avoir présidé. Ce n'était pas non plus de ces jardins compassés, où la régularité et la symétrie écrasent la nature : nous y jouissions de la beauté de l'horizon, qui semblait d'accord

(1) Divinité romaine d'origine étrusque.

avec la fête. Après cette promenade, où nous avions préludé par les baisers, nous vînmes dans les appartements, que nous parcourûmes ; nous trouvâmes, dans un salon où mon papa nous conduisit, une collation servie ; il nous présenta plusieurs mets, nous versait à boire et ne nous ménageait pas. Soit délicatesse des vins et des liqueurs, ou soit qu'il eût employé quelque autre moyen qu'il connaissait assez, nos têtes perdirent bientôt leur équilibre et nous jetâmes des fleurs à la folie, qui nous en couronna. Dès qu'il nous vit en cet état, il fut écarter tout son monde de manière à ne le faire revenir que tard, en sorte que nous étions exactement seuls. Il nous conduisit dans un appartement où nous n'avions pas encore été, situé dans le quartier le plus reculé. Il nous fit entrer dans un petit salon illuminé, de toutes parts, de bougies mises dans des girandoles, posées à la hauteur où l'on pouvait facilement atteindre avec la main. Audessous d'elles régnaient tout alentour des glaces ordinairement couvertes de rideaux qui, dans ce moment, étaient relevés par des cordons et des glands qui les tenaient en festons, dont les pendants garnissaient les encoignures. Des bergères larges, fort basses et presque sans dossier, sur lesquelles étaient répandus des carreaux, garnissaient le tour jusqu'à la hauteur où les glaces étaient placées. Au-dessus d'elles étaient enchâssés différents tableaux. Dieux ! quels objets, chère Eugénie ! Clinchetet (1) et l'Arétin n'ont rien produit de plus voluptueux. Des sculptures peu multipliées, les unes en blanc, les autres peintes à la gouache, présentaient de semblables sujets. Dans un des côtés était une niche ornée et éclairée de même, qui renfermait un meuble sur lequel la jouissance et la volupté avaient établi leur trône. Ces peintures, ces sculptures, les vins et les liqueurs

(1) Il est également question de Clinchetet dans *Hic-et-Haec*. Surnommé le « Raphaël des tabatières », Clinchetet ou Klingstedt peignit de nombreux sujets grivois.

que nous avions pris écartèrent et chassèrent loin de nous jusqu'à l'ombre de la contrainte : le délire voluptueux s'empara de nos sens; Bacchus et la Folie menaient le branle. Rose, inspirée par sa divinité chérie, nous donna le ton et commença l'hymne du plaisir. Elle sautait au cou de mon papa, elle embrassait Vernol, elle me baisait et m'engagea de l'imiter. Elle arracha mon mouchoir qu'elle jeta à son frère, elle fit voler le sien sur mon papa, elle leur faisait baiser ses tétons, elle les conduisait sur les miens, nos bouches étaient couvertes de leurs lèvres. Ces jeux, ces baisers qui se répétaient dans les glaces nous échauffèrent à l'excès. Nos joues étaient colorées, nos lèvres brûlantes et vermeilles, nos yeux animés et nos seins palpitants. Vernol, déjà dans un demi-désordre, le teint brillant, les yeux pleins de feu, me paraissait beau comme le jour. Je le regardai dans ce moment comme une jouissance divine dont tous les appas se réunirent en un seul trait, au centre de mes désirs; il ne savait lui-même où il en était : mon papa calculait la gradation. Rose me fit tomber sur une bergère, elle appela Vernol pour l'aider : elle me troussa, me donna de petits coups sur les fesses, et lui fit voir l'objet après lequel il soupirait. Je la pris à mon tour pour la renverser aussi; mais elle ne m'en donna pas le temps; elle s'y jeta d'elle-même et, levant les pieds en l'air, elle mit au jour tous les appas qu'elle avait reçus de la nature, son con, son cul, son ventre, ses cuisses, tout fut à découvert. Nous fûmes aussitôt tous les trois près d'elle lui faire les caresses qu'elle montrait désirer. A peine avions-nous posé nos mains sur ses fesses qu'après deux ou trois mouvements de reins nous l'aperçûmes tortiller l'œil, et nous vîmes couler la fontaine du plaisir. Nous nous apercevions bien l'une et l'autre que Vernol et mon papa bandaient de tout leur pouvoir. Le sillon relevé que leurs vits faisaient le long de leurs cuisses en portait le plus sûr témoignage. Tout d'un coup, Rose se releva et fut se jeter sur mon père :

— Cher papa, je t'ai jeté le mouchoir ; tu seras mon mari et moi ta femme ; donne-moi ta main.

— Très volontiers, Rose ; mais il faut que la dernière cérémonie en soit.

— Ah ! de tout mon cœur. Mais Vernol a eu le mouchoir de Laurette, il faut aussi les unir. Y consens-tu ?

— Soit, comme tu le désires.

Elle accourut prendre nos mains qu'elle mit l'une dans l'autre ; elle nous fit embrasser, nos bouches se rencontrèrent ; elle porta sa main sur mes tétons et nous fit appeler mari et femme. Nous étions tous quatre vivement émus et très échauffés. Rose brûlait.

— Qu'il serait délicieux dans ce moment, s'écria-t-elle, d'être dans un bain où nous puissions nous rafraîchir ! Le feu me dévore.

Mon papa se leva et fut tirer un cordon qui était à côté de la niche. Aussitôt le dessus du meuble qui y était fut enlevé, et découvrit un bassin à trois robinets qui jetaient à volonté de l'eau chaude, froide ou de senteur.

— Voilà qui est magnifique, c'est ici le palais des divinités. Je vais, dit Rose, ressembler à une naïade, mais je ne serai pas la seule.

En peu d'instants, elle parut avec les seuls ornements des nymphes ; elle s'empara de moi, et pressa Vernol et mon papa de l'aider à me mettre dans le même état : en un clin d'œil, tout disparut de dessus moi. Rose fit un signe à son frère qui se montra bientôt en sylvain pendant qu'elle et moi nous prêtions notre secours à mon papa. Mes regards furtifs avaient déjà détaillé Vernol : qu'il était bien fait, et qu'il me paraissait agréable ! La jeunesse et la fraîcheur brillaient de tous côtés : au milieu de la blancheur et de l'éclat d'une jeune fille, on voyait le trait qui caractérisait un homme. Nous nous plongeâmes tous quatre à la fois dans ce bassin, ils étaient l'un et l'autre rayonnants de gloire. Tous consumés d'un feu dévorant, nous étions semblables à des fournaises sur lesquelles on jette de l'eau et qui n'en deviennent que plus vives. Deux lances en arrêt nous menaçaient tour à tour, mais le combat ne nous effrayait pas : en proie aux mains folâtres et passionnées, aux baisers amoureux et lascifs de nos tritons, nous leur rendions les mêmes caresses, nous badinions avec leurs flèches, ils s'étaient emparés de nos carquois. Dans ce moment, mon papa eut la prudence de plonger l'éponge au fond du mien lorsque j'y pensais le moins. Vernol voulait entrer en lice mais, par une adresse si naturelle aux femmes et si propre à aiguiser les désirs, je l'arrêtai et me sauvai du bassin. Rose me suivit. Bientôt ils furent dehors. La fraîcheur qu'ils sentirent en sortant leur donna sur la crête, leur humilité momentanée nous laissa le temps de nous essuyer et, nous étant couvertes simplement de robes légères et transparentes qui ne gênaient presque point la vue ni les larcins, et que mon papa tira d'une armoire cachée par une glace mobile, nous nous étendîmes sur les bergères. A peine y étions-nous qu'il fit descendre du plancher, par un autre cordon, une table servie de mets délicats, de vins et de liqueurs semblables à celles dont nous nous étions si bien coiffés, et qui nous achevèrent. Tout y était propre à augmenter l'ardeur qui nous dévorait déjà. Vernol était dans une impatience prodigieuse ; mais, ce que je n'aurais pas attendu de celle de Rose, elle ne perdit rien de sa gaieté. Pour moi, dont la volupté était plus délicate, je jouissais par les yeux, par les mains ; mais j'étais moins empressée d'arriver au but, que j'envisageais avec plus de satisfaction en exaltant le désir, et je me trouvais en cela d'accord avec mon papa. Vernol et Rose furent donc obligés de modérer leur impatience, ce qui fut plus facile à Rose qui, par nos caresses et nos attouchements, avait déjà, de son aveu, ressenti trois fois les délices du plaisir. Enfin, elle appela ce service le souper de noce ; l'hymen n'y présidait guère, mais qu'importe, la volupté y régnait ; elle seule nous suffisait et nous enchantait. On la voyait au milieu de la table, couronnée par le dieu des jardins, tenant son sceptre en main ; dans les quatre coins il y avait des groupes entrelacés et dans les attitudes qui annonçaient le plus doux des moments. Entre eux, de vieux satyres jaloux présentant leurs offrandes, que des nymphes chassaient et que les plaisirs fuyaient : tout inspirait, tout animait. Rose, le verre et la bouteille en mains, sa robe ouverte, développant ses appas et ses grâces, répandait la flamme dans nos veines ; ce qu'elle nous versait devenait un torrent de feu. Je désirais enfin moi-même avec violence, rien ne m'eût effrayée. Nos attraits, presque toujours à découvert, produisaient le même effet, et nous voyions sans cesse à nos yeux des signes palpables de leur pouvoir. Enfin, chère Eugénie, parlons sans figure : ils ne débandaient point. Rose, ne pouvant plus y tenir, s'écria :

— Vermol, prends ta femme. Pour moi, me jetant entre les bras de mon papa, je tiens mon mari.

Elle s'était déjà saisie de son vit qu'elle fixait depuis longtemps, déjà Vernol me tenait embrassée et sa main s'était emparée de mon con, lorsque mon papa nous arrêta :

— Attendez, mes enfants, il y a une condition à laquelle j'attache ma complaisance ; il est juste que j'en sois payé. Si Vernol le met à Laure, je veux imiter cet homme de cour qui, faisant coucher avec sa femme un page qu'elle aimait, faisait en le cul de ce page la même opération qu'il faisait dans le con de la dame. Il faut, de même, que pendant qu'il foutra Laure son cul soit à ma disposition.

Je me persuadai dans l'instant que les beautés de Vernol lui avaient inspiré des désirs, comme elles avaient fait naître les miens ; j'en fut enchantée, j'en devenais plus libre de me livrer à mes désirs, et cette pensée me dégagea d'une entrave qui, jusque-là, m'avait donné quelque gêne. J'animai nos jeux avec les transports de la joie ; je tâchai d'y ajouter de ma part tout ce qui pouvait les rendre plus charmants : je me saisis de Vernol, j'arrachai sa robe, je présentai son cul, j'écartai ses fesses charmantes, son vit m'enfonçait le ventre.

— Non, Vernol, non, ne te flatte pas de me le mettre dans cette condition.

Rose, qui avait vu que mon papa me l'avait mis de même, s'écria qu'il n'avait pas à balancer, et jura qu'elle le tiendrait plutôt.

— Quoi, dit Vernol, quel serait donc l'obstacle qui pourrait m'arrêter ? Depuis longtemps, je suis à la torture ; que ne ferais-je pas, belle Laurette, pour jouir de vous et mourir dans vos bras ?

— En ce cas, dit mon papa, Rose sera aussi de la partie.

Dans le moment, la table fut enlevée et le bassin recouvert ; un coussin épais en remplissait l'étendue et était enveloppé d'un satin couleur puce, si propre à relever la blancheur. Cette niche était le vrai sanctuaire de la volupté. Nous fûmes à l'instant débarrassés de tout ce qui nous était étranger, et nous montâmes sur cet autel avec les seuls ornements de la nature, tels qu'ils étaient nécessaires pour offrir nos vœux à la divinité que nous allions encenser et pour les sacrifices que nous allions lui faire. Les glaces répétaient de tous côtés nos différents attraits. J'admirais ceux de Vernol. Ce beau garçon me prit dans ses bras, il me couvrit de baisers et de caresses ; il bandait de toute sa force. Je tenais son vit ; mon papa maniait ses fesses d'une main et, de l'autre, les tétons ou le con de Rose qui nous caressait tous trois. Cédant enfin à notre fureur amoureuse, Vernol me renversa, écarta mes cuisses, baisa ma motte, mon con, y mit sa langue, suça mon clitoris, se coucha sur moi et me fit entrer son vit jusques aux gardes. Mon papa se mit aussitôt sur lui. Rose était sur les genoux, appuyée sur les coudes, son con tourné de mon côté ; elle entrouvrit les fesses de Vernol, en mouillla l'entrée et conduisit le vit de mon papa dans la route qu'elle lui avait préparée. Pendant qu'ils agissaient, elle chatouillait les couilles de l'un et de l'autre. Je tenais son con, j'y mettais le doigt, je la branlais ; bientôt ma main fut toute mouillée, ses transports, qui parurent les premiers, nous excitèrent vivement : Vernol la suivit de près ; mon papa s'en aperçut, il hâta sa course qui m'était favorable ; je doublai mes mouvements, et nous tombâmes presque aussitôt dans la même extase : nos trois individus unis n'en faisaient pour ainsi dire plus qu'un, que Rose couvrait de ses baisers.

Revenus à nous-mêmes, nos caresses remplacèrent nos transports et remplissaient le temps que le plaisir nous laissait à parcourir ; elles nous remirent bientôt en état de le ramener à nous. Vernol avoua qu'il n'en avait jamais ressenti de pareil.

— Il faut l'avoir connu, dit mon papa, pour pouvoir en juger. Viens, ma chère Laurette, viens l'éprouver à ton tour. Vernol, moins fourni que moi, ne te procurera que des douceurs. Belle comme tu es, de quelque côté que ce soit il n'a rien à perdre. Nous bandons, viens dans mes bras. Rose fera pour lui ce qu'elle a fait pour moi, et branlera ton clitoris en arrière, par-dessous les cuisses.

Je me jetai sur lui, je le mangeais de caresses. Rose introduisit son vit dans mon con ; elle ouvrit mon cul, elle mit le vit de Vernol dans sa bouche, elle en mouilla la tête ainsi que le passage où il devait entrer, et le conduisit elle-même. Placée comme elle était la première fois, elle me branlait et caressait les fesses de Vernol, tandis que mon papa, le doigt dans son con, la branlait aussi. Le sublime plaisir annonça bientôt sa présence, nous volions après lui, nous le saisîmes. Ah ! qu'il était grand ! Nous déchargions tous, nous étions inondés, le foutre ruisselait. Livrée aux plus vives sensations, j'étais dans un état convulsif. Après avoir été agitée comme un nageur qui se débat, un calme, non moins voluptueux que le plaisir, lui succéda. Ce resserrement, ce frottement dans toutes parties délicates et sensibles, où se trouve le trône de la suprême volupté, me la fit connaître

dans l'extrémité de son dernier période. Je ne pus mettre la parallèle avec cette journée, que celle où j'avais fait le sacrifice volontaire de mon pucelage.

Il fallut enfin se reposer; nous nous assîmes, et nous les engageâmes de reprendre pour quelques instants leurs habits; mais nous ne fûmes guère plus tranquilles : dans l'état où nous étions, nos yeux, nos mains, nos bouches, nos langues, tout rappela les désirs; nous parlions foutaise; nos tétons, nos fesses, nos cons étaient maniés, baisés; nous les rendions, ces caresses, des vits et des couilles en étaient les objets. Bientôt les effets en parurent avec fierté, nous les ressentîmes aussi; nous bandions tous encore, nos clitoris gonflés le démontraient aussi bien que la fermeté de leurs vits; nous courûmes sur les traces du plaisir qui nous avait échappé; nous le ramenâmes à nous pour le laisser fuir encore; mais je voulus que Rose eût une part plus solide que celle qui lui était tombée jusqu'alors; je la fis coucher les genoux élevés; mon papa se mit à côté d'elle et, passant ses cuisses par-dessous ses jambes qu'elle mit en l'air, son vit se trouvait pointé sur le but; je me mis sur elle, sa tête entre mes genoux et entre ceux de Vernol qui me le mettait en levrette. Je mis le vit de mon papa dans son con; il s'y perdait et reparaissait tour à tour; il prenait nos tétons à l'une et à l'autre; je la branlais, elle me rendait le même office; mon con était sur ses yeux; le vit de Vernol qui allait et venait, ses couilles qui se balançaient, formaient un spectacle enchanteur pour elle, qui produisit un tel effet sur ses sens que, dans le même temps que nous mîmes à chercher le plaisir pour le savourer, Rose avait déjà ressenti quatre fois ses attraits; quatre fois ses élancements et ses transports, ses expressions : je me meurs, je décharge, nous en donnèrent des preuves certaines. Enfin, nos fouteurs de dessous se réunissant, Rose reçut, dans un cinquième et copieux épanchement de sa part, le foutre dont mon papa l'inonda. Leur plaisir excitant le nôtre, nous jouîmes presque en même temps qu'eux de ces enchantements que nous nous hâtions d'atteindre. Rose se mourait : si elle chérissait le plaisir, celui-ci ne la fuyait pas ; elle en ressentait les effets des trois et quatre fois contre nous une ; son con était une source de foutre ; il lui causait un plaisir si vif qu'elle pinçait et mordait toutes les fois qu'elle le répandait. Enfin, elle tomba dans cet état d'anéantissement où l'on ne connaît et ne sent rien que l'excès des sensations délicieuses qu'il procure. Dès qu'elle en fut revenue, elle fit tant d'éloges de cette attitude que je voulus jouir à mon tour de la même perspective. Aussi, dès que nos forces furent rétablies, nous n'y changeâmes presque rien ; je pris seulement la place qu'elle occupait, elle se mit sur moi, Vernol la foutait. Ma tête entre leurs cuisses, je voyais tous leurs mouvements, et nous nous branlions l'une et l'autre, pendant que le vit de mon papa fournissait pour moi sa carrière.

Ce quatrième acte fini, nous étions fatigués, brisés, excédés ; nous avions grand besoin de réparer nos pertes. Nous nous relevâmes, mon papa fit redescendre la table et nous ranimâmes nos forces par les restaurants que nous prîmes. Le repos nous était bien nécessaire. Dès que la table fut relevée, nous nous couchâmes tous quatre, les uns sur les autres, nos bras et nos cuisses entrelacés, tenant chacun le cher objet de tous nos vœeux et le divin moteur de nos plaisirs.

Après une bonne heure de sommeil, Rose, éveillée par un songe voluptueux, nous tira bientôt de l'espèce de léthargie où nous étions plongés. Nos caresses et nos baisers recommencèrent ; mais, loin de nous précipiter, nous badinions avec nos désirs pour en allonger la durée, en multipliant la jouissance, en retardant l'approche du plaisir : nous allions jusqu'à lui, nous le repoussions, il nous poursuivait. Rose l'avait déjà saisi deux ou trois fois ; à notre tour il nous atteignit aussi : il n'est pas sûr de jouer avec lui. Il

fut enfin victorieux, et nous terminâmes cette journée par un cinquième acte dont Rose fut l'héroïne. Couché sur mon papa qui l'enfilait par le grand chemin, Vernol se présentait à la porte de derrière. J'avais pris l'attitude qu'elle avait tenue ; je mis tout en place et je lui rendais les mêmes services que j'en avais reçus, pendant que mon papa me prodiguait des caresses semblables ; mais, par un nouveau badinage, Vernol changeait de temps en temps de route : il quittait celle où je l'avais conduit pour aller s'accoler avec mon papa dans le chemin qu'il occupait. Rose trouvait admirable de les avoir ensemble : il était heureux pour elle que la même voie pût se prêter à deux de front ; mais, au dernier moment, Vernol reprit le sentier où je l'avais guidé et qu'il avait occupé d'abord. Elle trouva ce dénouement divin et supérieur à tout ce qu'elle avait éprouvé jusqu'alors ; aussi s'écria-t-elle, dans son enthousiasme :

— Que je serais heureuse, et que la mort me serait douce si je perdais la vie dans un moment si délicieux !

Nous rîmes de son idée, et nous la trouvâmes bien analogue à son tempérament et à sa façon de penser.

Avant de reprendre nos vêtements, mon père découvrit de nouveau le bassin ; je fus enchantée de ce soin ; je m'y plongeai dans l'instant, ils m'y suivirent aussitôt. Je retirai l'éponge et j'introduisis de l'eau dans le lieu qu'elle avait occupé. Cette première ablution faite, nous la renouvelâmes et nous y fîmes couler une essence qui nous embaumait. Ce second bain porta le calme et la fraîcheur dans tous nos sens. L'heure s'avançait, nous nous hâtâmes d'en sortir.

Après nous être rhabillés, nous fîmes encore quelques tours dans les jardins. Enfin, nous remontâmes en voiture sur les huit heures, et nous rentrâmes en ville une heure après.

Depuis ce jour, et dans les premiers temps qui le suivirent, Rose ne cessait de me presser de répéter cette scène. Je m'y prêtai d'abord. Peu après je ne me rendais que par complaisance pour elle qui, sur la fin, en était seule le coryphée. Enfin, elle me devint insipide, je l'aurais trouvée même à charge si mon papa n'eût été de la partie. Cette dégradation ne lui avait point échappé, il en fut enchanté. Mon ivresse pour Vernol, que mes yeux et mes sens avaient seuls produite et où le cœur n'avait point de part, se dissipait tous les jours : soustraction faite de sa figure et de sa douceur, on ne trouvait plus rien en lui ; elle s'éteignit totalement et ne me laissa que des regrets ; je revins tout entière au penchant de mon cœur et à mon attachement qui, loin de diminuer, avait pris de nouvelles forces. Je regardais mon père comme un homme extraordinaire, unique, un vrai philosophe au-dessus de tout, mais en même temps aimable et fait pour toucher réellement un cœur ; je l'aimais, je l'adorais. Ah ! chère Eugénie, ce sont les qualités de l'âme qui, seules, nous fixent, nous enchaînent indépendamment des sens et coupent les ailes de notre inconstance naturelle. Les hommes qui réfléchissent n'y résistent point quand ils les rencontrent, et toute leur infidélité leur cède : enfin, j'étais le seul objet de sa tendre affection, comme il l'était de celle de mon cœur. Les événements qui suivirent achevèrent d'anéantir ces liaisons que j'avais déjà commencé de rompre.

Une aventure où Rose brisa plusieurs lances avec trop d'effronterie et d'imprudence acheva de m'aliéner d'elle et de Vernol, lorsqu'ils m'en eurent fait un détail que je sus tirer d'eux. Je fus convaincue que la délicatesse des sentiments n'habitait point leurs cœurs, et qu'ils n'avaient l'un et l'autre que ceux de la passion la plus effrénée et la plus indiscrète. Cette manière d'être et de penser n'étant point uniforme avec la mienne, je fus entièrement décidée sur leur compte.

Je t'ai déjà dit que je ne les voyais plus aussi souvent, ce qui les engageait à chercher de leur côté tous les amusements qu'ils pouvaient se procurer : la promenade en faisait partie. Vernol, conduisant un jour Rose dans un jardin public, rencontra quatre de ses camarades de collège, dont le plus âgé avait à peine vingt ans. Reconnaissance, essor de joie, embrassades, questions multipliées : d'où viens-tu ? Que fais-tu ? Où vas-tu ? Quelle est cette belle ? La réponse à la dernière demande donna lieu à nos jeunes gens de faire des révérences et des compliments qui, sûrement, ne déplaisaient point à Rose. Satisfaits sur les autres points, ils se déterminèrent à engager Vernol d'être de leur partie. Il était question d'aller hors de la ville se régaler d'une collation dans quelque endroit commode ; ils n'essuyèrent point de refus de la part de Vernol, et encore moins de Rose : ils partent.

Dans les premiers transports de joie, nos jeunes gens avaient oublié les conventions qu'ils avaient prises ensemble, mais le plus âgé, en même temps le plus rusé par ce que tu vas voir ensuite, ne les avait pas perdues de vue. Il tenait Rose avec un autre sous les bras, les petits propos, les cajoleries, les expressions énigmatiques allaient leur train. On était encore dans la belle saison ; on marchait assez vite. En arrivant, on monte dans une chambre ; Rose avait chaud, elle se jeta sur un lit, découvrit sa gorge, et laissait pencher une jambe qu'elle savait avoir bien faite ; aussi en reçut-elle des éloges qui l'enivraient. On fit apporter mets, vins et liqueurs de diverses sortes ; les têtes commencèrent à s'échauffer : Rose sablait, tous en faisaient autant. Dans cette disposition, les propos, les chansons s'égayèrent, la liberté s'en mêla, les baisers trottaient ; le feu prit, et l'incendie se communiqua. Le plus âgé, plus hardi et plus expérimenté que les autres, prit Vernol dans une embrasure et lui fit part des conventions qu'ils avaient faites avant de partir. Vernol ne put s'empêcher d'en rire de tout son cœur. Rose, curieuse à son ordinaire, voulut absolument savoir ce qui lui en donnait lieu : elle l'appela, le pressa ; il ne fit pas de difficulté de lui raconter que ses camarades étaient convenus entre eux, avant de les avoir rencontrés, que celui des quatre qui aurait le vit le plus petit paierait pour tous la bonne chère, et que celui qui l'aurait le plus gros ferait présent de ce qui serait bu.

Dans les transports, les éclats de rire et les élans que ce récit fit faire à Rose, elle s'agita de façon, en levant une jambe, qu'elle fît voir presque tout ce qu'elle avait de caché, et, dans ce premier mouvement, elle s'écria :

— Qui donc en sera le juge ?

— Vous-même, lui dit le plus effronté, croyant bien que Vernol lui avait rendu compte de ce qu'il avait appris.

Rose, animée par le vin et par une idée aussi flatteuse pour elle, répondit que, certainement, elle serait le meilleur juge et plus en état d'en décider qu'aucun d'eux. De ce moment, on ne se gêna plus ; les expressions les plus hardies, accompagnées de vin et mêlées de caresses, passaient de bouche en bouche. Rose, comme un vaillant champion, tenait tête à tous ; mais elle se préparait d'autres assauts qui l'intéressaient davantage et, voulant en venir au plus tôt à des effets où elle trouvait plus de solidité, elle appela Vernol et, lui passant un bras autour du cou, elle pencha sa tête sur ses tétons qu'elle lui faisait baiser puis, coulant sa main plus bas, elle s'empara de son vit ; lui, de son côté, glissant la sienne sous ses jupes se saisit de son con. Ses jupes à demi soulevées ne laissaient rien apercevoir encore, mais, relevant un genou, elle facilita la découverte de ce centre du plaisir. Cette vue les anima de telle sorte qu'ils l'entourèrent, l'un lui prenant une fesse, l'autre une cuisse, un autre les tétons, chacun en tenait un morceau. Rose, faisant relever Vernol, leur demanda, en leur montrant son vit qu'elle tenait, s'ils pouvaient lui faire voir quelque chose de pareil. Chacun mit aussitôt les armes à la main : elle eut alors le spectacle enchanteur à ses yeux de voir à la fois cinq vits bandés, fiers et menaçants, qui lui proposaient le combat quoique certains d'être vaincus.

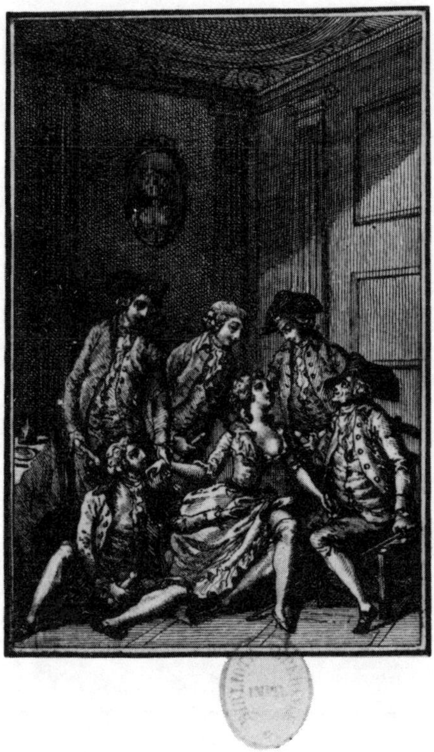

Rose, aussitôt se relevant et s'asseyant sur le lit, les genoux relevés et écartés, le lieu de la joute totalement à découvert et présentant la bague :

— Je pourrais, dit-elle, décider la question au coup d'œil ; mais puisque je dois juger je veux y procéder avec tout le scrupule possible, et même y joindre, s'il le faut, une mesure qui m'est propre. Cependant commençons.

Elle les fit ranger tous cinq en leur faisant mettre toutes pièces à découvert et, prenant son lacet, elles les mesura avec la plus grande exactitude, tant en longueur qu'en grosseur, soupesant même avec attention leurs dépendances. Le maniement de tous ces vits fit une telle impression sur elle que, se laissant aller sur le dos et donnant deux ou trois coups de cul, elle leur fit connaître qu'elle déchargeait.

Tous voulaient, dans cet instant, monter sur elle, mais elle les arrêta :

— Je veux avant, dit-elle, prononcer mon jugement.

Le plus âgé fut tenu de payer les vins et les liqueurs ; Vernol aurait été chargé du restant s'il n'eût été par tous exempté des obligations de la convention dont il n'était pas. Ce fut au second, presque du même âge que le premier, que cette chance tomba, n'étant guère mieux fourni que Vernol. Il était d'une figure agréable, et Rose, pour dissiper le chagrin qu'il témoignait, lui promit qu'il serait le premier à passer aux épreuves. Elle les désirait avec passion : tous ces vits, toutes ces couilles l'avaient mise en fureur. Ils la prièrent de les y admettre ; elle ne se fit pas presser et, se renversant sur le lit, elle tendit la main à celui auquel elle l'avait promis, qui, sautant sur elle, enfonça sur-le-champ son dard dans l'anneau qu'elle présentait ; Vernol le suivit et les trois autres à leur tour selon la gradation qu'elle avait observée. Rose, enchantée, arrosée de foutre, nageait dans le plaisir : sans cesse déchargeant, à peine avait-elle le temps de respirer ; l'un n'avait pas plus tôt quitté la place que l'autre aussitôt y rentrait.

Enfin, il fallut se reposer un moment. On était fort échauffé : boire, rire et caresser remplirent les entractes. Rose était toute livrée aux baisers et aux mains fourrageuses de ces cinq fouteurs. Ils ne purent la souffrir plus longtemps couverte du moindre voile ; bientôt elle fut mise dans l'état où étaient les trois déesses au jugement de Pâris.

Tous, jeunes et vigoureux, ne la virent pas plus tôt ainsi que leurs désirs se montrèrent plus furieux. Rose aurait cédé volontiers la ceinture de Vénus pour une guirlande de cons afin de les recevoir tous à la fois, à moins que cette ceinture de la mère des Amours ne fût de cette espèce. Mais, n'en pouvant avoir que deux, elle changea la scène en faisant mettre le plus gros et le plus long couché sur le lit, la tête au pied ; elle se mit sur lui, les tétons appuyés sur sa bouche ; le moins avantagé se mit sur elle entre leurs cuisses ; chacun prit la route qui lui était présentée ; de chaque main, elle tenait le vit des deux autres, et réserva Vernol, dont elle prit le hochet entre les lèvres, qu'elle chatouillait et suçait du bout de sa langue.

Enfin Rose, au milieu du foutre qui ruisselait de toutes parts, demeura victorieuse après qu'ils se furent présentés entre eux vingt-deux fois au combat, qu'elle eut arrosé trente-neuf fois par elle-même le champ de bataille. Elle était excédée mais ivre de plaisir.

Je la vis le lendemain ; je la trouvai mourante, les yeux languissants et abattus. Surprise de la trouver dans cet état, je la questionnai avec adresse, et je la pressai tant qu'elle et Vernol me firent enfin l'aveu de cette orgie.

Je ne me mêlai pas de leur donner des conseils, je voyais trop combien ils seraient inutiles ; je ne daignai pas même les blâmer. Aussi je ne mets pas en doute qu'elle ne l'ait renouvelée aussitôt qu'elle l'a pu ; mais je ne me mis plus à même de l'apprendre, et de ce jour je ne les vis plus.

Rose, livrée sans frein à la passion furieuse dont elle faisait l'idole de son bonheur, à la fin y succomba. Ses règles n'avaient point paru ; elle ne fut pas longtemps sans essuyer un épuisement total, suivi de vapeurs affreuses. Sa vue s'en ressentit, elle ne ressemblait plus qu'à une ombre ambulante. Sa gaieté fut totalement perdue et un dépérissement, produit par une fièvre lente, la conduisit enfin au tombeau.

Vernol, qu'elle avait jeté dans le même excès, fut saisi d'une fièvre putride dont il eut beaucoup de peine à revenir, et, peu de mois après son rétablissement, la petite vérole lui fit essuyer des ravages qui le défigurèrent totalement. Il fut encore très mal et ne fit que languir depuis.

Mon père avait prévu tous ces événements ; nous nous entretenions souvent sur ce sujet. Je sentis mieux que jamais le prix de ses soins, et mon cœur avait peine à soutenir les épanouissements qu'il ressentait pour lui. Nous nous ménageâmes de plus en plus : plus tendres, plus voluptueux et délicats que passionnés, nous passions souvent des nuits dans les bras l'un de l'autre, sans autre plaisir que celui d'y être, accompagné de douces caresses.

Quelquefois, rappelant à ma mémoire ce qui s'était passé, le souvenir m'en donnait un vrai chagrin ; et dans une de ces nuits heureuses où mon cœur plein de lui jouissait de toute sa félicité, il m'échappa de le lui faire connaître : j'en versais des larmes.

— Qu'as-tu donc, ma chère Laurette ? Pourquoi répands-tu des pleurs ? Tes joues viennent d'en mouiller les miennes.

— Ah ! cher papa, vous ne devez plus m'aimer, vous ne pouvez plus estimer votre fille. Je ne peux concevoir comment, dépendante de vous et de vos volontés, vous avez pu vous prêter aux écarts et aux extravagances d'une imagination fascinée, et permettre que je m'y livre.

(Discours du père)

— Es-tu folle, ma chère enfant ? Crois-tu que je fasse dépendre mon estime et mon amitié des préjugés reçus ? Qu'importe qu'une femme ait été dans les bras d'un autre amant si les qualités de son cœur, si l'égalité de son humeur, la douceur de son caractère, les agréments de son esprit et les grâces de sa personne n'en sont point altérés, et si elle est encore susceptible d'un tendre attachement ? Crois-tu qu'elle ait moins de prix qu'une veuve, à mérite égal, sur qui l'on aura jeté quelques gouttes d'eau et marmotté des paroles pour lui permettre de coucher avec un homme au su de tout le monde, et d'en promener les fruits avec ostentation ? Dis-moi, n'en a-t-elle pas plus que tant de veuves, et même de prétendues filles dont le mérite est inférieur ? Les femmes sont-elles donc comme les chevaux, auxquels on ne met de prix qu'à proportion qu'ils sont neufs ? Écoute mes principes, ma chère fille, je serai satisfait s'ils peuvent te tranquilliser et te persuader que je t'aime aussi tendrement et que je ne t'estime pas moins qu'auparavant.

« Rien ne me surprend si peu que de voir faire une infidélité, quoiqu'on ait le cœur rempli d'une affection bien tendre pour un objet qu'on chérit uniquement ; j'en suis un exemple pour toi. Je t'aime, ma Laurette, et mon amour est né presque avec toi ; je peux même assurer que tu avais à peine sept ans que je n'aimais uniquement que toi ; tu remplis entièrement mon cœur. T'en ai-je moins fait infidélité avec Lucette, avec Rose et même avec Vernol ? Crois-moi, cette action, qui tient à la constitution de nos organes, est trop naturelle pour n'être pas pardonnable, tandis que l'inconstance, qui provient du sentiment, ne me le paraît pas lorsque l'objet auquel nous sommes engagés par les liens de l'estime, de la bonne foi, de la reconnaissance, et par son attachement, ne nous en donne pas lieu. Encore faut-il des sujets très graves pour autoriser un dégagement entier : comme la méchanceté du cœur, l'aigreur dans le caractère et l'emportement journalier dans une humeur récalcitrante. Mais j'ai supposé un choix heureux : alors l'inconstance, suivant moi, décèle un cœur léger, ingrat, perfide et mauvais ; je n'en ferais jamais un ami. Tout homme capable de perfidie et d'inconstance pour une femme qui a de la délicatesse dans les sentiments, et un esprit agréable et cultivé, qui s'est livrée à lui et à sa discrétion, est toujours perfide et inconstant pour son ami. Mais l'infidélité passagère ne démontre qu'un tempérament susceptible d'irritation, que souvent le besoin, l'occasion, ou même des circonstances imprévues auxquelles on ne peut se refuser, engagent à satisfaire.

« Nous sommes composés de contradictions apparentes, la volonté n'est souvent pas d'accord avec nos actions parce qu'elles ne dépendent pas d'elle ; souvent nous ressentons des impulsions qui conduisent à des résultats qui paraissent contradictoires, quoiqu'ils partent cependant de la même source ; et celui qui a reconnu un sixième sens dans le centre de nos individus en connaissait bien la nature. En effet, dépend-il de notre volonté de le faire agir ou non ? Il n'est point soumis à ses lois. Tout en nous, au contraire, l'est à notre organisation et à la fermentation des liqueurs qui la mettent en mouvement. Rien ne peut s'y opposer, ni les changer, que le temps seul qui détruit tout. C'est à cet ensemble, qui compose chaque être différent, que se rapportent les variétés qu'on y découvre, et c'est encore du sort donné à chacun d'eux qu'ils tiennent cet ensemble, qui s'y rapporte avec une liaison parfaite.

« Nos sens éprouvent, dans l'union des sexes, des impressions dont nous ne sommes pas les maîtres. Tel objet frappe, séduit, inspire des désirs aux uns, qui ne produit rien sur les autres, quoique réellement agréable : j'en ai vu bien des exemples. Sommes-nous affectés par un objet ? Tout nous y traîne ou nous y porte ; quelquefois nous haïssons son humeur et son caractère, cependant il fait naître en nous l'idée d'un plaisir vif, nous en sentons l'effet ; le sixième sens s'élève, nous désirons, nous voulons en jouir à quelque prix que ce soit, sans avoir le dessein de nous y attacher, et souvent on le fuit après l'avoir possédé. En un mot, attachements solides, goûts passagers, tout est dans le cercle que nous avons à parcourir. Si nous trouvons de la résistance à nos poursuites, l'amour-propre vient se mêler de l'entreprise, et l'on emploie plus de souplesses et de moyens réunis pour vaincre cette résistance que pour attaquer ceux qu'on estime et qu'on chérit le plus. Enfin, la volupté, l'ambition et l'avarice, passions qui, du plus au moins, mènent et maîtrisent tous les hommes pendant leur vie, nous déterminent et nous entraînent nécessairement dans un enchaînement de circonstances qui forment le tissu dont notre existence est enveloppée. Et fais-y bien attention, ma Laure, ces trois mobiles, qu'on pare souvent de voiles brillants et de noms adoucis, sont les seuls qui mettent en mouvement les humains et qui les gouvernent : tels individus par un, par deux, tels autres par tous les trois ensemble, suivant la marche qui leur est tracée et la carrière qu'ils ont à parcourir.

« Si l'on a reçu de la nature et du rôle qu'on doit faire un cœur susceptible d'une passion forte et durable, d'un attachement tendre et délicat, c'est l'analogie des humeurs et des caractères qui les approche et les unit. L'idée du plaisir est plus éloignée ; on en est moins affecté que de l'intimité d'une union remplie de douceurs et d'agréments, qui allie les esprits et les goûts. On est méprisable de relâcher, par sa faute, des liens de fleurs que vivifie et entretient l'aménité ; aussi ces chaînes sont-elles bien difficiles à rompre, et cette modification dans les individus a des influences bien plus déterminées. On y mêle, il est vrai, les sensations du plaisir ; mais leur genre a quelque chose de différent. Il est un âge où tout ce que je te dis, ma chère Laurette, paraît une fable ; cependant il est puisé dans la nature.

« Arrive enfin, à pas plus ou moins lents, l'habitude qui, sans éteindre les sentiments, sans détruire ces liens aimables, émousse néanmoins cette pointe de volupté, amortit cette vivacité de désirs qu'un nouvel objet fait renaître ; désirs qui semblent ajouter à notre existence et faire mieux sentir le prix et les charmes de la vie dont on jouit ; mais on n'en est pas moins fixé : si l'on peut avoir assez de raison et de fermeté pour sacrifier une fantaisie, un caprice, un écart momentané qui pourrait détruire l'accord d'une union intime, il n'y a pas à balancer ; mais la jalousie qui vient y jeter ses serpents ne la détruit-elle pas plus encore que cette infidélité passagère ? Et n'est-il pas nécessaire que, de part et d'autre, on sache se prêter sans humeur et sans tracasseries aux lois imposées par la nature, dont la puissance est invincible ? Écoutons sa voix, elle parle partout : ne fermons point nos yeux, ne bouchons point nos oreilles et notre entendement à ce qu'elle prononce et démontre ; elle annonce en tout la variété, et même que tout finit. Pourquoi se plaindre d'une loi qui ne peut être éludée, à laquelle nous sommes absolument soumis, et aussi despotique que celle de la destruction qui anéantit la modification de notre être ? L'amour-propre et ce fatal égoïsme nous y font résister. Eh bien ! qu'on ne la seconde pas, cette loi, elle n'en a pas besoin ; mais qu'on détourne la vue sans aigreur.

« Beaucoup de nations, plus près de ses principes, moins écartées de ses impressions primitives, en suivent bien mieux l'impulsion que nous qui, à force de polissure, sommes si éloignés de ses premières notions.

« Jette les yeux, ma chère Laure, sur toutes les espèces d'animaux répandus sur notre globe : voit-on les femelles enchaînées aux mâles qu'elles ont eu l'année précédente ?

La tourterelle, dont on fait une peinture qui n'est si touchante que parce qu'elle éveille et pique notre amour-propre, ne reste dans le même ménage que jusqu'au temps où sa famille n'a plus besoin d'elle ; souvent le même été la voit choisir un nouveau favori. Cherche d'autres exemples, ils sont tous pareils. Consultons la nature, quels ont été son but et ses desseins ? La reproduction des êtres ; et elle n'a imprimé tant de plaisir dans l'union des sexes que pour y parvenir d'une manière agréable et, par conséquent, plus sûre. Le plaisir est même si dominant dans notre espèce que, souvent, il nous fait agir malgré nous. Si je me suis détourné de ce but avec toi, nos coutumes et nos préjugés m'en ont imposé l'obligation absolue ; mais ce dessein est si marqué qu'un homme bien constitué peut, en jouissant de plusieurs femmes fécondes, se reproduire autant de fois qu'il en aura connu. Si, dans ces deux sexes, on trouve des individus qui ne répondent pas à ses vues, c'est une erreur passagère de constitution qui ne détruit pas les lois générales.

« J'avoue que cette faveur faite aux hommes ne rejaillit pas sur les femmes ; elles ne peuvent ordinairement produire qu'un seul être ; plusieurs hommes n'en feraient pas éclore davantage, et, souvent même, un mélange trop prompt détruirait le germe fructifiant s'il n'avait pas été bien fixé ; sans compter encore les fâcheux effets qui résulteraient d'un mélange diversifié et très prochainement successif. Cependant, si le premier germe avait pris de profondes racines, et qu'à quelque temps le même homme ou un autrea nime et vivifie un nouveau germe, elles peuvent produireu n second fruit, et même un troisième ; mais ces cas ne sont pas dans le cours commun de la nature pour notre espèce.

« Si cette nature a comblé les hommes de faveurs, elle n'a pas été tout à fait injuste ni marâtre avec elles : les femmes portent un vide qu'une nécessité perpétuelle, un appétit indépendant d'elles les porte à remplir. Si l'un ne le peut ou ne le veut pas, un sentiment plus fort qu'elles et que tous leurs préjugés en appelle un autre ; mais le choix dépend de leur goût. En effet, pourquoi vouloir absolument qu'elles souffrent les approches et les caresses de tel objet qu'elles abhorrent ? Que peut produire une union qu'elles détestent et qui les révolte ? Rien, ou des avortons qu'elles ont en horreur. Combien en voit-on d'exemples ? C'est dans de pareilles conjonctures, qui ne sont que trop multipliées, que le secours d'une désunion entière serait bien nécessaire. Elles tiennent de leur existence et de leur constitution le droit de choisir, et même de changer si elles se sont trompées. Eh ! qui ne se trompe pas ? Enfin, c'est ce droit né avec elles qui les rend plus inconstantes que les hommes, qui tiennent des lois générales d'être plus infidèles.

« S'il est en elles, par la constitution de leur sexe, un degré de volupté plus grand, un plaisir plus vif ou plus durable que dans le nôtre, qui les dédommage en quelque sorte des accidents et des peines auxquelles elles sont soumises, quelle injustice de leur en faire un crime ! leur tempérament dépend-il d'elles ? De qui l'ont-elles reçu ? Leur imagination, plus aisément frappée et plus vivement affectée en raison de la délicatesse et de la sensibilité de leurs organes, leur curiosité excessive et ce tempérament animé leur présentent des images qui les émeuvent violemment, et qui les obligent de succomber d'autant plus aisément que le moment présent est, en général, ce qui les remue avec le plus d'énergie.

« Écartons donc la contrainte produite par la jalousie, enfantée par l'amour-propre et l'égoïsme ; elles reviendront bientôt d'elles-mêmes et sauront, mieux que les hommes, connaître leurs pertes. Il se trouvera, sans doute, des exceptions, mais où n'y en a-t-il point ? D'ailleurs, mériteront-elles des regrets ? Apprenons donc à nous prêter à leur essence, rendons plus léger le joug qui leur est imposé, chargeons de fleurs les liens dans lesquels elles sont engagées, pour captiver leur esprit, subjuguer leur cœur et fixer l'inconstance qu'elles ont recue de la nature. Passons-leur une infidélité, s'il est nécessaire, pour ne point les aliéner, ce qui arriverait bientôt, sans doute, si les chaînes leur paraissaient trop pesantes et trop resserrées ; sans cela, cette belle moitié du genre humain serait trop malheureuse. Mais ce qu'il y a de singulier c'est que, si ces principes ne sont point autorisés, ils n'en sont pas souvent moins suivis en beaucoup de parties et dans bien des climats.

— Mais, cher papa, si les femmes n'ont pas reçu, comme les hommes, un droit à l'infidélité, pourquoi voit-on un nombre d'entre elles qui, non seulement s'arrogent une telle prétention, mais encore qui la portent beaucoup plus loin puisqu'elles la poussent jusqu'à la publicité ? Il faut donc que ce penchant tienne autant à la constitution de notre sexe qu'à celle du tien.

— Erreur, ma fille : dans ton sexe, c'est un écart excessif des lois générales de la nature, dans lequel les individus sont portés ou entraînés par un assemblage de circonstances où il entre souvent de la nécessité, où, souvent aussi, le penchant n'entre pour rien et dans lequel la plus grande partie ne reste que par les mêmes circonstances dont la chaîne se perpétue, ou par fainéantise, habitude, gourmandise, mépris d'elles-mêmes, et tant d'autres raisons que je ne peux te détailler. Tu vas voir, par les effets qui en résultent, que la nature même s'y oppose fortement puisque cet écart, poussé jusqu'à son dernier période, emporte avec lui des malheurs, des maux affreux, des suites fâcheuses et tout ce qu'on peut imaginer de plus funeste. Effets qui ne sont point produits par l'infidélité des hommes qui ne voient point de femmes publiques.

« Je dois, en premier lieu, te faire une comparaison qui te rendra plus sensibles et plus claires ces lois générales de la nature. Que, dans vingt vases différents, on verse une même liqueur, qu'on la survide dans le vaisseau d'ou elle est sortie, elle ne change point de nature, elle sera tout au plus affaiblie par la transvasion si elle est spiritueuse. Mais que, dans un même vase, on verse vingt liqueurs différentes et hétérogènes, il s'établit une fermentation qui change la combinaison naturelle de ces liqueurs ; qu'on vide ce vase sans le rincer ni l'essuyer, les parois, infectées de la liqueur fermentée, suffiront pour insinuer un levain qui changera l'essence d'une seule des vingt qu'on remettrait dedans ; ou qu'on prenne une goutte de cet assemblage fermenté, et qu'on la mette dans le vaisseau qui en contient une seule, l'effet en sera le même.

« De cet exemple, voici les conséquences : qu'un homme sain se joigne à plusieurs femmes, il ne peut en résulter aucun mal ; c'est la même liqueur versée dans plusieurs vases. Mais qu'une femme, fût-elle même très saine, s'unisse à plusieurs hommes coup sur coup qui ne seraient pas infectés, cette diversité de semence produira, par la fermentation aidée et accélérée par la chaleur du lieu, les effets les plus dangereux.

« Qu'une fille, une femme jeune, jolie, libre et indépendante, mais de la lie du peuple et, par conséquent, sans éducation, sans soin, sans propreté, sans précaution, se trouve abandonnée à la publicité, soit par son propre besoin, soit par celui de vieilles coquines qui, fondant sur ses appas leurs avantages, la dirigent et l'entraînent dans cette affreuse conduite, soit par les suites d'un engagement où la séduction des hommes l'aura jetée, soit enfin par tempérament ou libertinage de caractère, reçoive plusieurs hommes en un jour et presque à la suite l'un de l'autre, il est constant qu'elle ne tardera pas à être infectée : ce sont différentes liqueurs versées dans un même vase ; elle peut même être sujette à des fleurs blanches très âcres, à des reliquats de règles de mauvaise qualité, à des ulcères de matrice. Les semences de ces différents hommes, qui sont hétérogène, soit par la diversité du tempérament des individus, soit par la prodigieuse différence qui se trouve dans l'état de leur santé, — tels que ceux qui ont des maladies cutanées qui les rendent encore plus âpres auprès des femmes, tels encore que ceux qui ont des maladies habituelles qui n'ôtent point la puissance génératrice, et autres de cette espèce —, mêlées les unes avec les autres dans le même lieu, où déjà se trouve quelquefois en lui-même une liqueur viciée ou tout au moins en disposition de l'être, ces semences fermentent avec plus d'aisance et de promptitude par la chaleur, s'aigrissent, se tournent en acide et deviennent un poison d'autant plus subtil que la matière qui l'a produit l'est elle-même ; ce qui prouve que les femmes ne sont point faites pour être infidèles, et encore moins pour la prostitution.

« D'après ce résumé, qui tient à la saine physique, à la raison et à l'expérience, il est certain que, du moment où il s'est trouvé des femmes livrées à cet abandon général, la contagion a dû se développer dans les sources de la vie. Ce qui n'est malheureusement que trop général, et, de la plus vile populace où elle a probablement commencé, elle est montée jusques aux grands.

« Mais puisqu'elle existe en action ou en puissance, il est sans doute nécessaire que des hommes éclairés, remplis de connaissances appuyées d'une longue expériencc, cherchent tous les moyens de l'arrêter dans son principe, et les communiquent lorsqu'ils les ont trouvés. Il y en a, ma chère Laure, de ces hommes bienfaisants qui, sans redouter le blâme et les cris des sots, sont utiles, non seulement à leurs contemporains mais encore à la postérité, en découvrant sans fard et sans déguisement tout ce qu'ils ont acquis pour prévenir et parer aux accidents qui résultent de la prostitution des femmes.

« C'est encore ici, ma Laurette, un des avantages de l'éponge. Mais elle ne suffit pas seule ; il s'agit de l'imbiber avant d'une liqueur oû se trouve répandu un sel dont la ténuité est infinie, qui, par ses préparations étant un alcali puissant, s'unit avec précipitation aux sels acides de la liqueur viciée, absorbe dans l'instant leur action, en détruit la nature, les réduit au moment même en sels neutres et préserve par conséquent de contagion dans l'union des sexes dont l'un ou l'autre serait infecté.

« Qu'une femme trempe l'éponge dans cette eau composée, qu'elle se l'introduise, elle peut sans risque s'unir de suite à plusieurs hommes ; elle peut même recevoir un homme malsain ; ou, dans le cas de la contagion, ayant soin, pour plus de sûreté, de la retirer avec son petit cordon aussitôt qu'il est dehors, de se laver et de s'injecter de la même eau, ou bien de remettre à chaque fois une éponge imbibée de la même composition ; on peut ensuite laver ces éponges dans une quantité assez étendue d'eau simple, et s'en servir de nouveau en les retrempant dans l'eau composée.

« Si c'est un homme sain qui se joint à une femme qui ne l'est pas, il peut de même lui introduire cette éponge trempée de cette composition, ayant attention, quand il sera dehors, de tremper le membre décalotté dans cette eau qu'on aura soin de mettre dans un vase de verre, de faïence ou de porcelaine ([1]). Et, pour plus de sûreté, il en fera cou -

---

(1) Il faut prendre dix-huit grains de sublimé corrosif réduit en poudre subtile dans un mortier de verre, avec son pilon de même ; on y mêle une petite quantité d'esprit de vin ou, mieux, d'esprit de froment. On le pile ainsi. Par ce moyen, on évite l'évaporation de la poudre subtile, et on opère la dissolution, que l'on rendra encore plus parfaite en ajoutant, sur la fin du broiement, une plus grande quantité d'esprit. Quand elle est faite, on y ajoute une décoction de vulnéraire de Suisse, d'une pincée de trois doigts dans une petite cafetière : cette décoction sera faite comme du thé. On verse sur le tout deux pintes d'eau la plus impide et la plus pure, distillée au feu de cendre dans un alambic de verre, afin qu'il n'y ait point de sélénite ou autres sels étrangers. A ce mélange, on joint encore deux pintes d'eau de chaux première, ce qui produit en tout quatre pintes.

L'eau de chaux se fait en prenant deux livres de chaux qu'on éteint doucement d'abord, et qu'on submerge ensuite, de façon qu'on puisse en retirer par inclinaison deux pintes claires et reposées, qu'on passe après dans un linge fin ou au papier gris. On les unit au premier mélange. L'addition de ce sel de chaux change la nature du sublimé, se combine avec lui, le transmue en sel alcali qui, se joignant au sel acide du virus, le neutralise et amortit ses effets.

Cette composition suffit et est la meilleure. On peut cependant y ajouter dix-huit grains de sel volatil de corne de cerf ou de vipère, mais cette addition est superflue.

On ne saurait trop recommander aux femmes les lotions et les injections ; la très grande propreté leur est absolument nécessaire. Et, dans les pays où les bains sont d'usage ordinaire, les maux vénériens sont bien moins communs, ce qui prouve la nécessité des lotions.

ler par injection dans le canal, avec une petite seringue d'ivoire, et non de métal. S'il était d'une sensation très délicate dans cette partie, cette eau composée serait coupée par moitié avec de l'eau de rose ou de plantain. Je ne te dis rien, ma chère Laure, dont je ne sois très assuré par nombre d'expériences.

« Je pourrais, ma chère Laure, t'apporter encore nombre d'autres raisons pour te prouver que la nature n'a pas donné le même droit aux femmes pour être infidèles ; mais il est constant qu'elle a mis dans leur cœur et dans leur manière d'être plus d'inconstance que dans notre sexe. On est fort heureux, quand un objet nous touche sensiblement, de ne pas essuyer cet événement, et, dût-il nous en coûter quelque chose, il faut savoir faire un petit sacrifice pour éviter une perte totale. »

(Fin du discours du père)

Dieux ! chère Eugénie, qu'il lisait bien dans notre cœur ! tu l'avoueras sans doute avec moi. Il dégagea mon âme, par cet exposé de ses sentiments, d'un poids qui la surchargeait ; il lui rendit sa tranquillité et la remplit d'une joie parfaite. Je voulais cependant encore éclaircir un soupçon que nos scènes de la campagne m'avaient donné, et je souhaitais qu'il se vérifiât pour ôter tout retour aux regrets que j'avais éprouvés ; mais je n'eus pas lieu de tirer cet avantage de la demande que je lui fis :

— Je désire, cher papa, te faire une question sur laquelle je te prie de me satisfaire sans déguisement.

— Quoi donc ? ma Laurette, pourrais-je en avoir pour toi, et te donner cet indigne exemple après avoir cherché moi-même à te rendre toujours sincère ? Parle, la vérité dans ma bouche ne sera pas même fardée.

— Quand nous avons été la première fois à la campagne avec Rose et Vernol, après t'avoir entendu dire à quelle condition tu te prêtais à ma folie, je me suis persuadée que la vue des grâces de ce beau garçon avait fait naître tes désirs comme il avait excité les miens, et que, pour en jouir, tu avais consenti de céder aux siens en exigeant cette obligation de lui. Ma persuasion était-elle fondée ?

— Que tu t'es trompée, ma chère enfant ! j'avais des désirs, il est vrai, tu en voyais les signes certains. Eh ! qui n'en aurait pas eu ? Mais les attraits et les charmes répandus sur toute ta personne en étaient les principaux mobiles ; la scène y ajoutait, mais Vernol n'y était pour rien. Je t'avoue même que le goût de beaucoup d'hommes pour leur sexe me paraît plus que bizarre, quoiqu'il soit répandu chez toutes les nations de la terre ; outre qu'il viole les lois de la nature, il me paraît extravagant, à moins qu'on ne se trouve dans une disette absolue de femmes ; alors la nécessité est la première de toutes les lois. C'est ce qu'on voit dans les pensions, dans les collèges, dans les vaisseaux, dans les pays où les femmes sont renfermées ; et ce qu'il y a de malheureux, ce goût, une fois pris, est préféré. Je ne vois pas du même œil celui des femmes pour le leur ; il ne me paraît pas extraordinaire, il tient même plus à leur essence, tout les y porte, quoiqu'il ne remplisse pas les vues générales ; mais au moins il ne les distrait pas ordinairement de leur penchant pour les hommes. En effet, la contrainte presque générale où elles se trouvent, la clôture sous laquelle on les tient, les prisons dans lesquelles elles sont renfermées chez presque toutes les nations, leur présentent l'idée illusoire du bonheur et du plaisir entre les bras d'une autre femme qui leur plaît ; point de dangers à courir, point de jalousie à essuyer de la part des hommes, point de médisance à éprouver, une discrétion certaine, plus de beautés, de grâces, de fraîcheur et de mignardises. Que de raisons, chère enfant, pour les entraîner dans une tendre passion vis-à-vis d'une femme ! Il n'en est pas de même à l'égard des hommes, rien ne les y porte ; en général, ils ne manquent point de femmes, le chemin qu'ils recherchent n'est pas moins semé de dangers que celui qu'ils fuient dans les femmes ; enfin, il me paraît contraire à tout, et tu dois te souvenir que c'est l'unique fois que j'aie agi de même avec Vernol. Si ce goût recherché me paraît plus que bizarre avec les hommes, ne pense pas que je le regarde de même avec les femmes : un homme mal fourni dans un vaste chemin est obligé de chercher la voie étroite pour répandre, après, la rosée bienfaisante dans le champ qu'il doit ensemencer. Mais il y a plus : il existe des femmes qui ne peuvent être aimées que par ce moyen, et, chez elles, l'entrée du sentier est presque toujours exempt d'épines.

« Voici donc les raisons de ma conduite avec Vernol : mon amour et ma complaisance, tous deux extrêmes pour toi, ma façon de penser exempte de préjugés, le vif désir de te plaire de toute façon et de posséder ton affection entière, enfin la différence que je souhaitais que tu connusses entre les divers sentiments des hommes (car tu as dû juger que la passion de Vernol n'avait pour but que la jouissance), tous ces motifs m'ont fait condescendre à des désirs que tu aurais pu satisfaire à mon insu si j'avais pris d'autres moyens ; désirs enfin qui t'auraient engagée à me regarder, dans ton cœur, comme un tyran jaloux si je m'y étais opposé, et j'aurais perdu pour jamais ta tendresse et ce cœur dont seul je suis jaloux ; mais je ne voulais pas, en te souffrant entre les bras de Vernol, qu'il s'autorisât de ma complaisance pour toi et qu'il s'en fît un titre pour penser intérieurement, ou pour parler, d'une manière désavantageuse. Je désirai qu'il ne pût même, ainsi que Rose, songer au bonheur qu'il avait trouvé dans tes bras sans se souvenir, en même temps, qu'il l'avait payé de sa personne, et que cette réflexion fût un frein pour ses idées et pour sa langue. Je le fis avec d'autant plus de raison qu'en général, dans la jouissance des femmes, les hommes ne sont guère prudents ni discrets. Pour ajouter encore une preuve de ma franchise et de mes vues réelles, c'est que Rose, de ce côté-là, n'a pas reçu de ma part une pareille offrande, quoique cela soit plus naturel avec une femme, comme je te l'ai déjà dit, et que même elle y gagne presque toujours : mais elle ne m'était pas nécessaire ; et malgré que ce fût la première fois qu'elle en eût essayé, j'ai laissé ces prémices à Vernol. Juge de là si tu t'es trompée.

Je pris mon papa dans mes bras, je le serrai contre mon cœur, je le pressai contre mon sein, je l'étouffais :

— Cher et tendre papa, je sens plus que jamais jusqu'où s'étendent tes bontés et ton amour pour ta Laurette. Tous les moments de mes jours seront désormais consacrés à te prouver le mien. Mes soins, ma complaisance, mes plus secrètes pensées dont je te ferai part, enfin la constance et la fidélité de ma tendresse pour toi en seront des témoignages continuels et des preuves certaines. Des baisers et des caresses sans nombre en furent les gages.

Je jouissais avec lui, depuis près de quatre ans, d'une tranquillité douce et charmante ; j'en faisais toute ma félicité : prévenante et prévenue, caressante et caressée, mes jours étaient filés par le plaisir et le bonheur quand, au bout de ce terme, il fut troublé par la mort de Lucette. Son souvenir m'était toujours bien cher, il était le fruit de la sincère amitié que nous avions l'une pour l'autre, en tout sa conduite avait été guidée par la tendre affection qu'elle avait pour mon père et pour moi. J'avais trop bien connu la différence qu'il y avait entre elle et Rose et je mettais à son attachement un tout autre prix. Mais la perte que je faisais était un préparatif aux tourments et aux noirs chagrins que je devais essuyer. Quel récit exiges-tu de moi, chère Eugénie ? Pourquoi renouveler ma douleur ? Mon cœur se déchire encore au souvenir de mon infortune ; les mêmes angoisses se font sentir avec une force pareille au moment de ce détail. Non, je ne puis passer outre... »

Je reprends, trop chère amie, ce fatal et cruel récit que j'ai été forcée de suspendre. Je n'étais plus à moi, mon cœur était navré, ma main tremblante laissait tomber ma plume, les sanglots m'étouffaient, mes yeux offusqués ne pouvaient retenir l'abondance de larmes où tu m'as vu plongée, et que ton amitié consolante aurait encore essuyée si j'avais été près de toi. Enfin mon cœur, un peu dégagé, me rend la liberté de retracer mon malheur à tes yeux.

Tu sais que j'étais dans ma vingtième année quand mon papa, le plus tendre et le plus aimable des pères, et en même temps le plus chéri, duquel j'aurais voulu racheter la vie de tout mon sang et dont la perte est irréparable pour moi, fut emporté par une fluxion de poitrine dont tout l'art des médecins ne put le sauver. Je ne le quittais point, j'étais jour et nuit près de son lit que j'arrosais de mes pleurs ; je m'efforçais de les cacher ; ma bouche était collée sur ses mains. Ce spectacle le pénétrait ; il aurait voulu m'épargner celui de son état, il tâchait de m'éloigner mais il ne fut pas possible de m'y faire consentir : je n'écoutais rien, à peine pouvais-je prêter un peu d'attention à quelques conseils qu'il me donnait ; car il sentait sa situation et la soutenait avec fermeté. Enfin le coup me fut porté et je reçus sur mes lèvres son dernier soupir. Ah ! quelle perte pour moi, Eugénie ! chère Eugénie ! mes yeux arrosent encore le papier sur lequel je trace ce douloureux récit. Je lui étais mille fois plus attachée que s'il eût été réellement mon père. Il m'avait fait connaître le comte de Norval, aux plaisirs duquel je devais le jour : je l'avais vu sans émotion et sans autre intérêt que celui de la curiosité ; mon cœur ne disait rien. Le désir d'envisager celui qui avait contribué à mon existence était le seul guide qui me conduisait. Où est donc, disais-je en moi-même, cette voix intérieure qui nous porte vers ceux à qui nous devons la vie ?... Vains propos, chimères : notre cœur parle, mais c'est pour ceux qui ont fait et préparé notre bonheur.

Enfin, ma douleur sombre, le désespoir, le désordre de mes facultés anéanties, le déchirement de mon cœur et mes regrets amers avaient totalement éloigné de moi le repos et le sommeil. L'embrasement se mit dans mes veines et je fus moi-même très mal : je voulais mourir, mais mon heure n'était pas venue, et ma jeunesse fut un des moyens dont le sort se servit pour me sauver. Aussitôt que j'eus repris mes forces, je n'eus d'autres pensées que de m'enterrer vive : j'avais tout perdu, la vie m'était odieuse. Un couvent fut le seul but de mes désirs : aurais-je jamais pu croire y trouver quelque adoucissement à mes peines ? Mon chagrin serait encore dans toute sa force s'il n'avait été modéré dans tes bras. Souffre, belle et tendre amie, que, pour ma propre satisfaction, je peigne à tes yeux mêmes l'image des doux instants que j'ai passés près de toi et où tu as versé un baume salutaire sur les plaies de mon cœur. Ce penchant qu'on nomme sympathie, cet intérêt qu'on prend aux infortunés par la similitude où l'on peut se trouver avec eux, te fit concevoir de l'amitié pour moi presque aussitôt que je fus dans ton couvent, où je voulais me fixer et pleurer en liberté. Tu pénétras l'état de mon cœur sans en connaître les motifs, tu vins essuyer mes larmes, tu quittais ta cellule pour dissiper ma langueur. Ta jeunesse, tes grâces, tes attraits et ton esprit donnaient du poids à tes discours, mais tu t'apercevais aisément, le lendemain, que la solitude de la nuit détruisait tous les soins que tu avais pris pendant le jour. Tu parvins enfin à partager mes ennuis et mon lit. Que je fus surprise des trésors que ta guimpe et tes habits recelaient ! Cet instant ranima d'un sentiment vif le souvenir de mes peines : tu vis couler mes pleurs, tu en fus étonnée, tu voulais connaître la cause et découvrir un secret que tu as si bien su m'enlever depuis.

Je ne tenais à rien, j'étais dans une inertie totale, à peine aurais-je su que j'existais sans le sentiment de ma douleur. Je concevais le besoin d'une amie, mais je n'espérais plus en trouver une telle que je la désirais. Ce fut dans cet instant que je sentis plus vivement combien Lucette me manquait, je ne comptais pas pouvoir la remplacer, bien moins me flattais-je d'en trouver une semblable sous le masque qui te couvre. Ton caractère, ton humeur, ton âme vinrent sans déguisement se montrer à moi et se joindre à ta figure charmante ; j'en fis quelque temps mon étude, et mes observations furent toutes en ta faveur ; enfin ton amitié et ta confiance établirent les miennes. Tes confidences furent payées par celles que je te fis alors, et je trouvai dans tes bras l'adoucissement que tu cherchais à me procurer. Avec quelles satisfactions je me rappelle encore cette nuit où tu me dis :

— Aimable Laure, chère amie, j'ai lieu d'être persuadée que tes chagrins sont cuisants ; mais si je puis, en te faisant part des miens, émousser le sentiment de ceux qui t'accablent, j'aurai du moins le contentement que me donnera la diminution de ta douleur.

Tu jugeais avec raison qu'observant une réserve exacte sur le secret de mon cœur, je pouvais aussi garder le tien : tu ne te trompais pas ; il me semble encore t'entendre me dire :

— Écoute, ma chère, j'aime, oui, j'aime aussi tendrement qu'on puisse aimer, et j'ai le malheur cruel d'être couverte des livrées religieuses. Des béguines emmiellées et trompeuses ont entouré de murs et de grilles ma jeunesse sans expérience et l'ont attirée dans leur cachot infernal. Mon ignorance, des vœux, des préjugés sont mes tourments ; les désirs, mes bourreaux, et j'en suis la victime. La nuit, le sommeil est loin de mes yeux, et les larmes s'en emparent ; le jour, tout me déplaît et m'ennuie ; mon âme est absorbée : juge de mon état. Libre comme tu es, tu peux au moins sans crainte livrer à l'amant que tu chéris les appas que j'ai vus et que je touche.

Ta main, que tu mis sur mon sein, me fit frissonner :

— Ah ! chère Eugénie, te dis-je avec transport, voilà le jour de mon désespoir ! je l'ai perdu cet amant que j'adorais, et la mort me l'a ravi. Dieux ! que n'est-il ici ! mais c'est lui, oui, c'est lui que je tiens.

Je te serrais dans mes bras, tu me faisais illusion. Hélas ! le détail de tes charmes, que je parcourus, me rendit à moi-même ; ce qui te manquait détruisit le prestige de mon imagination et le fantôme qu'elle se créait. Cependant, tes attraits répandirent sur ma langue tous les éloges que tu méritais si bien. Ton sein, ta taille, tes fesses, tes cuisses, ta motte et ta peau, tout en fut un sujet pour moi :

— Quel plaisir ! m'écriai-je, pour ton amant et pour toi s'il te tenait dans ses bras comme je te serre dans les miens. Tu désirais t'instruire, tu voulais savoir, tu balançais, tu cherchais à m'interroger, et tu n'osais. Je te voyais venir. Tu pris enfin la résolution de me demander si j'avais connaissance de ces plaisirs et s'ils étaient si grands. Je te l'avouai ; je t'en fis une peinture qui t'enchantait sans pouvoir les concevoir :

— Il faut les éprouver, te dis-je. Quoi donc ! à dix-sept ans passés ne les pas connaître ? Si tu veux, ma chère, je t'en ferai goûter au moins ce qu'ils ont de plus vif.

Ta curiosité, tes désirs que mes caresses faisaient naître et qui firent couler le feu de la volupté dans toutes les parties de ton corps, t'y firent consentir. L'envie de te consoler à mon tour, et de dissiper les ténèbres de ton ignorance, suspendit mes peines. Tu te prêtas à mes leçons : j'écartai tes cuisses, je caressai les lèvres de ton petit conin dont les roses étaient à peine épanouies ; je n'osai t'y enfoncer le doigt, tu n'étais pas encore assez endoctrinée pour que tu eusses regardé la première douleur comme propre à produire une augmentation de plaisir. Bientôt je gagnai le trône de la volupté, et ton charmant clitoris, que je caressai, te jeta dans une extase dont tu pouvais à peine revenir :

— Ah ! Dieux ! me dis-tu, ma chère Laurette, quelles suprêmes délices !

Tu me pris à ton tour pour ton amant ; j'étais couverte de tes baisers ; tes mains s'égarèrent sur tout mon corps : tu voulus me rendre le service que tu venais de recevoir de moi, mais mon cœur, encore trop serré, ne s'y prêtait pas et je retins ta main. Je te repris bientôt dans mes bras et, renouvelant mes caresses, je t'en appris davantage sur le premier instant de jouissance. Tu étais animée, tu fus aisément persuadée.

— Eh bien ! me dis-tu avec cette charmante vivacité qui te va si joliment, fais de moi ce que tu voudras.

Je repris ton petit conin, j'y enfonçai le doigt d'une main tandis que je te branlais de l'autre. La douleur, mêlée au plaisir, te le fit trouver encore plus délicieux : c'est moi, chère et tendre amie, oui, c'est moi l'heureuse mortelle qui ai cueilli ton pucelage, cette fleur si rare et si recherchée.

Plus libre avec toi, qui venais de connaître et sentir les attraits de la volupté, je ne craignis plus de t'ouvrir mon cœur en entier, de t'en faire parcourir toutes les routes et de te raconter, en raccourci, ce que je retrace ici dans toutes ces circonstances. Si le plaisir et ma main ont su te dégager des entraves de l'ignorance et des préjugés qu'elle enfante, combien n'ai-je pas eu de peine à te vaincre sur tous les autres ! La crainte de la grossesse ne te faisait plus trembler, je t'en avais guérie par mon récit et ma propre expérience. Ton amant me devait déjà tes premiers pas à son bonheur et à ta jouissance :

— Hélas ! me disais-tu, la plupart des dogmes dont on a bercé mon enfance jusqu'à présent, les vœux qu'on m'a dictés, cette guimpe, ces grilles qui nous entourent, tout s'y oppose.

Mais ton amour, mes avis et mon assistance ont affaibli ces préjugés et vaincu tous les obstacles. Tu me dois donc, chère Eugénie, la tranquillité d'esprit et de société dont tu jouis. De toute façon ton amant me doit sa victoire, de toute manière mon amitié vous a servis tous deux. Mais avant, j'ai voulu connaître ce Valfay si cher à ton cœur, étudier sa façon de penser, et juger s'il méritait ton amour, ta confiance et tes faveurs. Ces soins, tu le sais, n'ont pas été l'affaire d'un jour. Les femmes dont le jugement a été cultivé ont le tact fin, délicat et sûr pour pénétrer dans le cœur des hommes malgré leurs détours, leur duplicité et les voiles dont ils cherchent à se couvrir. Mais je fus contente de Valfay, je trouvai suffisamment en lui pour me faire présumer que je ne risquais plus rien à prendre tout sur moi pour satisfaire tes désirs, aider ton peu d'expérience et bannir tes frayeurs. Heureusement je servais, dans ton couvent, de prétexte à son amour tandis que je travaillais pour vous deux, car ta faiblesse et ta timidité n'auraient jamais été vaincues sans mon secours. Retrace-toi ce jour où, après un temps assez long, ton amant te pressait avec les instances les plus vives de le rendre heureux : je le secondais de tout mon pouvoir, tu t'en défendais et tu le désirais. Tu lui opposais des raisons qui te paraissaient bien fortes, tu lui présentais des obstacles insurmontables à tes yeux, tu me faisais compassion. J'avais pitié de lui ; je ne vous le cachai pas, je voyais l'ardeur de vos désirs portée à son comble. L'instant me parut favorable, je m'enivrai de l'idée de contribuer à ta félicité :

— Eh bien ! te dis-je, je vais tout surmonter. Valfay, tu serais un ingrat, un homme indigne de son bonheur si ma conduite pour te le procurer influait, dans ton esprit, à mon désavantage.

Je fermai les portes du parloir de notre côté, malgré tes oppositions apparentes ; ton amant en fit autant du sien. Je te pris dans mes bras, je t'approchai de la grille, je soulevai ta guimpe ; il prit tes tétons, il baisait tes lèvres, il suçait ta langue que tu lui donnas à la fin. Mais la soif dévorante du désir lui fit porter sa main sous tes jupes pour saisir ta motte et s'en emparer. Je te pressais contre lui, je te baisais aussi, tu ne pouvais m'échapper ni retirer tes bras des miens : il eut enfin l'adresse et la satisfaction de les lever et de saisir cet aimable petit conin où tous les attraits de la jeunesse et de la fraîcheur sont répandus. Ses caresses t'embrasèrent du feu de la volupté ; il en était dévoré, il maudissait cette impitoyable grille qui nous séparait et s'opposait à sa jouissance. J'étais émue, hors de moi-même :

— Quoi ! dis-je à ton amant, vous avez en vous si peu de ressources ? Ah ! Valfray, quand on aime bien tout devient facile. J'aime donc ma chère Eugénie plus tendrement que vous ; je veux lui prouver que ce sentiment me rend tout possible, et que rien ne peut m'arrêter pour le satisfaire, en vous obligeant tous deux ; car si elle est abandonnée à elle-même vous êtes perdu.

Tu te rendis enfin. Je te fis monter sur l'appui de la grille, tes mains posées sur mes épaules ; je te soutenais. Valfay releva ces habits noirs qui faisaient briller l'éclat et la blancheur de tes fesses charmantes ; il les maniait, les baisait, leur rendait l'hommage qui leur était dû. Ton petit conin, encadré dans un des carreaux de la grille, était un tableau vivant qui l'enchantait. Il lui donna cent baisers. Mais, pressé de couronner son bonheur, il te le mit, tandis que, passant moi-même ma main entre tes cuisses, je te branlais. Le plaisir que nous appelions, que nous caressions, vint s'emparer de toi ; tu prenais mes tétons, tu me baisais, tu me mangeais, tu déchargeais. Valfay, prêt à en faire autant, eut la prudence de se retirer ; sa volupté vint expirer entre mes doigts et se répandre sur ma main comme la lave d'un volcan. Je vous abandonnai pour lors tous deux à vous-mêmes ; tu vis, tu pris en main, tu caressas ce bijou dont tant de fois je t'avais fait la peinture ; mais, manquant des facilités que je te procurais, tu ne pus recommencer d'en faire usage. Tu m'en fis, à ton retour, des plaintes amères ; tu n'osais me demander de servir encore ta maladresse ; j'apercevais à quel point tu le désirais, tu me pressais, tu me conjurais de ne plus te quitter. Tu voulus, cruelle amie, que je fusse témoin de tes plaisirs et de ta félicité pendant que la mienne était perdue pour toujours. Il fallut que ma complaisance et mon amitié pour toi me sollicitassent encore de t'offrir de nouveaux secours. Mes offres t'enchantèrent, tu m'accablas de caresses et de baisers ; je te fis penser, en cet instant, à te munir de l'éponge salutaire, et tu m'entraînas pour être présente à vos transports et au bonheur dont vous jouissiez. Toi-même me fis voir le dieu que portait Valfay, ce dieu que tu chérissais, avec lequel tu badinais et dont il m'avait, dès la première fois, fait sentir la présence. Tu ajoutais de jour en jour à tes folies, tu lui découvrais mes tétons et tout ce que j'avais de plus caché, je me prêtais à ton badinage, tu les lui faisais toucher. Dans quel état et dans quelle émotion me mettiez-vous tous les deux ! Je te le disais à l'oreille, et la pitié perfide te faisait révéler mon secret. Tu voulais me faire jouir de ton amant, tu lui souhaitais mes faveurs, tu me pressais de les lui accorder, tu voulais enfin me porter à la place que tu avais occupée. Ton aveu, tes empressements et ses désirs, dont tu mettais entre mes mains les témoignages sensibles, l'engageait à m'en solliciter. Je résistai toujours : tes prières, ses sollicitations, le feu même qui roulait dans mes veines, ne purent m'y déterminer. Non, ma chère Eugénie, non, en vain espères-tu de lui faire remporter la victoire, je n'y consentirai jamais. A tort me fais-tu des reproches, ce n'est ni par haine, ni même indifférence : Valfay détruit l'une et n'est point fait pour inspirer l'autre ; mais ton amitié seule me suffit. Après la perte que j'ai faite, je renonce pour toujours à toute liaison intime avec les hommes, et je serai ferme dans cette résolution. Tu dois en être persuadée puisque, malgré vos plaisirs, les caresses que vous vous faisiez, celles que j'ai reçues, la vue et le toucher de ce que vous avez de plus intéressant, et vos transports qui animaient mes sens et les mettaient en désordre, je ne me suis pas laissé vaincre. J'étais contente et satisfaite lorsque, la nuit, dans tes bras, tu apaisais les feux que tu avais allumés le jour.

Un destin, jaloux de la tranquillité que j'avais retrouvée, est venu l'interrompre : le mariage de ma cousine, la nécessité de mes affaires ont précipité mon départ et nous ont séparées pour quelque temps. Tu as exigé de mon amitié, tu lui as commandé que, pendant mon éloignement, je t'entretinsse encore et te fisse un détail exact de ce que je t'avais dit en plus grande partie et que tu écoutais avec tant de plaisir et d'avidité. J'ai rempli ma promesse : quel sacrifice je fais à la prudence ! Tu connais ton pouvoir sur moi, tu sais combien je te chéris ; tu réunis aujourd'hui tous les sentiments de mon cœur : partagés autrefois dans le monde et la société, tu les rassembles tous. Reçois-en pour assurance mille baisers que je t'envoie, ils te diront combien je soupire après le doux instant de te les donner moi-même enveloppée de tes bras et serrée dans les miens. Ah ! ma chère, pourquoi cet instant n'est-il pas encore arrivé ? Je me flatte au moins qu'il sera très prochain. Je t'apporterai ce bijou, semblable à celui de Valfay mais moins dangereux : s'il n'est pas aussi naturel, ses avantages n'en sont pas moins grands puisqu'il remplira, sans les risques des alentours, le vide qui se fait sentir dans nos plaisirs. Si tu te trouves bien de son usage, notre tendre amitié nous tiendra lieu de tout. Et puisque Valfay se trouve dans l'obligation de s'éloigner de toi pour un temps, crois-moi, chère amie, laissons affaiblir les liaisons étrangères qui pourraient, à la fin, devenir fatales, étant hors de nous. J'irai bientôt à mon tour essuyer tes pleurs. Oui, tendre amie, oublions l'univers pour ne nous en tenir qu'à nous-mêmes. Attends-moi donc au plus tôt.

FIN

EROTIKA BIBLION

« Chacun des deux est dans la mesure
« Il a fait éclore l'obscur »

ERROTIKA

BIBLION.

Εν Καιρῷ Εκατῆρον.

Abstrusum excudit.

A ROME,

DE L'IMPRIMERIE DU VATICAN.

MDCCLXXXIII.

AVERTISSEMENT

La présente édition a été établie d'après l'édition originale cotée Enfer 391 *ou plutôt d'après l'édition « A Rome, De l'Imprimerie du Vatican », l'un des tirages de la première édition de 1783. Nous avons reproduit le frontispice de l'édition cotée* Enfer 392 *pour des raisons de qualité de la gravure. Comme l'a souligné Apollinaire dans sa bibliographie des ouvrages de* l'Enfer de la Bibliothèque nationale, Errotika *était une faute d'impression qui persiste dans un certain nombre d'éditions de l'ouvrage.*

Un certain nombres de coquilles et d'incorrections ont été redressées dans les titres des chapitres dont les sous-titres sont de Charles Hirsch, ainsi que les notes numérotées (A), (B), etc. Les notes numérotées ((1), (2), etc., sont de Mirabeau. Quelques mots signalés par un astérisque ont fait l'objet de notes brèves en bas de page. Les citations latines et les mots grecs ont été traduits. Dans les notes (7) à (20) du chapitre XI, quelques notes en latin ont été supprimées, car les erreurs typographiques rendaient incompréhensible leur sens.

Erotika Biblion *fut achevé au Donjon de Vincennes en 1780. En octobre, Mirabeau écrivit à Sophie de Monnier : « Croirais-tu que l'on pourrait faire dans la Bible et l'antiquité des recherches sur l'onanisme, la tribaderie, etc., enfin sur les matières les plus scabreuses qu'aient traitées les casuistes, et rendre tout cela lisible même au collet le plus monté, et parsemé d'idées assez philosophiques ? »*

L'édition originale de 1783 a été condamnée à la destruction par la Cour royale de Paris le 16 septembre 1796, quatre ans après la mort de Mirabeau. Une autre édition de 1792 a également été condamnée à la destruction le 19 septembre 1826.

L'édition la plus rare, celle que ni Guillaume Apollinaire ni Pascal Pia n'ont pas eu la chance de rencontrer, a paru sous le titre Erotika Biblion, *par Mirabeau, en 1833 à Paris chez les frères Girodet. On pense que cette édition revue et corrigée sur un exemplaire de l'an IX a été détruite avant sa mise en vente, bien que*

Poulet-Malassis ait pu s'en procurer un exemplaire pour procéder à sa réimpression à Bruxelles en 1867. Cette dernière édition a été condamnée par le tribunal correctionnel de Lille le 6 mai 1868 : (Bibliothèque nationale, Réserve, p. R251). Il existe également une édition de 1881 à Bruxelles chez Gay et Doucé, imprimée à cinq cents exemplaires et comprenant en frontispice une eau-forte de Chauvet, un portrait de Mirabeau et un fac-similé de lettre autographe (Enfer 27).

Hébraïsant et Kabbaliste, auteur avec Raymond Abellio d'une Introduction à une théorie des nombres bibliques *(Gallimard, 1984), personne mieux que Charles Hirsch ne pouvait aussi bien commenter et éclairer les nombreuses obscurités de cet essai tout à la fois érotique et philosophique de Mirabeau.*

M. C.

PRÉFACE

LES APPRÉHENSIONS BIBLIQUES DE MIRABEAU

A première vue, ce livre au titre provocateur n'est qu'un plaidoyer en faveur des mœurs du temps : en regard de celles des Anciens, si exemplaires aux dires des censeurs, le plus hardi des libertins fait figure de prude. Et si les Grecs et les Romains y prennent une bonne part, le peuple hébreu, ce peuple élu du Dieu de l'Église, y occupe quant à lui une place de choix. Il importe de souligner, à cet égard, qu'en s'attaquant de cette sorte aux mœurs des juifs de l'Antiquité, Mirabeau ne cède nullement à quelque pente antisémite que pourraient suggérer certains passages particulièrement scabreux. Ce n'est là, en vérité, que prétexte à décrier un clergé si prompt à s'assurer la garantie du texte biblique pour asseoir un dogmatisme parfaitement abusif.

Par ailleurs, sous des dehors anticléricaux souvent sarcastiques et insolents, Mirabeau, à l'inverse d'un d'Holbach ou d'un La Mettrie, ne professe aucun athéisme; il croit au contraire en Dieu, en l'Être suprême, profondément mais d'une foi éclairée, *toute superstition bannie. Au reste, cette foi, loin des spéculations, renvoie au contraire, encore qu'implicitement parfois, à une interprétation correcte des Écritures, seule garante possible d'une réconciliation des fidèles et des philosophes. C'est donc, en particulier, au problème de la foi et de la raison que s'attaque ici Mirabeau, mais rapporté à la* nature *dont les sciences, en plein essor, vont à coup sûr rétablir dans sa dignité le vieux récit de la Genèse.*

Face aux détracteurs de la Bible, d'ailleurs, qui, au nom de la physique, en rejettent l'enseignement, Mirabeau use pertinemment de l'arme même de cette physique : « On ne pense point à l'état de cette science, écrit-il, dans les premiers âges pour lesquels enfin il fallait que ce livre fût intelligible. La physique était alors ce qu'elle serait encore si l'homme n'eût jamais étudié la nature. » Suit une remarquable interprétation de la création pour des yeux de ces premiers âges. Mais ce qui constitue, en l'occurrence, un trait de génie extraordinaire, c'est la remarque selon laquelle cette création s'opère à tout instant, *les merveilles en étant exposées aux yeux de l'homme* en tout temps et pour tous les temps. *Comment, dès lors, prétendre comprendre aujourd'hui la Bible dans la totalité de son contenu ? Comment, après quatre mille ans de plus, les hommes, dotés alors d'une physique pour nous inimaginable, admettront-ils une telle prétention ? Des connaissances inépuisables enfermées dans les Livres saints, il faut que chacun, à chaque époque, ait sa part, et de même que la nature ne nous livre que progressivement ses secrets, de même ce n'est que progressivement que nous avons accès à l'enseignement biblique. « Voilà ce que nos théologiens, ignorants et vains, devraient nous apprendre », conclut Mirabeau.*

Les Hébreux de la Bible, ces hommes des premiers âges, avaient en fin de compte tout à apprendre. Et si, comme le veut une morale éclairée, les mœurs doivent elles-mêmes progresser à mesure du progrès des sciences et de la raison, comment ce peuple eût-il pu se passer des lois draconiennes d'un Moïse ? C'est sans doute en ce sens d'une humanité encore dans l'enfance que Mirabeau entend le dérèglement de ses mœurs : l'homme enfant « faisait des bêtises », il lui fallait bien, pour le corriger, un père à la scrupuleuse rigueur. Mais s'avise-t-on généralement de donner les enfants pour modèles aux adultes ? Cela n'aurait aucun sens. C'est pourtant ce que font les clercs en nous rappelant aux mœurs des Hébreux. Ce n'est certainement pas explicitement que Mirabeau exprime ce sens d'un peuple enfant, mais son absence d'indignation, l'attendrissement amusé qu'il témoigne même parfois aux frasques antiques le suggère abondamment.

Son indignation, il la garde pour les « mangeurs d'images » qui profanent, prostituent même, le saint nom de Dieu, et non seulement pour ceux qui nous proposent les modèles hébreu, grec ou romain. Il fustige encore avec la dernière férocité les chicanes byzantines aux prétentions morales et même scientifiques où les jésuites, notamment, s'adonnent sans frein aux délices de la casuistique la plus aberrante. On n'oubliera pas de sitôt, à cet égard, comment les pères Cucuse et Tournemine envisageaient la fécondation anale des femmes privées de la vulve, ni comment les pères Conning et Coutu, soucieux de contrôler un texte des Maccabées où les hommes s'étaient fait des prépuces, se firent régulièrement circoncire puis, au moyen de poids, parvinrent à allonger leurs propres prépuces d'environ un centimètre en quarante-trois jours. Mirabeau tire aussi à boulets rouges sur les mœurs du clergé et tourne en dérision les arrangements avec le ciel que souvent ces mœurs supposent. Un morceau de choix est ici le passage où un jeune jésuite, surpris dans ses ébats avec un juif, s'en tire en toute simplicité dans les termes suivants : « Je le convertirai, ou il restera l'ennemi de Jésus-Christ. Dans l'une ou l'autre supposition, n'ai-je pas raison de le séduire, ou pour le sauver, ou pour le rendre plus coupable ? »

Mais, s'il se fonde sur la Bible, tant pour asseoir ses propres principes que pour décrier les clercs, de quel texte biblique Mirabeau dispose-t-il ? De toute évidence, comme en font foi ses citations, il s'appuie sur la Vulgate, cette traduction latine de saint Jérôme approuvée en 1546 par le Concile de Trente, dont toutes nos versions courantes sont d'ailleurs héritières. Or, nous le savons aujourd'hui, cette traduction est des plus discutables. Le sens premier du texte hébreu de l'Ancien Testament, et notamment du Pentateuque, les cinq premiers Livres attribués à Moïse, y est altéré de façon redoutable par les conséquences qui en résultent. Tout se passe alors comme si, à une quelconque époque, on avait délibérément voulu ravaler cet extraordinaire traité philosophique au rang d'un vulgaire code pénal assorti d'édifiantes histoires. Malheur à celui qui prend l'Écriture pour une histoire, *dit la Tradition juive. Mais la langue hébraïque, par son extrême subtilité, par la dialectique qui en anime le génie, se prête assurément à de telles altérations, au point qu'il suffit parfois d'un coup de pouce imperceptible pour muer en malédiction un pur aphorisme métaphysique. C'est là, on en conviendra, un trait particulièrement précieux pour quiconque ambitionne d'asseoir sur une base religieuse son propre pouvoir politique, et il n'est nullement exclu, ou en conviendra encore, que certains aient pu, l'occasion s'y prêtant, céder à la tentation si opportunément induite. On pense ici au monstrueux récit du père Ambroise de* Ma conversion. *Et par ailleurs, en ce domaine, il se trouve toujours de complaisants exégètes ou de naïfs docteurs pour certifier* ex cathedra *le bien-fondé du point de vue officiel.*

L'approche de Mirabeau est alors remarquable en ceci que, s'appuyant sur un texte altéré, il en pressent néanmoins le véritable sens. Non, encore une fois, qu'il soit explicite à ce sujet, mais certaines rencontres de ses conclusions avec l'authentique signification de la Bible le montrent à l'évidence. L'une de ces rencontres, et non des moindres, concerne la notion de péché que, manifestement, Mirabeau rejette. Le code moral qu'il prescrit se fonde en effet sur un principe unique : ne pas nuire, *qui implique aussitôt le respect d'autrui comme de soi et cerne les limites à l'intérieur desquelles une liberté totale est admise. Or, l'observance de ce principe et de ses corollaires suppose l'exercice strict de la raison éclairée sur une nature dont les « vœux » sont, par essence, conformes au bien, le mal venant toujours de l*irraison *qui est aussi méconnaissance de ces « vœux ». C'est pourquoi « la physique éclairée doit être le guide éternel de la morale ». La perfection morale répond donc à l'exactitude avec laquelle, en toute liberté, l'homme parvient à atteindre et à respecter la loi naturelle, la faute — le péché — se ramenant dès lors à une* erreur, *dans l'acception scientifique du terme, commise par ignorance, maladresse, ou de propos délibéré.*

Or, cette conception de la faute est en accord exact avec le sens premier du verbe hébreu hatta *communément rendu par* pécher. *Cette acception primordiale n'exprime en effet rien d'autre que l'action de « manquer la cible », par exemple au tir à l'arc, acception qui, par extension, a fourni la notion de faute morale telle qu'elle nous est parvenue. Mais atteindre la cible suppose l'observance de règles déterminées, l'obéissance à une* loi *du tir, dont la transgression produit l'erreur, la faute qui, en certaines circonstances, peut être évidemment fatale. Transposée au niveau moral, cette optique de la faute débouche sur les conséquences d'une inobservance de la Loi de Moïse, Loi qui ne* vise *qu'à permettre à l'homme l'accession à sa plénitude humaine hors de l'enfer de l'échec à répétition. Il est à noter que les rédacteurs du Nouveau Testament sont restés parfaitement fidèles à cette conception du « péché » lorsqu'ils ont traduit le verbe hébreu* hatta *par les verbes grecs équivalents,* parapiptô *ou* hamartanô, *qui signifient encore « tomber à côté » ou « manquer le but ».*

Qu'est-ce alors exactement que « manquer la cible »? C'est purement et simplement passer à côté du but recherché, visé, *le Décalogue prescrivant les limites à l'intérieur desquelles un tel but est conforme au bien individuel et général, et l'écart tenant, soit à la maladresse humaine, soit à la nature des choses : le tireur peut être malhabile, mais aussi l'arme défectueuse ou la cible imprécise. C'est d'ailleurs cette imprécision de la cible qui, en physique, entraîne systématiquement l'incertitude dans la mesure des grandeurs : toutes les mesures, sans exception, sont approximatives et, si minime soit-elle, l'erreur reste une erreur, on passe toujours « à côté de la cible ». On comprend alors le sens effectif de cette « soumission du monde au péché », dont parle la Bible, et dont on a fait le principe moral le plus stressant : ce monde physique, naturel, celui-là même que nous percevons et que nous mesurons n'est pas dépositaire de cet absolu que vise notre conscience, il y a et il y aura toujours un écart entre notre idéal et celui que nous pourrons y réaliser.*

En préconisant le respect des « vœux » de la nature par l'exercice de la raison, mais de cette nature idéale conçue par le Créateur, Mirabeau rejoint donc par instinct la démarche biblique. Loin d'être un frein à ma liberté, le respect de la loi en est la condition même. Ainsi, je puis ignorer ou mépriser la loi de la pesanteur et user de ma liberté pour sauter du haut d'une falaise, croyant voler comme un oiseau : je m'écraserai à terre, mort ou infirme pour le restant de mes jours. Mais je puis appliquer cette loi, lui obéir, en rechercher par l'étude les innombrables implications : je construirai un vaisseau pour m'en aller visiter, tel M. Shackerley, le monde des anneaux de Saturne. Mirabeau eût pu faire sien, nous le voyons dans cette transposition moderne de ses idées, l'aphorisme de la Kabbale selon lequel « c'est l'étude de la Loi qui soutient le monde ».

Quel est alors le sens du « péché » dans le domaine de la sexualité? Dieu, nous dit Mirabeau, a créé le monde, la nature, puis l'homme au terme des six « jours » qu'a duré cette création. Mais ce n'est qu'au septième jour qu'il a créé la femme. Il en résulte, et là nous rejoignons encore la tradition, que, jusqu'à cette apparition de la femme, l'homme était androgyne. C'est alors la sexualisation de l'espèce, cette séparation des deux principes jusqu'alors indissociablement unis, qui a provoqué l'attirance mutuelle irrépressible de l'homme et de la femme : « Il est arrivé de là, et rien n'est plus sim-

ple, que le sexe femelle, séparé du sexe mâle, a conservé un amour ardent pour les hommes et que le sexe mâle aspire sans cesse à retrouver sa tendre et belle moitié. » Cette attirance est donc à la fois conforme à la volonté de Dieu et aux « vœux » de la nature créée par lui, la « cible » ne peut être manquée que dans la rencontre d'une moitié qui n'est pas la bonne, et dès lors la quête éperdue de celle-ci peut passer pour un « repentir », une tentative permanente de corriger l'erreur, d'améliorer l'approximation. Mais l'homosexualité aussi est naturelle : « Mais il est des femmes qui aiment d'autres femmes? Rien de plus naturel encore : ce sont des moitiés de ces anciennes femelles qui étaient doubles. De même certains mâles, dédoublements d'autres mâles, ont conservé un goût exclusif pour leur sexe. » C'est que, raisonnablement, tous les « cas de figure » étaient possibles, donc réalisés, dans l'androgynat primitif. Ce qui, en revanche, est parfaitement immoral, c'est ce qui est contre-nature, *comme la bestialité, rigoureusement prohibée et sanctionnée par la Loi de Moïse telle qu'elle est exposée dans le Lévitique.*

C'est avec une ironie légère que Mirabeau fait reposer sa libéralité sur la base d'une théorie aussi singulière de l'androgynat. Il n'en reste pas moins, nous le savons aujourd'hui, que les sexes ne sont pas distincts de la façon absolue que l'on croyait autrefois, et que Mirabeau en a eu la prescience. Il nous faut cependant noter que, parfois, tant la prescience que l'esprit critique lui ont fait défaut en certaines occasions, et particulièrement lorsqu'il interprète la lettre de la Vulgate pour donner une image aussi éprouvante des mœurs des juifs de l'Antiquité. Nous voulons bien que son propos n'ait pas été d'ethnologie, mais il eût dû considérer que Moïse, dans ses prescriptions, avait envisagé tous les types possibles de « péchés », comme un médecin, disposant de sa science, décrit toutes les maladies possibles. *Ainsi, qu'il ait proscrit la bestialité par exemple, n'impliquait pas plus que les Hébreux s'y fussent systématiquement livrés, qu'un livre de médecine n'implique que tous les contemporains souffrent de toutes les maladies qui y sont décrites.*

*Cette réserve s'inscrit dans toutes celles que nous pourrions évidemment faire quant aux idées philosophiques de Mirabeau, qui furent celles de son temps, en France, et qui pèchent assurément par une méconnaissance du sens réel de la nature. Mais nous ne voulons retenir ici d'*Erotika Biblion *que la fraîcheur avec laquelle ont été* *passés en revue une multitude de problèmes avec lesquels nous sommes souvent encore loin d'en avoir fini. Et nous retiendrons essentiellement, racine de cette fraîcheur, l'absence de préjugés qui, à chaque « passage à côté de la cible », laisse ouverte la promesse d'un tir plus précis.*

Charles HIRSCH
Septembre 1984

AVIS DES ÉDITEURS DE 1783

Le titre de cet ouvrage ne sera pas intelligible à tous les lecteurs, et plusieurs ne lui trouveront aucun rapport avec le sujet. Néanmoins, un autre n'aurait pu lui convenir ; et, si nous l'avons laissé en grec, on en devinera aisément la raison.

Les recherches savantes et infiniment curieuses de l'auteur rendent cet ouvrage aussi érudit qu'agréable, et nous ne doutons pas de l'accueil favorable qu'il recevra du public.

Nous avons, du même auteur, deux autres manuscrits qui ont le même mérite et qui sont autant intéressants que celui-ci ; ils seront achevés d'imprimer sous deux mois. Nous annoncerons à nos correspondants le moment où ils devront sortir de presse. Nous mettrons dans l'exécution typographique autant de correction et de goût que dans ce volume. Nous ne pourrons en annoncer les titres que lorsqu'il seront prêts à paraître.

CHAPITRE PREMIER

ANAGOGIE *

ou

comment un certain Jérémie Shackerley rencontra dans les anneaux de Saturne le type même de la société idéale

* Ravissement de l'âme dans la contemplation des choses divines ou effort qu'elle fait pour découvrir le sens mystique de quelques passages de l'Écriture.

ANAGOGIE

On sait que, parmi les découvertes innombrables des antiquités d'Herculanum, les manuscrits ont épuisé la patience et la sagacité des artistes et des savants. La difficulté consiste à dérouler des volumes à demi consumés depuis deux mille ans par la lave du Vésuve. Tout tombe en poussière à mesure qu'on y touche.

Cependant, des minéralogistes hongrois, plus patients que les Italiens, plus exercés à tirer parti des productions qu'offrent les entrailles de la terre, se sont offerts à la reine de Naples. Cette princesse, amie de tous les arts et savante dans celui d'exciter l'émulation, a favorablement accueilli ces artistes : ils ont entrepris cet immense travail.

D'abord, ils collent une toile fine sur l'un des rouleaux; quand la toile est sèche, on la suspend, et l'on pose en même temps le rouleau, sur un châssis mobile, pour le faire descendre imperceptiblement à mesure que le développement s'opère. Pour le faciliter, on passe un filet d'eau gommée sur le volume avec la barbe d'une plume, et, petit à petit, les parties s'en détachent pour se coller immédiatement sur la toile tendue.

Ce travail pénible est si long que, dans l'espace d'une année, à peine peut-on dérouler quelques feuilles. Le désagrément de ne trouver le plus souvent que des manuscrits qui n'apprenaient rien allait faire renoncer à cette entreprise difficile et fastidieuse, lorsque, enfin, tant d'efforts ont été récompensés par la découverte d'un ouvrage qui a bientôt aiguisé le génie des cent cinquante académies de l'Italie ([1]).

C'est un manuscrit mozarabique composé dans ces temps perdus où Philippe fut enlevé à côté de l'eunuque de Candace ([2]) ; où Habacuc, transporté par les cheveux ([3]), portait à cinq cents lieues le dîner à Daniel sans qu'il se refroidît ; où les Philistins circoncis se faisaient des prépuces ([4]) ; où des anus d'or guérissaient les hémorroïdes ([5])... Un nommé Jérémie Shackerley, vrai croyant, dit le manuscrit, profita de l'occasion.

Il avait voyagé et, de père en fils, rien ne s'était perdu dans cette famille, l'une des plus anciennes du monde puisqu'elle conservait des traditions non équivoques de l'époque où les éléphants habitaient les parties les plus froides de la Russie ; où le Spitzberg produisait d'excellentes oranges ; où l'Angleterre n'était pas séparée de la France ; où l'Espagne tenait encore au continent du Canada par cette grande terre nommée Atlantide, dont on retrouve à peine le nom chez les anciens mais dont l'ingénieux M. Bailly fait si bien l'histoire.

Shackerley voulut être transporté dans une des planètes les plus éloignées qui forment notre système ([6]) ; mais on ne le déposa pas dans la planète même, on le plaça dans l'anneau de Saturne. Cet orbe immense n'était point encore tranquille. Dans les parties basses, des mares profondes et orageuses, des courants rapides, des tournoiements d'eau, des tremblements de terre presque continuels produits par l'affaissement des cavernes et par les fréquentes explosions des volcans ; des tourbillons de vapeurs et de fumées, des tempêtes sans cesse excitées par les secousses de la terre et ses chocs terribles contre les eaux de la mer ; des inondations, des débordements, des déluges ; des fleuves de lave, de bitume, de soufre, ravageant les montagnes et se précipitant dans les plaines où ils empoisonnaient les eaux ; la lumière offusquée par des nuages aqueux, par des masses de cendres, par des jets de pierres enflammées que poussaient les volcans... Telle était la situation de cette planète encore informe. L'anneau seul était habitable. Beaucoup plus mince et plus tôt attiédi, il jouissait déjà depuis longtemps des avantages de la nature perfectionnée, sensible, intelligente ; mais on y apercevait les terribles scènes dont Saturne était le théâtre.

La forme et la construction de cet anneau parurent si singuliers à Shackerley que rien dans l'univers ne lui avait semblé aussi étrange. D'abord notre soleil, qui est celui des habitants de ce pays, était pour eux à peine la trentième partie de ce qu'il nous paraît. Il formait à leurs yeux l'effet que produit sur la terre l'étoile du berger quand elle est dans son plein. Mercure, Vénus, la Terre et Mars n'y pouvaient point être discernés, on y doutait de leur existence. Jupiter seul s'y montrait, à peu de chose près comme nous le voyons, avec cette différence qu'il présentait des phases comme la lune nous en montre. Il en était de même de ses satellites. Et, de ce concours de variétés uniformes, il résultait des phénomènes curieux et utiles :

— *Curieux,* en ce que l'on voyait Jupiter en croissant, et ses quatre petites lunes tantôt en croissant, tantôt en décours ; ou les unes à droite et les autres se confondant avec la planète elle-même.

— *Utiles,* en ce que Jupiter passait quelquefois sur le soleil avec tout son cortège, ce qui produisait une multitude de points de contact, d'immersions et d'émersions successives qui ne laissaient rien à désirer pour la régularité des observations. Ainsi, la déduction des parallaxes était calculée rigoureusement, en sorte que, malgré l'éloignement de l'anneau — ou de Saturne — du soleil qui, selon le docte Jérémie Shackerley, n'est guère moins de trois cent treize millions de lieues, on avait fait plus de progrès en astronomie que sur la terre, depuis une infinité de siècles.

Le soleil était faible, mais le défaut de sa chaleur se compensait par celle du globe de Saturne qui n'était point attiédi. Cet anneau recevait de sa planète principale plus de lumière et de chaleur que nous n'en avons ici-bas ; car enfin cet anneau avait dans lui-même, dans son centre, ce globe de Saturne qui est neuf cents fois plus gros que la terre, et il en était éloigné de cinquante-cinq mille lieues, ce qui forme les trois quarts de la distance de la lune à la terre (A).

Autour de l'anneau et à de grandes distances, on voyait cinq lunes qui se levaient quelquefois toutes du même côté. Shackerley prétend qu'il est impossible de se former une idée assez magnifique de ce spectacle.

Cet anneau si bien situé formait comme un pont suspendu, un arc circulaire ; on voyageait dans tout son contour ; ainsi l'on faisait de loin le tour du globe de Saturne, mais de façon que le voyageur avait toujours ce globe du même côté (B).

La largeur de cet anneau n'est pas moindre que l'épaisseur de notre globe, mais en même temps il est assez mince pour que son épaisseur disparaisse quand il est vu de la terre. C'est ainsi que semble la lame d'un couteau quand on la fixe de loin par le plan du tranchant. Shackerley n'ignorait rien des phénomènes qu'on peut connaître ici-bas, mais il s'attendait à pouvoir se porter au moins à califourchon sur la tranche de cet anneau. Quelle fut sa surprise en voyant que cette épaisseur si mince, qui disparaissait à nos yeux, formait une distance aussi grande que celle de Paris à Strasbourg ; car cet exemple donnera plus vite et plus exactement l'idée de cette dimension que les mesures itinéraires employées par Shackerley, lesquelles ont besoin de quelques milliers de commentaires *in-folio* avant que d'être incontestablement évaluées.

Ainsi il pouvait y avoir de petits royaumes sur ce bord intérieur et concave, que les politiques de notre globe sauraient bien rendre un théâtre sanglant et mémorable d'innombrables glorieuses intrigues s'il était à leur disposition. Les habitants de cette partie, que l'on peut appeler les antipodes du dos extérieur de l'anneau, les habitants de l'intérieur, dis-je, avaient ce globe énorme de Saturne suspendu sur leurs têtes ; l'anneau repassait par-dessus le globe, et par-delà l'anneau gravitaient les cinq lunes.

Enfin, les habitants de l'intérieur voyaient leur droite et leur gauche comme nous voyons les nôtres sur la terre ; mais l'horizon de devant, ainsi que celui de derrière, étaient bien différents de ceux que nous apercevons ici-bas. A dix lieues, nous perdons un vaisseau de vue à cause de la courbure de notre globe ; dans l'anneau de Saturne, cette courbure est en sens contraire : elle s'élève au lieu de s'abaisser ; mais comme l'anneau entoure Saturne à la distance de cinquante-cinq mille lieues, il en résulte que cet anneau, en forme de bourrelet, a au moins cinq cent mille lieues de circonférence. Sa courbure s'élève donc imperceptiblement. L'horizon, qui s'abaisse sur notre terre, paraît *plan* à l'œil l'espace de quelques lieues, puis il s'élève un peu ; les objets diminuent ; distincts d'abord, ils finissent par se confondre : on n'aperçoit plus que des masses ; enfin, cette terre s'élève dans le lointain à des distances énormes, toujours en se *menuisant*; au point que cet anneau, par les illusions de l'optique, finit en l'air, devient à l'œil de la largeur de notre lune, et s'aperçoit à peine dans la partie qui se trouve sur la tête de l'observateur car elle est pour lui à plus du double de la distance de la lune à la terre, c'est-à-dire à deux cent mille lieues à peu près.

J'omets les phénomènes multipliés que produisent tous ces corps suspendus par leurs éclipses respectives ; Shackerley les connaissait sur la terre et les avait bien jugés.

Leur ciel était comme le nôtre, nulle différence pour toutes les constellations ; mais un nombre infini de comètes remplissaient l'espace immense et incalculable qui se trouvait entre Saturne et les étoiles qu'on soupçonnait les plus voisines.

Comme l'attraction du globe de Saturne balançait en partie celle de l'anneau, la pesanteur y était très diminuée ; on y marchait sans effort, et le moindre mouvement transportait la masse, comme une personne qui se baigne, et ne peut déplacer que le pareil volume d'eau qu'elle occupe, s'y meut par des impulsions insensibles.

Ainsi les corps, pour se joindre, ne faisaient que s'effleurer ; ils s'approchaient sans pression, tout y était presque aérien ; les sensations les plus délicates se perpétuaient sans émousser les organes.

On conçoit que cette manière d'être influait beaucoup sur le moral des habitants de l'arc planétaire. Aussi l'une des merveilles qui surprit le plus Shackerley, ce fut la perfectibilité des êtres qui meublaient cet étrange anneau ; ils jouissaient de beaucoup de sens qui nous sont inconnus ; la nature avait fait de trop grandes avances dans l'appareil de tous ces grands corps pour s'arrêter à cinq sens dans la composition de ceux qu'elle avait destinés à jouir de tous ces spectacles.

Ici, l'embarras de Shackerley devint énorme. Il avait assez de connaissances pour saisir et tracer les grands effets de ces corps variés et suspendus ; il échoua quand il voulut peindre des êtres animés. Aussi ne trouve-t-on point dans le manuscrit mozarabique toute la clarté, tous les détails que l'on désirerait à cet égard. Au moins les *Abbandonati* de Bologne, les *Resvegliati* de Gênes, les *Addormentati* de Gubio, les *Disurgannati* de Venise, les *Adagiati* de Rimini, les *Furfurati* de Florence, les *Lunatici* de Naples, les *Caliginosi* d'Ancône, les *Insipidi* de Pérouse, les *Melancholici* de Rome, les *Extravaganti* de Candie, les *Ebrii* de Syracuse, etc., qui tous ont été consultés, ont renoncé à rendre la traduction plus claire. Il est vrai que l'inquisition civile et religieuse entre peut-être pour quelque chose dans leur embarras.

Cependant, il faut être juste : rien n'est plus difficile à

donner que l'explication d'un sens qui nous est étranger. On a des exemples d'aveugles-nés qui, par le secours des sens qui leur restaient, ont fait des miracles de cécité. Eh bien ! l'un d'entre eux, chimiste, musicien, apprenant à lire à son fils ne peut pas trouver une autre définition du miroir que celle-ci : *« C'est une machine par laquelle les choses sont mises en relief hors d'elles-mêmes. »* Voyez combien cette définition, que les philosophes qui l'ont approfondie trouvent très subtile et même surprenante (7), est cependant absurde. Je ne connais point d'exemple plus propre à montrer l'impossibilité d'expliquer des sens dont on est dépourvu ; et cependant toutes les affections et les qualités morales dérivent des sens ; c'est par conséquent sur les observations qui leur sont relatives que l'on pourrait uniquement fonder ce qu'il y aurait à dire sur le moral de ces êtres d'une espèce si différente de la nôtre.

Au reste, il faut espérer que l'habitude où nos voyageurs et nos historiens nous ont mis de leur voir négliger, ou même omettre, ce qui n'a trait qu'aux mœurs, aux lois, aux coutumes, rendra nos lecteurs indulgents pour Shackerley qui, du moins, a le passeport d'une haute antiquité, sans lequel on ne voudrait peut-être pas croire un mot de ce qu'il a dit. Car il était pour ses contemporains — et à bien des égards il est encore pour nous — à peu près dans le cas d'un homme qui n'aurait vu qu'un jour ou deux et qui se trouverait confondu chez un peuple d'aveugles ; il faudrait certainement qu'il se tût, ou on le prendrait pour un fol puisqu'il annoncerait une foule de mystères qui n'en seraient à la vérité que pour le peuple. Mais tant d'hommes sont *peuple,* et si peu sont philosophes, qu'il n'y a pas de sûreté à n'agir, à ne penser, à n'écrire que pour ceux-ci.

Shackerley a fait cependant quelques observations dont voici les plus singulières :

Il s'aperçut que la mémoire, dans les êtres de Saturne, ne s'effaçait point. Les pensées se communiquaient parmi eux sans paroles et sans signes. Point d'idiome ; par conséquent rien d'écrit, rien de déposé ; et combien de portes fermées aux mensonges, aux erreurs ! Ces détails prodigieux, innombrables, qui nous énervent, leur étaient inconnus. Ils avaient toutes les facilités possibles pour transmettre leurs idées, pour donner une rapidité inconcevable à leur exécution, pour hâter tous les progrès de leurs connaissances. Il semblait que dans cette espèce privilégiée tout s'exécutât par instinct et avec la célérité de l'éclair.

La mémoire retenant tout, la tradition se perpétuait avec infiniment plus de fidélité, d'exactitude et de précision que par les moyens compliqués et infinis que nous accumulons sans pouvoir atteindre à aucun genre de certitude.

Chaque corps a ses émanations. Elles sont en pure perte sur la terre : dans l'anneau, elles formaient une atmosphère toujours agissante à des distances considérables. Et ces émanations, dont Shackerley n'a pu donner une idée qu'en les comparant à ces atomes qu'on distingue à l'aide du rayon solaire introduit dans la chambre obscure, ces émanations, dis-je, répondaient à toutes les houppes nerveuses du sentiment de l'individu. Semblables aux étamines des plantes, aux affinités chimiques, elles *s'enlaçaient* dans les émanations d'un autre individu lorsque la sympathie s'y rencontrait ; ce qui, comme on peut aisément le concevoir, multipliait à l'infini des sensations dont nous ne pouvons nous former qu'une image très infidèle.

Elles rendaient, par exemple, les jouissances de deux amants semblables à celles d'Alphée qui, pour jouir d'Aréthuse que Diane venait de changer en fontaine, se métamorphosa en fleuve afin de s'unir plus intimement à son amante en mêlant ses ondes avec les siennes.

Cette cohésion vive et presque infinie de tant de molécules sensibles produisait nécessairement dans ces êtres un esprit de vie que Shackerley exprime par un mot mozarabe, que l'académie des *Innamorati* a traduit par le mot *électri-*

que quoique les phénomènes de l'électricité ne fussent point connus dans ces temps reculés.

Tout, dans ces contrées, abondait sans culture, et tellement que les propriétés y seraient devenues à charge autant qu'inutiles. On sent qu'où il n'y a point de propriété il y a bien peu d'occasions de disputes, d'inimitiés, et que la plus parfaite égalité politique règne, à supposer même qu'il faille à de tels êtres un système politique. Je ne conçois pas ce qui pourrait les troubler puisque leurs besoins sont plutôt prévenus que satisfaits, si la saveur du désir ne leur manque point et qu'ils n'aient rien à craindre du poison de la satiété.

Dans l'anneau de Saturne, les connaissances se transmettaient par l'air à des distances très considérables par la même voie que se transmet la lumière du soleil, laquelle nous vient, comme on sait, en sept minutes. Une inspiration ou un souffle différemment modifié suffisait pour communiquer une pensée. De là résultait un concours admirable dans les populations infinies qui, par cette intelligence, cette harmonie universellement répandue dans tout l'anneau, ne s'occupaient que de leur bonheur commun, lequel n'était jamais en contradiction avec celui d'aucun individu.

Ces êtres si surprenants, surtout pour les hommes, jouissaient ainsi d'une paix éternelle et d'un bien-être inaltérable. Les arts, qui tendent au bonheur et à la conservation de l'espèce, étaient aussi perfectionnés qu'il soit possible de l'imaginer et même de le désirer ; et l'on n'y avait pas la moindre idée de ces arts destructeurs enfantés par la guerre. Ainsi, les habitants de l'anneau n'avaient point passé par ces alternatives de raison et de démence qui ont si prodigieusement mêlé nos sociétés de bien et de mal. Les grands talents dans la science funeste de faire celui-ci, loin d'être admirés chez eux, n'y étaient pas même connus. Les plaisirs stériles ou factices n'y régnaient pas plus que le faux honneur ; et l'instinct de ces êtres fortunés leur avait appris sans effort ce que la triste expérience de tant de siècles nous enseigne encore vainement, je veux dire que la véritable gloire d'un être intelligent est la science, et la paix son vrai bonheur.

Voilà ce qu'une lecture rapide m'a permis de retenir du voyage de Shackerley, qu'Habacuc, à la fin de son voyage, reprit par les cheveux et déposa en Arabie d'où il l'avait enlevé. Quand le développement et la traduction de ce précieux manuscrit seront achevés, je me propose d'en donner à l'Europe savante une édition non moins authentique que celle des livres sacrés des Brahmes, que M. Anguetil a incontestablement rapportés des bords du Gange ; car j'ose me flatter de savoir presque aussi bien le mozarabique qu'il sait le zend ou le pehlvi.

NOTES DU CHAPITRE PREMIER

(1) La nomenclature en est tout au moins curieuse (*Note de l'éditeur :* suit la nomenclature fantaisiste et sarcastique d'une centaine d'académiciens italiens du cru de Mirabeau, répartis entre quarante villes de la péninsule). Si quelque lecteur est curieux d'augmenter cette nomenclature, il n'a qu'à lire un ouvrage de Jarckius, imprimé à Leipzig en 1725. Cet auteur n'a écrit l'histoire que des académies de Piémont, Ferrare et Milan. Il en compte vingt-cinq dans cette dernière ville seulement. La liste des autres est sans fin, et leurs noms tous plus bizarres les uns que les autres.

(2) *Actes des apôtres :* VIII, 39.

(3) *Daniel :* XIV, 32 à 35.

Isaac le Maître, de Sacy, a (dans le verset 35 : *Et il le transporta par la chevelure de sa tête)* traduit *capillo* par *les cheveux.* Luther met *oben beym schopff,* ce qui est la même faute. Car le miracle est plus grand d'avoir transporté Habacuc par *un cheveu* que par *les cheveux.* Mais dans tous les cas le voyage est leste.

(4) *I Maccabées :* I, 16.

Et fecerunt sibi proeputiae. — Ce qu'Isaac le Maître, de Sacy, traduit : *ils ôtèrent de dessus eux les marques de la circoncision.* Les Septante disent tout simplement : *ils se sont fait des prépuces.* Les pères ont ainsi traduit. Mais, depuis que les jansénistes ont paru, ils ont prétendu qu'on ne pouvait pas mettre les prépuces dans la bouche de jeunes filles lorsqu'on leur faisait réciter la Bible. Les jésuites ont soutenu au contraire que c'était un crime que d'en altérer un seul mot.

Le maître de Sacy a donc périphrasé, et le père Berrhuyer a accusé Sacy d'hérésie et prétendu qu'il avait suivi la Bible de Luther. En effet, Luther, dans sa bible, se sert du mot *Beschneidung* :

Und	*hielten*	*die*	*Beschneidung*	*nicht*	*mehr*
1	2	3	4	5	6
Et	ont gardé	la	coupure	point	davantage

Luther, en effet, a mal interprété. Le miracle, de quelque manière qu'on le traduise, était de faire un prépuce. Or, la chose est en vérité miraculeuse dans le texte des Septante, et ne l'est pas autant dans la version des jansénistes.

(5) *I Samuel :* VI, 17. *Et voici les anneaux (ou anus) d'or qu'ils offrirent au Seigneur pour prix de la faute.* N. B. Le mot hébreu rendu par anus (ou anneau) signifie en réalité « hémorroïdes ».

(6) Je ne doute pas que quelque demi-savant, ou quelque critique obstiné, ne trouve, dans la suite de cette notice, Shackerley beaucoup plus savant en astronomie que ne le comporte le costume d'un ouvrage contemporain d'Herculanum. Mais je le prie d'observer :

1° Que l'Anagogie est une révélation faite par Jérémie Shackerley tout comme... Ah ! oui : tout comme saint Jean a écrit l'Apocalypse dans l'île de Pathmos.

2° Que personne, dans Herculanum, n'a pu rien comprendre à ce manuscrit, écrit bien avant la venue de Jésus-Christ, comme nous n'entendons rien à la bête de l'Apocalypse qui a 666... sur le front, ornement qui serait singulier même pour un mari français, ce qui ne détruit point du tout l'authenticité de notre docte manuscrit.

3° Qu'on n'a qu'à lire l'histoire incontestable de l'astronomie antédiluvienne, par M. Bailly, pour se convaincre que Shackerley pouvait savoir tout ce qu'il paraît avoir su.

Enfin, je déclare que pour trente-six mille raisons, un peu trop longues à déduire, douter de Jérémie Shackerley c'est mériter un autodafé.

(7) En effet, comme le remarque l'illustre M. d'Alembert d'après l'ingénieux et quelquefois sublime Diderot, quelle finesse d'idées n'a-t-il pas fallu pour y parvenir. L'aveugle n'a de connaissance que par le tact ; il sait qu'on ne peut voir son visage quoiqu'on puisse le toucher. « La vue, conclut-il, est donc une espèce de tact qui ne s'étend que sur les objets différents du visage et éloignés de nous. » Le tact ne lui donne en outre que l'idée du relief. Donc un miroir est *une machine qui nous met en relief hors de nous-mêmes.* Ces mots *en relief* ne sont pas de trop. Si l'aveugle disait : *nous met hors de nous-mêmes,* il dirait une absurdité de plus, car comment concevoir une machine qui puisse doubler un objet ? Le mot *relief* ne s'applique qu'à la surface. Ainsi, nous mettre en relief hors de nous-mêmes, c'est mettre la représentation de la surface de notre corps hors de nous. Cette désignation est toujours une énigme pour l'aveugle, mais on voit qu'il a cherché à diminuer l'énigme le plus qu'il était possible.

(A) Pour des lieues de 4 km, cette évaluation fournit la distance de 293 000 km environ, soit plus de 100 000 km en excès sur la distance réelle de la lune à la terre, qui est de 180 000 km environ. Plus loin, Mirabeau estime à 7 mn le temps mis par la lumière pour nous venir du soleil, ce temps étant en fait de 8 mn et l'erreur (ici par défaut) correspondant donc à une distance de une minute de lumière, soit 18 millions de km sur la distance du soleil à la terre.

(B) Toute la description, par Mirabeau, de l'anneau de Saturne suppose celui-ci d'un seul tenant. Or, comme l'avait prévu la théorie et comme l'ont confirmé les observations au moyen des sondes spatiales, cet anneau est en fait formé d'un nombre énorme de blocs séparés les uns des autres, et, pour la plupart, formés de glace. Il est à noter, abstraction faite du dessein allégorique de l'auteur, que la croyance à l'habitabilité des autres planètes du système solaire a duré jusqu'à une date assez récente puisque, notamment, Camille Flammarion, dans son *Astronomie populaire,* y souscrit manifestement.

CHAPITRE II

L'ANÉLYTROÏDE *

(De l'interprétation correcte de la création du monde et des singulières réflexions suscitées chez les exégètes par la sexualisation de l'homme)

* Du grec *elutrom :* étui, fourreau et, ici, par extension : vulve. D'où, avec le a privatif, anelytroïde : privé de vulve.

L'ANÉLYTROÏDE

La Bible est sans contredit l'un des livres les plus anciens et les plus curieux qui existent sur la terre.

La plupart des objections sur lesquelles se fondent les personnes qui ne peuvent croire que Moïse ait été un interprète divin me paraissent très insuffisantes. Rien n'a été, par exemple, plus tourné en ridicule que la physique des livres saints, laquelle en effet paraît très défectueuse. Mais on ne pense point à l'état de cette science dans les premiers âges pour lesquels enfin il fallait que ce livre fût intelligible. La physique était alors ce qu'elle serait encore si l'homme n'eût jamais étudié la nature.

Il voit le ciel comme une voûte d'azur dans laquelle le soleil et la lune semblent être les astres les plus considérables ; le premier produit toujours la lumière du jour et le second celle de la nuit. Il les voit paraître ou se lever d'un côté, et disparaître ou se coucher de l'autre après avoir fourni leur course et donné leur lumière pendant un certain espace de temps. La mer semble de même couleur que la voûte azurée et l'on croit qu'elle touche au ciel lorsqu'on la regarde de loin. Toutes les idées du peuple ne portent et ne peuvent porter que sur ces trois ou quatre notions, et quelque fausses qu'elles soient il fallait s'y conformer pour se mettre à sa portée.

Puisque la mer paraît dans le lointain se réunir au ciel, il était naturel d'imaginer qu'il existait des eaux supérieures et des eaux inférieures, dont les unes remplissaient le ciel et les autres la mer, et que, pour soutenir les eaux supérieures, il existait un firmament, c'est-à-dire un appui, une voûte solide et transparente au travers de laquelle on apercevait l'azur des eaux supérieures.

Voici maintenant ce que dit le texte de la Genèse :

« Que le firmament soit fait au milieu des eaux et qu'il sépare les eaux d'avec les eaux. Et Dieu fit le firmament et sépara les eaux qui étaient sous le firmament de celles qui étaient au-dessus du firmament, et Dieu donna au firmament le nom de ciel (...) Et à toutes les eaux rassemblées sous le firmament le nom de mer » (*Genèse* I, 6 à 10).

Il est évident que c'est à ces idées qu'il faut rapporter :

1° Les cataractes du ciel, les portes, les fenêtres du firmament solide, qui s'ouvrirent lorsqu'il fallut laisser tomber les eaux supérieures pour noyer la terre.

2° L'origine commune des poissons et des oiseaux, les premiers produits par les eaux inférieures, les oiseaux par les eaux supérieures parce qu'ils s'approchent dans leur vol de la voûte azurée, que le peuple n'imagine pas être élevée beaucoup plus que les nuages.

De même, ce peuple croit que les étoiles sont attachées à la voûte céleste comme des clous : plus petites que la lune, infiniment plus petites que le soleil. Il ne distingue les planètes des étoiles fixes que par le nom d'*errantes*. C'est sans doute par cette raison qu'il n'est fait aucune mention des planètes dans tout le récit de la création. Tout y est représenté relativement à l'*homme vulgaire* auquel il ne s'agissait pas de démontrer le vrai système de la nature, et qu'il suffisait d'instruire de ce qu'il devait à l'Être suprême en lui montrant ses productions comme bienfaits.

Toutes les vérités sublimes de l'organisation du monde, si l'on peut parler ainsi, ne devaient paraître qu'avec le temps, et l'Être souverain se les réservait peut-être comme le plus sûr moyen de rappeler l'homme à lui lorsque la foi, déclinant de siècle en siècle, serait timide, chancelante et presque nulle ; lorsque, éloigné de son origine, il finirait par l'oublier ; lorsque, accoutumé au grand spectacle de l'univers, il cesserait d'en être touché et oserait en méconnaître l'Auteur.

Les grandes découvertes successives raffermissent, agrandissent l'idée de cet Être infini dans l'esprit de l'homme. Chaque pas qu'on fait dans la nature produit cet effet en rapprochant du Créateur. Une vérité nouvelle devient un grand miracle, plus miracle, plus à la gloire du grand Être que ceux qu'on nous cite, parce que ceux-ci, lors même qu'on les admet, ne sont que des coups d'éclat que Dieu frappe immédiatement et rarement ; au lieu que dans les autres il se sert de l'homme même pour découvrir et manifester ces merveilles incompréhensibles de la nature qui, opérées *à tout instant,* exposées *en tout temps et pour tous les temps* à sa contemplation, doivent rappeler incessamment l'homme à son Créateur, non seulement par le spectacle actuel mais encore par ce développement successif.

Voilà ce que nos théologiens, ignorants et vains, devraient nous apprendre. Le grand art est de lier toujours la science de la nature avec celle de la théologie, et non de faire heurter sans cesse des choses saintes et la raison, les croyants fidèles et les philosophes.

Une des sources du discrédit où les livres saints sont tombés, ce sont les interprétations forcées que notre amour-propre, si orgueilleux, si absurde, si rapproché de notre misère a voulu donner à tous les passages que nous ne pouvons expliquer. De là sont nés les sens figurés, les idées singulières et indécentes, les pratiques superstitieuses, les coutumes bizarres, les décisions ridicules ou extravagantes dont nous sommes inondés. Toutes les folies humaines se sont étayées tour à tour des passages rebelles aux interprètes, qui s'évertuent, s'obstinent et ne doutent de rien, comme si l'Être suprême n'avait pas pu donner à l'homme des vérités qu'il ne devait connaître, savoir, approfondir que dans les *siècles à venir*.

Du moment où vous admettez que la Bible est faite pour l'univers, songez que l'on sait aujourd'hui bien des choses que l'on ignorait il y a quarante siècles, et que dans quatre mille autres années on saura des faits que nous ignorons. Pourquoi donc vouloir juger par anticipation ? Les connaissances sont graduelles et ne se développent que par une marche insensible, que les révolutions des empires et de la nature retardent ou ralentissent. Or, l'intelligence de la Bible, qui existe depuis un si grand nombre de siècles qu'il y a bien peu de choses à citer d'une aussi haute antiquité, demande peut-être encore une longue période d'efforts et de recherches.

L'un des articles de la Genèse qui a singulièrement aiguisé l'esprit humain, c'est le verset 27 du chapitre I :

« Dieu créa *l'homme* à son image, il *les* créa mâle et femelle (A). »

Il est bien clair, il est bien évident que Dieu a créé Adam androgyne ; car au verset suivant (verset 28), il dit à Adam : « Croissez et multipliez-vous ; remplissez la terre (B). »

Ceci fut opéré le sixième jour ; ce n'est que le septième que Dieu créa la femme. Ce que Dieu fit entre la création de l'homme et celle de la femme est immense. Il fit connaître à Adam tout ce qu'il avait créé, animaux, plantes, etc. Tous les animaux comparurent devant Adam :

« Adam les nomma tous ; et le nom qu'Adam donna à chacun des animaux fut son nom véritable » (*Genèse :* II, 19) (C).

« Adam appela donc tous les animaux d'un nom qui leur était propre, tant les oiseaux que les bêtes, etc. » (*Genèse :* II, 20) (D).

Jusqu'ici la femme n'a point paru ; elle est incréée ; Adam

est toujours hermaphrodite. Il a pu croître seul et se multiplier.

Et, pour concevoir le temps pendant lequel Adam a pu réunir en lui les deux sexes, il suffit de réfléchir sur ce que peuvent être ces jours dont l'écriture parle : ces *six jours* de la création, ce *septième jour* du repos, etc.

On ne peut être que véritablement affligé que presque tous nos théologiens, tous nos mangeurs d'images, abusent de ce grand, de ce saint nom de Dieu ; on est blessé toutes les fois que l'homme le profane et qu'il prostitue l'idée du premier Être en lui substituant celle du fantôme de ses opinions. Plus on pénètre dans le sein de la nature, et plus on respecte profondément son Auteur ; mais un respect aveugle est superstition ; un respect éclairé est le seul qui convienne à la vraie religion. Et pour entendre sainement les premiers faits que l'interprète divin nous a transmis, il faut, ainsi que l'observe l'éloquent Buffon, recueillir avec soin ces rayons échappés de la lumière céleste. Loin d'offusquer la vérité, ils ne peuvent qu'y ajouter un nouveau degré de splendeur.

Cela posé, que peut-on entendre par les six jours que Moïse désigne si précisément, en les comptant les uns après les autres, sinon *six espaces de temps,* six *intervalles* de durée ? Ces espaces de temps, indiqués par le nom de *jours* faute d'autres expressions, ne peuvent avoir aucun rapport avec nos jours actuels puisqu'il s'est passé successivement *trois de ces jours* avant que le soleil ait été créé. Ces jours n'étaient donc pas semblables aux nôtres, et Moïse l'indique clairement en les comptant *du soir au matin,* au lieu que les jours solaires se comptent et doivent se compter *du matin au soir.* Ces six jours n'étaient donc ni semblables aux nôtres, ni égaux entre eux ; ils étaient proportionnés à l'ouvrage. Ce ne sont donc que *six espaces de temps* (E). Donc, Adam ayant été créé hermaphrodite *le sixième jour* et la femme n'ayant été reproduite qu'*à la fin du septième,*

Adam a pu procréer en lui-même et par lui-même tout le temps qu'il a plu à Dieu de placer entre ces deux époques.

Cet état d'androgynat n'a pas été inconnu aux philosophes du paganisme, à ses mythologues, ni aux rabbins. Ceux-ci ont prétendu qu'Adam fut créé homme d'un côté, femme de l'autre, composé de deux corps que Dieu ne fit que séparer. Ceux-là, comme Platon, l'ont fait de figure ronde, d'une force extraordinaire. Aussi la race qui en provint voulut-elle déclarer la guerre aux dieux. Jupiter, irrité, les voulut détruire, mais il se contenta d'affaiblir l'homme en le dédoublant, et Apollon étendit la peau qu'il noua au nombril... De là, le penchant qui entraîne un sexe vers l'autre par l'ardeur qu'ont les deux moitiés pour se rejoindre, et l'inconstance humaine par la difficulté qu'a chaque moitié de rencontrer sa correspondante. Une femme nous paraît-elle aimable ? Nous la prenons pour cette moitié avec laquelle nous n'eussions fait qu'un tout. Le cœur nous dit : la voilà, c'est elle ; mais à l'épreuve, hélas ! trop souvent ce ne l'est point.

C'est sans doute d'après quelques-unes de ces idées que les basiliciens et les carpocratiens prétendirent que nous naissons dans l'état de nature innocente, tels qu'Adam au moment de la création, et par conséquent devant imiter sa nudité. Ils détestaient le mariage, soutenaient que l'union conjugale n'aurait jamais eu lieu sur la terre sans le péché ; regardaient la jouissance des femmes en commun comme un privilège de leur rétablissement dans la justice originelle, et pratiquaient leurs dogmes dans un superbe temple souterrain, échauffé par des poêles, dans lequel ils entraient tout nus, hommes et femmes ; là, tout leur était permis, jusqu'aux unions que nous nommons adultère et inceste, dès que l'ancien ou le chef de leur société avait prononcé ces paroles de la Genèse : *croissez et multipliez.*

Tauchelin renouvela cette secte dans le XIIe siècle ; il prêchait ouvertement que la fornication et l'adultère étaient des actions méritoires; et les plus fameux d'entre ces sectaires furent appelés les *turlupins* en Savoie. Plusieurs savants font remonter l'origine de ces sectes à Muacha, mère d'Asa, roi de Juda, grande prêtresse de Priape : c'est dater de loin, comme on voit.

Cette double vertu d'Adam paraît avoir encore été indiquée dans la fable de Narcisse qui, épris de l'amour lui-même, veut jouir de son image et finit par s'assoupir en échouant à l'ouvrage ([1]).

Tous ces doutes, toutes ces recherches sur les jouissances contre notre nature actuelle, ont donné lieu à une grande question, à savoir : *an imperforata mulier possit concipere?* « Si une fille imperforée peut se marier? »

On conçoit que les Pères Cucuse et Tournemine, savants jésuites, ont approfondi cette question et qu'ils ont été pour l'affirmative. L'œuvre de Dieu, disent-ils, ne peut en aucun cas exister d'une manière contraire aux fins de la nature; une fille privée de la vulve en apparence doit donc trouver dans l'anus des ressources pour remplir le vœu de la reproduction, la première et la plus inséparable des fonctions de notre existence.

Cucuse et Tournemine ont été attaqués, cela devait être. Mais le savant Sanchez, Espagnol qui a étudié trente ans de sa vie ces questions *assis sur un siège de marbre,* qui ne mangeait jamais ni poivre, ni sel, ni vinaigre et qui, quand il était à table pour dîner, tenait toujours ses pieds en l'air ([2]), Sanchez (F) a défendu ses confrères avec une éloquence dont on ne croirait pas une pareille matière susceptible. Néanmoins, la jalousie contre les jésuites a été si puissante que les papes ont fait un cas réservé aux jeunes filles qui tenteraient cette voie faute d'autres; jusqu'à ce que Benoît XIV, éclairé par les découvertes de la faculté de chirurgie de Paris, ait levé le cas réservé et permis l'usage de la *parte post* dans le sens des Pères Cucuse et Tournemine.

En effet, M. Louis, secrétaire perpétuel de l'académie de

chirurgie, a soutenu en 1755 la question sur les bancs. Il a prouvé que les anélytroïdes pouvaient concevoir, et des faits consignés dans sa thèse, imprimée avec privilège, le démontrent. Malgré cette authenticité, le parlement ne manqua pas de dénoncer la thèse de M. Louis comme contraire aux bonnes mœurs. Il fallut que ce grand, et non moins ingénieux et malin chirurgien recourût aux casuistes à la Sorbonne. Alors il montra facilement que le parlement prononçait sur une question qui n'est pas plus de sa compétence que l'émétique. Et le parlement ne donna aucune suite à la dénonciation.

Il est résulté de tout cela une vérité très importante pour la propagation de l'espèce humaine, et non moins singulière pour le commun des lecteurs : c'est que beaucoup de jeunes femmes stériles sont autorisées, et doivent même en conscience tenter les deux voies, jusqu'à ce qu'elles se soient assurées de la véritable route que le Créateur a mise en elles.

NOTES DU CHAPITRE II

(1) Telle est l'origine même du mot de *narcisse,* lequel vient du grec *narkè : assoupissement.* De là, le narcisse fut la fleur chérie des divinités infernales. De là vient aussi que l'on offrait anciennement les guirlandes de narcisses aux furies parce qu'elles engourdissaient, *assoupissaient* les scélérats.

(2) *Il repoussait le sel, le poivre, le vinaigre. Il se mettait toujours à table les pieds alternativement en l'air.* Voyez : *Elogium Thom. Sanchez,* imprimé à la tête de l'ouvrage : *De matrimonio,* à Anvers, chez Murss, 1652, *in-folio.* Et si vous voulez avoir une idée des édifiantes questions qu'a agitées ce théologien et bien d'autres, cherchez la vingt-et-unième dispute de son second livre.

(A) Texte littéral, traduit de l'hébreu : « Et Elohim (Dieu) créa l'Adam (l'homme) à son image, à l'image d'Elohim il *le* créa, mâle et femelle il *les* créa. »

Cet androgynat de l'Adam primordial est confirmé plus loin, au chapitre V de la Genèse, verset 2, où l'on peut lire en effet : « Mâle et femelle il *les* créa, et il *les* bénit, et il appela *leur nom Adam* au jour où il *les* créa. »

Il ne faut cependant pas perdre de vue que l'Adam *formé* par *Yahveh-Elohim* (l'Éternel-Dieu) au chapitre II de la Genèse, dont procède la femme, doit être distingué de l'Adam *créé* par *Elohim* seul au chapitre premier. Loin des considérations brumeuses sur le concept de création et des absurdes querelles au sujet de textes soi-disant « élohistes » et « yahvistes », les deux verbes hébreux *bara* (créer) et *yatzar* (former), souvent inconsidérément confondus, renvoient en effet respectivement à deux types d'opérations déterminés avec précision par la Tradition juive et ressortissant à deux « mondes » distincts, à la fois opposés et complémentaires, justement dits de la *création* et de la *formation.* Il est loisible d'admettre en première approximation que l'Adam *créé* s'apparente à l'*homme intérieur* des Épîtres de saint Paul, l'Adam *formé* correspondant pour sa part à l'*homme extérieur* engagé dans le monde naturel.

(B) Selon Mirabeau, pour qui le texte de la Genèse est manifestement doté d'historicité, le chapitre II n'est autre que *la suite du récit* commencé au chapitre premier. D'où le schéma proposé où le premier homme — nommé Adam — s'autoreproduit dans son androgynat de manière à remplir la terre, après quoi seulement a lieu la séparation des sexes et le mode normal de reproduction. Ce n'est pas ici le lieu d'insister sur le côté pour le moins aventureux d'une telle interprétation ni de lui opposer le symbolisme d'ordre métaphysique en réalité à l'œuvre dans le texte considéré. Aussi nous bornerons-nous à deux remarques :

En premier lieu, si l'on s'en tient aux termes de la note précédente, c'est à l'*homme intérieur* qu'il est enjoint de croître et de multiplier, ce développement étant par conséquent de l'ordre de la conscience intime dont l'androgynat, évoqué par la plupart des textes traditionnels, se manifeste par exemple dans le couple de l'esprit et de l'âme.

En second lieu, ce serait un contresens total que d'identifier à notre planète Terre la notion exprimée en hébreu par le mot *aretz* et communément rendue par le mot français *terre.* Ici (*Genèse :* I, 10), *aretz* est le nom donné par Elohim au *sec (yabaschah)* une fois que les eaux inférieures se sont retirées à leur place pour former les mers *(yamim).* Cette opposition entre le sec — où l'on peut solidement poser les pieds — et les eaux symbolise, entre autres, celle de la multiplicité fluide des sensations vécues dans la perception effective d'un objet et l'unité solide, « sèche », de cet objet tel qu'il se cristallise en quelque sorte dans cette fluidité. « Remplir la terre » prend donc en l'occurrence un sens tout à fait particulier. Certes, par une dérivation naturelle, *aretz* s'est successivement pris dans le sens de sol, puis de pays, ce qui pourrait bien entendu s'étendre à toute la planète comme habitat de l'humanité. Il n'en reste pas moins que ce n'est absolument pas là l'acception originelle.

(C) Littéralement : « Et chacun qu'appela Adam, une âme vivante fut son nom. »

(D) Littéralement : « Et Adam appela des noms vers chaque animal, etc. »

La phrase hébraïque met ici particulièrement en relief le dynamisme attaché au verbe *qara* (appeler). Les traductions courantes de la Bible, pratiquement toutes héritées de la Vulgate dont, sans doute, disposait Mirabeau, nous ont accoutumés à ne voir dans l'appel dont il est question qu'une simple nomination faisant figure d'une sorte d'enregistrement à l'état-civil de la création. En réalité, le sens de *qara* est : *crier* le nom. Il s'agit donc d'un appel au sens le plus fort du terme.

(E) Mirabeau a parfaitement raison de relativiser ici le sens du mot *jour (yom)* tel qu'il figure dans la Genèse. A cet égard, l'un des ouvrages fondamentaux de la Tradition juive, le *Sepher ha-Zohar* ou Livre de la Splendeur, indique que le premier mot de la Genèse, *Bereschith*, généralement traduit par « Au commencement », peut être également lu selon *bara schith* qui signifie : « il créa *six* », interprétation qui met l'accent sur le seul nombre six, indépendamment de toute notion de « jour ». En accord avec cette interprétation, on a de bonnes raisons de penser aujourd'hui que le symbolisme biblique de six-jours-plus-un constitue effectivement une description de la *structure* du temps, non du temps de la nature fourni par les horloges, mais du temps immanent à la conscience qu'aucune horloge ne peut mesurer.

Quant au *soir* et au *matin*, il faut respectivement y voir, dans le cadre de cette structure et en considérant un « jour » comme un *moment présent,* ce qui, dans ce présent, s'enfonce dans le passé et ce qui, de l'avenir, s'y annonce. Il est dès lors parfaitement naturel de situer le « jour » entre un soir et un matin c'est-à-dire, pour employer la terminologie de saint Augustin (*Confessions :* Livre XI, chap. XIII à XXVIII), entre le présent d'un passé et le présent d'un avenir.

(F) Sanchez est cité par Mirabeau dans *Hic-et-Haec.*

CHAPITRE III

L'ISCHA *

ou

qu'il serait bon de redonner à la femme la place éminente qui lui revient au témoignage tant de la Bible que des mythologies païennes

* Ischa : femme en hébreu.

L'ISCHA

Marie Schurmann * a proposé ce problème : *l'étude des lettres convient-elle à une femme ?*

Schurmann soutient l'affirmative, veut que la femme n'excepte aucune science, pas même la théologie, et prétend que le beau sexe doit embrasser la science universelle parce que l'étude donne une sagesse qu'on n'achète point par les secours dangereux de l'expérience ; et que lors même qu'il en coûterait quelque chose à l'innocence, il serait à propos de passer par-dessus certaines réserves en faveur de cette prudence précoce qui, d'ailleurs, se trouvera fécondée par l'étude dont les méditations affaiblissent ou redressent les penchants vicieux et diminuent le danger des occasions.

L'éducation des femmes est si négligée chez tous les peuples, même chez ceux qui passent pour les plus policés, qu'il est bien étonnant qu'on en compte un aussi grand nombre de célèbres par leur érudition et leurs ouvrages. Depuis le livre des femmes illustres de Boccace, jusqu'aux énormes *in-quarto* du minime Hilarion Coste, nous avons

* Anne-Marie de Schurmann, femme d'un savoir extraordinaire, née à Cologne en 1607.

en ce genre un grand nombre de nomenclatures ; et Wolf a donné un catalogue des femmes célèbres à la suite des fragments des illustres Grecques qui ont écrit en prose [1]. Les Juifs, les Grecs, les Romains, tous les peuples de l'Europe moderne ont eu des femmes savantes.

Il est donc étonnant que divers préjugés contre la perfectibilité des femmes se soient établis sur le prétendu rapport de *l'excellence de l'homme sur la femme.* Plus on approfondit ce fait si singulier (car il l'est infiniment que l'objet de l'adoration des hommes soit partout leur esclave), plus on remarque qu'il est principalement fondé sur le droit du plus fort, l'influence des systèmes politiques, et surtout celle des religions ; car le christianisme est la seule qui conserve à la femme, d'une manière nette et précise, tous les droits de l'égalité.

Je n'ai nulle envie de recommencer les discussions que Pozzo a peu galamment appelées *paradoxes* dans son ouvrage intitulé : *La femme meilleure que l'homme.* Mais il est si naturel, quand on considère le prix de ce don du ciel qu'on appelle la beauté, de se pénétrer de cette vive et touchante image qu'on en devient bientôt enthousiaste. Et lorsqu'on lit ensuite les livres saints, on n'est plus étonné que la femme soit le complément des œuvres de Dieu, qu'il ne l'ait produite qu'après tout ce qui existe comme s'il avait voulu annoncer qu'il allait clore son ouvrage sublime par le chef-d'œuvre de la création. C'est dans ce point de vue, plus religieux que philosophique peut-être, que je veux considérer la femme.

Ce n'est pas avec impétuosité que l'univers a été créé. Il a été fait à plusieurs fois afin que son merveilleux ensemble prouvât que, si la volonté seule du grand Être était la règle, il était le Maître de la matière, du temps, de l'action et de l'entreprise. L'éternel Géomètre agit sans nécessité comme sans besoin, il n'est jamais ni contraint ni embarrassé. On voit, pendant les six espaces de la création, qu'il tourne, façonne, meut la matière sans peine, sans effort ; et quand une chose dépend d'une autre, quand, par exemple, la naissance et l'accroissement des plantes dépendent de la chaleur du soleil, ce n'est que pour indiquer la liaison de toutes les parties de l'univers et développer sa sagesse par ce merveilleux enchaînement.

Mais tout ce qu'enseigne la Bible sur la création de l'univers n'est rien en comparaison de ce qu'elle dit sur la production du premier être raisonnable. Jusqu'ici, tout a été fait à commandement ; mais quand il s'agit de créer l'homme, le système change, et le langage avec lui. Ce n'est plus cette parole impérieuse et subite : c'est une parole plus réfléchie et plus douce, quoique non moins efficace. Dieu tient un conseil en lui-même, comme pour faire voir qu'il va produire un ouvrage qui surpassera tout ce qu'il a créé jusqu'alors. *Faisons l'homme,* dit-il. Il est évident que Dieu parle à lui-même. C'est une chose inouïe dans toute la Bible qu'aucun autre que Dieu n'ait parlé de lui-même en nombre pluriel : *faisons.* Dans toute l'écriture, Dieu ne parle ainsi que deux ou trois fois, et ce langage extraordinaire ne commence à paraître que lorsqu'il s'agit de l'homme (A).

Cette création faite, il se passe un temps considérable avant que ce nouvel être, à double sexe, reçoive le souffle de vie : ce n'est qu'à la septième époque. Adam a existé longtemps dans l'état de pure nature, et n'ayant que l'intimité des animaux ; mais quand le souffle lui fut inspiré, Adam se trouva le roi de la terre, il usa de sa raison et *nomma toutes choses.*

Voilà donc deux créations bien distinctes : celles de l'homme, celle de son esprit (B). Et c'est ici seulement que paraît la femme. Elle n'est pas créée du néant comme tout ce qui a précédé : elle sort de ce qui existait de plus parfait. Il ne restait plus rien à créer : Dieu extrait d'Adam le plus pur de son essence pour embellir la terre de l'être le plus parfait qui eût encore paru, de celui qui complétait l'œuvre sublime de la création.

Le mot dont le législateur hébreu se sert pour exprimer cet être revient à *virago* (*Genèse :* II, 23)(B), que le français ne peut pas traduire, que le mot *femme* n'exprime point, et qui ne peut se sentir que par l'idée de *puissance de l'homme.* Car *vir* signifie homme, et *ago,* j'agis. Autrefois on disait *vira* (féminin de *vir*), et non *virago.* Mais les Septante ont prétendu que par le mot *vira* le sens de l'hébreu n'était pas rendu ; ils ont ajouté *ago*([2])(B).

Je ne m'étonne donc point que Schurmann relève autant la condition du beau sexe et s'indigne contre les sectes qui la dépriment. La parabole dont l'écriture se sert en formant la femme de la côte d'Adam (B) n'a d'autre objet que celui de montrer que cette nouvelle créature ne fera qu'un avec la personne de son mari, qu'elle est son âme et son tout. La tyrannie du sexe fort a pu seule altérer ces notions d'égalité.

Ces notions furent bien distinctes dans le paganisme puisque les anciens associèrent les deux sexes à la divinité : voilà ce qui est bien constaté indépendamment de tout système sur la mythologie. Si les païens mettaient l'homme, dès le moment de sa naissance, sous la garde de la puissance, de la fortune, de l'amour et de la nécessité — car c'est là ce que veulent dire *Dynamis, Tychè, Éros* et *Ananchè* — ce n'était probablement qu'une allégorie ingénieuse pour exprimer notre condition, car nous passons notre vie à commander, à obéir, à désirer et à poursuivre. Autrement, c'eût été confier l'homme à des guides bien extravagants, car la puissance est la mère des injustices, la fortune celle des caprices, la nécessité produit les forfaits, et l'amour est rarement d'accord avec la raison.

Mais, quelque enveloppés que puissent être les dogmes du paganisme, il n'y a point de doute sur la réalité du culte des divinités principales, et celui de Junon, femme et sœur du maître des dieux, fut un des plus universels et des plus révérés. Cette épithète de *femme* et de *sœur* montre assez sa toute-puissance : celle qui donne les lois peut les enfreindre. Ce secret célèbre, et non moins commode, de recouvrer sa virginité en se baignant dans la fontaine Canathus au Péloponnèse était une preuve des plus frappantes de ce pouvoir qui légitime tout, chez les dieux comme chez les hommes.

Le tableau des vengeances de Junon, exposé sans cesse sur les théâtres, propageait la terreur qu'inspirait cette formidable déesse. L'Europe, l'Asie, l'Afrique, les peuples barbares(3) comme les policés, l'honorèrent et la craignirent à l'envi. On la regardait comme une reine ambitieuse, fière, jalouse, partageant le gouvernement du monde avec son époux, assistant à tous ses conseils, et redoutée de lui-même.

Un hommage si universel, qui n'est pas sans doute le plus flatteur qu'on ait rendu à la beauté faite pour séduire et non pour effrayer, prouve du moins que dans les idées des premiers hommes le trône du monde fut partagé entre les deux sexes(4). Un écrivain illustre du siècle passé a été plus loin : il n'a pas fait difficulté de dire que cette prééminence de Junon sur les autres dieux était la véritable source d'où provenaient les excès d'adoration où les chrétiens sont tombés envers la sainte Vierge. Érasme lui-même a prétendu que la coutume de saluer la Vierge en chaire, après l'exorde du sermon, venait des anciens. En général, les hommes cherchent à joindre aux idées spirituelles du culte des idées sensibles qui les flattent et qui, bientôt après, étouffent les premières. Ils rapportent, et sont bien forcés de rapporter, tout à leurs idées, puisqu'ils ne peuvent saisir qu'en raison de ces idées ; or ils savent qu'en tout pays on ne tire de la bonté et de l'affection des rois rien autre chose que ce qu'ont résolu leurs ministres ; ils croient Dieu bon, mais mené, et envisagent la cour céleste sur le modèle des autres. De là le culte de la Vierge, bien plus approprié à l'esprit humain que celui du grand Être aussi inexplicable qu'incompréhensible.

Aussi lorsque le peuple d'Éphèse eut appris que les pères du concile avaient décidé que l'on pourrait appeler la Vierge *sainte,* il fut transporté de joie. Dès lors on rendit à la Mère de Dieu des hommages singuliers : toutes les aumônes furent pour elle et Jésus-Christ n'eut plus d'offrandes. Cette ferveur n'a jamais cessé entièrement. Il y a en France trente-trois cathédrales dédiées à la Vierge, et trois métropolitaines. Louis XIII lui consacra sa personne, sa famille, son royaume. A la naissance de Louis XIV il envoya le poids de l'enfant en or à Notre-Dame-de-Lorette qu'on peut, sans impiété, croire s'être très peu mêlée de la grossesse d'Anne d'Autriche.

Quelque chose de plus singulier que tout cela, c'est que dans le second siècle de l'Église on fit le Saint-Esprit du sexe féminin. En effet, *rouach* qui, en hébreu, veut dire *esprit,* est féminin, et ceux qui furent de ce sentiment s'appelaient les *éliésaïtes.*

Sans donner aucun prix à cette opinion erronée, je remarquerai que les Juifs n'ont jamais eu d'idées du mystère de la Trinité(C). Les Apôtres même ont été fortement persuadés du dogme de l'unité de Dieu sans modifications ; ce n'est que dans les derniers moments que Jésus-Christ leur a révélé ce mystère. Or, quand Dieu a voulu envoyer sur la terre l'une des trois personnes de la Trinité, il pouvait l'envoyer sans l'incarner, il pouvait envoyer la personne du Père, ou du Saint-Esprit, comme du Fils ; il pouvait l'incarner dans un homme comme dans une fille. Le choix divin semble une sorte de préférence ou d'attention pour la femme : Jésus-Christ a eu une mère, il n'a point eu de père. La première personne à qui il parla fut la Samaritaine ; la première à laquelle il se montra après sa résurrection fut Marie-Madeleine, etc. Enfin, le Sauveur a toujours eu pour les femmes une prédilection bien honorable à leur sexe.

Mais l'hommage vraiment flatteur pour lui, l'invention vraiment utile pour les sociétés, serait que l'on trouvât les moyens les plus propres à rendre la beauté la récompense de la vertu, à l'en animer elle-même, pour que tous les hommes fussent excités à faire le bien de leurs frères, et par les plaisirs de l'âme et par ceux des sens, pour que toutes les facultés dont l'Être suprême a doué notre espèce concourussent à nous faire aimer ses justes et bienfaisantes lois. Il n'est pas absolument impossible d'arriver un jour à ce but si vivement désiré par le patriotisme, par la sagesse, par la raison. Mais Dieu, combien nous en sommes loin encore !

NOTES DU CHAPITRE III

(1) Il a publié séparément les fragments de Sapho et les éloges qu'elle a reçus.

(2) L'allemand a conservé l'ancien rite dans *männin,* qui vient de *mann. Männin* est la vira, et non la virago : *Mann wird sie männin heissen* (*Genèse :* II, 23).

(3) Elle était particulièrement honorée dans les Gaules et dans la Germanie sous le titre de Déesse-Mère.

(4) On retrouverait dans l'Antiquité beaucoup d'usages qui confirmeraient cette opinion. A Lacédémone, par exemple, quand on allait consommer le mariage, la femme mettait un habit d'homme parce que c'est la femme qui met les hommes au monde.

En Égypte, dans les contrats de mariage entre souverains, la femme avait l'autorité du mari (Diodore de Sicile : I, ch. XXVII), etc.

(A) Il est noter à cet égard que le nom hébreu *Elohim* — rendu par *Dieu* — est lui-même sous la forme du pluriel. Cette particularité a évidemment soulevé bien des questions et donné lieu à d'abondants commentaires. On a notamment soutenu, et sans doute soutient-on parfois encore, qu'il s'agirait là d'un pluriel de majesté, ce qui paraît étonnant étant donné que l'hébreu biblique, et particulièrement l'hébreu mosaïque, ignore ce type de procédé littéraire. En tout état de cause, l'unité de Dieu en tant que principe, telle qu'elle est posée dans le livre du Deutéronome (VI, 4), concerne à la fois Yahveh et Elohim : « Écoute, Israël, Yahveh notre Elohim, Yahveh est un. » Le nom d'Elohim ainsi que la relation d'Elohim à Yahveh fait l'objet d'innombrables commentaires cohérents dans les textes traditionnels juifs. Singulièrement le *Sepher ha-Zohar,* dans sa partie la plus dense : le *Siphra di-Tzénioutha* ou Livre du Secret, ne craint pas d'affirmer que Yahveh et Elohim constituent respectivement le principe masculin et le principe féminin. Cette affirmation, à coup sûr, vient fortement à l'appui des thèses de Mirabeau, dont le mérite incontestable est ici d'avoir relevé de la façon la plus nette l'importance accordée à la femme dans l'ensemble du texte biblique, importance tout à fait exceptionnelle à tous les égards.

(B) Encore qu'il se limite au schéma simpliste d'un récit linéaire, Mirabeau a manifestement ici l'intuition de la dualité création-formation dans la « production » de l'Adam (voir ci-dessus : note (A) du chapitre II) : l'homme, en quelque sorte, est fait esprit dans l'objectivation, opérée par Yahveh-Elohim, de sa part féminine, de son âme qui est *sa* femme, celle dont il va désormais plaquer le modèle sur toutes les femmes de chair qu'il va rencontrer.

Cette objectivation opérée, l'Adam *appelle* la femme (voir ci-dessus : note (D) du chapitre II) : « Celle-ci sera appelée *ischah* (femme) car de l'*isch* (l'homme) a été tirée celle-ci » (*Genèse:* II, 23). On voit que traduire brutalement, comme c'est fréquemment le cas : « Celle-ci sera appelée femme parce qu'elle est tirée de l'homme » détruit complètement le sens du texte hébreu. A cet égard, les expressions latines *vir* et *vira* sont parfaitement conformes à l'esprit dans lequel *ischah* dérive de *isch.*

Il est à noter que le mot *côte,* par lequel le mot hébreu *tzéla* a été rendu, ne se justifie que très relativement. Certes, l'un des sens primitifs de celui-ci est : « boursouflure » qui, par dérivation, a donné : « côte » pour autant que les côtes forment effectivement des boursouflures sur la peau. Il semble cependant infiniment plus légitime de traduire *tzéla* par son autre signification reconnue : un *côté,* de telle sorte que le texte biblique donne en français : « Et il (Yahveh-Elohim) prit *un de ses côtés* et il remit la chair à sa place » (*Genèse:* II, 21). Ainsi sont désormais séparés le *côté* féminin et le *côté* masculin de l'androgyne primordial.

(C) Si la Tradition juive ignore effectivement dans ses termes le dogme *chrétien* de la Trinité, il n'en reste pas moins que le *ternaire,* le nombre *trois* comme opérateur de structure, y figure fondamentalement. Tout particulièrement, le noyau même de cette Tradition, son cœur omniprésent y compris dans le Nouveau Testament, à savoir l'idéogramme appelé *Arbre des Séphiroth,* se compose de *trois triangles* superposés plus un point isolé, structure ternaire fondant l'*unité* même de la conscience et du monde. Par ailleurs, l'Esprit-Saint, *rouach ha-quodesch,* apparaît constamment dans cette même Tradition ; ce n'est autre, dit le *Sepher Yetzirah,* le Livre de la Formation, que l'*Esprit d'Elohim vivant,*

CHAPITRE IV

LA TROPOÏDE *

ou

comment nos censeurs devraient reconsidérer les mœurs des anciens, notamment les Hébreux, avant de condamner les nôtres

* Du grec *tropos*: direction, d'où manières et mœurs. L'édition de 1783 porte *Toproïde,* ce qui est manifestement une erreur.

LA TROPOÏDE

La dépravation des mœurs, la corruption du cœur humain, les égarements de l'esprit de l'homme sont des textes tellement rebattus par nos rigoristes que l'on croirait que le siècle actuel est l'abomination de la désolation ; car la langue française ne fournit aucune expression énergique que nos sermonneurs ne nous prodiguent. Cependant, si l'on veut jeter un coup d'œil impartial sur les siècles passés, sur ceux-là même qu'on nous offre pour modèles, je doute que l'on trouve beaucoup à regretter. Nos manières et nos mœurs, par exemple, valent bien celles du peuple de Dieu, et je ne sais ce que diraient nos déclamateurs s'ils voyaient parmi nous une corruption aussi sale que celle qui se rapproche du beau siècle des Patriarches.

Je veux que les lois de Moïse aient été sages, justes, bienfaisantes ; mais ces lois, assises sur le tabernacle et dont le but paraît avoir été de lier la société des Hébreux entre eux par la société de l'homme avec Dieu, prouvent invinciblement que ce peuple élu, chéri, préféré, était bien plus infirme que tout autre, comme nous le montrerons dans la suite de cet article.

On ne réfléchit point assez que tout est relatif. Aucun établissement ne peut marcher selon l'esprit de son institution s'il n'est dirigé par la loi du devoir, qui n'est autre chose que le sentiment de ce devoir. Le véritable ressort de l'autorité est dans l'opinion et dans le cœur des sujets. D'où il suit que rien ne peut suppléer aux mœurs pour le maintien du gouvernement : il n'y a que les gens de bien qui sachent administrer les lois, mais il n'y a que les honnêtes gens qui sachent véritablement leur obéir.

Car, outre qu'il est très facile de les éluder, outre que ceux dont elles sont l'unique conscience sont très loin de la vertu et même de la probité, celui qui brave les remords sait braver les supplices, châtiment bien moins long que le premier, auquel on peut d'ailleurs toujours espérer d'échapper. Mais quand l'espoir de l'impunité suffit pour encourager à enfreindre la loi, ou quand on est content pourvu qu'on l'ait éludée, l'intérêt général n'est plus celui de personne, et tous les intérêts particuliers se réunissent contre lui ; les vices ont alors infiniment plus de force pour énerver les lois que les lois pour réprimer les vices. On finit par n'obéir au législateur qu'en apparence.

A cette époque, les meilleures lois sont les plus funestes puisque, si elles n'existaient pas, elles seraient une ressource que l'on aurait encore. Faible ressource cependant ! Car les lois plus multipliées sont plus méprisées, et de nouveaux surveillants deviennent autant de nouveaux infracteurs.

L'influence des lois est donc toujours proportionnelle à celle des mœurs ; c'est une vérité connue et incontestable. Mais ce mot de *mœurs* est bien vague et demanderait une définition.

Les mœurs sont et doivent être très variables d'une contrée à l'autre, absolument relatives à l'esprit national et à la nature du gouvernement. Le caractère des administrateurs y influe beaucoup aussi, et c'est dans tous ces rapports qu'il faut les envisager. Si le prix de la vertu, par exemple, est celui du brigandage, si les hommes vils sont accrédités, les dignités prostituées, le pouvoir ravalé par ses dispensateurs, les honneurs déshonorés, il est certain que la contagion gagnera tous les jours, que le peuple s'écriera en gémissant : *mes maux ne viennent que de ceux que je paie pour m'en garantir,* et que, pour s'étourdir, il se précipitera dans la corruption que l'on provoquera de toutes parts pour étouffer ses murmures.

Si, au contraire, les dépositaires de l'autorité dédaignent l'art ténébreux de la corruption, et n'attendent leurs succès que de leurs efforts et la faveur publique que de leurs succès, les mœurs seront bonnes et suppléeront au génie du chef ; car plus *l'esprit public* a de ressorts, et moins les talents sont nécessaires. L'ambition même est mieux servie par le devoir que par l'usurpation, et le peuple, convaincu que ses chefs ne travaillent que pour son bonheur, les dispense par sa docilité de travailler à l'affermissement du pouvoir.

J'ai dit que les mœurs devaient être relatives à la nature du gouvernement ; c'est donc encore sous ce point de vue qu'il faut en juger. En effet, dans une république qui ne peut subsister que par l'économie, la simplicité, la frugalité, la tolérance, l'esprit d'ordre, d'intérêt, d'avarice même doit dominer, et l'état sera en danger lorsque le luxe viendra polir et corrompre les mœurs.

Dans une monarchie limitée, au contraire, la liberté sera regardée comme un si grand bien, et comme un bien toujours si menacé, que toute guerre, toute opération entreprise pour la soutenir, pour étendre ou défendre la gloire nationale, ne trouvera que peu de contradicteurs. Le peuple sera fier, généreux, opiniâtre ; et la débauche et le luxe le plus effréné n'énerveront pas l'esprit public.

Dans une monarchie très absolue, qui serait le plus sévère, le plus complet des despotismes si le beau sexe n'y donnait pas le ton, la galanterie, le goût de tous les plaisirs, de toutes les frivolités est tout naturellement et sans danger le caractère national ; et les déclamations vagues sur ces imperfections morales sont vides de sens.

Ceci posé, examinons rapidement si nos mœurs et quelques-uns de nos usages, comparés avec ceux de plusieurs grands peuples, doivent paraître si détestables([1]).

On voit au premier coup d'œil, dans le Lévitique, à quel degré le peuple juif était corrompu. On sait que le mot *lévitique* vient de *Lévi,* qui était le nom de la tribu séparée des autres comme étant spécialement consacrée au culte ; d'où sont venus les lévites ou prêtres, et l'habillement d'aujourd'hui qui porte ce nom sans être un monument bien authentique de notre piété. Moïse traite, dans ce livre, des consécrations, des sacrifices, de l'impureté du peuple, du culte, des vœux, etc.

J'observerai en passant que la forme de la consécration chez les Hébreux était singulière. Moïse fit son frère Aaron grand-prêtre. Pour cet effet, il égorgea un bélier, trempa son doigt dans le sang, en mit sur l'extrémité de l'oreille droite d'Aaron et sur ses pouces droits (*Lév. :* VIII, 24). Si l'on voyait aujourd'hui le cardinal de Rohan consacrer dans la chapelle l'évêque de Senlis et lui porter avec le doigt du sang tout chaud sur le bout de l'oreille, on ne pourrait guère s'empêcher de se rappeler la gravure de l'abbé Dubois sous la régence : on le voyait à genoux aux pieds d'une fille, qui prenait de ce sale écoulement qui afflige les femmes tous les mois pour lui en rougir la calotte et le faire cardinal.

Tout le chapitre XV du Lévitique ne roule que sur la gonorrhée à laquelle les Hébreux étaient fort sujets. La gonorrhée et la lèpre n'étaient pas leurs moins désagréables impuretés, et ils en avaient assez de réelles sans en créer tant d'imaginaires. Par exemple, une femme était plus impure pour avoir mis au monde une fille plutôt qu'un garçon (*Lév. :* XII, 5). Voilà une singularité aussi peu raisonnable que bizarre(A).

Les Hébreux forniquaient avec les démons sur la forme des chèvres (*Lév. :* XVII, 7) ; ces démons malappris usaient là d'une vilaine métamorphose.

Un fils couchait avec sa mère et prêtait *main-forte* à son père (*Lév. :* XVIII, 7) : nous ne portons pas encore à ce degré l'amour filial. Un frère voyait sans scrupule sa sœur dans la plus profonde intimité (*Ibid :* 9).

Un grand-père habitait avec sa petite-fille (*Ibid :* 10), ce qui n'était pas très anacréontique.

On couchait avec sa tante, avec sa bru, avec sa belle-sœur (*Ibid :* 12, 15, 16), ce n'étaient là que peccadilles ; enfin, on jouissait de sa propre fille (*Ibid :* 17).

Les hommes se polluaient devant la statue de Moloch (2), puis on trouva que cette semence inanimée n'était pas digne de la statue ; on finit par lui offrir en sacrifice l'enfant tout venu.

Les hommes se servaient de femmes entre eux (*Ibid :* 22), comme les pages du régent.

Ils usaient de toutes les bêtes (*Ibid :* 23), et le beau sexe se faisait servir par les ânes, les mulets, etc. (3), ce qui était d'autant plus malhonnête que l'on paraissait avoir formé la tribu des prêtres de manière à intéresser les femmes mal pourvues. On ne recevait point lévites les boiteux, les bossus, les chassieux, les lépreux ; ceux qui avaient le nez trop petit, tors, etc. : il fallait un beau nez (*Lév. :* XXI, 18).

On voit par cet échantillon ce qu'étaient les mœurs du peuple de Dieu (B) ; il est certain qu'on ne peut les comparer à nos manières. Mais il ne me paraît pas que, d'après cette esquisse d'un parallèle qu'on pourrait pousser beaucoup plus loin, il y ait tant à se récrier sur ce qui se passe de nos jours.

Les esprits forts ne sont pas moins exagérateurs, en parlant de nos coutumes superstitieuses, que les prédicateurs en invectivant contre nos vices. Nous avons le triste avantage de n'avoir été surpassés par aucune nation dans les fureurs du fanatisme. Mais les délires de la superstition ont été portés plus loin dans d'autres religions.

On ne voit pas chez nous de contemplatifs qui, sur une

natte, attendent en l'air que la lumière céleste vienne investir leur âme. On ne voit point d'énergumènes prosternés qui frappent du front contre terre pour en faire sortir l'abondance ; de pénitents immobiles et muets comme la statue devant laquelle ils s'humilient.

On n'y voit point étaler ce que la pudeur cache sous le prétexte que Dieu ne rougit pas de sa ressemblance ; ou se voiler jusqu'au visage comme si l'ouvrier avait horreur de son ouvrage ; nous ne tournons point le dos au midi à cause du vent du démon ; nous n'étendons pas les bras à l'orient pour y découvrir la face rayonnante de la divinité ; nous n'apercevons pas, du moins en public, de jeunes filles en pleurs meurtrir leurs attraits innocents pour apaiser la concupiscence par des moyens qui, le plus souvent, la provoquent ; d'autres, étalant leurs plus secrets appas, attendre et solliciter dans la posture la plus voluptueuse les approches de la divinité ; de jeunes hommes, pour amortir leurs sens, s'attacher aux parties naturelles un anneau proportionné à leurs forces ; quelques-uns arrêter la tentation par l'opération d'Origène et suspendre à l'autel les dépouilles de cet horrible sacrifice... Nous sommes assurément bien éloignés de tous ces écarts.

Que diraient nos déclamateurs si des bois sacrés, plantés autour de nos églises comme autour de leurs temples, étaient le théâtre de toutes les débauches ? Si l'on obligeait nos femmes à se prostituer, au moins une fois, en l'honneur de la divinité ? Et l'on peut juger si la dévotion naturelle au beau sexe lui permettait, au temps où c'était la coutume, de s'en tenir là.

Saint Augustin rapporte, dans la *Cité de Dieu* ([4]), que l'on voyait au Capitole des femmes qui se destinaient aux plaisirs de la divinité dont elles devenaient communément enceintes ; il se peut que, chez nous aussi, plus d'un prêtre desserve plus d'un autel ; mais du moins il ne se déguise pas en dieu. L'illustre père de l'église que je viens de citer ajoute, dans le même ouvrage, plusieurs détails qui prouvent que, si la religion couvre chez les modernes bien des séductions, le culte des anciens n'était pas du moins aussi décent que le nôtre. En Italie, dit-il, et surtout à Lavinium, dans les fêtes de Bacchus, on portait en procession des membres virils sur lesquels la matrone la plus respectable mettait une couronne. Les fêtes d'Isis étaient tout aussi décentes.

Saint Augustin donne au même endroit une longue énumération des divinités qui présidaient au mariage. Quand la fille avait engagé sa foi, les matrones la conduisaient au dieu Priape, dont on connaît les propriétés surnaturelles : on faisait asseoir la jeune mariée sur le membre énorme du dieu ; là on ôtait sa ceinture et l'on invoquait la déesse *Virginientis.* Le dieu *Subigus* soumettait la fille aux transports du mari. La déesse *Préma* la contenait sous lui pour empêcher qu'elle ne remuât trop (on voit que tout était prévu et que les filles romaines étaient bien disposées). Enfin, venait la déesse *Pertunda,* ce qui revient à Perforatrice, dont l'emploi, dit saint Augustin, était d'ouvrir à l'homme le sentier de la volupté. Heureusement, cette fonction était donnée à une divinité femelle ; car, comme le remarque très judicieusement l'évêque d'Hippone, le mari n'aurait pas souffert volontiers qu'un dieu lui rendît ce service et qu'il lui donnât du secours dans un endroit où trop souvent il n'en a pas besoin.

Encore une fois, nos coutumes sont-elles moins décentes que celles-là ? Et pourquoi exagérer nos torts et nos faiblesses ? Pourquoi porter la terreur dans l'âme des jeunes filles et la méfiance dans celle des maris ? Ne vaut-il pas mieux tout adoucir, tout concilier ? Ces bons casuistes sont plus accommodants que cela ! Lisez, entre tant d'autres, le jésuite Filliutius qui a discuté avec une extrême sagacité jusqu'à quel degré peuvent se porter les attouchements voluptueux sans devenir criminels. Il décide, par exemple, qu'un mari a beaucoup moins à se plaindre lorsque sa femme s'abandonne à un étranger d'une manière contraire à la nature que quand elle commet simplement avec lui un adultère et fait le péché comme Dieu le commande : « *parce que,* dit Filliutius, *de la première façon on ne touche pas au vase légitime, sur lequel seul l'époux a des droits exclusifs* »... Ô qu'un esprit de paix est un précieux don du ciel !

NOTES DU CHAPITRE IV

(1) On verra ci-après, dans la *linguamanie,* des choses plus frappantes encore que les mœurs du peuple de Dieu que nous allons exposer.

(2) *Lévitique :* XVIII, 21 :
— *Tu ne donneras point de ta semence à l'idole Moloch.*
— *Qui souillerait le sanctuaire.*

(3) *Mulier jumento.* Et l'on sait que dans l'écriture sainte *jumentum* veut dire *bêtes d'aide, adjuvantes,* d'où jument.

(4) Livre VI, chapitre IX.

(A) Deux remarques s'imposent ici :

En premier lieu, comme la plupart des traductions bibliques, qui en sont d'ailleurs héritières, la Vulgate, dont très vraisemblablement s'est servi Mirabeau, a profondément altéré le sens du texte hébreu au point, très souvent, de le dénaturer. C'est ainsi, pour prendre l'exemple peut-être le plus frappant, que la notion de *péché,* si traumatisante pour notre civilisation, ne revêt en hébreu que le sens de *manquer la cible,* de *tomber à côté* du but. Aussi bien, dans la Bible, ne faut-il y voir que l' « erreur d'aiguillage » susceptible de faire manquer le but suprême assigné à l'homme : l'édification de l'homme intérieur. Il en va de même pour des notions telles que *pureté, sainteté,* etc. qui, à l'opposé de toute interprétation d'ordre social de la Bible, ne ressortissent pas plus à des considérations d'ordre moralisateur que ne le fait, par exemple, un recueil de préceptes d'hygiène. A cet égard, les multiples préceptes contenus dans le Lévitique prévoient tous les cas où « la cible pourrait être manquée ». Ils n'impliquent dès lors pas davantage la dépravation foncière du peuple hébreu qu'un traité de médecine ne traduit le délabrement physique de ses lecteurs.

En second lieu, le texte hébreu de la Bible recouvre, sous la lecture ordinaire, ou *démotique,* un sens plus profond, d'accès plus difficile et qui, par suite, fut de tous temps considéré comme secret et mystérieux. Ce sens, qui inclut fondamentalement une extraordinaire métaphysique vers laquelle convergent d'ailleurs de plus en plus la science et la philosophie modernes, constitue l'infrastructure de la lecture démotique qui, par conséquent, doit y être rapportée pour trouver son exacte interprétation. C'est ainsi à ce noyau profond de sens que doit être rapporté le précepte concernant la femme ayant accouché d'une fille : l'impureté n'y a aucun sens moral et, de plus, le nombre de jours que doit observer cette femme pour sa « purification », tel qu'il est précisé dans le verset considéré, revêt lui-même une signification conforme à la science numérologique traditionnelle du peuple juif.

(B) Les deux remarques précédentes s'appliquent intégralement à l'ensemble des versets cités par Mirabeau. Une fois encore, on ne saurait préjuger de la conduite globale du peuple hébreu à partir des mises en garde qui lui sont faites dans le Lévitique.

CHAPITRE V

LE THABALA *

(De l'élusion des fins reproductrices de la nature et particulièrement de l'onanisme)

* Vraisemblablement de *thebel*: mot hébreu qui signifie pollution répugnante (*Lévitique:* XVIII, 23 à propos de la bestialité). L'édition de 1783 porte *Thalaba,* ce qui est manifestement une erreur.

LE THABALA

Un des plus beaux monuments de la sagesse des anciens est leur gymnastique. C'est par là surtout qu'ils paraissent avoir été plus curieux de prévenir que de punir. Grande science en politique ! Les ennemis, disaient les Athéniens, sont faits pour punir les crimes, les citoyens pour maintenir les mœurs. De là l'attention prévoyante et salutaire sur l'éducation de la jeunesse. La première explosion des passions et leur fougue donnent à cet âge impétueux les plus fortes secousses ; il lui faut une éducation mâle, mais dont l'âpreté soit adoucie par de certains plaisirs, analogues au grand objet de former des hommes. Or, il n'y a que les exercices du corps, où se trouve cet heureux mélange de travail et d'agrément, dont la partie constante occupe, amuse, fortifie le corps et par conséquent l'âme.

Dans les pays où les fortunes sont très inégales, les dernières classes de la société sont toujours assez stimulées par le besoin pour ne pas redouter l'engourdissement de l'oisiveté et la mollesse qui en est la suite. Mais les riches en sont presque inévitablement la proie si une institution universelle et publique ne les soumet pas à une éducation active, qui soit un foyer continuel d'émulation et une digue contre ce qui, dans les richesses, et leur jouissance, et leur abus, tend sans cesse à énerver.

Les sentiments énergiques et généreux germent rarement dans des corps affaiblis, et l'âme d'un Spartiate serait bien mal logée dans le corps d'un Sybarite. Aussi tous les peuples féconds en héros ont été ceux dont l'éducation martiale, les institutions fortes, la gymnastique perfectionnée et dirigée selon les vues politiques du gouvernement, aiguisaient l'émulation et la vigueur.

Ces institutions précieuses sont presque oubliées aujourd'hui. A Paris, par exemple, il y a bien quarante mille filles enregistrées à la police pour éduquer la jeunesse ; mais il n'y a pas, dans cette immense capitale, une seule bonne académie où l'on puisse apprendre à monter à cheval ; aucun exercice, si ce n'est l'escrime, la danse et la paume, n'y est pratiqué, et nous avons su rendre ceux-là assez nuisibles. Il suit de là, et de bien d'autres causes que je ne prétends point énumérer, que nos passions, ou plutôt nos désirs et nos goûts (car nous n'avons guère de passions), l'emportent, et de beaucoup, sur toute vertu morale.

Parmi ces désirs, le plus violent sans doute est celui qui porte un sexe vers l'autre. Cet appétit nous est commun avec tout ce qui est créé, animé ou non animé. La nature a veillé en mère tendre et prévoyante à la conservation de tout ce qui existe. Mais il est arrivé parmi les hommes, ces êtres par excellence qui, le plus souvent, ne paraissent doués d'intelligence que pour en abuser, ce qu'on n'a jamais remarqué parmi les autres animaux : c'est de tromper la nature en jouissant du plaisir attaché à la propagation de l'espèce et en négligeant le but de cet attrait. Ainsi nous avons séparé la fin des moyens ; et l'impulsion de la nature, prolongée par les efforts de notre imagination, nous a pressés sans égard pour les temps, les lieux, les circonstances, les usages, le culte, les coutumes, les lois, toutes les entraves enfin que l'homme s'est données ; elle n'a pas consulté davantage le costume des états et des âges, car les vieillards deviennent continents, mais rarement chastes.

Cette manière d'éluder les fins de la nature a eu différents principes : la superstition qui, de son masque hideux, a couvert presque tous nos vices et nos folies ; diverses causes morales ; la philosophie même.

Des hérétiques, en Afrique, s'abstenaient de leurs femmes, et leur pratique distinctive était de n'avoir aucun commerce avec elles. Ils se fondaient :

1° Sur ce qu'Abel était mort vierge, et prirent le nom d'abéliens.

2° Sur ce que saint Paul prêchait qu'il fallait être avec sa femme comme si l'on n'en avait point(1) (A).

Aucun délire superstitieux ne saurait étonner. Mais l'abus de la philosophie à cet égard est bien singulier : c'est l'ouvrage des cyniques.

Il est bizarre que des hommes instruits et d'une raison exercée, ayant voulu transporter dans la société les mœurs de l'état de nature, n'aient point aperçu ou se soient peu souciés du ridicule qu'il y avait à affecter parmi des hommes corrompus et délicats la rusticité des siècles de l'animalité. Des femmes même, séduites par une philosophie si grotesque ou plutôt par l'amour qu'inspiraient les auteurs de cette doctrine(2), lui sacrifièrent cette honte, cette pudeur mille fois plus enracinée dans le cœur des femmes que la chasteté même.

Tant qu'il ne s'agissait que du devoir conjugal, les cyniques avaient du moins quelques sophismes à alléguer. Mais quand Diogène, qui déraisonnait avec beaucoup de raison, transporta cette morale au fond de son tonneau, quels purent être ses sophismes ? L'orgueil de braver les préjugés, et l'espèce de gloire que l'homme, esclave en tout et toujours ami de l'indépendance, y attache furent apparemment ses vrais motifs.

L'ombre du secret, de la honte, des ténèbres lui auraient attiré des dénominations injurieuses, des persécutions ; son impudence l'en garantit. Comment imaginer qu'un homme pense qu'il y ait du mal à faire et à dire ce qu'il fait et dit au grand jour ? Comment poursuivre un homme qui vous dit froidement :

« C'est un besoin très impérieux ; je suis heureux de trouver en moi-même ce qui porte les autres hommes à faire mille dépenses et mille crimes. Si tout le monde m'eût ressemblé, Troie n'aurait pas été prise, ni Priam égorgé sur l'autel de Jupiter. »

Ces raisons et beaucoup d'autres paraissent avoir séduit quelques-uns de ses contemporains. Galien cherche plus à le justifier qu'à le condamner. Il est vrai que la mythologie avait en quelque sorte consacré l'onanisme. On racontait que Mercure, ayant eu pitié de son fils Pan qui courait nuit et jour par les montagnes, éperdu d'amour pour une maîtresse (3) dont il ne pouvait jouir, lui enseigna cet insipide soulagement que Pan apprit ensuite aux bergers.

Ce qui est plus singulier que l'indulgence de Galien, c'est celle de la fameuse Laïs qui prodiguait à Diogène, à ce Diogène souillé par tant de jouissances solitaires, les faveurs que toute la Grèce aurait payées au poids de l'or, et qui trompa pour lui l'aimable et sage Aristippe. Peut-être, s'il lui fût arrivé la même aventure qu'à cette fille qui, ayant trop fait attendre le cynique, trouva qu'il s'était passé d'elle et n'en avait plus besoin, peut-être Laïs se serait-elle montrée plus sévère contre l'onanisme ?

On sait d'où vient ce mot *onanisme : Onan,* dans l'Écriture sainte, répandait sa semence sur la terre (*Genèse :* XXXVIII) ; mais ses raisons pouvaient être préférables à celles de Diogène. Juda eut de Sué trois fils : Her, Onan et Séla. Il voulut postérité ; il s'y prit singulièrement, mais il en vint à bout. Il fit épouser son fils aîné Her à Thamar ; Her étant mort sans enfants, Juda voulut qu'Onan couchât avec sa belle-sœur, à condition que ses enfants s'appelleraient Her, du nom de l'aîné. Onan refusa, et, pour éluder les fins de la nature, chaque fois qu'il couchait avec Thamar, il commençait par répandre de côté la libation. Il mourut. Juda fit épouser à Thamar son troisième fils Séla qui mourut encore sans enfants. Juda s'obstina et se chargea de la besogne dont il paraît avoir été très digne, car il engrossa sa belle-fille de manière qu'elle conçut deux jumeaux. Le premier présenta sa main sur laquelle la sage-femme noua un ruban écarlate, comme devant être l'aîné ; mais ce petit bras se retira et l'autre enfant parut le premier ; d'où il fut appelé Pharès (4).

Les pères voient la figure de Noé dans Pharès : Noé, représentation de Jésus-Christ qui a paru comme le petit bras et dont le corps ne pouvait naître que pour la nouvelle loi. Mais ce que les pères voient de plus clair à tout cela, c'est que, par l'aventure de la semence qu'Onan déposait de côté, Jésus-Christ se trouve né de Ruth étrangère, Rahab courtisane, Bethsabée adultère et Thamar incestueuse du père à la fille (5). Mais revenons.

On voit que l'onanisme est, sinon consacré, du moins étayé par de grands et antiques exemples.

Les causes morales qui le provoquent le plus communément sont, ou la crainte de donner la vie à des êtres qui, par des circonstances particulières, seraient malheureux, ou celle des contacts vénéneux ; car on croit, sans que cela soit bien prouvé, que le virus ne fait aucune impression sur les parties du corps qui sont revêtues de la peau tout entière, mais seulement sur celles qui en sont dépourvues.

Ces circonstances, et beaucoup d'autres, poussant à ne céder à ce sentiment si vif qui porte l'homme à la propagation de lui-même qu'en négligeant le but de la nature, les moyens de la tromper sont devenus passion chez quelques-uns, besoin chez beaucoup d'autres.

Le sommeil provoque aux célibataires les songes les plus voluptueux ; l'imagination, aiguisée et flattée par ces illusions décevantes qui conduisent à une réalité mutilée, mais aussi dépourvue des inconvénients qui rendent souvent si dangereux un bonheur plus complet, a embrassé avec ardeur cette manière de donner le change à ses désirs. Les deux sexes, rompant en quelque sorte les liens de la société, ont imité ces plaisirs auxquels ils se refusaient à regret et, les remplaçant par leurs propres efforts, ils ont appris à se suffire.

Ces plaisirs isolés et forcés sont devenus une passion violente par la commodité de l'assouvir, qui a tourné à son profit la force de l'habitude, si puissante sur l'humanité. Alors ils sont devenus très dangereux, tant qu'ils n'ont été déterminés que par le besoin, quand une imagination plus voluptueuse que bouillante les a produits. Aucun accident n'en a été la suite, il n'y a point eu de mal physique à ce penchant et la morale, en certains cas, aurait pu lui montrer quelque indulgence ([6]). Les anciens juges, peut-être peu scrupuleux mais juges philosophes, pensaient que lorsqu'on le contenait dans ces bornes on ne violait pas la continence. Galien soutient, comme on a vu, que Diogène, qui recourait publiquement à ce secours, était fort chaste ; il n'usait de cette pratique, dit-il, que pour éviter les inconvénients de la semence retenue.

Mais il est bien rare que dans ce qu'on accorde aux sens on garde un juste milieu. Plus on se livre à ses désirs, plus on les aiguise ; plus on leur obéit, plus on les irrite. Alors l'âme, enivrée de mollesse et continuellement absorbée dans des idées voluptueuses, détermine sans cesse les esprits animaux à se porter au siège de la jouissance. Les parties qui produisent le plaisir deviennent plus mobiles par les attouchements répétés, plus dociles aux écarts de l'imagination ; les érections deviennent continuelles, les pollutions fréquentes et la déperdition de la vie excessive.

Il arrive trop souvent que la passion dégénère en fureur. Les objets qui lui sont analogues et l'alimentent se présentent sans cesse à l'esprit ; or, on ne peut croire à quel point cette attention à un seul objet énerve, affaiblit. D'ailleurs, cette situation des parties de la génération entraîne, même sans pollution, une très grande dissipation des esprits animaux. Les érections trop rapprochées, lors même qu'elles ne sont pas suivies de l'évacuation de la semence, épuisent prodigieusement. Il y a en ce genre des exemples frappants et incontestables.

Il faut encore observer que l'attitude des onanistes ne contribue pas peu à l'affaiblissement qui résulte de leurs opérations solitaires et à l'irritabilité des organes. La nature ne peut jamais perdre ses droits ni laisser outrager impunément ses lois. Des jouissances partagées, même excessives, seront plutôt supportées par elle qu'un stratagème stérile par lequel on s'efforce de la contraindre. La satisfaction de l'esprit et du cœur aide une prompte réparation des pertes que les délires de l'imagination occasionnent et ne peuvent jamais remplacer.

Mais la morale est toujours faible contre la passion. Quand ce goût bizarre a été connu, on s'est beaucoup plus occupé à perfectionner ce qui pouvait le satisfaire qu'à réfléchir sur ce qui pourrait le réprimer ; et l'on a senti que les deux sexes, s'aidant mutuellement, devaient rapprocher davantage la jouissance isolée des charmes d'une jouissance mutuelle.

Cet art singulier fut cultivé de tout temps, et l'est encore dans la Grèce. Il y est d'usage de s'assembler après les repas. On se couche en rond sur un grand tapis ; tous les pieds sont dirigés vers le centre où, dans la saison froide, on établit un trépied qui porte un brasier. Un second tapis vous recouvre jusqu'aux épaules : là, les jeunes Grecques trouvent le moyen de se déchausser sans qu'on s'en aperçoive et rendent aux hommes, avec leurs pieds, un service dont beaucoup de femmes s'acquittent très gauchement avec leurs mains.

En effet, ce talent n'est pas donné à toutes. Quelques-unes en ont fait à Paris une étude particulière après une expérience consommée et une multitude d'essais. Aussi les jeunes filles qui ont la noble émulation de prétendre à une réputation de ce genre ont grand soin d'aller prendre des leçons ; mais toutes n'y réussissent pas. Il est certain qu'il s'offre ici des difficultés de plus d'un genre.

Il ne s'agit pas d'un sentiment que l'être de la fille transmette : elle ne fait que le provoquer. Ce n'est pas une sensation qu'elle communique par l'impulsion de son corps : c'est une sensation que l'homme doit goûter en lui-même par l'imagination de cette fille, et qui ne devient exquise qu'autant qu'elle peut par son art prolonger la jouissance. Ce plaisir s'éteint avec l'acte, parce que l'homme jouit seul. Les délices du plaisir de la nature, au contraire, précèdent et suivent l'union intime des amants. La fille qui préside à la jouissance partielle ne doit donc s'occuper qu'à amener, exciter, entretenir une situation qui lui est étrangère, puis à la suspendre, à en retarder l'effet loin de l'accélérer, bien moins encore de le provoquer. Toutes ses caresses doivent être modifiées avec des nuances infiniment délicates : la complaisante prêtresse ne peut pas s'abandonner à ces transports bouillants qu'elle se permettrait si elle était unie au sacrificateur.

On sent bien que ce procédé ne saurait avoir lieu vis-à-vis de ces jeunes gens fougueux que leur impétuosité entraîne et qui ne recherchent, dans ces sortes de jouissances, que la convulsion du plaisir ; il ne peut servir qu'avec ceux en qui, dans un âge mûr, le grand feu du tempérament se trouve amorti et l'imagination plus exercée : ils veulent jouir du plaisir avec toutes les sensations et les nuances qu'offre ce genre de volupté.

Il y a, parmi les hommes tout aussi bien que chez les femmes, une très grande variété de tempéraments ; quelques-uns sont d'une lascivité que l'on ne saurait exprimer. Ceux qui, avec du tempérament, savent se contenir et ont le gland recouvert conservent une salacité digne des anciens satyres. La raison en est simple : le gland, qui forme le siège de la volupté, s'entretient dans un état de sensibilité exquise par le séjour continuel de la liqueur lymphatique qui le lubrifie, au lieu qu'il devient dur et calleux avec l'âge chez ceux qui l'ont découvert, qu'on a circoncis ou qui ont naturellement le prépuce plus court ; car chez eux cette liqueur préparatoire qui s'échappe existe en pure perte.

Or, une fille instruite dans l'art du Thabala ne se conduira pas avec un homme de cette classe comme avec un autre. Figurez-vous les deux acteurs nus dans une alcôve entourée de glaces et sur un lit à pente suivie ; la fille adepte évite d'abord avec le plus grand soin de toucher les parties de la génération : ses approches sont lentes, ses embrassements doux, les baisers plus tendres que lascifs, les coups de langue mesurés, le regard voluptueux, les enlacements de ses membres pleins de grâce et de mollesse ; elle excite des doigts un léger prurit sur le bout des tétons ; bientôt elle aperçoit que l'œil devient humide ; elle sent que l'érection est partout établie ; alors elle porte légèrement le pouce sur l'extrémité du gland qu'elle trouve baigné de sa liqueur lymphatique ; de cette extrémité, le pouce descend doucement sur la racine, revient, redescend, fait le tour de la couronne ; elle suspend, ensuite, si elle s'aperçoit que les sensations augmentent avec trop de rapidité ; elle n'emploie alors que les titillations générales ; et ce n'est qu'après les attouchements simultanés et immédiats de la main, puis des deux, et les approches de tout son corps, que, l'érection devenant trop violente, elle juge l'instant dans lequel il faut laisser agir la nature ou l'aider, ou la provoquer pour arriver au but ; parce que le spasme qui s'établit dans l'homme devient si vif, et l'appétit sensitif si violent, qu'il tomberait en syncope si l'on n'y mettait fin.

Mais pour atteindre à ce genre de perfection, à ce ton

de jouissance, il faut que cette fille s'oublie pour étudier, suivre et saisir toutes les nuances de volupté que l'âme du Thabala parcourt, pour user des raffinements successifs qu'exigent ces accroissements de jouissance qu'elle a fait naître. On ne parvient ordinairement à quelque degré de perfection dans cet art que par un tact fin, par un toucher précis qui, dans ces occasions, sont les seuls et véritables juges...

Mais qui le sera du résultat de cette œuvre de volupté ? Sera-ce Martial, le licencieux Martial ?... Je l'entends s'écrier :

La nature elle-même et t'arrête et te crie:
Ce que répand ta main eût mérité la vie (7).

Cela est beau et vrai. Cependant les poètes ne font pas autorité dans les choses qui doivent être décidées par la raison.

Le principe général et peut-être unique de morale est que *mal est ce qui nuit.* L'adultère n'est pas si loin de la nature, et est un beaucoup *plus grand mal* que l'onanisme. Celui-ci ne saurait être dangereux qu'à la jeunesse quand il altère sa santé ; mais il peut souvent être très utile à la morale ; la perte d'un peu de sperme n'est pas en soi un plus grand mal, n'en est pas même un si grand que celle d'un peu de fumier qui eût pu faire venir un chou. La plus grande partie en est destinée par la nature même à être perdue. Si tous les glands devenaient des chênes, le monde serait une forêt où il serait impossible de se remuer.

Enfin, je dirais à Martial : *vous n'approcheriez donc pas de votre femme quand elle est grosse, car* « ce que prend son vagin eût mérité la vie ». *Si vous la laissiez ainsi jeûner, vous seriez un grand sot et lui feriez beaucoup de peine, ce qui est un grand mal; et de plus vous seriez tout ce que peut être un mari avant qu'elle fût accouchée; ce qui en est un assez petit.*

NOTES DU CHAPITRE V

(1) *Première Épître aux Corinthiens:* VII, 8-29.
(2) Hipparchia, etc.
(3) Écho.
(4) Celui qui avait le ruban, et sortit le second, fut nommé Zara, qui veut dire Orient.
(5) Saci : p. 817, édition *in-octavo.*
(6) Le marquis de Santa-Cruz, par exemple, commence son livre de l'Art de la guerre par dire : *que la première qualité indispensable à un grand général, c'est de savoir se branler le vit,* parce que cela épargne, dans une armée et surtout dans une ville de guerre, tous les caquetages et les indiscrétions de femmes qui finissent toujours par tout perdre.
(7) Épigramme 42, livre IX.
(A) Il y aurait beaucoup à dire sur la manière dont les Épîtres de saint Paul ont été traduites, puis interprétées. Paul, avant sa conversion sur le chemin de Damas, était pharisien, c'est-à-dire membre de l'une des sectes les plus rigides du judaïsme de l'époque ; il parlait donc hébreu et, bien que rédigées en grec, ses Épîtres sont nourries d'un hébraïsme qui transparaît dans le texte grec lui-même (on lira avec intérêt, à cet égard, l'ouvrage que Claude Tresmontant consacre à l'hébraïté des Évangiles : *Le Christ hébreu,* publié en 1983 à Paris aux éditions O.E.I.L.). De l'hébreu au latin de la Vulgate et aux traductions ultérieures qui en dérivent, en passant par la transcription en grec de la pensée juive, on imagine le nombre des altérations qui, au gré des circonstances ou des opportunités, ont pu contribuer à dénaturer le contenu réel des Épîtres.

Nous nous bornerons à un exemple. La notion moderne de *matière* n'existe pas dans la pensée hébraïque, et, de même que les Grecs lui substituent celle de *hylè,* de *bois* de construction, c'est-à-dire de bois *mort,* de même les juifs de la période biblique la rendent par celle de *chair,* c'est-à-dire de l'infrastructure matérielle de la vie animale. Aussi bien quand il est question de *la mort attachée au péché de la chair* (voir ci-dessus la note (A) du chapitre IV) faut-il voir dans cette expression, à l'exclusion de toute interprétation triviale, l'indication selon laquelle, pur accéder à la compréhension de la vie et de la conscience, ce serait *manquer la cible,* faire fausse route, que de partir de la matière inerte, qui est une matière « morte » et, comme telle, ne peut engendrer que de la matière « morte ».

Interprété dans cette optique, l'ensemble du texte biblique, et notamment les Épîtres de Paul, rendent une tout autre tonalité que celle à laquelle nous ont accoutumés nos traductions courantes. C'est dans cette tonalité que doivent, en particulier, être relues les considérations de Paul sur le mariage.

CHAPITRE VI

L'ANANDRYNE *

ou
les vestiges de l'androgynat primitif d'Adam et notamment le saphisme

* Du grec *anandros*, au féminin *anandrè*. Pour un homme : sans virilité. Pour une femme : sans époux.

L'ANANDRYNE

Les plus fameux rabbins ont pensé que nos premiers pères avaient les deux sexes et naissaient hermaphrodites pour accélérer la propagation ; mais qu'après un certain temps écoulé la nature cessa d'être aussi féconde, à l'époque où les substances végétales ne suffirent plus à notre nourriture et où les hommes commencèrent à user de la viande.

Il est d'abord certain, et nous l'avons vu dans ces mélanges (voyez chapitre II : l'Anélytroïde), qu'Adam fut créé avec les deux sexes. Dieu lui donna une compagne, mais l'Écriture ne dit point si, dans ce miracle, Adam perdit l'un de ses attributs. La Genèse ne s'expliquant donc point d'une manière précise sur ce sujet, le système des rabbins a conservé longtemps un grand nombre de sectateurs.

On a soutenu un système mitigé qui a semblé à quelques-uns plus vraisemblable. C'est qu'il y avait trois sortes d'êtres dans le premier âge du monde : les uns mâles, les autres femelles, d'autres mâles et femelles tout ensemble ; mais que tous les individus de ces trois espèces avaient chacun quatre bras et quatre pieds, deux visages tournés l'un vers l'autre et posés sur un seul cou, quatre oreilles, deux parties génitales, etc. Ils marchaient droit ; quand ils voulaient courir ils faisaient la culbute. Leurs excès, leur insolence, leur audace les firent dédoubler. Mais il en résulta un grand inconvénient : chaque moitié tâchait sans cesse de se réunir à l'autre, et quand elles se rencontraient elles s'embrassaient si étroitement, si tendrement, avec un plaisir si délicieux, qu'elles ne pouvaient plus se résoudre à se séparer ; plutôt que de se quitter, elles se laissaient mourir de faim.

Le genre humain allait périr. Dieu fit un miracle : il sépara les sexes et voulut que le plaisir cessât après un court intervalle afin que l'on fît autre chose que de rester collés l'un à l'autre. Il est arrivé de là, et rien n'est plus simple, que le sexe femelle, séparé du sexe mâle, a conservé un amour ardent pour les hommes et que le sexe mâle aspire sans cesse à retrouver sa tendre et belle moitié.

Mais il est des femmes qui aiment d'autres femmes ? Rien de plus naturel encore : ce sont des moitiés de ces anciennes femelles qui étaient doubles. De même certains mâles, dédoublements d'autres mâles, ont conservé un goût exclusif pour leur sexe. Il n'y a rien là d'étrange, quoique ces couples d'hommes réunis et désunis paraissent bien moins intéressants. Voyez combien quelques connaissances de plus ou de moins doivent donner plus ou moins de tolérance ! Je souhaite que ces idées en imposent aux moralistes déclamateurs. On peut leur citer des autorités graves car ce système, dont la source est dans Moïse, a été très étendu par le sublime Platon. Et Louis Leroi, professeur royal à Paris, a fait sur cette matière de vastes commentaires auxquels ont travaillé avec succès *Mercerus et Quinquebze*, lecteurs du roi en hébreu.

On ne sera peut-être pas fâché de trouver ici les vers originaux de Louis Leroi :

Au premier âge que le monde vivait,
D'herbe, de gland, trois sortes il y avait
D'hommes; les deux, tels qu'ils sont maintenant,
Et l'autre double était; s'entretenant
Ensemblement tant mâle que femelle.
Il faut penser que la façon fut belle;
Car le grand Dieu qui vivre les faisait,
Faits les avait, et bien s'y connaissait.
De quatre bras, quatre pieds et deux têtes,
Étaient formées ces raisonnables bêtes;
Le reste vaut mieux pensée que dite,
Et se verrait plutôt peinte qu'écrite.
Chacun était de son corps tant aisé,
Qu'en se retournant il se trouvait baisé;
En étendant ses bras on l'embrassait;
Voulant penser on le contrepensait.
En soi voyait tout ce qu'il voulait voir,
En soi trouvait tout ce qu'il fallait avoir.
Jamais en lieu ses pieds porté ne l'eussent
Que quant à lui ses passe-temps ne fussent.
Si de son bien lui plaisait mal user,
Facile était envers soi s'excuser.
De lui n'était fait ni rapport ni compte,
Ne connaissait honnêteté ni honte.
Si de son cœur sortaient simples désirs,
Il y entrait tant de doubles plaisirs
Qu'en y pensant chacun est incité
A maintenir que la félicité
Fut de tel temps, et le siècle doré.

Antoinette Bourignon *, dans sa préface du *Nouveau*

* Visionnaire (1616-1680) qui se disait « Mère des vrais Croyants ». Claude Louis-Combet a publié une passionnante mythobiographie d'Antoinette Bourignon (Flammarion, 1983).

ciel, adopte aussi ce système qui paraît de nature à être regretté du beau sexe. Elle attribue au péché ce triste dédoublement, et dit qu'il a défiguré dans les hommes l'œuvre de Dieu ; et qu'au lieu d'hommes qu'ils devraient être ils sont devenus des monstres de nature, divisés en deux sexes imparfaits, impuissants à produire seuls leurs semblables comme se reproduisent les plantes, qui sont bien plus favorisées et parfaites, en cela, que l'espèce humaine condamnée à ne se propager que par la réunion momentanée de deux êtres qui, s'ils éprouvent alors quelques délices, ne peuvent achever ce grand œuvre de la reproduction qu'avec tant de douleurs.

Quoi qu'il en soit de ces idées, on a vu encore de nos jours des phénomènes analogues qui portent à croire que la tradition de Moïse n'est pas une chimère. L'un des plus étonnants est celui d'un moine, à Issoire en Auvergne où le cardinal de Fleury fit exiler en 1739 le Garde des Sceaux Chauvelin. Ce moine avait les deux sexes. On lit, dans le couvent, ces vers à son sujet :

J'ai vu vif, sans fantôme,
Un jeune moine avoir
Membre de femme et d'homme,
Et enfant concevoir.
Par lui seul en lui-même,
Engendrer, enfanter,
Comme font autres femmes,
Sans outils emprunter.

Cependant, les registres du couvent portent que ce moine ne s'engrossa point lui-même ; il n'avait pas été tout à la fois agent et patient. Il fut livré à la justice et détenu jusqu'à sa délivrance. Néanmoins, le registre ajoute ces mots remarquables :

« Ce moine appartenait à Monseigneur le cardinal de

Bourbon ; il avait les deux sexes, et de chacun d'iceux s'aida tellement qu'il devint gros d'enfants. »

Je sais que l'on peut instituer une différence entre l'hermaphrodite proprement dit et l'androgyne. L'androgyne et l'hermaphrodite, pure invention des Grecs qui voulaient et savaient tout embellir, ont été célébrés ainsi à l'envi par tous les poètes, qui en faisaient des descriptions charmantes tandis que les artistes les représentaient sous les formes les plus agréables et les plus propres à réveiller les sentiments de la volupté. Pandore ne réunissait que les perfections de son sexe. L'hermaphrodite réunit toutes les perfections des deux sexes. C'est le fruit des amours de Mercure et de Vénus comme l'indique l'étymologie du nom ([1]). Or, Vénus était la beauté par excellence, Mercure, à sa beauté personnelle joignait l'esprit, les connaissances et les talents. On se forme l'idée d'un individu en qui toutes ces qualités se trouvent rassemblées, et on aura celle de l'hermaphrodite tel que les Grecs ont voulu le représenter. Les androgynes au contraire, sous la véritable acception de leur nom, ne sont que des participants aux deux sexes, que l'on a nommés hermaphrodites que parce que les anciens avaient feint que le fils de Mercure et de Vénus avait les deux sexes. Mais il n'en est pas moins vrai que comme il y a eu de tout temps des femmes qui ont tiré un grand parti de cette conformité androgyne, elles ont su la rendre précieuse. Lucien, dans un de ses dialogues, instruit deux courtisanes dont l'une dit à l'autre :

— J'ai tout ce qu'il faut pour contenter tes désirs.

A quoi celle-ci répond :

— Tu es donc hermaphrodite ([2]) ?

Saint Paul reproche ce vice aux femmes romaines ([3]). On a peine à croire ce qu'on lit dans Athénée sur les excès de ce genre, commis par ces femmes ([4]). Aristophane, Plaute, Phèdre, Ovide, Martial, Tertullien et Clément d'Alexandrie les ont désignés d'une manière plus ou moins directe, et Sénèque les accable d'une effroyable imprécation (5).

Les hermaphrodites parfaits sont à présent très rares ; ainsi il paraît que la nature ne produit plus de ces hommes androgynes. Mais il faut convenir que l'on remaque fréquemment des effets de ces dédoublements que nous venons d'expliquer : de tout temps, et dans l'antiquité la plus reculée comme dans les siècles plus voisins de nos jours, on a vu la passion la plus décidée de femme à femme. Lycurgue, ce sévère Lycurgue qui rêva des choses si bizarres et si sublimes, faisait représenter publiquement des jeux qu'on appelait *gymnopédies*, où les jeunes filles paraissaient nues : les danses, les attitudes, les approches, les enlacements les plus lascifs leur étaient enseignés. La loi punissait de mort les hommes qui auraient été assez téméraires pour les approcher. Ces filles habitaient entre elles jusqu'à ce qu'elles se mariassent : le but du législateur était apparemment de leur apprendre l'art de sentir, qui embellit beaucoup celui d'aimer ; de les instruire de toutes les nuances de sensations que la nature indique ou dont elle est susceptible ; en un mot, de les exercer entre elles de manière à tourner un jour au profit de l'espèce humaine tous les raffinements qu'elles s'enseignaient mutuellement. Enfin, on leur apprenait à être amoureuses avant d'avoir un amant ; car on est amoureuse sans amour, comme on assure quelquefois qu'on aime sans être amoureuse. N'a pas du tempérament qui veut ; n'aime pas qui veut : c'est une morale de ce genre que Lycurgue a développée dans ses bois ; c'est cette morale qu'Anacréon a éparpillée dans ses immortels badinages comme les feuilles de la rose.

Qui se serait attendu à trouver Anacréon et Lycurgue dans les mêmes principes ? Sapho, avant le poète de Téos *,

---

* Ville d'Asie Mineure, patrie d'Anacréon : poète et chantre de l'amour.

les avait réduits en système pratique et en avait décrit les symptômes. O quel peintre et quelle observatrice était cette belle dévorée de tous les feux de l'amour !

Cette Sapho, qui n'est guère connue que par les fragments de ses poésies brûlantes et ses amours infortunées, peut être regardée comme la plus illustre des tribades. On compte du nombre de ses tendres amies les plus belles personnes de la Grèce, qui lui inspirèrent des vers ([6]). Anacréon assure qu'on y trouve tous les symptômes de la fureur amoureuse. Plutarque apporte un de ces morceaux de poésie en preuve que l'amour est une fureur divine qui cause des enthousiasmes plus violents que ne l'étaient ceux de la prêtresse de Delphes, des Bacchantes et des prêtres de Cybèle. Qu'on juge quelle flamme brûlait au cœur qui inspirait ainsi ([7]) !

Mais Sapho, longtemps amoureuse de ses compagnes, les sacrifia à l'ingrat Phaon qui la réduisit au désespoir. N'aurait-il pas mieux valu pour elle continuer à poursuivre des conquêtes que les familiarités facilitées par la conformité du sexe, les sûretés qu'il procure et l'ascendant de son esprit devaient lui rendre si aisées ? D'autant qu'elle était douée de tous les avantages que l'on peut désirer dans cette passion à laquelle la nature semblait l'avoir destinée ; car elle avait un clitoris si beau qu'Horace donnait à cette femme célèbre l'épithète de *mascula*, c'est-à-dire en français *femme hommesse.*

Il paraît que le collège des *Vestales* peut être regardé comme le plus fameux sérail de tribades qui ait jamais existé, et l'on peut dire que la secte anandryne a reçu dans la personne de ces prêtresses les plus grands honneurs. Le sacerdoce n'était pas un de ces établissements vulgaires, humbles et faibles dans leurs commencements, que la piété hasarde et qui ne doivent leur succès qu'au caprice. Il ne se montre à Rome qu'avec l'appareil le plus auguste : vœu de virginité, garde du palladium, dépôt et entretien du feu sacré ([8]), symbole de la conservation de l'empire, prérogatives les plus honorables, crédit immense, pouvoir sans bornes. Mais combien tout cela eût été payé cher par la privation absolue de ce bonheur auquel la nature appelle tous les êtres, et les supplices affreux qui attendaient les Vestales si elles succombaient à sa voix ! Jeunes et capables de toute la vivacité des passions, comment y seraient-elles échappées sans les ressources de Sapho, tandis qu'on leur laissait la liberté la plus dangereuse et que leur culte même les appelait à des idées si voluptueuses ?

Car on sait que les Vestales sacrifiaient au dieu *Fascinus*, représenté sous la forme du *Thallum* égyptien. Il y avait des cérémonies singulières observées dans les sacrifices : elles attachaient cette image du membre viril aux chars des triomphateurs. Ainsi le feu sacré qu'elles entretenaient était censé se propager dans tout l'empire par les voies véritablement vivifiantes ; mais qu'un tel objet de contemplation était peu nécessaire à exposer à la vue de jeunes filles vouées à la virginité !

On voit que les tribades anciennes avaient d'illustres modèles. L'abbé Barthélémi, dans ses antiquités palmyriennes, cite les habits qu'elles affectaient en public : c'étaient, selon lui ([9]), l'*énomide* et la *callyptze*. L'*énomide* serrait étroitement le corps et laissait les épaules découvertes. Quant à la *callyptze*, on ne la connaît que par son nom, comme la crocote, la robe *tarentine*, l'*anobolè*, l'*encyclion*, la *cécriphale* et les tuniques teintes en couleurs ondoyantes qui désignaient assez bien cette ardeur des tribades, qui appètent sans cesse comme les flots se succèdent sans jamais se tarir. Elles arboraient ces vêtements suivant les situations dans lesquelles elles se trouvaient. La callyptze était pour le public extérieur ; elles portaient l'énomide lorsqu'elles recevaient du monde dans leur intérieur ; la tarentine servait dans les voyages ; la crocote était pour le boudoir, lorsqu'elles étaient dans un exercice solitaire ; l'anobolè pour la tribaderie de tête-à-tête ; la cécriphale pour les rendez-vous nocturnes ; l'encyclion pour tenir cercle licencieux ; les tuniques teintes pour les grandes confréries, les orgies ; et la couleur de la tunique annonçait l'office dont la tribade qui la portait était chargée pour ce jour. Chaque genre de secours avait sa couleur ondoyante particulière.

Il est certains cas où la tribaderie a été conseillée par des physiciens très savants. On sait que David ne recouvra sa chaleur que par des femmes qui tribadaient par-dessus son corps. Quant à Salomon, il n'employait sans doute ses trois mille concubines qu'à faire exécuter en sa présence des évolutions en grand. De nos jours, la chaleur idiopathique se restitue dans le corps humain par les jeux d'une multitude de femmes au milieu desquelles s'établit celui qui veut recouvrer ses forces. Ce remède était conseillé par Dumoulin toujours avec succès. On sent qu'aussitôt que le malade ressentait les effets idiopathiques de la chaleur, il devait se retirer pour laisser rasseoir et raffermir l'incandescence qui paraissait se montrer ; autrement, il en serait résulté un effet contraire. Ce système est fondé sur ce que l'homme n'a besoin que de la présence de l'objet pour ressentir l'espèce de chaleur dont il s'agit, laquelle le meut plus ou moins fortement selon qu'il est plus ou moins débilité. En général, la fréquence des accès de cette chaleur vivifiante dure autant et plus que les forces de l'homme. C'est une des suites de la faculté de penser et de se rappeler subitement certaines sensations agréables à la seule inspection des objets qui les lui ont fait éprouver. Ainsi celle qui disait *que si les animaux ne faisaient l'amour que par intervalles, c'est qu'ils étaient des bêtes*, disait un mot bien plus philosophique qu'elle ne pensait.

Au reste, en tribaderie comme en tout, les excès sont nuisibles ; ils énervent au lieu d'exciter. Il arrive aussi quelquefois, à force de recherches, des aventures singulières et funestes dans ces sortes d'exercices. Il y a peu de temps qu'à Parme une fille accoutumée à tribader avec sa bonne amie se servit d'une grosse aiguille à tête d'ivoire de la longueur d'un doigt, qui, dans les secousses, fit fausse route et tomba dans la vessie. Elle n'osa déclarer son aventure, souffrit et patienta ; elle urinait goutte à goutte ; au bout de cinq mois, il s'était déjà formé une pierre autour de l'aiguille que l'on tira par les voies ordinaires.

Dans les couvents, vastes théâtres de tribaderie, il est arrivé beaucoup d'événements pareils ; ici c'est un cure-oreille, là un pessaire ; dans un autre un affiquet * ou un canon de seringue ; ailleurs une fiole d'eau de la reine de Hongrie, pour la laisser distiller goutte à goutte ; une petite navette de tisserand, un épi de blé qui monte de soi-même, qui chatouille le vagin et que la pauvre nonnette ne peut plus retirer, etc. On ferait un volume de pareilles anecdotes.

M. Poivre nous apprend, dans ses voyages, que les plus fameuses tribades de l'univers sont les Chinoises ; et comme, en ce pays, les femmes de qualité marchent peu, elles tribadent à travers des hamacs suspendus. Ces hamacs sont faits de soie plate à mailles de deux pouces en carré ; le corps y est mollement étendu, les tribades se balancent et s'agitent sans avoir la peine de se remuer. C'est un grand luxe des mandarins que d'avoir dans une salle, au milieu des parfums, vingt tribades aériennes qui s'amusent sous leurs yeux.

Le sérail du grand seigneur n'a pas d'autre but ; car que ferait un seul homme de tant de beautés ? Quand le sultan blasé se propose de passer la nuit avec une de ses femmes, il se fait apporter son sorbet au milieu de la pièce des Tours (All'hachi) ; c'est ainsi qu'on la nomme. Les murs

---

* Outil de broderie.

sont couverts des peintures les plus lascives; à l'entrée de cette pièce on voit une colombe d'un côté et une chienne de l'autre, par où l'on sort; symboles de volupté et de lubricité.

Au centre des peintures se lisent vingt vers turcs qui décrivent les trente beautés de la Belle Hélène, et dont M. de Saint-Priest a envoyé dernièrement un fragment avec ces détails: ce fragment a été traduit par un Français du quartier de Péra ([10]).

Je n'essaierai point de traduire ces vers en français; ils n'ont point été faits par un poète. Ce calcul arithmétique, ces trente qualités coupées gravement trois à trois glaceraient toute verve. On ne calcule point les charmes qu'on adore; on s'enivre, on brûle, on les couvre de baisers; ce n'est qu'alors qu'on est intéressant. La belle qui verrait compter par ses doigts les attraits dont elle est ornée prendrait le calculateur pour un sot, et ferait elle-même une pauvre figure. Il y en a bien plus de trente; il y en a plus de mille. Quoi! lorsqu'on voit Hélène nue a-t-on la tête si nette?... ([11]). Mais les Turcs ne sont pas galants.

Le sultan arrive dans cette salle, où les muets ont tout fait préparer. Il s'accroupit dans un angle d'où il rase la terre pour voir les attitudes sous un angle favorable. Il fume trois pipes et, pendant le temps qu'il s'y emploie, ce que l'Asie produit de plus parfait paraît nu dans cette salle. Elles s'accouplent d'abord suivant le tableau de la belle Hélène, puis se mêlent et diversifient les groupes et les postures dont les murs leur offrent les modèles, qu'elles surpassent par leur agilité.

Il y a, entre autres, dans ce salon voluptueux, sept tableaux de Boucher, dont un représente des fictions d'après le Caravage. Et le dernier sultan les faisait exécuter en naturel d'après le peintre des grâces.

O, si l'on employait autant d'efforts à former les mœurs qu'à les corrompre, à créer les vertus qu'à exciter les désirs, que l'homme aurait bientôt atteint le degré de perfection dont la nature est susceptible !

NOTES DU CHAPITRE VI

(1) Lucien. T. I dialog. deor. XV, et Diodore de Sicile. Livre IV, p. 252, éd. Westhling.

(2) Dialog. Meret. V.

(3) *Épître aux Romains*: I, 26.

(4) Livre IV, chapitre XVI.

(5) *Que les dieux et les déesses détruisent cruellement ces femmes! Jusqu'à anéantir l'idée même de ce genre d'impudicité! Que les hommes passent leur chemin.*

(6) Thelesyle, Amythone, Atthys, Anactorie, Cydno, Mégare, Pyrrine, Andromède, Mnaïs, Cyrine, etc.

(7) On lisait aux pieds de la statue de Sapho par Silanion : *Sapho qui a chanté elle-même sa lubricité, et qui fut amoureuse à la rage.*

(8) *Vesta* vient du grec et signifie *feu.* Les Chaldéens et les anciens Perses appelaient le feu *avesta.* Zoroastre a intitulé son fameux livre : *Avesta,* la garde du feu. La porte des maisons, l'entrée, s'est appelée *vestibule* parce que chaque Romain avait soin d'entretenir ce feu de Vesta à la porte de sa maison. C'est de là sans doute que l'entrée du vagin s'appelle le vestibule du vagin, comme étant le lieu où s'entretient le premier feu de ce temple.

(9) Je ne doute pas que quelque érudit ne me fasse ici plus d'une difficulté... Mais on n'aurait jamais fini s'il fallait répondre à tout.

(10) On sent bien que la dignité de M. de Saint-Priest l'empêchera d'en convenir ; et quelque littérateur, encouragé par ce désaveu, viendra me soutenir que ces vers sont tout simplement imités d'un passage de *Sylva nuptialis,* de J. de Névisan ; et puis vite il citera le morceau. Le voici :

Elle avait ces trente traits qui font qu'une femme est belle
Comme le fut Hélène selon la renommée.
Trois blancs, autant de noirs, et trois rouges.
Trois longs et trois courts en avait la fille;
Trois gros, autant de minces, trois larges, autant d'étroits.
Et que les formes aillent toujours par trois.
Peau blanche, cheveux clairs, dents de neige,
Noirs les yeux, le con, les sourcils.
Rouges les lèvres, les joues, les ongles.
Que le corps ait de longues formes,

Longs cheveux, que soient longues les mains.
Que soient courtes les dents, les oreilles, court le pied.
Amples la poitrine et la croupe, écartés les sourcils.
Con et bouche étroits. Que se resserre encore l'étroit,
Pupilles, cul et vulve gonflée.
Que les filles aient fins doigts, lèvres et cheveux.
Que le nez soit petit, petits les seins, la tête.
Qu'elle n'ait aucun ou peu de ces traits,
Nulle fille, ou rarement, peut se dire belle.

Mais je le prie de me dire où est l'impossibilité que ces vers soient traduits en turc dans le sérail ?... Enfin, on ne dispute point contre les faits.

(11) Et puis comment traduire en vers, avec grâce et noblesse, *cunnus, clunes, cullus, vulva*? On aurait de la peine à s'en tirer dans un mauvais lieu. Mais l'amour veut être servi dans un temple.

CHAPITRE VII

L'AKROPODIE *

(De la circoncision, et comment les exégètes en vinrent à se livrer sur eux-mêmes à des tranches d'expériences)

* Du grec *akropodium* : pointe du pied.

L'AKROPODIE

La nature travaille à la reproduction des êtres par des voies bien diverses ; elle a voulu que l'espèce humaine se renouvelât par le concours de deux individus semblables par les traits les plus généraux de leur organisation, et destinés à y coopérer par des moyens particuliers et propres à chacun. Aussi l'essence d'un sexe ne se borne point à un seul organe mais s'étend par des nuances plus ou moins sensibles à toutes les parties. La femme, par exemple, n'est point femme par un seul endroit ; elle l'est par toutes les faces sous lesquelles elle peut être envisagée ; on dirait que la nature a tout fait en elle pour les grâces et les agréments si l'on ne savait qu'elle a un objet plus essentiel et plus noble. C'est ainsi que dans toutes les opérations de la nature la beauté naît d'un ordre qui tend au loin, et qu'en voulant faire ce qui est bon elle a fait nécessairement en même temps ce qui plaît.

Voilà la loi générale, à laquelle ne dérogent les modifications particulières qu'autant que les passions, les goûts, les mœurs, soumis à un rapport direct avec les législations et les gouvernements mais toujours subordonnés à la constitution physique dominante dans tel ou tel climat, s'écartent plus ou moins de la nature contrariée par l'homme.

Ainsi dans les pays chauds, des habitants rembrunis, petits, secs, vifs, spirituels, seront moins laborieux, moins vigoureux, plus précoces et moins beaux que ceux des pays froids. Les femmes y seront plus jolies et moins belles ; l'amour y sera un désir aveugle, impétueux, une fièvre ardente, un besoin dévorant, un cri de la nature.

Dans les pays froids, cette passion, moins physique et plus morale, sera un besoin très modéré, une affection réfléchie, méditée, analysée, systématique, un produit de l'éducation. La beauté et l'utilité, ou toutes les beautés et les utilités, ne sont donc point connexes : leurs rapports s'éloignent, s'affaiblissent, se dénaturent ; la main de l'homme contrarie sans cesse l'activité de la nature. Quelquefois aussi nos efforts hâtent sa marche.

Par exemple, la loi respective de l'amour physique des pays septentrionaux et des méridionaux est très atténuée par les institutions humaines. Nous nous sommes entassés en dépit de la nature dans des villes immenses, et nous avons ainsi changé les climats par des foyers de notre invention, dont les effets continuels sont infiniment puissants.

A Paris, dont la température est bien froide en comparaison même de nos provinces méridionales, les filles sont plus tôt nubiles que dans les campagnes, même voisines de Paris. Cette prérogative, plus nuisible qu'utile peut-être, annexée à cette monstrueuse capitale tient à des causes morales, lesquelles commandent très souvent aux causes physiques ; la précocité corporelle est due à l'exercice précoce des facultés intellectuelles, qui ne s'aiguisent guère avant le temps qu'au détriment des mœurs. L'enfance est plus courte ; l'adolescence hâtive devient héréditaire ; les fonctions animales et l'aptitude à les exercer s'exaltent (car se perfectionnent ne serait pas le mot) de génération en génération. Or, les dispositions corporelles et les facultés de l'âme sont entre elles dans un rapport qui peut être transmis par la génération. Grande vérité qui suffit pour faire sentir de quelle importance serait pour les sociétés une éducation nationale bien conçue !

C'est surtout peut-être sur le sexe séduisant qu'il faudrait travailler ; car chez presque toutes les nations policées, avec l'apparence de l'esclavage il commande en effet au sexe dominateur. Il y a des femmes, et en très grand nombre, chez qui les effets de la sensibilité augmentent le ressort de chaque organe tant cet être, pour lequel la nature a fait des frais inconcevables, est perfectible ! Les spasmes vénériens, qui constituent l'essence des fonctions du sexe, les libations fécondes sont plus susceptibles encore d'être envisagés moralement que mécaniquement. Ils dépendent sans doute de la plus ou moins grande sensibilité de ce centre merveilleux (1) qui se réveille ou s'assoupit périodiquement.

Mais quelle influence n'a-t-il pas aussi sur toutes les parties de l'être ! Si le plaisir y existe, l'âme sensitive, agréablement émue, semble vouloir s'étendre, s'épanouir pour présenter plus de surface aux perceptions. Cette intumescence répand partout le sentiment délicieux d'un surcroît d'existence. Les organes montés au ton de cette sensation s'embellissent et l'individu, entraîné par la douce violence faite aux bornes ordinaires de son être, ne veut plus, ne sait plus que sentir.

Substituez le chagrin au plaisir, l'âme se retire dans un centre qui devient un noyau stérile, et laisse languir toutes les fonctions du corps. Et de même que le bien-être et le contentement de l'esprit produisent la joie, l'épanouissement de l'âme, la vivacité, l'embellissement du corps, la satisfaction, le sourire, la gaieté ou la douce et tendre joie de la sensibilité, et ses voluptueuses larmes et ses embrassements énergiques, et ses transports brûlants ressemblant à l'ivresse ; de même la peine d'esprit et ses inquiétudes rétrécissent l'âme, abattent le corps, enfantent les douleurs morales et physiques, et la langueur, et l'accablement, et l'inertie.

Il ne serait donc ni fol ni coupable celui qui, à l'exemple d'un despote asiatique mais par d'autres motifs, proposerait aux philosophes et aux législateurs la recherche de nouveaux plaisirs, et crierait : « *Épicure était le plus sage des hommes. La volupté est et doit être le mobile tout-puissant de notre espèce.* »

Il y a des variétés dans les êtres créés, qui seraient incroyables si l'on pouvait combattre les résultats d'observations suivies, réitérées, authentiques ([2]), mais la physique éclairée doit être le guide éternel de la morale. Et voilà pourquoi presque toutes les lois coercitives sont mauvaises. Voilà pourquoi la science de la législation ne peut être perfectionnée qu'après toutes les autres.

Mais l'homme, qui est le plus grand ennemi et le plus grand partisan, le plus grand promoteur et la plus remarquable victime du despotisme, a voulu dans tous les temps tout diriger, tout conduire, tout réformer. De là cette foule de lois si injustes et si bizarres, ces institutions inexplicables, ces costumes de tout genre. A leur place en tel temps, dans telles circonstances, en tel lieu, mais que le tyran de la nature a voulu propager, prolonger sans égard aux temps, aux lieux et aux circonstances. La circoncision est selon nous l'une des plus singulières qu'il ait imaginées.

Plusieurs peuples l'ont pratiquée pour des fins utiles dans l'ordre de la nature, et cela est simple et sage. D'autres l'ont admise sans besoin comme une observance religieuse, et cela paraît fol. Les Égyptiens l'ont regardée comme une affaire d'usage, de propreté, de raison, de santé, de nécessité physique. En effet, on prétend qu'il y a des hommes qui ont le prépuce si long que le gland ne pourrait pas se découvrir de lui-même ; d'où il résulterait une éjaculation baveuse qui serait un inconvénient considérable pour l'œuvre de la génération. Cette raison en est une assurément pour diminuer un prépuce de cette nature. Mais que ce prépuce ait été un objet en grande vénération chez le peuple choisi de Dieu, voilà ce qui me semble très singulier.

En effet, le sceau de la réconciliation, le signe de l'alliance, du pacte entre le Créateur et son peuple, c'est le prépuce d'Abraham (*Genèse :* XVII, 24), prépuce qui devait être racorni car Abraham avait quatre-vingt-dix-neuf ans quand il se fit cette coupure ; il opéra de même sur son fils, sur tous les mâles, etc. La mère de Moïse circoncit aussi son fils ; ce ne fut pas sans peine et elle se brouilla avec son époux qui ne la revit plus (*Exode :* IV, 25). Cette cérémonie n'était alors regardée que comme une figure car on parle des fruits circoncis (*Lévitique :* XIX, 23), de la circoncision du cœur (*Deutéronome :* X, 16), etc. Et elle fut suspendue pendant tout le temps que les Israélites furent dans le désert. Aussi Josué, à la sortie du désert, fit circoncire un beau jour tout le peuple. Il y avait quarante ans qu'on n'avait coupé de prépuces ; on en eut deux tonnes tout d'un coup (*Josué :* V, 3 et 7).

Quand le peuple de Dieu eut des rois on fit bien plus : on maria pour des prépuces. Saül promet sa fille à David et demande cent prépuces de douaire (I *Samuel :* XVIII, 25). David, qui était héroïque et généreux, ne voulut pas être borné dans ce magnifique don et apporta à Saül deux cents prépuces (I *Samuel :* XVIII, 27), puis il épousa Michol ; on la lui voulut contester, mais il forma sa demande en règle et l'obtint pour sa collection de prépuces (II *Samuel* : III, 14).

Ils ont excité de grandes querelles, ces prépuces. On ne regarda pas seulement la circoncision comme un sacrement de l'ancienne loi en ce qu'elle était un signe de l'alliance de Dieu avec la postérité d'Abraham ; on voulut que ce bout de peau que l'on retranchait du membre génital remit le péché originel aux enfants. Les pères ont été divisés à ce sujet. Saint Augustin, qui soutenait cette opinion, a contre lui tous ceux qui l'ont précédé, et depuis lui saint Justin, Tertullien, saint Ambroise, etc. La grande raison de ceux-ci est fort plausible : pourquoi, disent-ils, ne coupe-t-on rien aux femmes ? Le péché originel les entache tout comme les hommes ; on devrait même en bonne justice leur couper plus qu'à ceux-ci car, sans la curiosité d'Eve, Adam n'aurait pas péché.

Les pères Conning et Coutu ont soutenu, d'après M. Huet, qu'il n'était rien moins qu'évident que l'on ne circoncît pas les femmes. En effet, Huet, sur Origène, dit positivement qu'on circoncit presque toutes les Égyptiennes ([3]) : on leur coupait une partie du clitoris qui nuirait à l'approche du mâle ; d'autres subissent la même opération par principe de religion, pour réprimer les effets de la luxure, parce que les chatouillements et l'irritation sont moins à craindre quand le clitoris est moins proéminent.

Paul Jove et Munster assurent que la circoncision est en usage pour les femmes chez les Abyssins. C'est même, dans ce pays et pour ce sexe, une marque de noblesse ; aussi ne la donne-t-on qu'à celles qui prétendent descendre de Nicaulis, reine de Saba. La question de la circoncision des femmes est donc très indécise, et les érudits peuvent encore s'exercer.

Une opération très embarrassante devait être quand il fallait couper où il ne restait rien à retrancher. Par exemple, comment opérait-on sur les peuples qui, circoncis par propreté ou par nécessité, se faisaient juifs, de sorte qu'il fallait les circoncire encore une fois pour l'alliance ? Il paraît qu'alors on se contentait de tirer de la verge quelques gouttes de sang à l'endroit où le prépuce avait été découpé, et ce sang s'appelait *le sang de l'alliance* ; mais il fallait trois témoins pour que cette cérémonie fût authentique, parce qu'il n'y avait plus de prépuce à montrer.

Les juifs apostats s'efforçaient, au contraire, d'effacer en eux les marques de la circoncision et de se faire des prépuces. Le texte des Maccabées y est formel : *ils se sont fait des prépuces et ont trompé l'alliance* (4). Saint Paul, dans la première Épître aux Corinthiens (VII, 18), semble craindre que les juifs convertis au christianisme n'en usent de même : *si*, dit-il, *un circoncis est appelé à la nouvelle loi, qu'il ne se fasse point de prépuce.*

Saint Jérôme, Rupert et Haimon nient la possibilité du fait et croient que la trace de la circoncision est ineffaçable ; mais les pères Conning et Coutu ont soutenu dans le droit et dans le fait que la chose était possible : dans le droit par l'infaillibilité de l'Écriture, dans le fait par les autorités de Galien et de Celse qui prétendent qu'on peut effacer les marques de la circoncision. Bartholin (5) cite Oegnielte et Fallope qui ont enseigné le secret de supprimer cette marque dans la chair d'un circoncis. Buxtorf le fils, dans sa lettre à Bartholin, confirme ce fait par l'autorité même des juifs. De plus, la matière étant trop grave pour que des hommes religieux voulussent y laisser quelque doute, les PP. Conning et Coutu ont éprouvé sur eux-mêmes la pratique indiquée par les médecins que nous venons de citer.

La peau est extensible par elle-même à un degré qu'on aurait peine à croire si celle des femmes, dans la grossesse, et les vêtements faits avec la tunique des êtres animés n'en étaient des exemples journaliers. On voit souvent des paupières se relâcher ou s'allonger exorbitamment. Or, la peau du prépuce est exactement semblable à celle des paupières.

Ceci bien reconnu, les PP. Conning et Coutu se firent d'abord légitimement circoncire et, quand la racine de leur prépuce fut consolidée, ils y attachèrent un poids tel qu'ils purent le supporter sans aucun éraillement. La tension imperceptible et les liniments d'huile rosat le long de la verge facilitèrent l'allongement de la peau, au point qu'en quarante-trois jours Conning gagna sept lignes un quart. Coutu, qui avait la peau plus calleuse, n'en put donner que cinq lignes et demie (A). On leur avait fait une boîte en fer-blanc doublée et attachée à la ceinture pour qu'ils pussent uriner et vaquer à leurs affaires. Tous les trois jours on visitait l'extension et les pères visiteurs, nommés commissaires *ad hoc*, dressaient registres de l'arrivée du nouveau prépuce de Conning, à peu près comme on fait au Pont-Royal pour la crue de la Seine.

Il est donc bien constaté que la Bible a dit vrai pour les hommes ; mais Conning et Coutu n'ont pas eu la même satisfaction pour les femmes. Aucune ne voulut permettre qu'on lui attachât un poids au clitoris ; en sorte qu'il n'en est point aujourd'hui qui s'en fasse couper, ni par crainte de l'approche de l'homme [car il y a des expédients qui sauvent tout inconvénient, comme on comprend bien ([6])], ni en signe d'alliance parce qu'il est de fait qu'elles s'allient toutes sans avoir besoin d'aucune diminution. On est bien loin aujourd'hui de s'affliger de la proéminence d'un clitoris... O que ce progrès des arts est énorme en ce siècle !

On sait que les Turcs coupent la peau et n'y touchent plus, au lieu que les juifs la déchirent et guérissent plus facilement ; au reste, les enfants de Mahomet mettent le plus grand cérémonial dans cette opération. En 1581, Murat III, voulant faire circoncire son fils aîné âgé de quatorze ans, envoya un ambassadeur à Henri III pour le prier d'assister à la cérémonie du prépuce qui devait se célébrer à Constantinople au mois de mai de l'année suivante. Les ligueurs, et surtout leurs prédicateurs, prirent occasion de cette ambassade pour appeler Henri III *le roi turc* et lui reprocher qu'il était le parrain du grand-seigneur.

Les Persans circoncisent à l'âge de treize ans en l'honneur d'Ismaël ; mais la méthode la plus singulière en ce genre est celle qui se pratique à Madagascar : on y coupe la chair à trois différentes reprises ; les enfants souffrent beaucoup, et celui des parents qui se saisit le premier du prépuce coupé l'avale.

Herrera dit que, chez les Mexicains où, d'ailleurs, on ne

trouve aucune connaissance du mahométisme ni du judaïsme, on coupe les oreilles et le prépuce aux enfants aussitôt après leur naissance, et que beaucoup en meurent.

Voilà ce que l'on peut citer de plus remarquable sur cette matière. On ignore si la crainte du frottement et l'irritation qui en est une suite privaient les juifs de la commodité de porter ce que nous appelons des culottes ; mais il est sûr que les israélites n'en portaient pas. En quoi nos capucins non réformés ont imité le peuple de Dieu. Cependant, comme les érections auraient pu embarrasser dans certaines cérémonies, il était enjoint de se servir alors d'un chauffoir ([7]) pour contenir les parties génitales. Aaron en reçut l'ordre.

Je m'aperçois, en finissant ce morceau, que l'histoire des prépuces n'est pas très anacréontique * ; mais quand on veut s'instruire dans les livres saints, comme c'est assurément le devoir de tout chrétien, il faut avoir le goût robuste car on y trouve des passages infiniment plus fermes qu'aucun de ceux que j'ai cités. Lorsque, par exemple, on voit le roi Saül poursuivant David venir décharger son ventre (I *Samuel :* XXIV, 4) dans une caverne au fond de laquelle ce dernier était caché, et celui-ci arriver bien doucement et couper avec la plus grande dextérité le derrière du vêtement de Saül, puis aussitôt que le roi est parti courir après lui pour lui démontrer qu'il aurait pu l'empaler aisément, mais qu'il était trop brave pour le tuer par-derrière ; quand on voit cela, dis-je, on s'étonne.

Mais lorsque, passant d'étonnement en étonnement, on voit tour à tour, sur ce vaste et saint théâtre, des hommes qui se nourrissent de leurs excréments (II *Rois :* XVIII, 27) et boivent de leur urine ; Tobie que la fiente d'hirondelle aveugle (*Tobie :* II, 11) (B) ; Esther qui se couvre la tête de

---

* A la manière érotique d'Anacréon.

tout ce qu'il y a de plus sale au monde (*Esther :* XIV, 2) ; les paresseux qu'on lapide avec de la bouse de vache (*Ecclésiastique :* XXII, 2) ; Isaïe réduit à manger les plus hideuses évacuations du corps humain (*Isaïe :* XXXVII, 12) ; des riches qui *embrassaient des immondices* (*Lamentations :* IV, 5), d'autres qu'on aspergeait dans le temple même avec cette matière fécale ; enfin Ezéchiel qui étendait sur son pain cet étrange ragoût (*Ezéchiel :* IV, 12), lequel Dieu, par un miracle qui ne paraît pas à tout le monde digne de sa bonté, convertit en fiente de bœuf (*Ezéchiel :* IV, 15)...

Quand on voit tout cela, on ne s'étonne plus de rien.

NOTES DU CHAPITRE VII

(1) La matrice.

(2) Qui se douterait, par exemple, que la chaleur de l'abeille est mille fois plus considérable que celle de l'éléphant ?

(3) *La circoncision des femmes consisterait dans la résection du clitoris, qui est saillant chez les méridionales, afin qu'elles soient ainsi réprimées par le fer.*

(4) I *Maccabées :* I, 16.
Ils se firent des prépuces et renoncèrent à la sainte alliance.

(5) *De morb. biblic.*

(6) La méthode en levrette.

(7) *Lévitique :* VI, 10.
Linges pour les femmes.

(A) La ligne, cette ancienne mesure de longueur représentent la douzième partie du pouce, valait environ 2,25 mm. La conversion montre alors que, tandis que le père Conning avait en quarante-trois jours gagné à peu près 1,6 cm de prépuce, le père Coutu n'en avait obtenu quant à lui que 1,2 cm.

(B) Les livres de *Tobie* et de l'*Ecclésiastique*, non plus que ceux des *Maccabées*, ne figurent dans la Bible hébraïque. Une dizaine de livres, canoniques pour l'Église catholique, ne le sont pas pour les juifs, et ne figurent pas non plus dans les éditions protestantes.

CHAPITRE VIII

KADESCH [1]

(De la sanctification du mariage par la propagation de l'espèce et des mœurs barbares qui souvent résultèrent de ce principe)

(1) De l'hébreu *kodesch :* saint.
L'édition de 1783 porte *Kadhesch*, ce qui est manifestement une erreur.

KADESCH

La puissance des lois dépend presque uniquement de leur sagesse, et la volonté puisque tire son plus grand poids de la raison qui l'a dictée. C'est pour cela que Platon regarde comme une précaution très importante de mettre toujours à la tête des édits un préambule raisonné qui en montre la justice en même temps qu'il en expose l'utilité.

En effet, la première loi est de respecter les lois. La rigueur des châtiments n'est qu'une vaine et coupable ressource, imaginée par des esprits étroits et de mauvais cœurs pour substituer la terreur au respect qu'ils ne peuvent obtenir. Aussi est-ce une remarque universelle et non démentie par la plus vaste expérience que les supplices ne sont nulle part aussi fréquents que dans les pays où ils sont terribles. De sorte que la cruauté des peines désigne infailliblement la multitude des infracteurs, et qu'en punissant tout avec la même sévérité l'on force les coupables, qui, le plus souvent, ne sont que des faibles, à commettre des crimes pour échapper à la punition de leurs fautes.

Le gouvernement n'est pas toujours maître de la loi, mais il en est toujours le garant ; et que de moyens n'a-t-il pas pour la faire aimer ! Le talent de régner n'est donc pas infiniment difficile à acquérir car il ne consiste qu'en cela. J'entends bien qu'il est encore plus aisé de faire trembler tout le monde quand on a la force en main ; mais il est très facile aussi de gagner les cœurs, car le peuple a appris depuis bien longtemps de tenir grand compte à ses chefs de tout le mal qu'ils ne lui font point, à les adorer quand il n'en est pas haï.

Quoi qu'il en soit, un imbécile obéi peut comme un autre punir les forfaits ; le véritable homme d'État fait les prévenir. C'est sur les volontés plus que sur les actions qu'il cherche à étendre son empire. S'il pouvait obtenir que tout le monde fît bien, que lui resterait-il à faire ? Le chef-d'œuvre de ses travaux serait de parvenir à rester oisif.

C'est donc une grande maladresse que la jactance et l'abus du pouvoir ; le comble de l'art est de le déguiser (car tout pouvoir est désagréable à l'homme) et surtout de ne pas savoir seulement employer les hommes tels qu'ils sont, mais de parvenir à les rendre tels qu'on a besoin qu'ils soient. Cela est très possible car les hommes sont à la longue tels que le gouvernement les fait ; guerriers, citoyens, esclaves, il modèle tout à son gré, et quand j'entends un homme d'état dire : *je méprise cette nation*, je lève les épaules et réponds en moi-même : *et toi, je te méprise de n'avoir pas su la rendre estimable.*

C'est là le grand art des anciens qui paraissent nous avoir été aussi supérieurs dans les sciences morales que nous l'emportons sur eux dans les sciences physiques. Tout leur but était de diriger les mœurs, de former des caractères, d'obtenir de l'homme que, pour faire ce qu'il doit, il lui suffit de songer qu'il le doit faire. O, quel mobile d'honneur, de vertu, de bien-être serait la législation perfectionnée ainsi sur un seul principe ! Les lois anciennes étaient tellement le fruit de hautes pensées et de grands desseins, le produit du génie en un mot, que leur influence a survécu aux mœurs des peuples pour qui elles étaient faites. Combien longtemps, par exemple, n'a pas duré le préjugé imprimé par les anciens législateurs sur les mariages stériles ?

Moïse ne laissa guère aux hommes la liberté de se marier ou non. Lycurgue nota d'infamie ceux qui ne se mariaient pas. Il y avait même une solennité particulière à Lacédémone, où les femmes les produisaient tout nus aux pieds des autels et leur faisaient faire à la nature une amende honorable qu'elles accompagnaient d'une correction très sévère. Ces républicains si célèbres avaient poussé plus loin les précautions en publiant des règlements contre ceux qui se marieraient trop tard (1) et contre les maris qui n'en usaient pas bien avec leurs femmes (2). On sait quelle attention les Égyptiens et les Romains apportèrent à favoriser la fécondité des mariages.

S'il est vrai qu'il y eut dans les premiers âges du monde des femmes qui affectèrent la stérilité, comme il paraît par un prétendu fragment du prétendu livre d'Enoch, il peut y avoir eu aussi des hommes qui en firent profession ; mais les apparences n'y sont rien moins que favorables. Il était surtout alors nécessaire de peupler le monde. La loi de Dieu et celle de la nature imposaient à toutes sortes de personnes l'obligation de travailler à l'augmentation du genre humain, et il y a lieu de croire que les premiers hommes se faisaient une affaire principale d'obéir à ce précepte. Tout ce que la Bible nous apprend des patriarches, c'est qu'ils prenaient et donnaient des femmes, c'est qu'ils mirent au monde des fils et des filles, et puis moururent, comme s'ils n'avaient rien eu de plus important à faire. L'honneur, la noblesse, la puissance consistaient alors dans le nombre des enfants ; on était sûr de s'attirer, par la fécondité, une grande considération, de se faire respecter de ses voisins, d'avoir même une place dans l'histoire.

Celle des juifs n'a pas oublié le nom de *Jaïr* qui avait trente fils au service de la patrie ; ni celle des Grecs les noms de *Danaüs* et d'*Egyptus*, célèbres par leurs cinquante fils et leurs cinquante filles. La stérilité passait alors pour une infamie dans les deux sexes, et pour une marque non équivoque de la malédiction de Dieu. On regardait au contraire comme un témoignage authentique de sa bénédiction d'avoir autour de sa table un grand nombre d'enfants. Ceux qui ne se mariaient pas étaient réputés *pécheurs contre nature.* Platon les tolère jusqu'à l'âge de trente-cinq ans, mais il leur interdit les emplois et ne leur assigne que le dernier rang dans les cérémonies publiques.

Chez les Romains, les censeurs étaient spécialement chargés d'empêcher cette sorte de vie solitaire ([3]). Les célibataires ne pouvaient ni tester ni rendre témoignage ([4]) ; la religion aidait en ceci la politique ; les théologiens païens les soumettaient à des peines extraordinaires dans l'autre vie, et, dans leur doctrine, le plus grand des malheurs était de sortir de ce monde sans y laisser des enfants ; car alors on devenait la proie des plus cruels démons (5).

Mais il n'est point de lois qui puissent arrêter un désordre idéal. Aussi, malgré les injonctions des législateurs, on éludait très communément dans l'antiquité les fins de la nature. L'histoire ne dit point comment ni par qui commença l'amour des jeunes garçons, qui fut si universel. Mais un goût si particulier, et en apparence si bizarre, l'emporta sur les lois pénales, barbares, infamantes, etc., sur la parole, sur la saine physique. Il faut donc que cet attrait ait été très impérieux. Mais cette passion bizarre a une origine qui m'a paru très singulière : je crois que l'impuissance, dont la nature frappe quelquefois, se confédéra avec des tempéraments effrénés pour l'affermir et la propager. Rien de plus simple.

L'impuissance a toujours été une tache très honteuse. Chez les Orientaux, les hommes marqués de ce sceau de réprobation eurent le titre flétrissant d'*eunuques du soleil, d'eunuques du ciel faits par la main de Dieu.* Les Grecs les appelaient *invalides.* Les lois qui leur permettaient les femmes permettaient aussi à ces femmes de les abandonner. Les hommes condamnés à cet état équivoque, qui dut être très rare dans les commencements, également méprisés des deux sexes se trouvèrent exposés à plusieurs mortifications qui les réduisirent à une vie obscure et retirée ; la nécessité leur suggéra différents moyens d'en sortir et de se rendre recommandables. Dégagés des mouvements inquiets de l'amour étranger et, au physique, de l'amour-propre, ils s'assujettirent aux volontés des autres et furent trouvés si dévoués, si commodes, que tout le monde en voulut avoir. Le plus atroce des despotismes en augmenta bientôt le nombre ; les pères, les maîtres, les souverains s'arrogèrent le droit de réduire leurs enfants, leurs esclaves, leurs sujets à cet état ambigu ; et le monde entier qui, dans le commencement, ne connaissait que deux sexes fut étonné de se trouver insensiblement partagé en trois portions à peu près égales.

La bizarrerie, la satiété, le libertinage, l'habitude, des motifs particuliers, une philosophie affectée ou téméraire, la pauvreté, la cupidité, la jalousie, la superstition concoururent à cette révolution singulière ; la superstition, dis-je, car les opérations les plus avilissantes, les plus ridicules, les plus cruelles ont été imaginées par des fanatiques atrabilaires qui dictent des lois tristes, sombres, injustes, où la privation fait la vertu et la mutilation le mérite.

Les Romains fourmillaient d'eunuques. En Asie et en Afrique on s'en sert encore aujourd'hui pour garder les femmes. En Italie, cette atrocité n'a pour objet que la perfection d'un vain talent. Au Cap, les Hottentots ne coupent qu'un testicule, pour éviter, disent-ils, les jumeaux. Dans beaucoup de pays, les pauvres se mutilent pour éteindre leur postérité, afin que leurs malheureux enfants n'éprouvent pas un jour la double misère, et de périr de faim, et de voir périr les leurs. Il y a bien des sortes d'eunuques.

Quand on ne pense qu'à perfectionner la voix on n'enlève que les testicules. Mais la jalousie, dans sa cruelle méfiance, retranche toutes les parties de la génération.

Cette effroyable opération est très dangereuse ; on ne peut la faire avec une sorte de succès qu'avant la puberté ; encore y a-t-il beaucoup de danger : passé quinze ans, à peine en réchappe-t-il un quart. Aussi ces sortes d'impuissants se vendent cinq et six fois plus que les autres. A Golconde, on opéra en une fois jusqu'à vingt-deux mille de ces infortunés. Quelle horrible plaie faite à l'humanité ! Les plus fameux sont Ethiopiens ; ils sont si hideux que les jaloux les paient au poids de l'or.

Les impuissants absolus se qualifient d'*eunuques aqueducs* parce qu'étant dépourvus de la verge qui porte le jet au-dehors, ils sont obligés de se servir d'un conduit de supplément, faute de ne pouvoir lancer le jet comme les femmes, dont la vulve a tout son ressort. Ceux, au contraire, qui ne sont privés que des testicules jouissent de toute l'irritation que donnent les désirs et peuvent en un sens se dire très puissants [surtout lorsqu'ils n'ont été opérés qu'après que leur organe a reçu tout son développement ([6])], mais avec cette triste exception que, ne pouvant jamais se satisfaire, l'ardeur vénérienne dégénère chez eux en une espèce de rage : ils mordent les femmes, qu'ils liment avec une précieuse continuité.

On voit que cette sorte d'eunuques a le double avantage de servir sans risque aux plaisirs des femmes et aux goûts dépravés des hommes. Autrefois, tous les garçons de la Géorgie se vendaient aux Grecs, et les filles garnissaient les sérails. On comprend que l'on trouvait dans ce beau climat autant de Ganymèdes que de Vénus ; et si quelque chose pouvait excuser cette passion aux yeux de qui ne l'a pas, ce serait sans doute l'incomparable beauté de ces modèles.

On comprend aujourd'hui, comme on sait, par le mot de *péché contre nature* tout ce qui a rapport à la non-propagation de l'espèce, et cela n'est ni juste ni bien vu. La sodomie, dans son rapport avec la ville de l'Écriture, est bien différente par exemple d'une simple pollution. Quoique ce goût bizarre, que l'on a compris avec tant d'autres dans le mot général *mollities* (mollesse), ait été généralement répandu dans les pays les plus policés, l'histoire ne cite rien d'aussi fort que ce qui est rapporté dans l'Écriture. Toutes les villes de la Pentapole (*) en étaient tellement infectées qu'aucun étranger n'y pouvait paraître qu'il ne fût en proie à leurs désirs. Les deux anges qui vinrent visiter Loth furent à l'instant assaillis par une multitude de peuple [7]. En vain Loth leur prostitua ses deux filles : ce singulier acte de vertu hospitalière ne lui réussit pas, il fallait aux Sodomites des derrières mâles [8], et les anges n'échappèrent que grâce à cet aveuglement subit qui empêcha ces libertins de se reconnaître les uns les autres.

Cet état ne dura pas longtemps, car en douze heures de temps tout fut consumé par la pluie de soufre au point que Loth et ses filles, retirés dans un antre, crurent que le monde venait de périr par le feu comme il avait, lors du déluge, péri par l'eau ; et la crainte de ne plus avoir de postérité détermina ces filles, qui ne comptaient apparemment pas sur les fruits de leur prostitution récente, à en tirer au plus vite de leur père. L'aînée se dévoua la première à ce pieux office ; elle se coucha sur le bonhomme Loth, qu'elle avait enivré, lui épargna toute la peine de ce sacrifice offert à l'amour de l'humanité, et le consomma sans qu'il s'en aperçût [9].

La nuit suivante, sa sœur en fit autant et le bon Loth, qui paraît avoir été facile à tromper et dur à réveiller, réussit si bien dans ces actes involontaires que ses filles mirent au monde, neuf mois après cette aventure, deux garçons : Moab, chef de la nation des Moabites et Ammon, chef des Ammonites [10].

(*) Sodome et Gomorrhe avec trois autres villes firent partie de la pentapole de Palestine.

On sait, indépendamment du témoignage formel de saint ([11]), que les Romains portèrent très loin les excès de la pédérastie ; mais ce que ce grand apôtre dit de remarquable, c'est que les femmes préféraient de beaucoup le plaisir contre nature à celui qu'elle provoque : *Et les femmes ont changé l'usage naturel en usage contre-nature ;* c'est au vingt-sixième verset du chapitre premier de l'Épître aux Romains, à l'instant cité, qu'on lit ces paroles ; et le verset suivant a fourni au Caravage l'idée de son *Rosaire*, qui est dans le musée du grand-duc de Toscane : on y voit une trentaine d'hommes étroitement liés *(turpiter ligati)*(*), et s'embrassant avec cette ardeur lubrique que ce peintre sait répandre dans ses compositions libertines.

Au reste, la pédérastie a été connue sur tout le globe ; les voyageurs et les missionnaires en font foi. Ceux-ci rapportent même un cas de sodomie triple qui a embarrassé et aiguisé la sagacité du docte Sanchez. Le voici :

Marc Paul avait décrit, dans sa Description géographique imprimée en 1566, les hommes à queue du royaume de Lambri. Struys avait parlé de ceux de l'île de Formose, et Gemelli Carreri de ceux de l'île de Mindoro, voisine de Manille. Tant d'autorités se trouvèrent plus que suffisantes pour déterminer des missionnaires jésuites à entreprendre de préférence des conversions dans ce pays-là. Ils ramenèrent en effet de ces hommes à queue qui, par un prolongement du coccyx, portaient vraiment des queues de sept, huit et dix pouces susceptibles, quant à la mobilité, de tous les mouvements que l'on aperçoit dans la trompe de l'éléphant. Or, l'un de ces hommes à queue se coucha entre deux femmes dont

(*) Honteusement enlacés.

l'une, ayant un clitoris considérable, se posta de la tête aux pieds et plaça en pédéraste son clitoris, tandis que la queue de l'insulaire fournissait sept pouces au vase légitime. L'insulaire, qui était complaisant, se laissa faire et, pour occuper toutes ses facultés, il approcha de l'autre femme et en jouit comme la nature y invite... Il y avait là assurément de quoi exercer les talents du prince des casuistes.

Sanchez distingua : « Pour la première, dit-il, sodomie double quoique incomplète dans ses fins parce que, ni la queue ni le clitoris ne pouvant verser la libation, ils n'opèrent rien contre les voies de Dieu et le vœu de la nature ; quant à la seconde, fornication simple. »

J'imagine que de pareilles queues auraient plus d'un genre d'utilité à Paris où le goût des pédérastes, quoique moins en vogue que du temps de Henri III sous le règne duquel les hommes se provoquaient mutuellement sous les portiques du Louvre, fait des progrès considérables. On sait que cette ville est un chef-d'œuvre de police ; en conséquence, il y a des lieux publics autorisés à cet effet. Les jeunes gens qui se destinent à la profession sont soigneusement enclassés, car les systèmes réglementaires s'étendent jusque-là. On les examine : ceux qui peuvent être agents et patients, qui sont beaux, vermeils, bien faits, potelés, sont réservés pour les grands seigneurs ou se font payer très cher par les évêques et les financiers ; ceux qui sont privés de leurs testicules, ou, en termes de l'art (car notre langue est plus chaste que nos mœurs), qui n'ont pas *le poids du tisserand,* mais qui donnent et reçoivent, forment la seconde classe, ils sont encore très chers parce que les femmes en usent tandis qu'ils servent aux hommes ; ceux qui ne sont plus susceptibles d'érections tant ils sont usés, quoiqu'ils aient tous les organes nécessaires au plaisir, s'inscrivent comme *patients purs* et composent la troisième classe.

Mais celle qui préside à ces plaisirs vérifie leur impuissance. Pour cet effet, on les place tout nus sur un matelas ouvert par la moitié inférieure ; deux filles le caressent de leur mieux pendant qu'une troisième frappe doucement avec des orties naissantes le siège des désirs vénériens. Après un quart d'heure de cet essai, on leur introduit dans l'anus un poivre long rouge qui cause une irritation considérable ; on pose sur les échauboulures produites par les orties de la moutarde fine de Caudebec, et l'on passe le gland au camphre. Ceux qui résistent à ces épreuves, et ne donnent aucun signe d'érection, servent comme patients à un tiers de paie seulement...

O qu'on a bien raison de vanter le progrès des lumières dans ce siècle philosophe !

NOTES DU CHAPITRE VIII

(1) Désignés sous le nom de *epsigamia.*
(2) Désignés sous le nom de *kakogamia.*
(3) *Les célibataires doivent être interdits.*
(4) *Parmi tes biens, as-tu un cheval ? As-tu une femme ? Atteste.*
(5) *Il arrive hors de la vie de grands malheurs et de grandes impiétés à celui qui, toute sa vie, renonce à des fils, et de très grandes peines leur sont infligées par les démons.*
(6) *Donc on attend et on ordonne que d'abord les testicules aient grossi, après quoi Héliodore fait son choix.* (Juvénal : liv. , sat. 6).

Lisez, sur la préférence que les dames romaines donnaient aux eunuques et le parti qu'elles en tiraient, depuis le 365e vers de cette satire jusqu'au 379e.

(7) *Genèse :* XIX, 4. Avant que les anges se fussent couchés, le peuple accourut depuis les vieillards jusqu'aux enfants : *afin que nous les connaissions.*

(8) Les Sodomites pensaient apparemment comme un grand seigneur moderne. Un valet de chambre de confiance lui observait que, du côté, qu'il préférait, ses maîtresses étaient conformées comme des Ganymèdes,

qu'on ne pouvait trouver au poids de l'or ; qu'il pourrait (sodomiser) des femmes. « *Des femmes !* s'écria le maître, *ah, c'est comme si tu me servais un gigot sans manche.* »

(9) *Genèse :* XIX, 33.

Elle dormit avec son père, et il ne s'aperçut pas quand elle se coucha, ni quand elle se leva.

(10) Moab fut le fils de la première, Ammon naquit de la seconde.

(11) *Épître aux Romains :* I, 27.

Les hommes, abandonnant l'usage naturel de la femme, se sont enflammés dans leurs désirs les uns pour les autres, commettant homme avec homme des choses infâmes, et recevant en eux-mêmes le salaire que méritait leur égarement *(Traduction Segond).*

CHAPITRE IX

BEHEMAH [1]

(De la bestialité, et des recherches singulières qu'elle pourrait susciter)

(1) Mot hébreu communément rendu par bétail.

BEHEMAH

Ce titre répugne à l'esprit et flétrit l'âme. Comment imaginer sans horreur qu'un goût aussi dépravé puisse exister dans la nature humaine lorsqu'on pense combien elle peut s'élever au-dessus de tous les êtres animés ? Comment se figurer que l'homme ait pu se prostituer ainsi ?

Quoi, tous les charmes, toutes les délices de l'amour, tous ses transports... il a pu les déposer aux pieds d'un vil animal ! Et c'est au physique de cette passion, à cette fièvre impétueuse qui peut pousser à de tels écarts, que des philosophes n'ont pas rougi de subordonner le moral de l'amour ! *Le physique seul est bon*, ont-ils dit.

Eh bien, lisez Tibulle et puis courez contempler ce physique dans les Pyrénées, où chaque berger a sa chèvre favorite. Et quand vous aurez assez observé les hideux plaisirs du montagnard brutal, répétez encore : *en amour, le physique seul est bon.*

Un sentiment très philosophique peut engager à fixer un moment ses regards sur un sujet aussi étrange, parce que ce sentiment, donnant la force d'écarter toutes les idées que l'éducation, les préjugés et l'habitude nous inculquent tour à tour, indique plus d'une vue à diriger, plus d'une expérience à faire dont les résultats pourraient être utiles et curieux.

La forme particulière par laquelle la nature a distingué l'homme et la femme prouve que la différence des sexes ne tient pas à quelques variétés superficielles, mais que chaque sexe est le résultat peut-être d'autant de différences qu'il y a d'organes dans le corps humain, quoiqu'elles ne soient pas toutes également sensibles. Parmi celles qui sont assez frappantes pour se laisser apercevoir, il en est dont l'usage et la fin ne sont pas bien déterminés. Tiennent-elles au sexe essentiellement, ou sont-elles une suite nécessaire de la disposition des parties constituantes (1) ?

La vie s'attache à toutes les formes, mais elle se maintient plus dans les unes que dans les autres. Les productions monstrueuses humaines vivent plus ou moins ; mais celles qui le sont extrêmement périssent bientôt. Ainsi l'anatomie, éclairée autant qu'il serait possible, pourrait décider jusqu'à quel point on peut être monstre, c'est-à-dire s'écarter de la conformation particulière de son espèce sans perdre la faculté de se reproduire, et jusqu'à quel point on peut l'être sans perdre celle de se conserver. L'étude de l'anatomie n'a pas même encore été dirigée sur ce plan, pour lequel on pourrait mettre à profit cette erreur de la nature, ou plutôt cet abus de ses désirs et de ses facultés qui portent à la bestialité.

Les productions monstrueuses d'animaux différents conservent une conformation particulière aux deux espèces en perdant insensiblement la faculté de se reproduire. Les productions monstrueuses de l'humanité nous apprendraient en outre jusqu'à quel point l'âme raisonnable *se transmet ou se débrouille*, si l'on peut parler ainsi, d'avec l'âme sensitive. Il est singulier que la physique ait dédaigné ces recherches.

La partie constitutive de notre être qui nous différencie essentiellement de la brute est ce que nous appelons l'âme. Son origine, sa nature, sa destinée, le lieu où elle réside sont une source intarissable de problèmes et d'opinions. Les uns l'anéantissent à la mort ; les autres la séparent d'un tout auquel elle se réunit par refusion, comme l'eau d'une bouteille, qui nagerait et que l'on casserait, se réunirait à la masse. Ces idées ont été modifiées à l'infini. Les pythagoriciens n'admettaient la refusion qu'après des transmigrations, les platoniciens réunissaient les âmes pures et purifiaient les autres dans de nouveaux corps. De là les deux espèces de métempsychose que professaient ces philosophes.

Quant aux discussions sur la nature de l'âme, elles ont été le vaste champ des folies humaines, folies inintelligibles à leurs propres auteurs. Thalès prétendait que l'âme se mouvait en elle-même ; Pythagore qu'elle était une ombre pourvue de cette faculté de se mouvoir en soi-même. Platon la définit une substance spirituelle se mouvant par un nombre harmonique. Aristote, armé de son mot barbare d'*entéléchie*, nous parle de l'accord des sentiments ensemble. Héraclite la croit une exhalaison ; Pythagore un détachement de l'air ; Empédocle un composé des éléments ; Démocrite, Leucippe, Epicure un mélange de je ne sais quoi de feu, de je ne sais quoi d'air, de je ne sais quoi de vent, et d'un autre quatrième qui n'a point de nom. Anaxagore, Anaximène, Archélaüs la composaient d'air subtil ; Hippone d'eau ; Xénophon d'eau et de terre ; Parménide de feu et de terre ; Boèce de feu et d'air. Critius la plaçait tout simplement dans le sang ; Hippocrate ne voyait en elle qu'un esprit répandu par tout le corps ; Marc-Antonin la prenait pour du vent ; et Critolaüs, tranchant ce qu'il ne pouvait dénouer, la supposait une cinquième substance.

Il faut convenir qu'une pareille nomenclature a l'air d'une parodie ; et l'on croirait presque que ces grands génies se jouaient de la majesté de leur sujet, en voyant que le résultat de leurs méditations étaient des définitions aussi ridicules, si en lisant les plus célèbres modernes on était plus éclairé sur cette matière que par les rêveries des anciens.

Ce qui résulte de plus remarquable de leurs opinions de ce genre, c'est que jamais on n'avait eu jusqu'à nos dogmes modernes la moindre idée de la spiritualité de l'âme, quoiqu'on la composât de parties infiniment subtiles ([2]). Tous les philosophes l'ont crue matérielle, et l'on sait ce que presque tous pensaient de sa destinée. Quoi qu'il en soit, les folies théoriques, les hypothèses, même ingénieuses, ne nous instruiront jamais autant que le pourraient des expériences physiques bien dirigées (A).

Ce n'est pas que je crois qu'elles puissent nous apprendre, ni quelle est la nature de l'âme, ni où elle réside ; mais les nuances de ses dégradations peuvent être infiniment curieuses, et c'est le seul chapitre de son histoire qui paraisse nous être abordable.

Il serait infiniment téméraire de décider que les brutes ne pensent point, bien que le corps ait, indépendamment de ce qu'on appelle l'âme, le principe de la vie et du mouvement. L'homme lui-même est souvent machine : un danseur fait les mouvements les plus variés, les plus ordonnés dans leur ensemble, d'une manière très exacte sans donner la moindre attention à chacun de ces mouvements en particulier. Le musicien exécuteur est à peu près de même : l'acte de la volonté n'intervient que pour déterminer le choix de tel ou tel air. Le branle donné aux esprits animaux, le reste s'exécute sans qu'il y pense. Les gens distraits, les somnambules sont souvent dans un véritable état d'automates.

Les mouvements qui tendent à conserver notre équilibre sont ordinairement très involontaires ; les goûts et les antipathies précèdent dans les enfants le discernement. L'effet des imperfections du dehors sur nos passions sans le secours d'aucune pensée, par la seule correspondance merveilleuse des nerfs et des muscles, n'est-il pas très indépendant de nous ? Et ces émotions toutes corporelles répandent cependant un caractère très marqué sur la physionomie, qui a une sympathie toute particulière avec l'âme.

Les animaux, considérés dans un simple point de vue mécanique, fourniraient donc déjà un grand nombre de solutions à ceux qui leur refusent le don de la pensée ; et il ne serait pas très difficile de prouver qu'une grande partie de leurs opérations, même les plus étonnantes, ne la nécessitent pas. Mais comment concevoir que de simples automates s'entendent, agissent de concert, concourent à un même dessein, correspondent avec les hommes, soient susceptibles d'éducation ? On les dresse, ils apprennent ; on leur commande, ils obéissent ; on les menace, ils craignent ; on les flatte, ils caressent. Enfin, les animaux nous offrent une foule d'actions spontanées où paraissent les images de la raison et de la liberté, d'autant plus qu'elles sont moins uniformes, plus diversifiées, plus singulières, moins prévues, accommodées sur-le-champ à l'occasion du moment. Il en est de même qui ont un caractère déterminé, qui sont jaloux, vindicatifs, vicieux.

Or, de deux choses l'une : ou Dieu a pris plaisir à former les bêtes vicieuses et à nous donner en elles des modèles très odieux, ou elles ont comme l'homme un péché originel qui a perverti leur nature.

La première proposition est contraire à la Bible, qui dit que tout ce qui est sorti des mains de Dieu était bon et fort bon. Mais si les bêtes étaient telles alors qu'elles sont aujourd'hui, comment pourrait-on dire qu'elles fussent bonnes et fort bonnes ? Où est le bien qu'un singe soit malfaisant, un chien envieux, un chat perfide, un oiseau de proie cruel ?

Il faut recourir à la seconde proposition et leur supposer un péché originel. Supposition gratuite, et qui choque la raison et la religion.

Ce n'est donc point encore une fois par des raisonnements théoriques que l'on peut tracer la ligne de démarcation entre l'homme et la bête. Notre âme a trop peu de points de contact pour qu'il soit facile, même à la physique, de pénétrer jusqu'à elle, d'effleurer seulement sa substance et sa nature ; on ne sait où fixer son siège. Les uns ont prétendu qu'elle est dans un lieu particulier, d'où elle exerce son empire. Descartes a voulu la glande pinéale ; Vicussens le centre ovale ; Lancisi et M. de la Peyronie le corps calleux ; d'autres les corps cannelés. Le climat, sa température, les aliments, un sang épais ou lent, mille causes purement physiques forment des obstructions qui influent sur sa manière d'être. Ainsi, en poussant les suppositions, on varierait les effets à l'infini et l'on montrerait par les résultats, comme il suit assez de l'expérience, qu'il n'y a guère de tête, quelque saine qu'elle puisse être, qui n'ait quelque tuyau obstrué.

Le curieux, l'intéressant, l'utile, seraient donc de savoir jusqu'à quel point un être dégradé de l'espèce humaine par sa copulation avec la brute peut être plus ou moins raisonnable. C'est peut-être la seule manière d'assiéger la nature qui puisse en ce genre lui arracher une partie de son secret ; mais pour y parvenir il aurait fallu suivre les produits, leur donner une éducation convenable et étudier avec soin ces sortes de phénomènes. On aurait probablement tiré de cette opération plus d'avantages pour le progrès des connaissances humaines que des efforts qui apprennent à parler aux sourds et aux muets, qui enseignent les mathématiques à un aveugle, etc. ; car ceux-ci ne nous montrent qu'une même nature, un peu moins parfaite dans son principe en ce que le sujet est privé d'un ou deux sens, et qu'on a perfectionnée ; au lieu que le fruit d'une copulation avec la brute, offrant, pour ainsi dire, une autre nature mais entée sur la première, éclaircirait plusieurs des points dont le développement a tant occupé tous ces êtres pensants.

Il est difficile de mettre en doute qu'il n'ait existé des produits de la nature humaine avec les animaux. Et pourquoi n'y en aurait-il point eu ? La bestialité était si commune parmi les juifs qu'on ordonnait de brûler le fruit avec les acteurs. Les juives avaient commerce avec les animaux (*Ex. :* XXII, 19, *Lév. :* VII, 21 et XVIII, 23), et voilà ce qui, selon moi, est bien étrange : je conçois comment un homme, rustique ou déréglé, emporté par la fougue d'un besoin ou les délires de l'imagination, essaie d'une chèvre, d'une jument, d'une vache même, mais rien ne peut m'apprivoiser avec l'idée d'une femme qui se fait éventrer par un âne. Cependant, un verset du Lévitique (XX, 15) porte : *la bête quelle qu'elle soit.* D'où il résulte évidemment que les juives *se prostituaient à toute espèce de bête indistinctement* (B). Voilà ce qui est incompréhensible.

Quoi qu'il en soit, il paraît certain qu'il a existé des produits de chèvres avec l'espèce humaine. Les satyres, les faunes, les égypans, toutes ces fables en sont une tradition très remarquable. *Satar,* en arabe, signifie *bouc;* et le bouc expiatoire ne fut ordonné par Moïse que pour détourner les israélites du goût qu'il savaient pour cet animal lascif ([3]). Comme il est dit dans l'exode qu'on ne pouvait voir la face des dieux, les israélites étaient persuadés que les démons se faisaient voir sous cette forme (*Lév. :* XVII, 7, *Exode :* XXXIII, 20 et 23), et c'est là le *phasma tragou* (forme d'un bouc) dont parle Jamblique. On trouve dans Homère de ces apparitions. Manethon, Denis d'Halicarnasse et beaucoup d'autres offrent des vestiges très remarquables de ces productions monstrueuses.

On a ensuite confondu les incubes et les succubes avec les véritables produits. Jérémie parle de *faunes suffoquant* ([4]). Héraclite a décrit des satyres qui vivaient dans les bois ([5]) et jouissaient en commun des femmes dont ils s'emparaient. Édouard Tyson a traité dans le même genre des pygmées, des cynocéphales, des sphinx; ensuite il décrit les orang-outangs et les *aigo-pithekoi*(*) qui sont les classes des singes qui se rapprochent absolument de l'espèce humaine ; car un bel orang-outang, par exemple, est plus beau qu'un laid Hottentot. Munster, sur la Genèse et le Lévitique, a fait *tragomorphes* (en forme de boucs) tous ces monstres, et a trouvé des choses fort curieuses des rabbins. Enfin, Abraham Seba admet des âmes à ces faunes ([6]), desquels il paraît qu'on ne peut guère contester l'existence.

Nous n'avons rien d'aussi positif, il est vrai, sur les centaures et les minotaures ; mais il n'y a pas plus d'impossibilité à ce qu'ils aient été qu'à l'existence des produits d'autres espèces ([7]).

Dans le siècle passé, il fut beaucoup question de l'homme cornu que l'on présenta à la cour. On connaît l'histoire de la fille sauvage, religieuse à Châlons, qui vit encore et qui pourrait très bien avoir quelque affinité avec les habitants des bois. Feu M. le Duc avait à Chantilly un orang-outang qui violait les filles ; il fallut le tuer. Tout le monde a lu ce que Voltaire a écrit sur les monstres d'Afrique.

Il paraît que cette partie du monde, que l'on ne connaît que bien peu, est le théâtre le plus ordinaire de ces copulations contre nature ; il faut en chercher probablemnt la cause dans la chaleur, plus excessive dans ces contrées qu'en aucun autre endroit du globe parce que le centre de l'Afrique, qui est sous la ligne, est plus éloigné des mers que les terres des autres parties du monde situées dans des latitudes semblables. Les accouplements monstrueux y doivent donc être assez communs, et ce serait là la véritable école des altérations, des dégradations ([8]) et peut-être du *perfectionnement* physique de l'espèce humaine. Je dis

(*) Aigopithèques = singes-chèvres.

du *perfectionnement,* car qu'est-ce qu'il y aurait de plus beau dans les êtres animés que la forme du centaure par exemple ?

Notre illustre Buffon a déjà fait en ce genre tout ce qu'un particulier, qui n'est pas riche, peut se permettre. Nous avons la suite de ces variétés dans les espèces de chiens, les accouplements de différentes espèces d'animaux, l'histoire des produits des mulets, découverte entièrement neuve, etc. Mais ce grand homme ne nous a pas donné ses expériences sur les mélanges des hommes avec les bêtes, et c'est ce qu'il faudrait imprimer afin qu'il fût possible de suivre ses grandes vues et qu'en perdant un si beau génie nous ne perdissions pas la suite de ses idées.

La bestialité existe plus communément qu'on ne croit en France, non par goût heureusement, mais par besoin. Tous les pâtres des Pyrénées sont bestiaires. Une de leurs plus exquises jouissances est de servir des narines d'un jeune veau qui leur lèche en même temps les testicules. Dans toutes ces montagnes peu fréquentées, chaque pâtre a sa chèvre favorite. On sait cela par les curés basques.

On devrait, par la voie de ces curés, faire soigner ces chèvres engrossées et recueillir leurs produits. L'intendant d'Auch pourrait aisément parvenir à ce but sans faire révéler de confessions (abus de religion atroce dans tous les cas) ([9]) ; il pourrait se procurer de ces produits monstrueux par ces curés : le curé demanderait à son pénitent *sa maîtresse,* qu'il remettrait au subdélégué de l'endroit sans révéler le nom de *l'amant.* Je ne vois pas quel inconvénient il y aurait à tourner, au profit des progrès des connaissances humaines, un mal que l'on ne saurait guère empêcher.

NOTES DU CHAPITRE IX

(1) Par exemple, la courbure de l'épine du dos entraîne, dans un bossu, le dérangement des autres parties, ce qui leur donne à tous une sorte de ressemblance que l'on pourrait appeler *air de famille.*

(2) On sait combien les pères eux-mêmes ont été partagés et ambigus sur cette matière. Saint Irénée ne faisait pas difficulté de dire que l'âme était un souffle analogue aux corps qu'elle a habités, et qu'elle n'était incorporelle que par rapport aux corps grossiers. Tertullien la déclare tout simplement corporelle. Saint Bernard, par une distinction fort étrange, prétend qu'elle ne verra pas Dieu, mais qu'elle conversera avec Jésus-Christ.

(3) Maimonide, dans le *More Nevochin* (III, chap. XLVI), s'étend sur les cultes des boucs.

(4) *Jérémie :* L, 39.

Faunis sicariis et non pas *ficariis.* Car : *des faunes qui avaient des figues* ne voudrait rien dire. Cependant Saci le traduit ainsi, car les jansénistes affectent la plus grande pureté des mœurs. Mais Berruyer soutient le *sicarii* et rend ses faunes très actifs. (Le « s » et le « f » possèdent à peu près la même typographie au XVIIIe, d'où la confusion entre « faunes à poignards » et « faunes à figues ». — Note de l'édition de 1984.)

(5) Dans son traité *Pesi et Pison,* chap. XXV.

(6) Dans son ouvrage intitulé : *Tseror hammor (Petite botte de myrrhe).*

(7) Cependant, la vulve de la vache, par exemple, se proportionne moins au membre viril que celle de la chèvre ou de la guenon. Aussi les grands animaux retiennent-ils plus difficilement.

(8) Le roi de Loango, en Afrique, quand il siège sur son trône, est entouré d'un grand nombre de nains remarquables par leur difformité. Ils sont assez communs dans ses États. Ils n'ont que la moitié de la taille d'un homme ordinaire ; leur tête est fort large, et ils ne sont vêtus que de peaux d'animaux. On les nomme *Mimos* ou *Bakke-bakke.* Lorsqu'ils sont auprès du roi, on les entremêle avec des nègres blancs pour faire un contraste. Cela doit former un spectacle fort bizarre et qui n'est bon à rien. Mais si le roi de Loango mêlait ces races, on aurait peut-être des résultats très curieux.

(9) C'est dommage que les Romains n'aient pas eu comme nous la confession auriculaire : nous saurions tous leurs petits secrets domestiques, comme on sait les nôtres. On saurait si les Romains déshonoraient aussi brutalement le mariage que nous le faisons. Enfin, nous n'avons pas même de détails sur les conversations des bourgeois. Rien ne devait être plus plaisant que les entretiens d'une famille qui avait été le matin sacrifier à Priape ; les jeunes filles et les jeunes garçons de la famille devaient avoir tout le reste de la journée de singulières idées.

(A) Les considérations sur la nature de l'âme, telles que le tableau vient d'en être brossé, sont à l'évidence et pour le moins des plus gratuites dans leur constante référence, soit à des présupposés théoriques infondés (doctrine des quatre éléments), soit à des données bibliques mal interprétées (la *nephesch* hébraïque n'est pas simplement le *souffle* comme *air* expulsé, mais *respiration* comme principe de vie). Aussi, en avocat d'une philosophie conséquente, Mirabeau a-t-il raison de faire table rase de cette nomenclature et de préconiser ce que nous appellerions aujourd'hui une psychologie — ou plutôt une psychophysique — expérimentale. Cependant, s'il est parfaitement légitime de renoncer provisoirement à traiter de la nature et de la localisation de l'âme, il n'en reste pas moins que celle-ci se doit d'être déterminée dans son concept. Ici, Mirabeau semble balancer : conscient que la physique ne saurait à elle seule répondre à cette question, il laisse celle-ci en suspens pour revenir aussitôt à la théorie cartésienne des « animaux-machines ». Or, c'est ici, précisément, que le bât blesse, et qu'il blessera encore pendant plus d'un siècle, car, outre l'invraisemblable confusion recouvrant la notion d'âme (on y mêle en vrac la pensée, l'esprit, le principe vital, l'affectivité, etc.), c'est justement Descartes qui, en déviant de son attitude initiale (je pense donc je suis) et se posant comme « chose pensante » *(res cogitans),* va contribuer à fausser le problème. En effet, à sa suite l'âme va longtemps demeurer une « chose », donc tributaire de la physique, et le faux problème de la localisation restera encore longtemps ouvert, même après que les idées aient été quelque peu clarifiées quant à la *psyché.* Soit dit en passant, on peut s'étonner que, selon toutes les apparences, Mirabeau ait totalement ignoré les philosophes allemands contemporains : c'est en 1781 que fut publiée la *Critique de la raison pure* de Kant, qui devait tant contribuer à la mise en ordre de la philosophie moderne.

(B) Voir notes (A) et (B) du chapitre IV : outre qu'il y aurait beaucoup à dire sur la traduction de *behemah* par *bétail,* un recueil de préceptes exhaustif, où *tout le possible* est envisagé, ne saurait être tenu pour un état descriptif des mœurs du peuple auquel il est destiné. En bref, ce n'est pas parce que le Lévitique a envisagé le cas où des femmes juives *pourraient* se livrer à la bestialité que toutes les femmes juives se prostituaient effectivement au « bétail ».

CHAPITRE X

L'ANOSCOPIE [1]

(De la divination et de l'étrange baromètre grâce auquel le frère jésuite évita la corde à ses collègues)

(1) Il y a là un jeu de mots de Mirabeau : le grec *anaskopè* signifie examen, recherche, d'où ici par extension : divination. L'anoscopie (littéralement examen de l'anus) renvoie à la curieuse aventure rapportée en vers à la fin du chapitre.

L'ANOSCOPIE

On sait que dans tous les siècles les jongleurs, les charlatans, devins, médecins, politiques ou philosophes (car il en est de toutes sortes), ont eu plus ou moins d'influence. La nature de l'homme, sans cesse ballotté entre le désir et la crainte, offre tant d'hameçons à l'usage de ceux qui établissent leur crédit ou leur fortune sur la crédulité de leurs semblables qu'il y a toujours pour eux quelque heureuse découverte à faire dans l'océan sans bornes des sottises humaines. Et quand on se contenterait de rajeunir les vieilles fascinations, les folies surannées, cet appât est si bien proportionné à l'avidité ignorante et grossière du peuple, auquel il est surtout destiné, que son effet est infaillible, quelque ignorants et maladroits que puissent être les professeurs dans l'art si facile de tromper les hommes. La philosophie et la physique expérimentale, plus cultivées, en détrompent sans doute un grand nombre; mais celui où le progrès des connaissances humaines peut pénétrer sera toujours de beaucoup le plus petit.

Le mot de *devin* se trouve très souvent dans la Bible, ce qui justifie l'ancienne remarque qu'il n'y a eu parmi les auteurs sacrés que peu ou point de philosophes. Moïse défend gravement de consulter les devins : « La personne, dit-il, qui se détournera après les devins et les sorciers en *paillardant* avec eux, je mettrai ma face contre la sienne » (*Lév.* : XX, 16) (A).

Il y a plusieurs classes de sorciers indiquées dans l'Écriture :

— *Chaurnin,* en hébreu, signifiait *sages.* Mais cette expression était fort équivoque et susceptible des diverses acceptions de sagesse vraie, sagesse fausse, maligne, dangereuse, affectée. Ainsi, dans tous les temps il fut des hommes assez politiques, assez habiles pour faire servir les apparences de la sagesse à leurs intérêts, au succès de leurs passions, et pour détourner l'étude, la science et le talent du seul emploi qui les honore ; je veux dire la recherche et la propagation de la vérité (B).

— Les *Mescuphins* étaient ceux qui devinaient dans les choses écrites les secrets les plus cachés. Les tireurs d'horoscopes, les interprètes des songes, les diseurs de bonne aventure manœuvraient ainsi.

— Les *Carthumins* étaient les enchanteurs ; par leur art ils fascinaient les yeux et semblaient opérer des changements fantastiques ou véritables dans les objets et dans les sens.

— Les *Asaphins* usaient d'herbes, de drogues particulières et du sang des victimes pour leurs opérations superstitieuses.

— Les *Casdins* lisaient l'avenir par l'inspection des astres : c'étaient les astrologues de ce temps-là.

Ces honnêtes gens, qui ne valaient assurément pas nos Comus, étaient en fort grand nombre ; ils avaient dans les cours des plus grands rois de la terre un crédit immense, car la superstition, qui a si bien servi le despotisme, l'a toujours soumis à ses lois ; et du sein de cette confédération terrible qui a ourdi tous les maux de l'humanité, le triomphe de la superstition a toujours jailli ; les ministres de la religion étaient trop habiles pour se dessaisir d'aucune des parties de leur pouvoir : ils conservèrent avec soin tout ce qui avait trait à la divination ; ils se donnèrent en tout pour les confidents des dieux, et ceignirent aisément du bandeau des hommes qui ne savaient pas même douter, science qui est à peu près la dernière dont l'homme s'instruise.

De tous les peuples qui ont rampé sous le joug de la superstition, nul n'y fut plus soumis que les juifs ; on recueillerait dans leur histoire une infinité de détails sur leurs pratiques folles et coupables.

La grâce que Dieu leur faisait en leur envoyant des prophètes pour les instruire de sa volonté devenait pour ces hommes grossiers et curieux un piège auquel ils n'échappaient pas. L'autorité des prophètes, leurs miracles, le libre accès qu'ils avaient auprès des rois, leur influence dans les délibérations et les affaires publiques, les faisaient tellement considérer par la multitude que l'envie d'avoir part à ces distinctions, en s'arrogeant le don de prophétie, devenait une passion dévorante, en sorte que si l'on a dit de l'Égypte que tout y était *dieu,* il fut un temps où l'on pouvait dire de la Palestine que tout y était *prophète.*

Il y en eut sans doute plus de faux que de vrais. On n'ignore pas même que les juifs avaient des enchantements et des philtres particuliers pour inspirer le don de prophétie, dans lesquels ils faisaient usage de sperme humain, de sang menstruel et de tout plein d'autres choses aussi inutiles que dégoûtantes à avaler. Mais les miracles sont une chose si aisée à opérer aux yeux du peuple ; et la pieuse obscurité des discours, le ton apocalyptique, l'accent enthousiaste sont si importants que les succès furent très partagés entre les vrais et les faux prophètes ; ceux-ci eurent recours aux arts et aux sciences occultes, ils firent ressource de tout et parvinrent à élever autel contre autel.

Moïse lui-même nous dit dans l'Exode que les enchanteurs de Pharaon ont opéré des miracles vrais ou faux, mais que lui, envoyé du Dieu vivant et soutenu de son pouvoir, en a fait de beaucoup plus considérables qui ont grièvement affligé l'Égypte parce que le cœur de son roi était endurci. Nous devons le croire religieusement et surtout nous applaudir de n'en avoir pas été spectateurs.

Aujourd'hui que l'illusion des joueurs de gobelets, tout ce que la mécanique peut avoir de plus propre à surprendre, à induire en erreur, les étonnants secrets de la chimie, les prodiges sans nombre qu'ont opérés l'étude de la nature et les belles expériences qui, chaque jour, lèvent une petite partie du voile qui couvre ses opérations les plus secrètes ; aujourd'hui, dis-je, que nous sommes instruits de tout cela jusqu'à un certain point, il serait à craindre que notre cœur ne s'endurcît comme celui de Pharaon. Car nous connaissons infiniment moins le démon que les secrets de la physique et, comme on l'a remarqué, il semble que, grâce au goût de la philosophie qui nous investit et franchit peu à peu les barrières même jusqu'ici les plus impénétrables, l'empire du démon va tous les jours en déclinant.

Peut-être serait-ce un ouvrage assez curieux que l'histoire détaillée, autant qu'elle peut l'être, des augures, des auspices, des prophètes, de leurs manœuvres, des divinations de toute espèce, décrites ou dévoilées par l'œil sévère et perspicace d'un philosophe. Mais de toutes celles qu'il pourrait exposer aux yeux dessillés des nations, il n'en serait pas de plus bizarre que celle qui sauva d'une triste catastrophe une société fameuse par son zèle pour la propagation de la foi, et qui, trop persuadée que cette foi suffisait pour pénétrer dans les ténèbres de l'avenir, contracta avec une légèreté fort imprudente un engagement qu'elle n'aurait pu remplir sans le secours fortuit d'un horoscope très étrange.

Un essaim de jésuites envoyé à la Chine y prêchait la vraie religion, lorsqu'une sécheresse effroyable sembla destiner cet empire à n'être plus qu'un vaste tombeau. Les Chinois allaient périr, et avec eux les jésuites vainement invoqués par le despote, sans un miracle qu'ils pressentirent avec une merveilleuse sagacité, et qui a rendu à jamais cette société fameuse dans ces contrées désolées. Un poète moderne a raconté cette anecdote d'une manière plus piquante que nous ne saurions faire, et nous nous bornerons à transcrire ses vers, sans approuver ses licences :

Fiers rejetons du fameux, Loyola,
Dont Port-Royal a foudroyé l'école;
Vous que jadis sans cesse harcela
Le grand Pascal, étayé de Nicole;
Vous qui de Rome usant les arsenaux
Fîtes frapper du fatal anathème,
Pour soutenir votre lâche système,
Les Augustins, sous le nom des Arnaud.

Vous dont Quesnel, digne fils de Bérule,
A tant de fois éprouvé la férule,
Et qui, voyant dans ses puissants écrits
Des molina les sentiments proscrits,
Contre son livre au bénin Clément onze
Fîtes pointer le redoutable bronze.
Vous qui dans Chine alliez à la fois
Confucius et Dieu mort sur la croix,

Et dont le culte équivoque et commode
Rapporte à Dieu celui d'une pagode.
De la morale éternels corrupteurs,
Qui du salut élargissez la voie
Et qui, guidant par des chemins en fleurs
les pénitents que le ciel vous envoie,
Au champ de Dieu ne semez que l'ivroie,

Des grands du siècle adroits adulateurs.

Vils artisans de mensonge et de fourbe,
De qui le dos sous l'iniquité courbe;
Qui, démasqués et partout reconnus,
Êtes pourtant partout les bienvenus
(Car il n'est lieux de l'un à l'autre pôle
Où, Dieu merci, n'ayez le premier rôle),
Dites-nous donc par quel puissant moyen
Vous trouvez l'art d'en imposer aux autres?

Et de coiffer la mître des apôtres
Chez l'infidèle et le peuple chrétien?
Si l'on en croit vos longs martyrologes,
Où le mensonge a tracé vos éloges,
L'Inde rougit du sang de nos martyrs.
Sur un trépied vous rendez des oracles,
Et le païen, avide de miracles,
Les voit éclore au gré de vos désirs.

L'aride mort au teint livide et blême
Lâche sa proie à votre voix suprême;
Par vous le sang qu'elle a coagulé
Dans les vaisseaux a de nouveau coulé.
A l'ordre seul d'un petit thaumaturge,
L'air, de vapeurs, ou se charge ou se purge,
Et vous avez, à vos commandements,
Le vent, la foudre et tous les éléments.

A ce propos on m'a fait certain conte,
Mes révérends, qu'il faut que je vous conte.
A Lima, dans Golconde, où la terre en son sein
De ses sablons forme la riche pierre,
Dont le poli réfléchit la lumière
En cent façons, était un jeune essaim

D'ignatiens qui, dans l'âme indienne,
Allaient, Dieu sait, plantant la foi chrétienne.

Tous les beaux fils qu'a l'Inde sur son bord
Étaient par eux catéchisés d'abord.
Les cordeliers, qu'ils avaient pour annexe,
De leur côté baptisaient le beau sexe.
Tout allait bien. Et leur apostolat
Fructifiait, moyennant ce partage,
Si que, de Dieu, le nouvel héritage
Allait croissant avec beaucoup d'éclat.

Là, le démon qu'en figure de bronze
Fait adorer l'ignorance du bonze,
Grâces aux fils d'Ignace et de François
Allait perdant tous les jours de ses droits.
L'ignatien à ces nouvelles plantes
Distribuait les grâces suffisantes
Si largement que l'efficace, là,
Glanait après les fils de Loyola

Petitement. Quoi qu'il en soit les drôles,
Par maints bons tours, maintes belles paroles,
Passaient pour saints, se faisaient vénérer
Du peuple indien, qu'ils savaient attirer.
Le bruit en vint jusqu'au roi de Golconde :
Ce prince était un vieux païen fieffé
Qui de son diable était si fort coiffé
Qu'il n'encensait que cet esprit immonde.

Il voulait voir ces apôtres nouveaux
Que de son diable on disait les rivaux.
Bien croyait-il entendre des oracles
Et comme Hérode aller voir des miracles.
Nos révérends, le crucifix en main,

Lui prêchent Dieu, mort pour le genre humain,
En déclamant contre le simulacre
De Satanus. Le roi dont la bile âcre

Jà s'échauffait à leurs beaux plaidoyers
Leur dit : Messieurs, quand aux dieux on insulte
Et qu'on annonce un si singulier culte
Encor faut-il de preuves l'étayer.
Depuis six mois la sécheresse afflige
Tout mon royaume, et votre zèle exige
Que de ce Dieu vous obteniez de l'eau.
Si dans trois jours vous n'en faites répandre,

Comme imposteurs je vous ferai tous pendre.
Pensez-y bien. Nos frocards eurent beau
Représenter à l'absolu monarque
Que ce serait tenter le Tout-Puissant :
Nous connaîtrons, dit-il, à cette marque
S'il est le Dieu sur la terre agissant.
Force fut donc aux moines d'en promettre,
Sauf à tenter l'avis du baromètre

Qui, consulté par eux en tous instants,
Ne répondait jamais que du beau temps.
Tous de concert allaient plier bagage,
Pour le martyre éprouvant peu d'attraits,
Quand un frater, qu'ils laissaient là pour gage
Et qui pour eux aurait payé les frais,
D'un tel départ leur demanda la cause.
Las ! dirent-ils, le prince nous propose

De décorer nos collets de la hard
S'il ne pleut pas dans trois jours au plus tard.
Quoi, voilà tout ? Allez, reprit le frère,
Par Loyola, patron du monastère,

Dites au roi que dès demain matin
Nous en aurons, ou j'y perds mon latin.
Pas ne mentait notre moderne Élie :
Du sein des mers un nuage élevé,

A point nommé de sa féconde pluie
Vit du pays chaque champ abreuvé.
Et de crier en Golconde au miracle,
Et de donner le bon frère en spectacle,
Qui dit tout bas à nos moines joyeux :
Mes révérends, si j'ai tenu parole,
Vous le devez à certaine vérole
Qu'exprès pour vous me conservent les cieux :

Toutes les fois que l'atmosphère aride
Va condensant de nouvelles vapeurs,
L'air, surchargé de l'élément humide,
Ne manque pas de doubler mes douleurs.

On n'en dit mot à Messieurs de Golconde.
Dans le pays il resta constaté
Que ce n'était qu'un fruit de sainteté
Et non celui de cette peste immonde
Dont le pénard se trouvait infecté.
Puisque le bien naît ainsi du désordre,
Que le bon Dieu la conserve à tout l'ordre.

On voit, toute plaisanterie à part, combien cet étrange baromètre fut utile à la Chine et aux missionnaires qui en ont rapporté leur fameuse querelle sur les lavements.

Les Chinois ne connaissent cette sorte d'injection, qu'on porte dans les intestins par le fondement, que depuis l'introduction des jésuites dans leur empire. Aussi ces peuples, en s'en servant, l'appellent-ils *le remède des barbares.*

Les jésuites, qui voyaient que le mot ignoble de *lavement* avait succédé à celui de *clystère,* gagnèrent l'abbé de Saint-Cyran et employèrent leur crédit auprès de Louis XIV pour obtenir que le mot *lavement* fût mis au nombre des expressions déshonnêtes ; en sorte que l'abbé de Saint-Cyran le reprocha au père Garasse, qu'on appelait l'Hélène de la guerre des jésuites et des jansénistes. « Mais, disait le père Garasse, je n'entends par *lavement* que *gargarisme* : ce sont les apothicaires qui ont profané ce mot à un usage messéant... » On substitua donc le mot *remède* à celui de *lavement.*

Remède comme équivoque parut plus honnête, et c'est bien là notre genre de chasteté. Louis XIV accorda cette grâce au père le Tellier. Ce prince ne demanda plus de *lavement,* il demandait son *remède.* Et l'Académie fut chargée d'insérer ce mot avec l'acception nouvelle dans son dictionnaire... Digne objet d'une intrigue de cour !

Il paraît que cette honteuse maladie, appelée *cristalline,* qui fut le *baromètre jésuitique* dans la patrie de Confucius et qui, dit-on, se perpétuait dans l'ordre des jésuites de père en frère, n'était autre chose que la maladie dont parle l'Écriture : *Le Seigneur frappa ceux de la ville et de la campagne dans le fondement* (*I Samuel :* V, 26).

C'est pour la guérison de cette maladie que les jésuites ont une messe imprimée dans un missel([1]) à l'honneur de saint Job. Il n'y a rien là qui forme inconséquence avec leur morale, car il est certain que leurs casuistes encouragent à braver le danger de la cristalline, bien loin de l'improuver, quand ils croient que l'œuvre de Dieu peut y être intéressée.

On lit dans le recueil du père jésuite Anusin un singulier fait arrivé à l'un de leurs novices qui s'amusait avec un jeune homme, et qui fut surpris au milieu de ses débats par un de ses confrères. Celui-ci avait eu la prudence d'observer à travers la serrure et de se taire ; mais quand l'opération fut finie et le novice sorti :

— Malheureux, lui dit son camarade, que viens-tu de faire ? J'ai tout vu. Tu mériterais que je te dénonçasse, tu es encore tout enflammé de luxure... tu ne peux pas nier ton crime...

— Eh, mon cher ami, répond le coupable d'un ton de confiance et d'affection, vous ne savez donc pas que c'est un juif ? Je le convertirai, ou il restera l'ennemi de Jésus-Christ. Dans l'une ou l'autre supposition, n'ai-je pas raison de le séduire, ou pour le sauver, ou pour le rendre plus coupable ?

A ces mots, le novice observateur persuadé, convaincu, pénétré d'admiration, se prosterne, baise les pieds de son confrère, fait son rapport. Et le novice agent est enregistré parmi les opérateurs des œuvres du Très-Haut.

NOTES DU CHAPITRE X

(1) A Venise en 1542.

(A) Ce n'est point à proprement parler d'un interdit que la loi mosaïque frappe telle ou telle action dont est susceptible un homme : elle met plutôt fortement l'accent sur le danger qu'il y a à pécher, c'est-à-dire à « manquer la cible », à se fourvoyer dans des impasses par rapport au but recherché (*cf:* note (A) du chapitre IV). Un exemple montrera l'esprit de telles mises en garde : je puis tenir pour nulle et non avenue la loi de la pesanteur, de la gravitation universelle, et tenter de m'envoler d'un sixième étage, et il est clair que cette attitude absurde m'exposera à la mort ; mais je puis, en obéissant à la loi de la gravitation universelle, concevoir un engin spatial qui me déposera sur la lune en toute sécurité. En d'autres termes, l'obéissance à la loi est la condition de ma liberté véritable. Aussi bien est-il dit, dans le *Sepher ha-Zohar,* l'un des plus importants commentaires bibliques de la Tradition juive, qu'Abram, le futur Abraham, était un très grand savant et un astrologue de grand talent, mais qu'étant devenu Abraham, c'est-à-dire ayant pris une conscience claire de son but authentique, il abandonna la pratique de l'astrologie : il eût fait fausse route en mettant cet art à contribution pour atteindre le but considéré. Pas davantage, d'ailleurs, n'en déplaise aux philosophes des lumières, la physique ne saurait permettre de fonder une philosophie véritable : la connaissance est connaissance humaine, c'est-à-dire celle de *l'homme face au monde,* ce qui implique un retour au point de départ de Descartes, l'*ego.*

(B) Comme c'est le cas pour la *sophia* des Grecs, la notion de *sagesse,* en hébreu, recouvre essentiellement celle d'expérience, au sens où quelqu'un *a de l'expérience.* Ainsi pourra-t-on qualifier de « sage », en ce sens, un artisan dont on dit qu'il a *du métier.* C'est là l'acception primitive du mot hébreu *chokmah,* comme celle du mot grec *sophia,* d'où dérive d'ailleurs *philosophie.* Étendue à toutes les activités humaines, et compte tenu de ce que les gens d'expérience ont la plupart du temps été considérés avec respect, la notion de sagesse s'est encombrée de connotations morales et sociales qui lui ont donné la tonalité affective qu'elle a encore de nos jours. Mais, en toute rigueur, prise dans son sens strict, la notion de sagesse — d'expérience, de métier — peut s'appliquer à toutes sortes d'activités, bonnes ou mauvaises. Par ailleurs, une fausse sagesse peut parfaitement se construire sur des principes ou des préjugés erronés. D'où les différentes acceptions relevées ici par Mirabeau.

CHAPITRE XI

LA LINGUAMANIE [1]

(De l'immense variété des pratiques sexuelles des anciens et de la pauvreté des nôtres en comparaison)

(1) L'édition de 1783 porte *Linguanmanie* qui est manifestement incorrect.

LA LINGUAMANIE

Si l'on réduisait toutes les passions de l'homme à ses affections primitives, tous ses idiomes à l'expression de ses pensées-mères — si je puis parler ainsi, en dépouillant celles-là de toutes les nuances dont il les a défigurées, et ceux-ci de toutes les acceptions dont il a surchargé leurs signes, les dictionnaires seraient moins volumineux et les sociétés moins corrompues.

Par exemple, combien l'imagination n'a-t-elle pas brodé en amour le canevas de la nature ? Si les efforts se fussent bornés à l'embellir des illusions morales les plus touchantes, nous devrions nous en applaudir. Mais il y a beaucoup plus d'imaginations déréglées que d'imaginations sensibles ; et voilà pourquoi il y a plus de libertinage que de tendresse parmi les hommes ; voilà pourquoi il faut maintenant une foule d'épithètes pour retracer toutes les nuances d'un sentiment qui, tiède ou exalté, vicieux ou héroïque, généreux ou coupable, n'est après tout et ne sera jamais que le penchant plus ou moins vif d'un sexe vers l'autre. L'impudicité, la lubricité, la lascivité, le libertinage, la mélancolie érotique sont des qualités très distinctes, et ne sont cependant que des nuances plus ou moins fortes des mêmes sensations.

La lubricité, la lascivité, par exemple, sont des aptitudes

purement naturelles au plaisir ; car plusieurs espèces d'animaux sont lascifs et lubriques, mais il n'en est point d'*impudiques*. L'impudicité est une qualité inhérente à la nature raisonnable, et non pas une propension naturelle comme la lubricité. L'impudicité est dans les yeux, dans la contenance, dans les gestes, dans les discours : elle annonce un tempérament très violent sans en être la preuve bien certaine ; mais elle promet beaucoup de plaisir dans la jouissance, et tient sa promesse parce que l'imagination est le véritable foyer de la jouissance que l'homme a variée, prolongée, étendue par l'étude et le raffinement des plaisirs.

Mais enfin, ces dénominations et toutes les autres de cette espèce ne sont autre chose qu'un appétit violent qui porte à jouir sans mesure, à chercher sans cette retenue — peut-être plus naturelle qu'on ne croit mais dans sa plus grande partie d'institution humaine —, à chercher, dis-je, sans cette retenue que nous appelons *pudeur* les moyens les plus variés, les plus industrieux, les plus sûrs de se satisfaire, d'éteindre des feux qui dévorent, mais dont la chaleur est si séduisante qu'on les provoque après les avoir éteints.

Cet état tient purement à la nature et à notre constitution. C'est la faim, le sentiment du besoin de prendre sa nourriture, lequel par excès de sensualité produit la gourmandise, et, par la privation trop longue des moyens de se satisfaire, dégénère en rage. Le désir de la jouissance, qui est un besoin tout aussi naturel quoique moins fréquent et plus ou moins impérieux selon la diversité des tempéraments, se porte quelquefois jusqu'à la manie, jusqu'aux plus grands excès physiques et moraux, qui tous tendent à la jouissance de l'objet par lequel peut être assouvie la passion ardente dont on est agité.

Cette fièvre dévorante s'appelle, chez les femmes, *nymphomanie*; elle s'appellerait chez les hommes *mentuloma-*

nie s'ils y étaient aussi sujets qu'elles ; mais leur conformation s'y oppose, et plus encore leurs mœurs qui, exigeant moins de retenue et de contrainte et ne comptant la pudeur qu'au nombre de ces raffinements dont l'industrie humaine a su embellir ou nuancer les attraits de la nature, ne les exposant point aux ravages des désirs trop réprimés ou trop exaltés.

D'ailleurs, nos organes étant beaucoup plus susceptibles de mouvements spontanés que ceux de l'autre sexe, l'intensité des désirs peut rarement être aussi dangereuse, bien que les hommes aussi bien que les femmes aient des maladies produites par une cause à peu près pareille (1), mais dont une constitution mâle, plus aisée à détendre, ne saurait être aussi longtemps pénétrée.

Il serait triste, il serait hideux de raconter les effets si bizarres de la nymphomanie. Peut-être le dérèglement de l'imagination y contribue-t-il beaucoup plus que l'énergie vénérienne que le sujet qui en est attaqué a reçue de la nature. En effet, le prurit de la vulve n'est point du tout la nymphomanie. Le prurit peut être, à la vérité, une disposition à cette manie, mais il ne faut pas croire qu'il en soit toujours suivi. Il excite, il force à porter les doigts dans les conduits irrités, à les frotter pour se procurer du soulagement, comme il arrive dans toutes les parties du corps que l'on agace dans la même vue pour y atténuer les causes irritantes. Ces titillations, ces attouchements, quelques vifs et désirés qu'ils puissent être, se font du moins sans témoins ; au lieu que ceux qu'occasionne la nymphomanie bravent les spectateurs et les circonstances.

C'est que le prurit ne s'établit que dans la vulve, au lieu que la manie forcenée de la jouissance réside dans le cerveau. Mais la vulve lui transmet en outre l'impression qu'elle reçoit avec des modifications propres à investir l'âme d'une foule d'idées lascives. De là, ce feu s'alimente lui-même, car la vulve s'est affectée à son tour par l'influence de l'âme avide de volupté, indépendamment de toute impression des sens, et réagit sur le cerveau. Ainsi, l'âme est de plus en plus pénétrée de sensations et d'idées lascives qui, ne pouvant pas subsister trop longtemps sans la fatiguer, détermine sa volonté à faire cesser cette inquiétude attachée à la prolongation de tout sentiment trop vif, à employer tous les moyens imaginables pour parvenir à ce but.

Il est incroyable combien l'industrie humaine, aiguisée par la passion, a varié les moyens de donner du plaisir, ou plutôt les attitudes du plaisir ; car il est toujours le même, et nous avons beau lutter contre la nature, nous ne dépasserons pas son but. Elle paraît avoir distribué, à la vérité, beaucoup de provoquants dans ses productions([2]), mais il est certain que les fibres du cerveau s'étendent indépendamment d'aucune affection immédiate de la nature. Tout ce qui échauffe l'imagination agace les sens, ou plutôt la volonté à laquelle très souvent les sens ne suffisent point, et ceux-ci sont au moins autant aidés par celle-là que l'imagination peut jamais l'être par le tempérament le plus vif, le plus ardent, par les sens les mieux disposés, les mieux servis de l'âge et des circonstances.

Ensuite, comme c'est le propre de toutes les passions de l'âme de devenir plus violentes en raison de la résistance, et que la nymphomanie n'est pas facile à contenter, elle finit par être insatiable. Les femmes qui en sont atteintes ne gardent plus aucune mesure ; et ce sexe, si bien fait pour une molle résistance, pour étaler tous les charmes de la timide pudeur, déshonore, dans cette affreuse maladie, ses attraits par les plus sales prostitutions ; il demande, il recherche, il attaque ; les désirs s'irritent par ce qui semblerait devoir suffire pour les assouvir, et qui suffirait en effet si le simple prurit de la vulve sollicitait le plaisir. Mais quand le foyer du désir est le cerveau, il s'accroît sans cesse. Et Messaline, plutôt lassée que rassasiée([3]), court sans relâche après le plaisir et l'amour qui la fuit avec horreur.

Il faut en convenir cependant : l'observation nous offre en ce genre quelques phénomènes qui semblent le simple ouvrage de la nature. M. de Buffon a vu une jeune fille de douze ans, très brune, d'un teint vif et très coloré, de petite taille mais assez grasse, déjà formée et ornée d'une jolie gorge, qui faisait les actions les plus indécentes au seul aspect d'un homme. La présence de ses parents, leurs remontrances, les plus rudes châtiments, rien ne la retenait ; elle ne perdait cependant pas la raison, et ses accès affreux cessaient quand elle était avec des femmes. Peut-on supposer que cette enfant avait déjà beaucoup abusé de son instinct ?

En général, les filles brunes, de bonne santé, d'une complexion forte, qui sont vierges, et surtout celles qui, par leur état, semblent destinées à ne pouvoir cesser de l'être, les jeunes veuves, les femmes qui ont des maris peu vigoureux, ont le plus de disposition à la nymphomanie, et cela seul prouverait que le principal foyer de cette maladie est dans une imagination trop aiguisée, trop impétueuse, mais que l'inaction, contre nature, de sens pourvus de force et de jeunesse en est aussi un des principaux mobiles. Il est donc juste que chaque individu consulte son instinct dont l'impulsion est toujours sûre.

Quiconque est conformé de manière à procréer son semblable a évidemment le droit de le faire : c'est le cri de la nature, qui est la souveraine universelle et dont les lois méritent sans doute plus de respect que toutes ces idées factices d'ordre, de régularité, de principes dont nous décorons nos tyranniques chimères et auxquelles il est impossible de se soumettre servilement, qui ne font que d'infortunées victimes ou d'odieux hypocrites, et qui ne règlent rien pas plus au physique qu'au moral, que les contrariétés faites à la nature ne peuvent jamais ordonner.

Les habitudes physiques exercent un empire très réel, très despotique, souvent très funeste, et exposent plus souvent à des maux cruels qu'elles n'arment contre eux. La machine humaine ne doit pas être plus réglée que l'élément qui l'environne ; il faut travailler, se fatiguer même, se reposer, être inactif, selon que le sentiment des forces l'indique. Ce serait une prétention très absurde et très ridicule que de vouloir suivre la loi d'uniformité et se fixer à la même assiette quand tous les êtres avec lesquels on a des rapports intimes sont dans une vicissitude continuelle. Le changement est nécessaire, ne fût-ce que pour nous préparer aux secousses violentes qui quelquefois ébranlent les fondements de notre existence. Nos corps sont comme des plantes dont la tige se fortifie au milieu des orages par le choc des vents contraires.

L'exercice, une gymnastique bien conçue, seraient sans doute la ressource la plus efficace contre les suites dangereuses de la vie inactive ; mais cette ressource n'est pas également à l'usage des deux sexes.

L'équitation, par exemple, ne paraît pas très convenable aux femmes, qui ne peuvent guère en user qu'avec danger, ou avec des précautions qui la rendent presque inutile. Il est si vrai que la nature ne les a pas disposées pour cet exercice que là seulement elles paraissent perdre les grâces qui leur sont particulières, sans prendre celles du sexe qu'elles veulent imiter.

La danse paraît plus compatible aux agréments propres aux femmes ; mais la manière dont elles s'y livrent est souvent plus capable d'énerver que de fortifier les organes. Les anciens, qui ont eu le grand art de faire servir les plaisirs des sens au profit du corps, avaient fait de la danse une partie de leur gymnastique : ils employaient la musique pour calmer ou diriger les mouvements de l'âme, ils embellissaient l'utile, ils rendaient salutaire la volupté.

Mais si, dans la naissance des corps politiques, les amusements furent assortis à la sévérité des institutions dont ces corps tiraient leur force, ils dégénérèrent bien rapidement avec les mœurs([4]), et si les anciens s'occupèrent d'abord à trouver tout ce qui pouvait augmenter les forces et conserver la santé, ils en vinrent à ne chercher qu'à faciliter et étendre les jouissances ; et c'est encore ici une occasion de remarquer combien nous les exaltons pour nous calomnier nous-mêmes. Quel parallèle y a-t-il à faire de nos mœurs avec l'esquisse que je vais tracer ?

Quand une fille avait *coricobolé* une demi-heure, de jeunes personnes, soit filles, soit garçons, selon le goût de l'actrice, l'essuyaient avec des peaux de cygne. Ces jeunes gens s'appelaient *jatraliptae.* Les *unctores* répandaient ensuite les essences. Les *fricatores* détergeaient la peau. Les *alipilarii* épilaient. Les *dropacistae* enlevaient les cors et les durillons. Les *paratiltriae* étaient de petits enfants qui nettoyaient toutes les ouvertures : les oreilles, l'anus, la vulve, etc. Les *picatrices* étaient de jeunes filles uniquement chargées du soin de peigner tous les cheveux que la nature a répandus sur le corps, pour éviter les croisements qui nuisent aux intromissions. Enfin, les *tractatrices* pétrissaient voluptueusement toutes les jointures pour les rendre plus souples. Une femme ainsi préparée se couvrait d'une de ces gazes qui, selon l'expression d'un ancien, ressemblaient à *du vent tissu,* et laissait briller tout l'éclat de la beauté ; elle passait dans le cabinet des parfums où, au son des instruments qui versaient une autre sorte de volupté dans son âme, elle se livrait aux transports de l'amour... Portons-nous les raffinements de la jouissance jusqu'à cet excès de recherche([5]) ?

Il serait possible d'apporter en preuve de notre infériorité en fait de libertinage, par rapport aux anciens, une infinité de passages qui étonneraient nos satyres les plus déterminés. Nous avons déjà montré, dans un morceau de ces mélanges, très en raccourci, ce que le peuple de Dieu savait faire (6). Érasme a recueilli dans les auteurs grecs et romains une foule d'anecdotes et de proverbes qui supposent des faits dont l'imagination la plus hardie est effrayée. J'en citerai quelques-uns.

Nous n'avons point, par exemple, de mauvais lieux qui puissent nous donner une idée de ce qu'on appelait à Samos *le parterre de la nature.* C'étaient des maisons publiques où les hommes et les femmes, pêle-mêle, s'abandonnaient à tous les genres de libertinage, car ce serait prostituer le mot de volupté que de l'employer ici. Les deux sexes y offraient des modèles de beauté, et de là le titre de *parterre de la nature* (7). Les vieilles mettaient encore à profit, dans d'autres lieux, les restes de leur lubricité. Elles étaient tellement impudiques qu'on les comparait à des animaux qui avaient l'odeur, l'ardeur, la lascivité des boucs (8) :

> *... en vérité la vieille*
> *Savait s'emparer des ressources des chèvres.*

Dans l'île de Sardaigne, qui n'a jamais été un pays très florissant ni très peuplé, le nom du lieu appelé *ancon* avait pour étymologie celui de la reine Omphale, qui faisait tribader ses femmes ensemble puis les enfermait indistinctement avec des hommes choisis pour briller dans ces sortes de combats (9).

On sait ce que le despotisme oriental a toujours coûté à l'humanité et à l'amour : il a dans tous les temps foulé celle-là et profané celui-ci. C'est de Sardanapale (10), l'un des plus vils tyrans de ces contrées, que vient l'idée et l'usage d'unir la prostitution des filles et des garçons.

Corinthe pouvait le disputer à Samos pour la perfection de la prostitution publique ; elle y était tellement révérée qu'il y avait des temples où l'on adressait sans cesse des prières aux dieux pour augmenter le nombre des prostituées[11]. On prétendait qu'elles avaient sauvé la ville. Mais en général les Corinthiens passaient pour posséder presque exclusivement l'art de la souplesse et des mouvements voluptueux[12]. On les reconnaissait à une certaine tournure, à une coupe, à un galbe particuliers.

Les Lesbiennes sont citées pour l'invention ou la coutume d'avoir rendu la bouche le plus fréquent organe de la volupté[13].

Différents peuples se distinguèrent ainsi par des usages bien étranges et plus fréquents chez eux que chez tous les autres ; de sorte que ce qui n'est aujourd'hui que le vice de tel ou tel individu était alors le caractère distinctif de tout un peuple. Ainsi, de ces peuples de l'île d'Eubée, qui n'aimaient que les enfants et qui les prostituaient de toutes manières, vint le mot *chalcider*[14]. Ainsi l'on créa celui de *phicidisser* pour indiquer une fantaisie bien dégoûtante[15]. On exprima l'habitude qu'avaient les habitants de Sylphos, l'une des Cyclades, d'aider les plaisirs naturels par ceux de l'anus au moyen du mot *siphniasser*[16]. Ainsi l'on trouva des mots pour tout peindre dans des siècles de corruption où l'on éprouva de tout. De là le *cleitoriazein*[17], ou contraction de deux clitoris, opération qu'Hesychius et Suida ont pris la peine de nous expliquer en nous apprenant que ce travail se fait comme le frai de la carpe contre sa semblable ; l'une s'agite quand l'autre s'arrête, et réciproquement (d'où le proverbe *non satis liques*) ; de là l'expression de *cunnilinguae* que Sénèque définit ainsi.

Les Phéniciens différaient des Lesbiens en ce que les premiers se rougissaient les lèvres pour imiter plus parfaitement l'entrée du vrai sanctuaire de l'amour ; au lieu que les Lesbiens, qui n'y mettaient d'autre fard que l'empreinte des libations amoureuses, les avaient blanches[18]. Et ce n'est pas la manière la plus singulière dont on ait paré ses lèvres. Car Suétone rapporte que le fils de Vitellius les enduisait de miel pour sucer le gland de son giton de manière à augmenter son plaisir : en lubrifiant ainsi la peau fine qui revêt cette partie, la salive de l'agent, imprégnée de miel, attirait les flots d'amour. C'était([19]) un aphrodisiaque connu et puissant pour les hommes usés. Mais Vitellius faisait cette cérémonie tous les jours et publiquement sur tous ceux qui voulaient s'y prêter. Ce qui n'est guère plus bizarre que ces libations *(semen et menstruum)* que certaines femmes, selon Épiphane, offraient aux dieux pour les avaler ensuite([20]).

Je finis cette singulière récapitulation par demander aux moralistes si les anciens allaient beaucoup mieux que nous, et aux érudits quel service ils croient avoir rendu aux hommes et aux lettres quand ils ont déterré ces anecdotes et tant d'autres pareilles dans les archives de l'Antiquité.

NOTES DU CHAPITRE XI

(1) Le satyriasis, le priapisme, la salacité, etc.

(2) Sennert cite une femme qui, ayant bu un peu de borax dissous, tomba en nymphomanie. Et Muller conseille le musc mêlé avec des huiles aromatiques, introduits d'une manière quelconque, pour lubrifier le vagin.

(3) Bientôt, ayant renvoyé ses filles à l'entremetteur,
Elle se sentit triste. Mais elle s'enferma dans une pièce retirée
Et là, brûlant du rut d'une vulve enflammée,
Elle s'allongea et engloutit des poissons,
Lassée de l'homme, et se retira encore insatisfaite.
(*Juvénal :* Liv. II, satire 6.)

(4) Je doute, par exemple, que la *corycomachie* ou la *corycobolie,* qui était la quatrième sphéristique des Grecs, soit restée en usage chez eux lorsqu'ils furent devenus le peuple le plus élégant de la terre. On suspendait au plancher un sac rempli de corps lourds ; on le prenait à deux mains et on le portait aussi loin que la corde pouvait s'étendre ; après quoi, lâchant le sac, ils le suivaient, et lorsqu'il revenait vers eux ils se reculaient pour céder à la violence du choc, puis le repoussaient avec force (voyez M. Burette sur la gymnastique des Grecs et des Romains). Je ne crois pas qu'un tel exercice ait été du goût des petites maîtresses d'aucun siècle.

(5) Une simple nomenclature d'une très petite partie des mots de leur dictionnaire de volupté, si je puis parler ainsi, peut décider la question :
La *corycobole* était une tronchine.
Les *jatraliptes,* les essuyeurs en cygne.
Les *unctores,* les parfumeuses.
Les *fricatores,* les frotteuses.
Les *tractatrices,* les pressureuses ou pétrisseuses.
Les *dropacistae,* les enleveuses de durillons.
Les *alipiraires,* les épilateurs.
Les *paratiltres,* les vulvaires.
Les *picatrices,* les parfileuses en vulve.
La *samiane,* le parterre de la nature (voyez ci-après).
L'*hircisse,* le bouquinage des vieilles.
La *conrobole* (*kuiropolo :* pour peu qu'on sache le grec on m'entend).
La *clitoride,* ou contraction du clitoris.
La *corinthienne,* la mobilité des charnières.
La *lesbienne,* les *cunni-linguae.*
La *sphnissende,* le postillon.
La *phicidissienne,* la pollution de l'enfance.
Sardanapaliser, vautrer entre les eunuques et les filles.
Chalcidisser, le lèchement des testicules.
Fellatricer, sucer le gland.
Phoenicisser, irriguer en miel. Etc.
Une preuve qu'ils étaient plus aguerris que nous, c'est qu'il n'y a presque pas un de ces mots que nous ne soyons obligés de rendre par une périphrase.

(6) Voyez la Tropoïde (chapitre IV) où j'aurais pu ajouter un très grand nombre de passages tirés de la Bible. On trouve par exemple, dans le Livre de la Sagesse (XIV, 26), plusieurs reproches d'impureté, d'avortements criminels, d'impudicités, d'adultères, etc. Jérémie (V, 13) déclame contre l'amour des jeunes garçons. Ezéchiel parle de mauvais lieux et des marques de prostitution à l'entrée des rues (XXVI, 24-25-26-37), etc.

(7) Érasme, p. 553 : Samiorum flores.

(8) Ani hircassantes. *Graus kapbassa.* Érasme, p. 269.

(9) *Glukun agkona.* Ancon. Érasme, p. 335.

(10) *Sardanapalos.* Érasme, p. 723.

(11) Érasme, p. 287. Érasme ajoute que les Vénitiennes de son temps étaient les filles lubriques par excellence.

(12) *Kuiropolis,* la *canobole* à *koiros.* Érasme, p. 737.

(13) *Lesiazein.* Lesbiari : la Lesbienne. Antiquitus polluere dicebant. Érasme, p. 731. Le talent caractéristique des Lesbiennes était de gamahucher. (Aristophane : *lasba Lessious* fellatrix.) La fellatrice qui suce le gland était encore un épithète des Lesbiennes où c'était la mode de commencer par cette cérémonie. Érasme, p. 800.

(14) *Kalkidizein,* chalcidissare, Érasme : *Gens* (chalcidissens).

(15) *Phikidizein,* Phicidissare : se faire lécher les testicules par de jeunes chiens (Suétone).

(16) *Siphniazein.* Siphniassare (Pline, Liv. IV, 12). Érasme, p. 690.

(17) *Kleitoriazein.* Érasme, p. 619.

(18) *Martial,* lib. I.

(19) Hier. Mercurial.

(20) Hier. Merc. Liv. IV, p. 93.

TABLE DES MATIÈRES

EROTIKA BIBLION

L'impression de ce livre
a été réalisée sur les presses
des Imprimeries Aubin
à Poitiers/Ligugé

pour le compte de la librairie Arthème Fayard
75, rue des Saints-Pères à Paris

ISBN 2-213-01500-7

N° d'édition, 6985. - N° d'impression, L 17308
Dépôt légal : novembre 1984
35-30-7276-01

Imprimé en France

35-7276-5